MATEMÁTICA FINANCEIRA
COM HP 12C E EXCEL
UMA ABORDAGEM DESCOMPLICADA

novo capítulo sobre finanças pessoais

2ª EDIÇÃO

CRISTIANO MARCHI GIMENES

MATEMÁTICA FINANCEIRA COM HP 12C E EXCEL

UMA ABORDAGEM DESCOMPLICADA

novo capítulo sobre finanças pessoais

2ª EDIÇÃO

Consultoria técnica:
Profa. Ms. Fernanda Cesar Bonafini
Mestra em Educação Matemática pela Unesp Rio Claro

Profa. Dra. Joanília Neide de Sales Cia
Professora doutora de Contabilidade da FEA-USP

Pearson

Diretor editorial: Roger Trimer
Gerente editorial: Sabrina Cairo
Supervisor de produção editorial: Marcelo Françozo
Editores: Jean Xavier e Thelma Babaoka
Preparação: Maria Aiko Nishijima
Revisão: Carmen S. da Costa
Capa: Alexandre Mieda
Diagramação: Lucas Godoy (Casa de Ideias)

Dados Internacionais de Catalogação na Publicação (CIP)
(Câmara Brasileira do Livro, SP, Brasil)

Matemática financeira / Cristiano Marchi Gimenes. -- 2. ed. -- São Paulo : Pearson Prentice Hall, 2009.

ISBN 978-85-7605-566-2

1. Matemática financeira 2. Matemática financeira - Estudo e ensino I. Título.

09-09776 CDD-650.0151307

Índices para catálogo sistemático:

1. Matemática financeira : Estudo e ensino
650.0151307

Direitos exclusivos cedidos à
Pearson Education do Brasil Ltda.,
uma empresa do grupo Pearson Education
Avenida Francisco Matarazzo, 1400
Torre Milano – 7o andar
CEP: 05033-070 -São Paulo-SP-Brasil
Telefone 19 3743-2155
pearsonuniversidades@pearson.com

Distribuição
Grupo A Educação
www.grupoa.com.br
Fone: 0800 703 3444

Esta obra é dedicada ao verdadeiro mestre,
dr. Carlos Roberto Vieira de Araújo,
que teve papel fundamental na construção
de minha carreira acadêmica.

Sumário

Agradecimentos

Gostaria de agradecer àqueles que de alguma forma participaram desta obra: Marcelo Avelino e família (em especial João), Marcelo Coelho, Júnio Moreto, Belmário, Flávio Lyra, Walter Álvares, Rubens Famá, José Dutra Vieira Sobrinho, Alberto Fossa, Levi Guimarães e família; aos amigos Luzia, Valter Batista, Luis Rogério Corrêa e família; Adélia, Cláudio Cunha, Günter Ulhmann, Eurípedes, prof. Eustáquio (Tacão) e aos meus alunos e ex-alunos da graduação e pós-graduação que fundamentaram o desenvolvimento da metodologia adotada na explicação dos capítulos.

À minha família e, em especial, à minha esposa, Dênia, pelo excelente suporte para o desenvolvimento deste livro.

Prefácio

A segunda edição do livro do professor Cristiano Marchi Gimenes, que já na primeira arrancada conquistou um público tão vasto, chega em nova roupagem. A primeira edição foi um sucesso, chegando a vender mais de 30 mil exemplares, número extremamente significativo para livros didáticos desta natureza. Os pontos fortes do livro já foram sugeridos no prefácio da primeira edição: esmerado tratamento didático, problemas voltados para a vida prática e preocupação com o desempenho do estudante. Essa preocupação, aliás, é uma das marcas da carreira do professor Cristiano, em sala de aula. A novidade desta edição está na parte dedicada às finanças pessoais, de grande utilidade para as pessoas envolvidas na correria destas primeiras décadas do século XXI. Falo em primeiras décadas porque espero que as edições deste livro se sucedam.

Entre os traços definidores de um bom livro didático está a capacidade de trazer a ciência para a vida cotidiana. Há livros didáticos que, de tão impenetráveis, tornam-se antididáticos. Mas esta obra quebra a tradição dos livros obscuros, abrindo caminho para um estudo sério e divertido. Além disso, o que fala mais alto nesta nova edição é o empreendedorismo e a capacidade inovadora do autor.

Só me resta augurar maior sucesso ainda a esta e às futuras edições.

Prof. Carlos Roberto Vieira Araujo

Apresentação

MENSAGEM AOS MESTRES

Destaca-se como principal diferencial a metodologia de ensino, principalmente aquela aplicada à resolução os exemplos, cujo principal agente é o leitor. A seguir, o professor encontrará um detalhamento da estrutura do livro, para que possa utilizá-lo melhor em suas aulas.

Estrutura do livro: o livro está dividido em quatro partes. A Parte 1 contém quatro capítulos (1 a 4), em que são apresentados os conceitos básicos de matemática, de matemática financeira, da calculadora HP 12c e do Excel. A Parte 2 conta com seis capítulos (5 a 10), que tratam sobre juros compostos — tema central do livro. A Parte 3 compreende apenas o Capítulo 11, que engloba os principais assuntos de juros simples. E a Parte 4, composta pelo capítulo 12, trata de finanças pessoais

Preparação das aulas: o estudo começa com uma revisão/fundamentação na Parte 1, que pode ou não ser estudada de acordo com a realidade da turma. De qualquer maneira, o Capítulo 2 apresenta claramente a metodologia do livro e não deve jamais ser suprimido. Uma vez tendo sido realizada uma revisão/fundamentação, e de acordo com alguns programas, o Capítulo 11, que trata de juros simples, pode ser trabalhado antes da Parte 2, que aborda juros compostos. Essa alteração fica a critério do docente. No site de apoio do livro há uma sugestão de preparação de cronograma de aulas, com conteúdos, exercícios e avaliações.

Metodologia de ensino: a primeira aula pode ser uma revisão da matemática fundamental, cujo conteúdo encontra-se no Capítulo 1. O ensino da matemática financeira começa no Capítulo 2, que é fundamental para a compreensão da disciplina e mostra o método trabalhado no livro, que é, essencialmente, como resolver qualquer exercício de matemática financeira. Alguns alunos têm dificuldade em interpretar textos e organizar dados; assim, cada exemplo apresentado nos capítulos deve ser resolvido em quatro etapas: "Coleta de dados", "Terminologia", "Diagrama" e "Cálculo". Sugere-se ao professor que resolva os exercícios utilizando essas etapas; para facilitar, a lousa pode ser dividida em quatro ou oito partes, onde serão resolvidos os exercícios. Aconselha-se ao mestre que leia a mensagem aos leitores como complemento a este item.

Estrutura dos capítulos: cada capítulo traz, na apresentação, basicamente os seguintes tópicos: "Por que estudar", "Objetivos do capítulo", "Habilidades a serem desenvolvidas" e "Principais tópicos". Enfatize bem essa introdução, pois está comprovado que não existe interesse em aprender quando não se sabe para que serve e como pode ser aplicado o que é ensinado. Resolva, em classe, os exemplos apresentados em cada capítulo, pois, desse modo, a matéria será transmitida de maneira dinâmica e gradual. Após os exemplos, existem os exercícios resolvidos, que podem ser abordados usando o método proposto no Capítulo 2. Os exercícios de fixação podem ser encontrados após os exercícios resolvidos, visto que, como o próprio nome diz; fixam o conteúdo.

Pretende-se, com isso, propiciar condições ao autoestudo do leitor/estudante, quando necessário. Muitos conteúdos ainda pertinentes à matemática financeira não foram abordados nesta obra, pois fogem de seu escopo básico. Todo o trabalho deve ser realizado de modo a enfatizar e enraizar a importância do estudo dessa disciplina para todas as pessoas, independente de sua formação, pois, por ser considerada a matemática da vida, é um assunto que, se bem estudado, traz benefícios imensuráveis a seus usuários.

MENSAGEM AOS ALUNOS

Por se tratar de um assunto que está presente na vida da maioria das pessoas, esse livro foi cuidadosamente elaborado para que o ensino da matemática financeira esteja ao alcance de todos que a ele tiverem acesso. É um livro de abordagem básica e direta, direcionado a qualquer pessoa interessada em identificar as operações mais comuns no mercado e àqueles que pretendem administrar melhor seu dinheiro. O capítulo sobre finanças pessoais é de extrema importância e deve ser preferencialmente estudado após os demais.

A didática trabalhada no decorrer dos capítulos é singular, pois aplica metodicamente o texto às necessidades práticas do leitor. Todo o conteúdo é explicado por exemplos em que o leitor é o sujeito da ação. Sempre partiremos de um exemplo prático, para depois desenvolvermos a teoria. Aconselha-se que a introdução de todos os capítulos seja lida mais de uma vez, antes do início do desenvolvimento dos assuntos apresentados em cada um dos capítulos. Leia sempre com muita atenção os tópicos "Por que estudar", "Objetivos do capítulo", "Habilidades a serem desenvolvidas" e "Fundamentos". Em síntese, a didática e a metodologia têm como foco o autoestudo de qualquer pessoa.

A obra está dividida em quatro partes: a Parte 1, intitulada "Conceitos básicos", é composta por quatro capítulos: "Revisão de tópicos úteis da matemática", "Fundamentos da matemática financeira", "A calculadora financeira HP 12c" e "Como utilizar o Excel". A Parte 2 é destinada aos juros compostos, e Parte 3, aos juros simples; na Parte 4 o leitor encontrará a grande novidade desta edição: o capítulo sobre finanças pessoais.

Alguns estudantes talvez já detenham parte dos conhecimentos básicos apresentados na Parte 1, mesmo assim, sugere-se o estudo do Capítulo 2, que trata dos fundamentos da matemática financeira. Os apêndices são complementares aos assuntos e devem ser lidos à medida que são citados nos capítulos.

Os instrumentos de aplicação da teoria são a calculadora HP 12c e o software Excel, da Microsoft. A utilização da calculadora HP 12c pode ser substituída pelo Excel em qualquer ponto, e é importante que se saiba manusear os dois instrumentos.

DICAS PARA UM BOM ESTUDO DESSE LIVRO:

- De maneira geral, leia sempre com muita atenção os exemplos dos capítulos. Com certeza você já se deparou com algum deles pelo menos uma vez.
- Imagine-se em cada situação proposta, textualmente: seja o sujeito da ação. É importante ter em mente que matemática financeira é 100 por cento prática, portanto, pratique!

- Estude muito bem o Capítulo 2, "Fundamentos da matemática financeira", pois ele é a base de tudo. Se você já possui bons conhecimentos de matemática fundamental, comece o livro por ele.
- Faça sempre a maior quantidade de exercícios que conseguir; eles estão dispostos em ordem de dificuldade, fixam o aprendizado e lhe preparam para novos desafios.
- Procure, além do livro, situações de aplicação dos conteúdos. Todas as situações que foram apresentadas são factíveis, ou seja, não será apresentado nada que não seja útil. E muitas vezes você terá de unir o conteúdo de um capítulo a outro para resolver problemas encontrados em seu dia a dia.

NOVA DIAGRAMAÇÃO

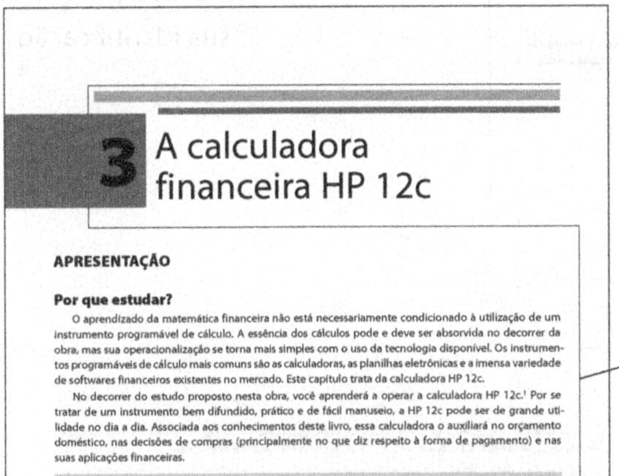

3 A calculadora financeira HP 12c

APRESENTAÇÃO

Por que estudar?

O aprendizado da matemática financeira não está necessariamente condicionado à utilização de um instrumento programável de cálculo. A essência dos cálculos pode e deve ser absorvida no decorrer da obra, mas sua operacionalização se torna mais simples com o uso da tecnologia disponível. Os instrumentos programáveis de cálculo mais comuns são as calculadoras, as planilhas eletrônicas e a imensa variedade de softwares financeiros existentes no mercado. Este capítulo trata da calculadora HP 12c.

No decorrer do estudo proposto nesta obra, você aprenderá a operar a calculadora HP 12c.[1] Por se tratar de um instrumento bem difundido, prático e de fácil manuseio, a HP 12c pode ser de grande utilidade no dia a dia. Associada aos conhecimentos deste livro, essa calculadora o auxiliará no orçamento doméstico, nas decisões de compras (principalmente no que diz respeito à forma de pagamento) e nas suas aplicações financeiras.

IMPORTANTE: Saiba que o custo da calculadora é muito baixo se comparado à economia que ela pode proporcionar. Se você não gosta de desperdiçar dinheiro, tenha uma HP 12c como aliada.

A Hewlett Packard tem tradicionalmente as seguintes calculadoras financeiras: HP 10B, HP 12c, HP 17B$_{II}$ e a HP 19B$_{II}$. Em dezembro de 2003 a HP 12c Platinum foi lançada. Existem poucas diferenças entre a HP 12c tradicional (dourada) e a Platinum, de modo que você pode adquirir qualquer uma das duas.

Caso tenha outro tipo de calculadora financeira, você deverá recorrer ao manual para verificar como se operacionaliza cada assunto deste livro.

A explicação da teoria dos capítulos não depende de nenhum instrumento de cálculo mais sofisticado. Você poderá entender os conceitos relacionados à matemática financeira sem a HP 12c, mas não vai operacionalizá-los dinamicamente e, portanto, poderá encontrar dificuldade para fixar o aprendizado.

Objetivos do capítulo

Este capítulo está fundamentado em explicações básicas sobre a HP 12c. O objetivo é dar base para que você possa compreender os assuntos tratados posteriormente.

[1] Para os cursos em que o Excel será o instrumento de cálculo, passar para o próximo capítulo.

As aberturas de capítulos estão delimitadas, facilitando sua identificação.

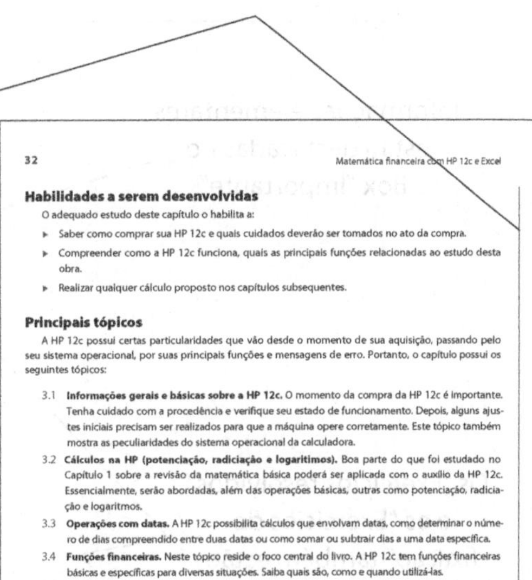

32 Matemática financeira com HP 12c e Excel

Habilidades a serem desenvolvidas

O adequado estudo deste capítulo o habilita a:

- Saber como comprar sua HP 12c e quais cuidados deverão ser tomados no ato da compra.
- Compreender como a HP 12c funciona, quais as principais funções relacionadas ao estudo desta obra.
- Realizar qualquer cálculo proposto nos capítulos subsequentes.

Principais tópicos

A HP 12c possui certas particularidades que vão desde o momento de sua aquisição, passando pelo seu sistema operacional, por suas principais funções e mensagens de erro. Portanto, o capítulo possui os seguintes tópicos:

3.1 **Informações gerais e básicas sobre a HP 12c.** O momento da compra da HP 12c é importante. Tenha cuidado com a procedência e verifique seu estado de funcionamento. Depois, alguns ajustes iniciais precisam ser realizados para que a máquina opere corretamente. Este tópico também mostra as peculiaridades do sistema operacional da calculadora.

3.2 **Cálculos na HP (potenciação, radiciação e logaritmos).** Boa parte do que foi estudado no Capítulo 1 sobre a revisão da matemática básica poderá ser aplicada com o auxílio da HP 12c. Essencialmente, serão abordadas, além das operações básicas, outras como potenciação, radiciação e logaritmos.

3.3 **Operações com datas.** A HP 12c possibilita cálculos que envolvam datas, como determinar o número de dias compreendido entre duas datas ou como somar ou subtrair dias a uma data específica.

3.4 **Funções financeiras.** Neste tópico reside o foco central do livro. A HP 12c tem funções financeiras básicas e específicas para diversas situações. Saiba quais são, como e quando utilizá-las.

3.5 **Mensagens de erro.** Exibe os possíveis erros que podem ocorrer durante a operacionalização dos assuntos tratados neste livro.

3.1 Informações gerais e básicas sobre a HP 12c

Esse assunto está dividido em quatro tópicos: cuidados na hora da compra, primeiros passos, modo de operação e memória automática e registro de pilhas.

3.1.1 Cuidados na hora da compra

A HP 12c, se devidamente cuidada, tem duração indeterminada. No entanto, ao comprar a calculadora é importante realizar um teste de circuitos.

a) Teste de funcionamento de circuitos

A versão de embalagem mais comum da HP 12c é de plástico transparente, de forma que é possível ter acesso ao teclado da calculadora. Um teste automático de circuitos indica se todas as funções e os circuitos da máquina estão em bom funcionamento.

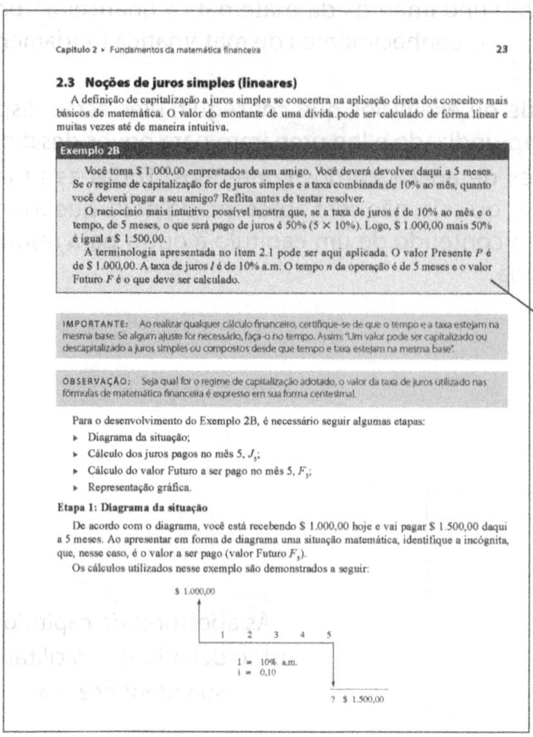

Capítulo 2 ▸ Fundamentos da matemática financeira 23

2.3 Noções de juros simples (lineares)

A definição de capitalização a juros simples se concentra na aplicação direta dos conceitos mais básicos de matemática. O valor do montante de uma dívida pode ser calculado de forma linear e muitas vezes até de maneira intuitiva.

Exemplo 2B

Você toma $ 1.000,00 emprestados de um amigo. Você deverá devolver daqui a 5 meses. Se o regime de capitalização for de juros simples e a taxa combinada de 10% ao mês, quanto você deverá pagar a seu amigo? Reflita antes de tentar resolver.

O raciocínio mais intuitivo possível mostra que, se a taxa de juros é de 10% ao mês e o tempo, de 5 meses, o que será pago de juros é 50% (5 × 10%). Logo, $ 1.000,00 mais 50% é igual a $ 1.500,00.

A terminologia apresentada no item 2.1 pode ser aqui aplicada. O valor Presente P é de $ 1.000,00. A taxa de juros I é de 10% a.m. O tempo n da operação é de 5 meses e o valor Futuro F é o que deve ser calculado.

IMPORTANTE: Ao realizar qualquer cálculo financeiro, certifique-se de que o tempo e a taxa estejam na mesma base. Se algum ajuste for necessário, faça-o no tempo. Assim: "Um valor pode ser capitalizado ou descapitalizado a juros simples ou compostos desde que tempo e taxa estejam na mesma base".

OBSERVAÇÃO: Seja qual for o regime de capitalização adotado, o valor da taxa de juros utilizado nas fórmulas de matemática financeira é expresso em sua forma centesimal.

Para o desenvolvimento do Exemplo 2B, é necessário seguir algumas etapas:

- Diagrama da situação;
- Cálculo dos juros pagos no mês 5, J_5;
- Cálculo do valor Futuro a ser pago no mês 5, F_5;
- Representação gráfica.

Etapa 1: Diagrama da situação

De acordo com o diagrama, você está recebendo $ 1.000,00 hoje e vai pagar $ 1.500,00 daqui a 5 meses. Ao apresentar em forma de diagrama uma situação matemática, identifique a incógnita, que, nesse caso, é o valor a ser pago (valor Futuro F_5).

Os cálculos utilizados nesse exemplo são demonstrados a seguir:

Os exemplos estão destacados, para facilitar sua identificação

Informações elementares estão destacadas no Box "Importante"

Os "Exercícios resolvidos" e os "Exercícios de fixação" também estão com destaque especial.

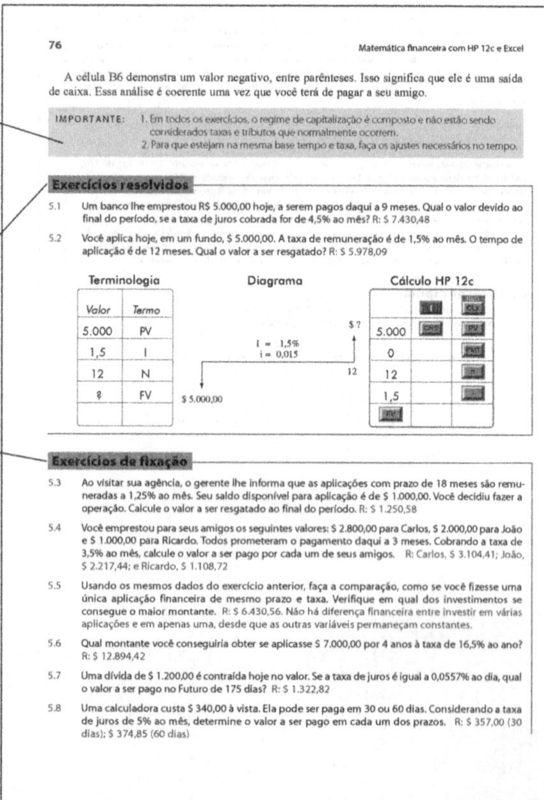

76 Matemática financeira com HP 12c e Excel

A célula B6 demonstra um valor negativo, entre parênteses. Isso significa que ele é uma saída de caixa. Essa análise é coerente uma vez que você terá de pagar a seu amigo.

IMPORTANTE: 1. Em todos os exercícios, o regime de capitalização é composto e não estão sendo considerados taxas e tributos que normalmente ocorrem.
2. Para que estejam na mesma base tempo e taxa, faça os ajustes necessários no tempo.

Exercícios resolvidos

5.1 Um banco lhe emprestou R$ 5.000,00 hoje, a serem pagos daqui a 9 meses. Qual o valor devido ao final do período, se a taxa de juros cobrada for de 4,5% ao mês? R: $ 7.430,48

5.2 Você aplica hoje, em um fundo, $ 5.000,00. A taxa de remuneração é de 1,5% ao mês. O tempo de aplicação é de 12 meses. Qual o valor a ser resgatado? R: $ 5.978,09

Terminologia

Valor	Termo
5.000	PV
1,5	I
12	N
?	FV

Exercícios de fixação

5.3 Ao visitar sua agência, o gerente lhe informa que as aplicações com prazo de 18 meses são remuneradas a 1,25% ao mês. Seu saldo disponível para aplicação é de $ 1.000,00. Você decidiu fazer a operação. Calcule o valor a ser resgatado ao final do período. R: $ 1.250,58

5.4 Você emprestou para seus amigos os seguintes valores: $ 2.800,00 para Carlos, $ 2.000,00 para João e $ 1.000,00 para Ricardo. Todos prometeram o pagamento daqui a 3 meses. Cobrando a taxa de 3,5% ao mês, calcule o valor a ser pago por cada um de seus amigos. R: Carlos, $ 3.104,41; João, $ 2.217,44; e Ricardo, $ 1.108,72

5.5 Usando os mesmos dados do exercício anterior, faça a comparação, como se você fizesse uma única aplicação financeira de mesmo prazo e taxa. Verifique em qual dos investimentos se consegue o maior montante. R: $ 6.430,56. Não há diferença financeira entre investir em várias aplicações e em apenas uma, desde que as outras variáveis permaneçam constantes.

5.6 Qual montante você conseguiria obter se aplicasse $ 7.000,00 por 4 anos à taxa de 16,5% ao ano? R: $ 12.894,42

5.7 Uma dívida de $ 1.200,00 é contraída hoje no valor. Se a taxa de juros é igual a 0,0557% ao dia, qual o valor a ser pago no Futuro de 175 dias? R: $ 1.322,82

5.8 Uma calculadora custa $ 340,00 à vista. Ela pode ser paga em 30 ou 60 dias. Considerando a taxa de juros de 5% ao mês, determine o valor a ser pago em cada um dos prazos. R: $ 357,00 (30 dias); $ 374,85 (60 dias)

Material de apoio

No site www.grupoa.com.br professores e alunos podem acessar os seguintes materiais adicionais:

Para professores

- Apresentações em PowerPoint
- Sugestão de planejamento de aula

Esse material é de uso exclusivo para professores e está protegido por senha. Para ter acesso a ele, os professores que adotam o livro devem entrar em contato através do e-mail divulgacao@grupoa.com.br.

Para estudantes

- Material de apoio às aulas
- Exercícios adicionais

Todos esses recursos e ferramentas de aprendizagem tornam a nova edição de *Matemática financeira com HP 12c e Excel: uma abordagem descomplicada* ainda mais completo e eficaz, contribuindo diretamente para o bom entendimento do estudante nesta disciplina tão importante e essencial.

Bom trabalho!

PARTE I

Conceitos básicos

1 Revisão de tópicos úteis da matemática

APRESENTAÇÃO

Por que estudar?

A matemática financeira está, com raríssimas exceções, apoiada no conteúdo de matemática estudado nos ensinos fundamental e médio. A principal diferença reside na aplicação dos assuntos, que fogem da abstrata abordagem tradicional. Por esse motivo, após recordar esse conteúdo, qualquer pessoa está apta a compreender este livro, administrar bem suas finanças e fazer bons negócios.

Muitas pessoas têm verdadeiro trauma de matemática, o que é compreensível. O ensino tradicional da matemática, com poucas exceções, é de certa forma abstrato e pouco relacionado às atividades do dia a dia. E assim deve ser. As aplicações devem ficar a cargo da física, da química e de outras disciplinas estudadas com mais propriedade na universidade, tais como: microeconomia, macroeconomia, estatística, finanças, resistência dos materiais, matemática financeira, entre outras disciplinas que compõem a matriz curricular de vários cursos de graduação.

Este livro é um desafio para aqueles que apresentam traumas matemáticos passados, que certamente serão superados ao se verificar a aplicabilidade dos assuntos tratados.

O maior motivo para estudar matemática financeira é aprender a identificar as operações mais comuns no mercado e a administrar melhor seu dinheiro.

Objetivos do capítulo

Como este capítulo é uma revisão da matemática elementar, seu objetivo é dar condições ao leitor de compreender os demais capítulos independentemente de seu grau de conhecimento matemático atual.

O leitor que possuir tais conhecimentos poderá passar para o próximo capítulo.

Habilidades a serem desenvolvidas

O adequado estudo deste capítulo o habilita a:

- Ter uma definição clara de porcentagem, potenciação, radiciação e logaritmos.
- Identificar uma progressão, discriminando se é geométrica ou aritmética e seu tipo de razão.
- Compreender os assuntos abordados neste livro, uma vez que todo ele se fundamenta matematicamente neste capítulo.

Principais tópicos

Os tópicos abaixo serão explicados a seguir.

1.1 Definição de números (naturais, inteiros, reais, racionais e irracionais)
1.2 Porcentagem (definição, adição e subtração)
1.3 Razão
1.4 Proporção
1.5 Regra de três simples
1.6 Potenciação
1.7 Potência (definição e propriedades)
1.8 Radiciação
1.9 Logaritmos
1.10 Equações
1.11 Progressões numéricas (PA e PG)

IMPORTANTE: Embora neste livro a teoria seja demonstrada a partir de exemplos práticos, este capítulo é uma recordação de tópicos elementares da matemática e não apresenta problemas baseados em situações reais. Isso será visto no momento oportuno.

1.1 Definição de números (naturais, inteiros, reais, racionais e irracionais)

Inicialmente, vale recordar os conjuntos de números. A definição de cada um está de acordo com o dicionário:

- **Números naturais:** representados pela letra *N*, são os números inteiros. Exemplos: 0, 1, 2, 3...
- **Números inteiros:**[1] representados pela letra *Z*, que vem do alemão *zahl* (leia "tsal"), que significa número. Exemplos: ...−2,−1, 0, 1, 2...
- **Números racionais:**[2] a palavra 'racional' vem do latim *ratio* (divisão). São os números que resultam da divisão de dois números inteiro. Exemplo: $\frac{3}{4}$.
- **Números irracionais:**[3] são aqueles que não podem ser obtidos pela divisão de dois números inteiros. Exemplos: $\sqrt{2}, \sqrt{3}$...
- **Números reais:**[4] união dos conjuntos de números racionais com irracionais.

1.2 Porcentagem (definição, adição e subtração)

Uma vez que a taxa de juros é a remuneração do capital envolvido em uma operação financeira e está expressa em valores percentuais, é preciso que se compreenda muito bem o conceito de porcentagem.

A definição de porcentagem ou percentagem reside na divisão de algo por cem. Portanto, o que seria 10 por cento? Nada mais do que a décima parte de algo, ou 10 dividido por 100. Tudo o que for por cento é dividido por cem. Segundo o dicionário:[5]

---

[1] GIMENES, Luis Márcio; LELLIS, Marcelo. *Microdicionário de matemática*, São Paulo: Scipione, 1998, p. 78.
[2] Idem, p. 211.
[3] Ibid., p. 2.074.
[4] Ibid., p. 211.
[5] Ibid., p. 246.

Porcentagem: parte de um total de 100 partes [símbolo %].

Exemplo 1A

Calcule:

a) $1\% = \frac{1}{100} = 0{,}01$

b) $10\% = \frac{10}{100} = 0{,}10$

c) $0{,}1\% = \frac{0{,}1}{100} = 0{,}001$

d) $2{,}5\% = \frac{2{,}5}{100} = 0{,}025$

e) $150\% = \frac{150}{100} = 1{,}50$

f) $7{,}5\% = \frac{7{,}5}{100} = 0{,}075$

g) $100\% = \frac{100}{100} = 1{,}00$

O item g mostra que 100% é igual a 1. Se qualquer número multiplicado por 1 ou (100%) é ele mesmo, então qualquer número multiplicado por 0,10 (ou 10%), por exemplo, resultará em sua décima parte. Outro exemplo:

Exemplo 1B

Calcule:

a) 10% de 100 = $0{,}10 \times 100 = 10$

b) 5% de 2.000= $0{,}05 \times 2.000 = 100$

c) 0,1% de 1.000= $0{,}001 \times 1.000 = 1$

d) 9,5% de 750 = $0{,}095 \times 750 = 71{,}25$

e) 89% de 400 = $0{,}89 \times 400 = 356$

f) 0,89% de 5.600= $0{,}0089 \times 5.600 = 49{,}84$

g) 1,75% de 300 = $0{,}0175 \times 300 = 5{,}25$

1.2.1 Adição percentual

Se 10% de 100 é 10, então 100 mais 10% de 100 será igual a 110. Essa expressão pode ser reescrita: $(100 \times 1) + (100 \times 0{,}10) = 110$, e o número 100 pode ser colocado em evidência, resultando em: $100 \times (1 + 0{,}10) = 110$.

A adição percentual é resultado de um número qualquer, vezes 1, mais o valor percentual (%) a ser acrescido.

De agora em diante, entenda $a + x\%$ como *a mais x% de a.*

Exemplo 1C

Calcule o resultado de uma expressão em que a um número é acrescida sua porcentagem.

a) $2.000 + 5\% = 2.000 \times 1{,}05 = 2.100$

b) $1.000 + 0{,}1\% = 1.000 \times 1{,}001 = 1.001$

c) $750 + 9{,}5\% = 750 \times 1{,}095 = 821{,}25$

d) $400 + 89\% = 400 \times 1{,}89 = 756$

e) $5.600 + 0{,}89\% = 5.600 \times 1{,}0089 = 5.649{,}84$

f) $300 + 1{,}75\% = 300 \times 1{,}0175 = 305{,}25$

g) $270 + 120\% = 270 \times \left(1 + \frac{120}{100}\right) = 270 \times (1 + 1{,}20) = 594$

Comentário sobre o item g: neste momento é importante ressaltar que 120% é igual a 1,20, que somado ao número 1 resulta em 2,20.

1.2.2 Subtração percentual

De modo análogo à adição, se 10% de 100 é 10, então 100 menos 10% de 100 será igual a 90. Essa expressão pode ser reescrita: $(100 \times 1) - (100 \times 0{,}10) = 90$ e o número 100 pode ser colocado em evidência, resultando em: $100 \times (1 - 0{,}10) = 90$.

A subtração percentual é resultado de um número qualquer, vezes 1, menos o valor percentual (%) a ser subtraído.

De agora em diante, entenda *a − x%* como *a menos x% de a.*

Exemplo 1D

Calcule o resultado de uma expressão em que de um número é subtraída a sua porcentagem.

a) $2.000 - 5\% = 2.000 \times (1 - 0{,}05) = 2.000 \times 0{,}95 = 1.900$

b) $1.000 - 0{,}1\% = 1.000 \times (1 - 0{,}001) = 1.000 \times 0{,}999 = 999$

c) $750 - 9{,}5\% = 750 \times (1 - 0{,}095) = 750 \times 0{,}9050 = 678{,}75$

d) $400 - 89\% = 400 \times (1 - 0{,}89) = 400 \times 0{,}11 = 44$

e) $5.600 - 0{,}89\% = 5.600 \times (1 - 0{,}0089) = 5.600 \times 0{,}9911 = 5.550{,}16$

f) $300 - 1{,}75\% = 300 \times (1 - 0{,}0175) = 300 \times 0{,}9825 = 294{,}75$

Note que ao número 1 deve ser somado ou subtraído um valor percentual. Isso ocorre porque, nesse procedimento, o 1 simboliza justamente 100% de qualquer valor. Se mais do que 100% for subtraído de um número qualquer, o resultado será negativo.

1.3 Razão

Vem do latim *ratio,* que significa divisão de um numerador (antecedente) por um denominador (consequente). Segundo o dicionário:[6]

Razão: noção relacionada com a comparação de duas unidades por meio da divisão.

[6] Op. cit., p. 267.

A representação algébrica da razão mais conhecida é feita pela letra q. Pode-se dizer, por exemplo, que a razão entre 3 e 9 é de $\frac{1}{3}$; $q = \frac{3}{9} = \frac{1}{3}$.

Uma sequência de números pode ou não apresentar uma razão constante, por exemplo: A{2, 4, 8, 16}. A razão entre os termos consecutivos da sequência A é constante e igual a 2 ($q = \frac{4}{2} = \frac{8}{4} = \frac{16}{8} = 2$). Se a razão entre esses números é constante, então eles são proporcionais.

Exemplo 1E

Considere que em uma empresa trabalhem 80 homens e 20 mulheres.

a) Qual a razão entre o número de homens e de mulheres? $q = \frac{80}{20} = 4$

b) Qual a razão entre o número de mulheres e de homens? $q = \frac{20}{80} = \frac{1}{4}$

1.4 Proporção

O conceito de proporção está intimamente ligado ao conceito de razão e é um pouco mais abrangente. Segundo o dicionário:[7]

Proporção: 1. Relação multiplicativa entre duas grandezas, dois números ou duas medidas.
2. Representa a igualdade entre duas razões.

Exemplo relativo à primeira definição: Considere que a razão entre o número de mulheres e de homens seja igual a $\frac{1}{4}$. Isso quer dizer que há proporção de 1 mulher para 4 homens, ou seja, 4 vezes mais homens do que mulheres.

Exemplo relativo à segunda definição: A proporção $\frac{4}{2} = \frac{8}{4}$ é também uma equação e pode apresentar uma incógnita: $\frac{x}{2} = \frac{8}{4}$. A resolução da equação é feita pela regra de três simples.

1.5 Regra de três simples

Muito utilizada em diversas situações do dia a dia e em matemática financeira no estudo de juros simples. Segundo o dicionário:[8]

Regra de três: 1. Tipo de equação usada em problemas de proporcionalidade. Envolve três números conhecidos e uma incógnita.
2. Método empregado para resolver problemas de proporcionalidade, pode ser simples ou composta (quando envolve mais de duas grandezas proporcionais).

[7] Op. cit., p. 252.
[8] Idem., p. 272.

Exemplo 1F

Um quilo de carne custa $ 12,00. Qual o valor de 300 gramas?

Montagem

1.000 gramas ——— $ 12,00

300 gramas ——— $ x

Resolução

$$\frac{1{,}000}{300} = \frac{12}{x} \Rightarrow x = \frac{12 \times 300}{1{,}000} = 3{,}60$$

Resposta: O preço de 300 gramas de carne é $ 3,60.

Exemplo 1G

A taxa de juros cobrada em um financiamento de imóveis é de 24% ao ano. Calcule a taxa de juros mensal.

Montagem

12 meses ——— 24%

1 mês ——— x%

Resolução

$$\frac{12}{1} = \frac{24}{x} \Rightarrow x = \frac{24 \times 1}{12} = 2.$$

Resposta: A taxa de juros mensal é de 2%.

Esse tipo de cálculo é realmente comum em financiamentos imobiliários pelo sistema Price.[9]

1.6 Potenciação

Ao realizar uma operação de multiplicação de mesma base mais de uma vez, por exemplo, o recurso da potenciação pode ser utilizado. Segundo o dicionário:[10]

Potenciação: é a operação em que, dados uma base e um expoente, se calcula uma potência.

Exemplo 1H

$2^1 \times 2^1 \times 2^1 \times 2^1 \times 2^1 = 2^5$, neste caso, basta conservar a base e somar os expoentes. O conceito de potenciação está intimamente ligado ao de potência.

1.7 Potência (definição e propriedades)

Uma vez definida a potenciação, pode-se apresentar a definição de potência. Segundo o dicionário:[11]

Potência: produto de fatores iguais. É o resultado da potenciação.

[9] Assunto abordado com mais propriedade no Capítulo 8 desta obra.

[10] Op. cit., p. 249.

[11] Idem., p. 247.

Exemplo 1I

a) $x^1 = x$ para qualquer *número real*

b) $x^0 = 1$ para qualquer *número real* e $x \neq 0$

c) $x^{-n} = \frac{1}{x^n}$ para qualquer *número real* e $x \neq 0$

d) $x^{\frac{a}{b}} = \sqrt[b]{x^a}$ para qualquer *número real* e x 7 0 ; $b \neq 0$; então $\frac{a}{b} \in$ *racionais.*

1.7.1 Propriedades

1ª) $x^a \times x^b = x^{a+b}$

a) $2^3 \times 2^2 = 2^{3+2} = 2^5 = 32$ b) $3^{\frac{1}{2}} \times 3^{\frac{1}{4}} = 3^{\frac{1}{2}+\frac{1}{4}} = 3^{\frac{2+1}{4}} = 3^{\frac{3}{4}}$

2ª) $x^a \div x^b = x^{a-b}$

a) $2^5 \div 2^2 = 2^{5-2} = 2^3 = 8$ b) $3^{\frac{2}{3}} \div 3^{\frac{1}{4}} = 3^{\frac{2}{3}-\frac{1}{4}} = 3^{\frac{8-3}{12}} = 3^{\frac{5}{12}}$

3ª) $(x^a)^b = x^{a \times b}$

a) $(2^2)^3 = 2^{2 \times 3} = 2^6 = 64$ b) $\left(2^{\frac{4}{3}}\right)^{\frac{3}{2}} = 2^{\frac{4}{3} \times \frac{3}{2} = \frac{12}{6}} = 2^2 = 4$

4ª) $(a \times b)^n = a^n \times b^n$

a) $(2 \times 4)^3 = 2^3 \times 4^3 = 8 \times 64 = 512$

b) $\left(\frac{1}{2} \times \frac{1}{3}\right)^2 = \left(\frac{1}{2}\right)^2 \times \left(\frac{1}{3}\right)^2 = \frac{1}{4} \times \frac{1}{9} = \frac{1}{36}$

5ª) $(a \div b)^n = a^n \div b^n$

a) $(8 \div 2)^3 = 8^3 \div 2^3 = 64$

b) $\left(\frac{1}{2} \div \frac{1}{4}\right)^2 = \left(\frac{1}{2}\right)^2 \div \left(\frac{1}{4}\right)^2 = \frac{1}{4} \div \frac{1}{16} = \frac{16}{4} = 4$

1.8 Radiciação

Operação que envolve raízes. A definição de radiciação, segundo o dicionário,[12] é a seguinte: **Radiciação:** é a operação em que, dados o radicando e o índice, se calcula uma raiz.

1.8.1 Raiz

Uma raiz pode ser quadrada, cúbica, quarta, quinta, sexta etc. O tipo da raiz está indicado no índice. Uma raiz é simbolizada pelo radical, e o número do qual se deve extrair a raiz chama-se radicando.

[12] Op. cit., p. 265.

$$\text{índice} \Rightarrow \sqrt[a]{x} \begin{matrix} \Rightarrow \text{radical} \\ \Rightarrow \text{radicando} \end{matrix}$$

Para qualquer *número real* e $x > 0\,; a > 0$.

Normalmente, quando o índice é omitido da notação, a raiz é quadrada. Nos outros casos, ele é expresso claramente.

Exemplo 1J

a) $\sqrt{4} = 2$	d) $\sqrt[3]{8} = 2$	g) $\sqrt[4]{16} = 2$	j) $\sqrt[5]{32} = 2$
b) $\sqrt{25} = 5$	e) $\sqrt[3]{125} = 5$	h) $\sqrt[4]{625} = 5$	k) $\sqrt[5]{3.125} = 5$
c) $\sqrt{0{,}25} = 0{,}5$	f) $\sqrt[3]{0{,}125} = 0{,}5$	i) $\sqrt[4]{0{,}0625} = 0{,}5$	

Se $\sqrt[4]{16} = 2$, então $2^4 = 16$. Portanto, *a radiciação é uma operação inversa à potenciação.* O termo que simboliza a raiz é o *radical* e ele pode ser representado na forma de potência.

Note que $2^4 = 16$; $\sqrt[4]{16} = 2$; substitui $\sqrt[4]{2^4} = 2$; elimina o radical $2^{\frac{4}{4}} = 2$. O radicando pode estar elevado a um número qualquer. Veja o número 2^4 dentro da raiz: ele está substituindo o número 16. Logo:

$$\sqrt[a]{x^b} \text{ ou } x^{\frac{b}{a}}$$

O item *d* do Exemplo 1I já demonstra essa relação entre raiz e potência.

1.9 Logaritmos

O logaritmo é uma importante ferramenta a ser utilizada na matemática financeira. A notação mais comum de logaritmo estudada no ensino médio se refere ao *log* na base 10. Por exemplo:

$$\log_{10} 10 = 1, \text{ porque } 10 = 10^1\text{a}$$

A representação algébrica do logaritmo é a seguinte:

$$\log_a x = b$$

onde a é a base, x é o logaritmando e b é o logaritmo. Para qualquer *número real* e $x > 0\,; a > 0$. O *log* acima pode ser representado em forma de potência.

$$\log_a x = b \;\Rightarrow\; x = a^b$$

Exemplo 1K

a) $\log 1.000 = x \;\Rightarrow\; \log 10^3 = x \;\Rightarrow\; 10^3 = 10^x$; portanto $x = 3$

O logaritmo também pode estar na base de *Eüller* (leia *óiler*), cujo número é 2,718282 (trata-se de um número irracional, com 6 casas após a vírgula). Esse número é expresso pela letra *e*. Nesse caso, o *log* é chamado de logaritmo *neperiano* e é representado por *ln*.

$$\ln_e x = b \Rightarrow \ln x = b \Rightarrow x = e^b$$

A base *e* de *ln* não precisa ser escrita. A calculadora HP 12c trabalha somente com o logaritmo neperiano. A resolução de um *ln* pode ser feita pela calculadora ou pelo Excel, que são boas ferramentas para esse fim, do ponto de vista prático e operacional.

Assim como as potências, os logaritmos apresentam algumas propriedades que são válidas para qualquer tipo de logaritmo em qualquer base. Nos exemplos será utilizado *ln*.

1.9.1 Propriedades básicas e operatórias dos logaritmos

Uma vez que ainda não foi explicado como resolver os logaritmos pela HP e pelo Excel, por enquanto procure guardar estas propriedades que serão utilizadas no próximo tópico.

Propriedades básicas

1ª) $\log_a x = b \Rightarrow$ porque $x = a^b$

2ª) $\log_a 1 = 0 \Rightarrow$ porque $1 = a^0$

3ª) $\log_a a = 1 \Rightarrow$ porque $a = a^1$

4ª) $\log_a \frac{1}{a} = -1 \Rightarrow$ porque $\frac{1}{a} = a^{-1}$

5ª) $\log_a a^x = x \Rightarrow$ porque $a^x = a^x$

Propriedades operatórias

1ª) Da multiplicação: $\ln(a \times b) = \ln a + \ln b$

2ª) Da divisão: $\ln a \div b = \ln a - \ln b$

3ª) Da potência: $\ln a^b = b \times \ln a$

4ª) Da mudança de base para:[13] $\log_a b = \dfrac{\log_c b}{\log_c a}$

1.10 Equações

Já que todos os problemas matemáticos pedem uma solução, eles podem partir de uma equação. O objetivo deste item é, por meio das equações, trabalhar os principais conceitos vistos até aqui. Portanto, segundo o dicionário,[14] uma equação pode ser definida como:

Equação: sentença matemática na qual aparecem um sinal de igual e uma ou mais letras que representam números desconhecidos chamados de incógnitas.

A resposta de uma equação é chamada de raiz, ou de solução. Uma equação pode apresentar mais de uma raiz, e isso está relacionado ao seu grau.

1.10.1 Tipos de equações

Alguns tipos importantes de equações:

Equação do primeiro grau: é qualquer equação que possa ser escrita na forma $ax + b = 0$, tendo como condição $a \neq 0$.

[13] Não faz sentido mudar *ln* de base.

[14] Op. cit., p. 108.

Equação do segundo grau: é qualquer equação que possa ser escrita na forma $ax^2 + bx + c = 0$, tendo como condição $a \neq 0$. A equação do segundo grau pode ser resolvida pela fórmula de *Bhaskara,* dada por

$$x = \frac{-b \pm \sqrt{b^2 - (4 \times a \times c)}}{2 \times a},$$ e apresenta duas raízes como solução, ainda que sejam idênticas ou complexas.

Equação fracionária: é uma equação, não importa o grau, que apresenta a incógnita no denominador, do tipo $\frac{9}{x+3} = 21$, tendo como condição um x que não *zere* o denominador.

Equação irracional: é uma equação em que a incógnita está sob uma raiz, do tipo: $\sqrt{2x+5} = 3$. Neste caso, a raiz pode ser eliminada por *log*, radiciação ou potenciação.

Resolução:

$$\sqrt{2x+5} = 3 \Rightarrow (\sqrt{2x+5})^2 = (3)^2 \Rightarrow |(2x+5)^{\frac{1}{2}}|^2 = (3)^2$$

$$\Rightarrow (2x+5)^{\frac{2}{2}} = (3)^2 \Rightarrow 2x + 5 = 9 \Rightarrow x = \frac{9-5}{2} = 2$$

O próximo exemplo foi estruturado para que todos os conceitos apresentados até aqui sejam utilizados para resolver uma equação.

Exemplo 1L

Calcule o valor de x nas equações abaixo:

a) $3x - 9 = 0 \Rightarrow 3x = 9 \Rightarrow \mathbf{x = 3}$

b) $0{,}25x - 5 = 0 \Rightarrow 0{,}25x = 5 \Rightarrow \frac{1}{4}x = 5 \Rightarrow \mathbf{x = 20}$

c) $10^x = 100 \Rightarrow \log 10^x = \log 100 \Rightarrow x \times \log 10 = \log 100 \Rightarrow x \times 1 = 2$
$\Rightarrow \mathbf{x = 2}$

d) $1{,}2^x = 175 \Rightarrow \ln 1{,}2^x = \ln 175 \Rightarrow x \times \ln 1{,}2 = \ln 175 \Rightarrow \mathbf{x = \frac{\ln 175}{\ln 1{,}2}}$

e) $1.600 = 200 \times (1 + x)^3 \Rightarrow \frac{1.600}{200} = (1 + x)^3$
$\Rightarrow 8 = (1 + x)^3 \Rightarrow \sqrt[3]{8} = \sqrt[3]{(1 + x)^3} \Rightarrow 2 = (1 + x) \Rightarrow \mathbf{x = 1}$

f) $1.600 = 200 \times (2)^x \Rightarrow 8 = 2^x \Rightarrow 2^3 = 2^x \Rightarrow \mathbf{x = 3}$

g) $(1 + x)(1 + x)(1 + x) = 512 \Rightarrow (1 + x)^3 = 512 \Rightarrow \sqrt[3]{(1 + x)^3} = \sqrt[3]{512}$

$\Rightarrow (1 + x) = 8 \Rightarrow \mathbf{x = 7}$

h) $x^2 = 16 \Rightarrow \sqrt{x^2} = \sqrt{16} \Rightarrow \mathbf{x = \pm 4}$

i) $3x = \frac{1}{\sqrt{2}} \Rightarrow 3x = \frac{1}{\sqrt{2}} \times \frac{\sqrt{2}}{\sqrt{2}} \Rightarrow 3x = \frac{\sqrt{2}}{2} \Rightarrow \mathbf{x = \frac{\sqrt{2}}{6}}$

1.11 Progressões numéricas (PA e PG)

Existem dois tipos de progressões diretamente utilizadas na matemática financeira: a progressão aritmética (PA) e a progressão geométrica (PG). Essas progressões podem ser finitas, quando se conhece o número de termos, ou infinitas, quando estes tendem ao infinito. De modo geral, o estudo deste livro está concentrado nas progressões finitas.

Exemplo de uma PA: (2, 4, 6, 8, 10)
Exemplo de uma PG: (2, 4, 8, 16, 32)

Portanto, segue a representação algébrica de uma sequência numérica finita $(a_1, a_2, a_3, a_4 \ldots a_n)$ onde: a_1 é o primeiro termo, a_2 é o segundo, e a_n, o *enésimo* termo.

IMPORTANTE: Essa sequência pode ser uma PA ou uma PG. Isso dependerá de como se comporta a razão, em caso de adição PA e de multiplicação PG.

1.11.1 Progressão aritmética (PA)

O estudo das progressões é de grande aplicabilidade em matemática financeira. Por exemplo, uma sequência de pagamentos não uniformes relacionados a um empréstimo pode ser uma progressão aritmética (PA). Segue uma definição:

PA: sequência numérica finita ou não, na qual, partindo do segundo termo, cada termo é igual ao anterior acrescido (somado) de um valor fixo, denominado razão (r).

Uma PA pode ser crescente ou decrescente. Alguns exemplos para mostrar cada uma delas:

PA crescente finita: (120, 140, 160, 180, 200, 220, 240). Essa é uma PA de razão $r = 20$.

PA decrescente finita: (240, 220, 200, 180, 160, 140, 120). Essa é uma PA de razão $r = -20$.

Termo geral de uma PA: O termo geral permite que, a partir do valor do primeiro termo de uma PA, denominado de a_1, e de uma razão conhecida, se determine qualquer termo da sequência. Considere a seguinte PA crescente finita de cinco termos:

PA: (120, 140, 160, 180, 200, 220, 240). Note que a razão é 20 e o primeiro termo 120. Então:

$$a_n = a_1 + (n - 1) \times r$$

onde a_n é um termo 'ene' qualquer; a_1 é o primeiro termo da sequência; n é o número de termos até a_n e r é a razão.

Exemplo 1M

Determine, pela fórmula do termo geral, o quinto termo da PA crescente finita citada anteriormente.

Por se tratar do quinto termo, n é igual a 5. Os demais componentes já são conhecidos:

$$a_n = a_1 + (n - 1) \times r \Rightarrow a_5 = 120 + (5 - 1) \times 20 \Rightarrow a_5 = 120 + 80 = 200$$

Note que o valor confere com o da sequência mostrada. E se a PA for decrescente, a fórmula do termo geral poderá ser aplicada? A resposta é sim, mas a razão será negativa.

Exemplo 1N

Determine, pela fórmula do termo geral, o quinto termo da PA decrescente finita citada anteriormente.

De acordo com a sequência, o primeiro termo é igual a 240 e o segundo termo é igual a 220. Isso demonstra a razão, que é igual a −20. Portanto:

$$a_n = a_1 + (n - 1) \times r \Rightarrow a_5 = 240 + (5 - 1) \times (-20)$$
$$\Rightarrow a_5 = 240 - 80 = 160$$

Note que o valor confere, sendo idêntico ao do quinto termo da sequência.

Exemplo 1O

Uma empresa comprou determinado equipamento no valor de \$ 120.000,00 financiados por um sistema pelo qual o valor das parcelas é decrescente.[15] A primeira parcela foi de \$ 2.200,00, e a segunda, de \$ 2.190,00. O número total de parcelas é de 120. Supondo que não haja correção monetária, qual será o valor da parcela de número 37?

Como os valores da primeira e da segunda parcelas foram dados, a razão pode ser encontrada pela diferença entre elas, que é igual a (\$ 2.190 − \$ 2.200) = – \$ 10. Portanto:

$$a_n = a_1 + (n - 1) \times r \Rightarrow a_{37} = 2.200 + (37 - 1) \times (-10)$$
$$\Rightarrow a_{37} = 2.200 - 360 = 1.840$$

O valor da 37ª parcela será de \$ 1.840,00. Outra pergunta interessa a quem vai pagar esse financiamento: qual será o valor total pago na compra desse equipamento? Para que essa questão seja respondida, um outro item deve ser explicado.

Somatório dos termos de uma PA

Não é objeto deste estudo a dedução das fórmulas relacionadas à matemática básica, mas se valer delas para que outras sejam desenvolvidas. Assim, o somatório dos termos de uma PA finita crescente ou decrescente é o seguinte:

[15] O assunto sistemas de amortização de empréstimos será abordado no Capítulo 8 deste livro. Por enquanto, é suficiente saber que o tipo de sistema citado existe.

$$S_n = \frac{(a_1 + a_n) \times n}{2}$$

onde S_n é o resultado do somatório de n termos de uma PA, a_1 é o primeiro termo da sequência e a_n é o último termo.

Exemplo 1P

Considere os dados do exemplo anterior e calcule o valor total que a empresa pagará pelo equipamento adquirido.

Dentre todos os dados, falta calcular somente o valor da parcela de número 120, ou seja, a última parcela a_n.

$$a_n = a_1 + (n - 1) \times r \Rightarrow a_{120} = 2.200 + (120 - 1) \times (-10)$$
$$\Rightarrow a_{120} = 2.200 - 1.190 = 1.010$$

Agora, aplica-se a fórmula do somatório de uma PA finita:

$$S_n = \frac{(a_1 + a_n) \times n}{2} \Rightarrow S_n = \frac{(2.200 + 1.010) \times 120}{2} \Rightarrow S_n = \frac{385.200}{2} = 192.600$$

O valor total que a empresa pagará por esse equipamento é de $ 192.600,00, isso supondo que não ocorra nenhuma correção monetária do contrato durante todo o período de vigência.

1.11.2 Progressão geométrica (PG)

Quando se fala em série de pagamentos uniformes com juros compostos, por exemplo, remete-se a uma PG. Portanto, dentro do assunto capitalização composta, algumas aplicações para a PG surgirão naturalmente. A definição de progressão geométrica é a seguinte:

- **PG:** sequência numérica finita ou não, formada por termos não nulos, na qual, partindo do segundo termo, cada termo é igual ao anterior multiplicado por um valor fixo, denominado razão, simbolizada por (q).

Assim como a progressão aritmética, a PG pode ser crescente, decrescente e também de um outro tipo denominado oscilante.

PG crescente finita 1: (2, 4, 8, 16, 32). Essa é uma PG de razão $q = 2$.

PG decrescente finita 1: (32, 16, 8, 4, 2). Essa é uma PG de razão $q = \frac{1}{2}$.

PG oscilante finita: (2, −4, 8, −16, 32). Essa é uma PG de razão $q = -2$.

Outros exemplos: Observe que a sequência (−32, −16, −8, −4, −2) é uma PG crescente com $q = \frac{1}{2}$. De maneira análoga, a sequência (−2, −4, −8, −16, −32) é uma PG decrescente com $q = 2$.

Termo geral de uma PG: Observe que em uma PG a razão q repete-se mais de uma vez. Com base nesse conceito, segue-se a fórmula para o cálculo do termo geral de uma PG:

$$a_n = a_1 \times q^{n-1}$$

onde a_n é um termo 'ene' qualquer, a_1 é o primeiro termo da sequência e q é a razão.

Exemplo 1Q

Determine, pela fórmula do termo geral, o quarto termo da PG crescente finita 1 anterior.

$$a_n = a_1 \times q^{n-1} \Rightarrow a_4 = 2 \times 2^{4-1} \Rightarrow a_4 = 2 \times 2^3 = 16$$

Nesse caso, houve uma coincidência: o valor do primeiro termo é igual ao da razão. Isso raramente ocorre. E se a PG for decrescente, a fórmula do termo geral também será válida? A resposta é sim, mas a razão será menor que 1 (se o termo inicial for positivo).

Exemplo 1R

Determine, pela fórmula do termo geral, o quarto termo da PG decrescente finita 1 anterior. De acordo com a sequência, o primeiro termo é igual a 32 e o segundo termo é igual a 16. Isso demonstra que a razão q é igual a $\frac{1}{2}$. Portanto:

$$a_n = a_1 \times q^{n-1} \Rightarrow a_4 = 32 \times \left(\frac{1}{2}\right)^{4-1} \Rightarrow a_4 = 32 \times \left(\frac{1}{2}\right)^{3} \Rightarrow a_4 = 32 \times \left(\frac{1}{8}\right)$$

$$\Rightarrow a_4 = \frac{32}{8} = 4$$

Note que o valor é idêntico ao do quinto termo da sequência. Um exemplo de aplicação de uma PG na matemática financeira é dado no tópico "Capitalização composta", no Capítulo 2.

Somatório dos termos de uma PG finita

De acordo com a matemática do 2º grau, a fórmula para o cálculo do somatório de uma PG finita crescente, decrescente ou oscilante é a seguinte:

$$S_n = \frac{a_1 \times (q^n - 1)}{q - 1} \quad \text{para } q \neq 1$$

A razão deve ser diferente de 1. Isso faz sentido, pois se a razão for igual a 1, a sequência será uniforme e a fórmula não será válida.

Exemplo 1S

Determine a soma dos termos das seguintes progressões geométricas:

a) PG crescente (3, 9, 27, 81, 243); $q = 3$

b) PG decrescente (243, 81, 27, 9, 3); $q = \frac{1}{3}$

c) PG oscilante (3, 29, 27, 281, 243); $q = -3$

Rapidamente pode-se perceber que, se os termos das PG*s* são os mesmos; logo, a soma também será.

Cálculo da soma para a PG crescente:

$$S_n = \frac{a_1 \times (q^n - 1)}{q - 1} \Rightarrow S_5 = \frac{3 \times (3^5 - 1)}{3 - 1} \Rightarrow S_5 = \frac{3 \times (243 - 1)}{3 - 1}$$

$$\Rightarrow S_5 = \frac{726}{2} = 363$$

Cálculo da soma para a PG decrescente:

$$S_n = \frac{a_1 \times (q^n - 1)}{q - 1} \Rightarrow S_5 = \frac{243 \times \left(\left(\frac{1}{3}\right)^5 - 1\right)}{\frac{1}{3} - 1} \Rightarrow S_5 = \frac{243 \times \left(\frac{1}{243} - 1\right)}{\frac{1}{3} - 1}$$

$$\Rightarrow S_5 = \frac{243 \times \left(\frac{1 - 243}{243}\right)}{\frac{1 - 3}{3}} \Rightarrow S_5 = \frac{\cancel{243} \times \left(\frac{-242}{\cancel{243}}\right)}{\frac{-2}{3}}$$

$$\Rightarrow S_5 = \frac{-242}{\frac{-2}{3}} \Rightarrow S_5 = -242 \times \frac{3}{-2}$$

$$\Rightarrow S_5 = \frac{-242}{-2} \times 3 = 121 \times 3 = 363$$

O resultado foi o mesmo da PG crescente. Pode-se perceber que, quando a razão for menor do que 1 e estiver na forma fracional, deve-se *'tirar o mínimo'* em algumas etapas. Isso torna o processo um pouco mais trabalhoso. Mas todo esse trabalho é facilmente eliminado ao se utilizar a HP 12c ou o Excel, como será visto mais adiante.

Cálculo da soma para a PG oscilante:

$$S_n = \frac{a_1 \times (q^n - 1)}{q - 1} \Rightarrow S_5 = \frac{3 \times ((-3)^5 - 1)}{-3 - 1} \Rightarrow S_5 = \frac{3 \times (-243 - 1)}{-3 - 1}$$

$$\Rightarrow S_5 = \frac{3 \times (-244)}{-4} = \frac{-732}{-4} = 183$$

Assim como a sequência, o resultado da soma também oscila entre valores positivos e negativos. Nesse caso, toda vez que o número de termos da PG oscilante for ímpar, o resultado será positivo, e vice-e-versa.

Somatório dos termos de uma PG infinita

De acordo com a matemática do 2º grau, a fórmula para o cálculo do somatório de uma PG infinita crescente, decrescente ou oscilante é a seguinte:

$$S = \frac{a_1}{1 - q} \quad \text{para } q \neq 1$$

A aplicação de somatório de uma PG infinita está diretamente relacionada ao assunto intitulado "Perpetuidade de capitais", que será tratado no Capítulo 6.

Embora ainda não esteja clara a relação entre a matemática básica e a matemática financeira, ela será evidente no decorrer da obra. Aconselha-se que este capítulo de revisão seja muito bem estudado, pois a questão não é recordar conteúdos, mas se preparar para o aprendizado compreendido nos demais capítulos.

2 Fundamentos da matemática financeira

APRESENTAÇÃO

Por que estudar?

A matemática financeira pode ser sua maior ferramenta na tomada de decisões no dia a dia. O mercado está estruturado para vender cada vez mais rápido, 'por impulso', para você, 'consumidor'. Nem sempre as operações são claras e bem explicadas, e isso faz com que, em certas situações, o consumidor não saiba decidir o que é melhor para ele. Cálculos financeiros, algumas vezes básicos, são muito úteis; eles o ajudarão a fazer bons negócios e a economizar seu dinheiro, acredite!

Objetivos do capítulo

O objetivo deste capítulo é demonstrar a diferença básica entre juros simples e compostos, ressaltando a importância de estudar principalmente a capitalização composta, que é o foco central deste livro.

IMPORTANTE: O regime de capitalização simples é também chamado de juros simples, e o regime de capitalização composta, de juros compostos. Esses termos devem ser considerados sinônimos neste livro.

No contexto

As operações financeiras, em sua maioria, se apoiam em duas formas de capitalização: a simples e a composta. Muitas decisões tomadas pelo Banco Central (Bacen), por exemplo, afetam diretamente tais operações.

Aplicações no cotidiano

A capitalização simples está mais relacionada às operações com períodos de capitalização inferiores a 1 e a descontos de títulos nos agentes financeiros. Por exemplo: a taxa de juros do cheque especial cobrada dentro de um mês e o desconto de cheques pré-datados nos bancos.

O regime de capitalização composta está mais ligado aos casos em que o período de capitalização é superior a 1. Por exemplo: um empréstimo de CDC (crédito direto ao consumidor) disponibilizado pelos bancos, o financiamento de um imóvel ou veículo e a remuneração das aplicações capitalizadas mensalmente dentro de um ano.

Em ambos os casos, mais exemplos poderiam ser adicionados. Tenha em mente que esses dois regimes de capitalização estão presentes em sua vida financeira pessoal.

Interdisciplinaridade

Os conceitos de matemática financeira podem ser aplicados a algumas disciplinas acadêmicas. Seu entendimento facilitará outras abordagens. Por exemplo: administração de finanças pessoais, administração financeira e orçamentária, contabilidade de custos, marketing, produção, mercado de capitais, mercado de derivativos, macroeconomia, entre outras.

O motivo de tamanha aplicabilidade é bem simples. O dinheiro tem seu valor no tempo, e este deve ser considerado em qualquer tomada de decisão, seja na sua vida pessoal, seja na profissional.

Habilidades a serem desenvolvidas

O adequado estudo deste capítulo o habilita a:

- Identificar as principais diferenças entre juros simples e compostos.
- Definir os principais componentes de uma operação financeira.
- Representar graficamente uma operação financeira básica, tanto do ponto de vista do tomador como do financiador.

Fundamentos

Este capítulo é uma base para o entendimento dos demais, que constam das partes II e III desta obra. Assim, dispensa a apresentação de um conjunto de fundamentos para estudá-lo.

Principais tópicos

As duas primeiras seções do capítulo foram estruturadas para que se identifiquem as principais variáveis de um problema que envolva cálculos financeiros. As duas últimas se fundamentam na definição de juros simples e compostos. Veja a seguir as noções trabalhadas:

2.1 **Terminologia.** Consiste na identificação das variáveis comuns aos problemas propostos que devem ser extraídas no ato de sua leitura inicial.

2.2 **Diagrama das operações financeiras.** Os dados devem ser representados em um diagrama. Sugere-se que todos os problemas sejam diagramados, pois isso facilita a organização do raciocínio e a compreensão da situação proposta.

2.3 **Noções de juros simples (lineares).** O assunto 'juros simples' será propriamente estudado no Capítulo 10. Este tópico fornece a base dos juros simples, que em muitos casos está fundamentada no senso comum.

2.4 **Noções de juros compostos (exponenciais).** Neste tópico será demonstrado como, a partir dos juros simples, se chega aos juros compostos e qual é sua principal característica.

2.5 **Método para a resolução de qualquer problema de matemática financeira.** Os assuntos e os exemplos tratados nesse livro partem de uma situação real. O bom estudo da matemática financeira pede uma interpretação seguida de uma organização de dados dos problemas. Para que isso ocorra, existe um método, aqui proposto.

2.6 **Diferença entre juros simples e compostos.**

2.1 Terminologia

Qualquer operação financeira deve estar estruturada em função do tempo e de uma taxa de juros[1] (remuneração). Os componentes de uma operação, seja a juros simples, seja a juros compostos, têm nome. Veja a seguir.

P: valor Presente. É o valor inicial de uma operação. Está representado no instante 'zero'. Também pode ser chamado de valor de origem O, valor Principal P ou mesmo de Capital C. Neste livro, será utilizado o termo 'valor Presente', representado por P.

I: taxa de juros periódica. Vem do inglês *interest rate* (taxa de juros). Geralmente, está relacionada à sua forma de incidência. Pode ser diária, semanal, quinzenal, mensal, semestral, anual, entre outras. Essa taxa é expressa em forma percentual. Exemplo: 5%.

i: a letra 'i' minúscula indica que a taxa I foi dividida por cem. Exemplo: 0,05.

n: número de períodos envolvidos na operação. É o tempo, que deve estar em acordo com a taxa de juros.

F_n: valor Futuro, representado no instante n. É composto de amortização mais juros. Também pode ser chamado de valor de resgate, montante M ou saldo futuro S. Neste livro, será utilizado o termo valor Futuro F.

O que é comum tanto aos juros simples quanto aos juros compostos

Principais itens:

- **Fórmula:** ao se trabalhar com fórmulas, a taxa de juros deve ser expressa em sua forma centesimal i.
- **Valor dos juros**: juro incide sobre o saldo devedor do período anterior. Uma parcela de juros é obtida pela multiplicação do valor Presente P, ou de origem, pela taxa i e pelo tempo n.
- **Valor Futuro** F_n: o montante pago/recebido em n períodos é composto pelo valor Presente P, ou de origem, mais os juros.
- **Capitalização**: quando o período de capitalização dos juros for igual a 1, os sistemas de juros simples e compostos apresentarão o mesmo valor Futuro F_1.

2.2 Diagrama das operações financeiras

Para que uma operação financeira exista, é necessária a presença de dois agentes: o tomador e o financiador. O tomador de um empréstimo geralmente recebe recursos no início do período, ou seja, no instante 'zero'. O financiador concede o empréstimo para recebê-lo mais tarde, acrescido dos juros.

A compreensão de uma situação que envolva valor Presente, tempo e taxa de juros pode ser apresentada em forma de diagrama. Tal diagrama é chamado de fluxo de caixa e é composto por: linha do tempo, valores de entrada e valores de saída. Um exemplo pode ilustrar melhor essa explicação.

[1] Entenda por taxa de juros a remuneração do capital em função de um período de tempo. Ambas devem estar na mesma base. Exemplo: taxa mensal, período em mês. Essa é a definição básica de capitalização.

Exemplo 2A

Você pega $ 1.000,00 emprestados de um amigo. Você deverá pagar para ele $ 1.100,00 daqui a 5 meses.

- **Fluxo de caixa (visão do tomador):**

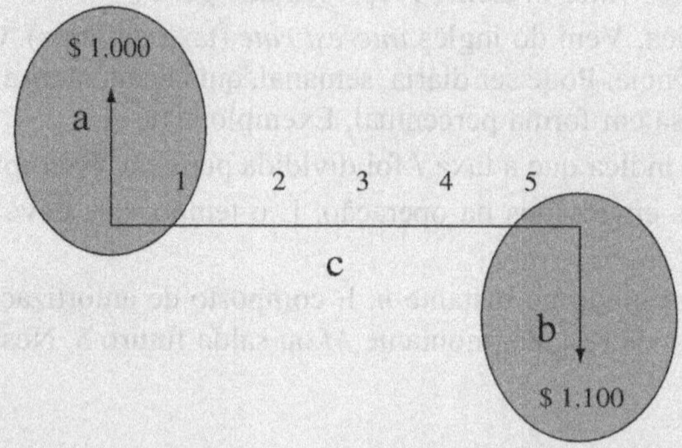

- Entradas de caixa: você está recebendo $ 1.000,00 no instante 'zero'. Esse valor, do seu ponto de vista, é positivo, ou seja, uma entrada de caixa. As entradas de caixa são representadas por setas voltadas para cima.
- Saídas de caixa: ao término do período combinado, você deverá pagar o empréstimo acrescido dos juros. O pagamento de $ 1.100,00 é uma saída de caixa, e na sua visão ele é negativo. As saídas de caixa são representadas por setas voltadas para baixo.
- Linha do tempo: as entradas e saídas de caixa ocorrem em função do tempo, neste caso, 5 meses.
- **Fluxo de caixa (visão do financiador):**

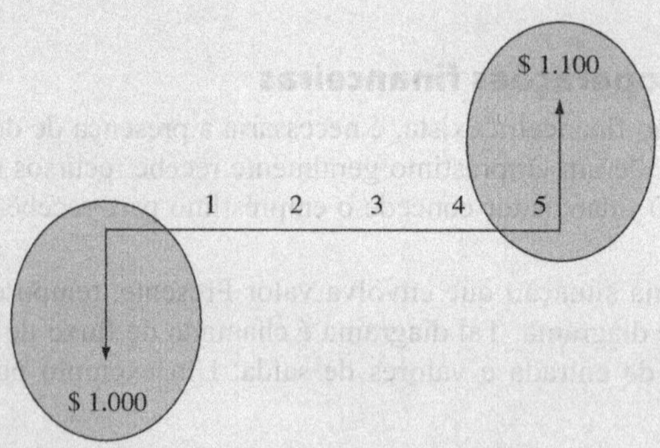

Seu amigo está emprestando a você $ 1.000,00. Para ele, há uma saída de caixa no instante 'zero' e uma entrada de $ 1.100,00 depois de 5 meses.

2.3 Noções de juros simples (lineares)

A definição de capitalização a juros simples se concentra na aplicação direta dos conceitos mais básicos de matemática. O valor do montante de uma dívida pode ser calculado de forma linear e muitas vezes até de maneira intuitiva.

Exemplo 2B

Você toma $ 1.000,00 emprestados de um amigo. Você deverá devolver daqui a 5 meses. Se o regime de capitalização for de juros simples e a taxa combinada de 10% ao mês, quanto você deverá pagar a seu amigo? Reflita antes de tentar resolver.

O raciocínio mais intuitivo possível mostra que, se a taxa de juros é de 10% ao mês e o tempo, de 5 meses, o que será pago de juros é 50% (5 × 10%). Logo, $ 1.000,00 mais 50% é igual a $ 1.500,00.

A terminologia apresentada no item 2.1 pode ser aqui aplicada. O valor Presente *P* é de $ 1.000,00. A taxa de juros *I* é de 10% a.m. O tempo *n* da operação é de 5 meses e o valor Futuro *F* é o que deve ser calculado.

IMPORTANTE: Ao realizar qualquer cálculo financeiro, certifique-se de que o tempo e a taxa estejam na mesma base. Se algum ajuste for necessário, faça-o no tempo. Assim: "Um valor pode ser capitalizado ou descapitalizado a juros simples ou compostos desde que tempo e taxa estejam na mesma base".

OBSERVAÇÃO: Seja qual for o regime de capitalização adotado, o valor da taxa de juros utilizado nas fórmulas de matemática financeira é expresso em sua forma centesimal.

Para o desenvolvimento do Exemplo 2B, é necessário seguir algumas etapas:

- Diagrama da situação;
- Cálculo dos juros pagos no mês 5, J_5;
- Cálculo do valor Futuro a ser pago no mês 5, F_5;
- Representação gráfica.

Etapa 1: Diagrama da situação

De acordo com o diagrama, você está recebendo $ 1.000,00 hoje e vai pagar $ 1.500,00 daqui a 5 meses. Ao apresentar em forma de diagrama uma situação matemática, identifique a incógnita, que, nesse caso, é o valor a ser pago (valor Futuro F_5).

Os cálculos utilizados nesse exemplo são demonstrados a seguir:

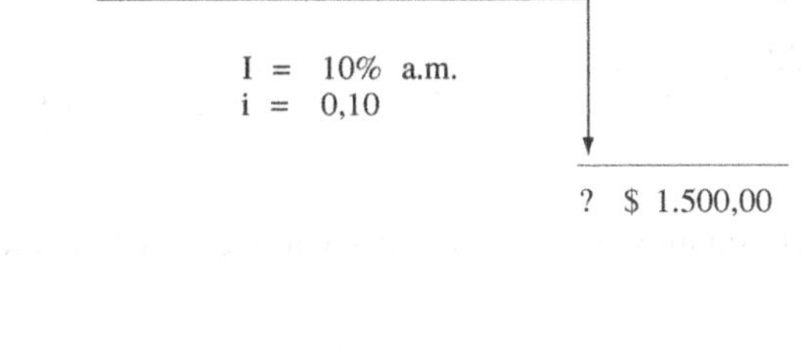

Etapa 2: Cálculo dos juros pagos no mês 5, J_5

O valor pago de juros pode ser calculado diretamente. A expressão a seguir mostra os juros pagos ao término do quinto mês. Esse valor se refere aos juros acumulados em todo o período. Note que: juros é igual ao valor Presente *P* multiplicado pela taxa *i* e pelo tempo *n*.

$$J_5 = 1000{,}00 \times 0{,}10 \times 5 = 500{,}00$$

Etapa 3: Cálculo do valor Futuro a ser pago no mês 5, F_5

Uma vez conhecido quanto se paga de juros, em termos monetários, fica fácil determinar o valor a ser pago ao término do prazo contratado.

O montante ou valor Futuro é composto pelo pagamento dos juros acrescidos ao valor Presente *P* ou de origem.

$$F_5 = 1.000 + 500 = 1.500{,}00$$

Foi demonstrado, portanto, que você deve pagar a seu amigo $ 1.500,00 pelo empréstimo.

Etapa 4: Representação gráfica

O exemplo 2B será colocado em um gráfico. O valor pago a cada período F_n está em função do tempo e da taxa de juros. No eixo das abscissas (*x*) será representado o tempo, e no eixo das ordenadas (*y*), o valor que deveria ser pago a cada mês F_n. Veja Quadro 2.1. 1 e Gráfico 2.1.

Quadro 2.1 Valores pagos (capitalização simples)

Tempo n	Valor pago F_n
1	$F_1 = 1.000{,}00 \times 0{,}1 \times 1 = 1.100{,}00$
2	$F_2 = 1.000{,}00 \times 0{,}1 \times 2 = 1.200{,}00$
3	$F_3 = 1.000{,}00 \times 0{,}1 \times 3 = 1.300{,}00$
4	$F_4 = 1.000{,}00 \times 0{,}1 \times 4 = 1.400{,}00$
5	$F_5 = 1.000{,}00 \times 0{,}1 \times 5 = 1.500{,}00$

Gráfico 2.1 Capitalização simples

Note que existe uma reta ligando os valores, isso é característica de uma função linear de 1º grau.

2.3.1 Dedução algébrica do regime de capitalização simples

Vale ressaltar que o regime de capitalização simples é uma função linear, ou seja, de 1º grau. O valor Futuro é formado pelo somatório do valor principal ou de origem com os juros.

Inicialmente, são calculados os juros que devem ser pagos em n períodos. Juros é igual ao valor Presente P multiplicado pela taxa e pelo tempo, como se observa na Fórmula 2.1:

$$J_n = P \times i \times n$$ Fórmula 2.1

Em seguida, o valor de origem é somado aos juros. Isso possibilita o cálculo do valor Futuro, conforme a Fórmula 2.2:

$$F_n = P + J_n$$ Fórmula 2.2

Substitui-se na Fórmula 2.2 a Fórmula 2.1:

Logo:

$$F_n = P + (P \times i \times n)$$ Fórmula 2.1

Coloca-se a letra P em evidência, na fórmula 2.3:

$$F_n = P \times [1 + (i \times n)]$$ Fórmula 2.3

Essa fórmula permite o cálculo direto do valor Futuro a ser pago no período n, dados uma taxa de juros e um valor de origem ou principal.

Aplicação da Fórmula 2.3 no Exemplo 2B:

$$F_n = P \times [1 + (i \times n)]$$
$$F_5 = 1.000 \times [1 + (0{,}10 \times 5)]$$
$$F_5 = 1.000 \times 1{,}50$$
$$F_5 = 1.500{,}00$$

2.4 Noções de juros compostos (exponenciais)

No regime de capitalização composta também se pagam juros sobre o valor Presente P, mas com uma pequena e importante diferença: o valor inicial deve ser corrigido período a período. Essas correções são sobrepostas e sucessivas por 'n períodos' em função de uma taxa de juros contratada.

Exemplo 2C

Você pede um empréstimo de \$ 1.000,00 a um amigo. Ficou acertado que o pagamento seria feito após 5 meses. Se o regime de capitalização for de juros compostos, e a taxa combinada, de 10% ao mês, quanto você deverá pagar a seu amigo?

Terminologia aplicada: o valor Presente P é de \$ 1.000,00. A taxa de juros I é de 10% a.m. O tempo n da operação é de 5 meses, e o valor Futuro F_5 é o que deve ser calculado.

O procedimento de resolução é o mesmo do exemplo anterior: diagrama da situação; cálculo dos juros pagos (mês a mês); cálculo do valor Futuro a ser pago no mês 5, F_5; representação gráfica.

Etapa 1: Diagrama da situação

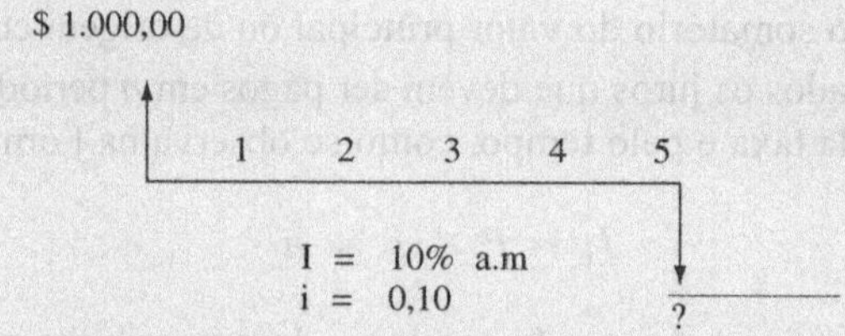

O diagrama mostra que você está recebendo hoje $ 1.000,00 e deverá pagar essa quantia acrescida de juros ao final de cinco meses. O valor a ser pago (valor Futuro F_5) é a incógnita da situação.

Os cálculos utilizados para que esse exemplo seja resolvido serão demonstrados a seguir.

Etapa 2: Cálculo dos juros pagos: mês a mês

- **Juros do primeiro mês**: vale ressaltar que o valor pago de juros no primeiro mês é calculado sobre o valor de origem.

$$J_1 = 1.000{,}00 \times 0{,}10 \times 1 = 100{,}00$$

O valor final pago no primeiro mês é formado pelo valor de origem mais o valor dos juros.

$$F_1 = 1.000 + 100 = 1.100{,}00$$

- **Juros do segundo mês:** aqui reside a principal diferença entre capitalização simples e composta. Para que os juros pagos no segundo mês sejam calculados, o valor Presente P passa a ser o valor F_1, ou seja, $ 1.100,00.

$$J_2 = 1.100{,}00 \times 0{,}10 \times 1 = 110{,}00$$

Assim como no primeiro mês, o valor a ser pago no segundo mês é formado pelo valor F_1 mais o valor dos juros.

$$F_2 = 1.100 + 110 = 1.210{,}00$$

Etapa 3: Cálculo do valor Futuro a ser pago no mês 5, F_5

O que interessa, neste exemplo, é o que você pagará ao término dos 5 meses. Portanto, se esse processo de cálculo de juros sobre juros for repetido até o quinto mês, os seguintes valores serão encontrados:

Quadro 2.2 Juros e valores futuros do mês 3 ao mês 5

Mês	Juros J_n	Valor Futuro F_n
3	$J_3 = 1.210 \times 0{,}10 \times 1 = 121{,}00$	$F_3 = 1.200 + 121 = 1.331{,}00$
4	$J_4 = 1.331 \times 0{,}10 \times 1 = 133{,}10$	$F_4 = 1.331 + 133{,}1 = 1.464{,}10$
5	$J_5 = 1.464{,}10 \times 0{,}10 \times 1 = 146{,}41$	$F_5 = 1.464{,}10 + 146{,}41 = 1.610{,}51$

Etapa 4: Representação gráfica

O valor pago a cada período F_5 está em função do tempo e da taxa de juros. No eixo das abscissas (x) será representado o tempo n, e no eixo das ordenadas (y), o valor que deveria ser pago, F_n, a cada mês. Veja Quadro 2.3 e Gráfico 2.2.

Quadro 2.3 Valores pagos (capitalização composta)

Tempo n	Valor pago F_5
1	F_1 = 1.100,00
2	F_2 = 1.210,00
3	F_3 = 1.331,00
4	F_4 = 1.464,10
5	F_5 = 1.610,51

Gráfico 2.2 Capitalização composta

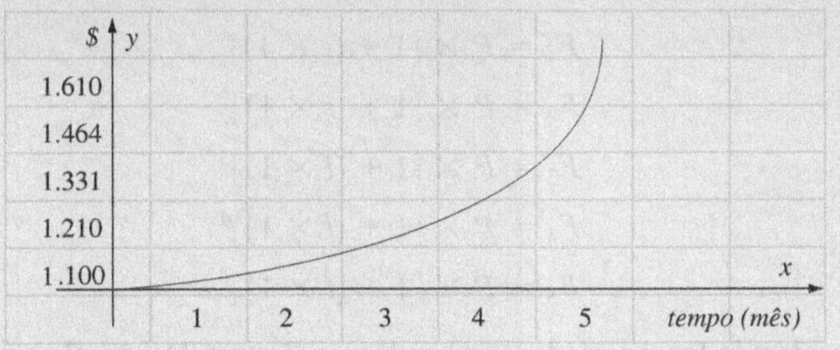

Note que existe uma curva no gráfico, indicando que nele há uma função exponencial.

2.4.1 Dedução algébrica do regime de capitalização composta

Como se pôde notar, os juros sempre incidiram sobre o valor Futuro F_5 de cada período, de maneira sucessiva. O intervalo de tempo foi de 1, ou seja, n é igual a 1. O ponto de partida é a Fórmula 2.3.

$$F_n = P \times [1 + (i \times n)]$$

Cálculo do valor devido ao final do primeiro período; aplicação direta da fórmula.

$$F_1 = P \times [1 + (i \times 1)]$$

Para calcular o valor devido ao término do segundo mês, basta reaplicar a fórmula sobre o resultado F_1.

$$F_2 = F_1 \times [1 + (i \times 1)] = P \times [1 + (i \times 1)] \times [1 + (i \times 1)] = P \times [1 + (i \times 1)]^2$$

Portanto:

$$F_2 = P \times [1 + (i \times 1)]^2$$

Para calcular o valor devido ao término do terceiro mês, basta reaplicar a fórmula sobre o resultado F_2.

$$F_3 = F_2 \times [1 + (i \times 1)] = P \times [1 + (i \times 1)]^2 \times [1 + (i \times 1)] = P \times [1 + (i \times 1)]^3$$

Portanto:

$$F_3 = P \times [1 + (i \times 1)]^3$$

e assim sucessivamente:

$$F_4 = F_3 \times [1 + (i \times 1)] = P \times [1 + (i \times 1)]^3 \times [1 + (i \times 1)] = P \times [1 + (i \times 1)]^4$$

$$F_4 = P \times [1 + (i \times 1)]^4$$

$$F_5 = F_4 \times [1 + (i \times 1)] = P \times [1 + (i \times 1)]^4 \times [1 + (i \times 1)] = P \times [1 + (i \times 1)]^5$$

$$F_5 = P \times [1 + (i \times 1)]^5$$

De maneira geral, as equações para se encontrar o valor Futuro (composto de capital mais juros) em cada um dos cinco períodos serão reagrupadas.

$$F_1 = P \times [1 + (i \times 1)]$$

$$F_2 = P \times [1 + (i \times 1)]^2$$

$$F_3 = P \times [1 + (i \times 1)]^3$$

$$F_4 = P \times [1 + (i \times 1)]^4$$

$$F_5 = P \times [1 + (i \times 1)]^5$$

Se o tempo considerado for n períodos e sabendo que (i vezes 1) é igual ao próprio i, a fórmula geral seguinte poderá ser usada:

$$F_n = P \times (1 + i)^n$$

Fórmula 2.4

▸ **Definição:** fórmula para o cálculo do valor Futuro no instante n, dada uma taxa de juros i e um valor Presente P.

Aplicação da Fórmula 2.4 no Exemplo 2C:

$$F_n = P \times (1 + i)^n$$

$$F_5 = 1.000 \times (1 + 0{,}10)^5$$

$$F_5 = 1.000 \times (1{,}10)^5 = 1.610{,}51$$

2.5 Método para a resolução de qualquer problema de matemática financeira

Embora a matemática seja uma disciplina da área das ciências exatas, em muitas situações ela depende bastante da interpretação do leitor. Quando um problema é apresentado, ele deve ser interpretado para que seus dados sejam extraídos e trabalhados de forma correta. Portanto, pode-se elaborar um método de resolução de exercícios que envolve essencialmente quatro etapas:

- **Coleta de dados:** consiste na separação dos elementos centrais do problema.
- **Terminologia:** relaciona os elementos extraídos com as nomenclaturas específicas da matemática financeira apresentadas no item 2.1.
- **Diagrama:** é o principal ponto a ser montado, pois é um retrato de como o problema foi interpretado. Mostra a organização da situação, quais os elementos envolvidos e aonde se quer chegar. Veja o item 2.2.
- **Cálculo:** esta é realmente a última etapa, e sua importância é complementar. Se o problema estiver devidamente interpretado, o resultado encontrado concluirá o processo. O cálculo pode ser feito pelo menos de três maneiras distintas: por fórmula, pela calculadora HP 12c ou pelo software Excel.[2]

Uma grande importância é dada às três primeiras etapas do processo. Não que o cálculo também não seja importante, mas vale ressaltar que ele, por si só, não representa nada. Um cálculo é fruto de um processo que o exigiu. Os resultados encontrados têm de ter coerência com as situações propostas. Em síntese, não adianta calcular sem saber o porquê.

Aplicação do método de resolução ao Exemplo 2C:

a) Coleta de dados		b) Terminologia
Valor do empréstimo:	$ 1.000,00	$P = 1.000$
Taxa:	10% a.m.	$I = 10\%$
$i = 0{,}10$:		
Tempo:	5 meses	$n = 5$
Valor Futuro:	?	$FV = ?$

c) Diagrama

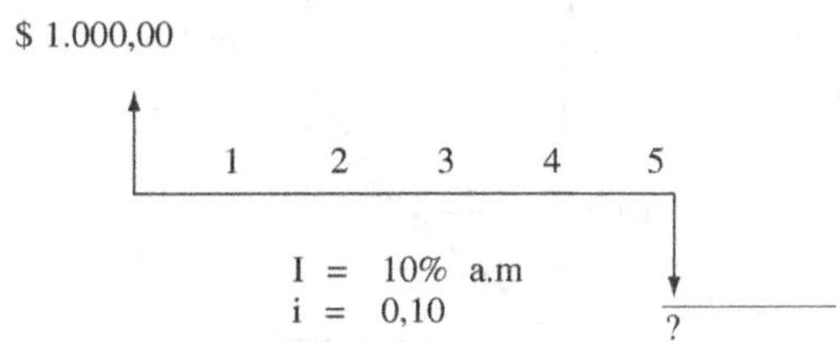

d) Cálculo (método por fórmula)

$$F_n = P \times (1 + i)^n$$
$$F_5 = 1.000 \times (1 + 0{,}10)^5$$
$$F_5 = 1.000 \times (1{,}10)^5 = 1.610{,}51$$

[2] Nesta obra, as fórmulas serão extensamente aplicadas nas deduções algébricas dos assuntos. A aplicação dos conceitos e a resolução de exercícios estão focadas na HP 12c e no Excel.

2.6 Diferença entre juros simples e compostos

A capitalização simples acontece de forma linear, enquanto a capitalização composta é exponencial. Isso faz com que, a partir do valor Presente P, o valor final em um instante F_n qualquer seja maior nos juros compostos (desde que n seja número inteiro e maior que 1).

Quando o período de capitalização for igual a 1, como já demonstrado, a capitalização simples será igual à composta (veja linha 1 dos quadros 2.1 e 2.3).

A principal diferença entre juros simples e compostos ocorre quando a capitalização é inferior a 1. Nesse caso, os juros simples são maiores que os compostos. Por exemplo: os juros do cheque especial, dentro do mês, são remunerados ao banco a juros simples. O Quadro 2.4 demonstra essa relação, feito com base nos valores dos quadros anteriores.

Quadro 2.4 Diferença entre juros simples e compostos

Tempo n	Juros simples	Juros compostos
0,30 de um mês	$F_{0,3} = 1.030,00$	$F_{0,3} = 1.029,00$
0,50 de um mês	$F_{0,5} = 1.050,00$	$F_{0,5} = 1.048,80$
0,80 de um mês	$F_{0,8} = 1.080,00$	$F_{0,8} = 1.079,23$
1 mês	$F_1 = 1.100,00$	$F_1 = 1.100,00$
2 meses	$F_2 = 1.200,00$	$F_2 = 1.210,00$
3 meses	$F_3 = 1.300,00$	$F_3 = 1.331,00$
4 meses	$F_4 = 1.400,00$	$F_4 = 1.464,10$
5 meses	$F_5 = 1.500,00$	$F_5 = 1.610,51$

Gráfico 2.3 Diferença entre juros simples e compostos

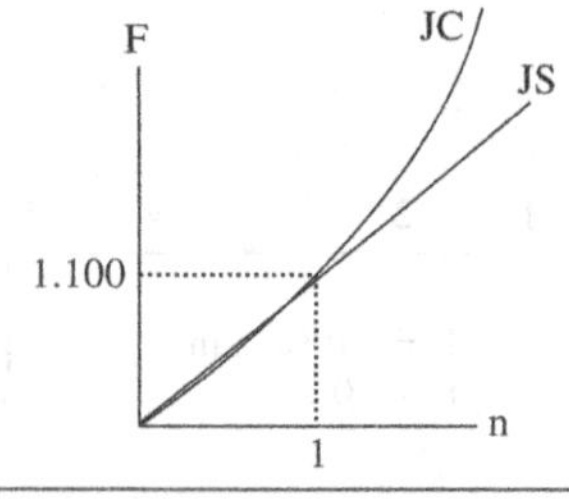

Este assunto será retomado mais adiante, nos capítulos 6 e 11. Por enquanto, basta saber que os juros simples são maiores que os juros compostos quando o período de capitalização é inferior a 1.

3 A calculadora financeira HP 12c

APRESENTAÇÃO

Por que estudar?

O aprendizado da matemática financeira não está necessariamente condicionado à utilização de um instrumento programável de cálculo. A essência dos cálculos pode e deve ser absorvida no decorrer da obra, mas sua operacionalização se torna mais simples com o uso da tecnologia disponível. Os instrumentos programáveis de cálculo mais comuns são as calculadoras, as planilhas eletrônicas e a imensa variedade de softwares financeiros existentes no mercado. Este capítulo trata da calculadora HP 12c.

No decorrer do estudo proposto nesta obra, você aprenderá a operar a calculadora HP 12c.[1] Por se tratar de um instrumento bem difundido, prático e de fácil manuseio, a HP 12c pode ser de grande utilidade no dia a dia. Associada aos conhecimentos deste livro, essa calculadora o auxiliará no orçamento doméstico, nas decisões de compras (principalmente no que diz respeito à forma de pagamento) e nas suas aplicações financeiras.

> IMPORTANTE: Saiba que o custo da calculadora é muito baixo se comparado à economia que ela pode proporcionar. Se você não gosta de desperdiçar dinheiro, tenha uma HP 12c como aliada.

A Hewlett Packard tem tradicionalmente as seguintes calculadoras financeiras: HP 10B, HP 12c, HP $17B_{II}$ e a HP $19B_{II}$. Em dezembro de 2003 a HP 12c Platinum foi lançada. Existem poucas diferenças entre a HP 12c tradicional (dourada) e a Platinum, de modo que você pode adquirir qualquer uma das duas.

Caso tenha outro tipo de calculadora financeira, você deverá recorrer ao manual para verificar como se operacionaliza cada assunto deste livro.

A explicação da teoria dos capítulos não depende de nenhum instrumento de cálculo mais sofisticado. Você poderá entender os conceitos relacionados à matemática financeira sem a HP 12c, mas não vai operacionalizá-los dinamicamente e, portanto, poderá encontrar dificuldade para fixar o aprendizado.

Objetivos do capítulo

Este capítulo está fundamentado em explicações básicas sobre a HP 12c. O objetivo é dar base para que você possa compreender os assuntos tratados posteriormente.

---

[1] Para os cursos em que o Excel será o instrumento de cálculo, passar para o próximo capítulo.

Habilidades a serem desenvolvidas

O adequado estudo deste capítulo o habilita a:

- Saber como comprar sua HP 12c e quais cuidados deverão ser tomados no ato da compra.
- Compreender como a HP 12c funciona, quais as principais funções relacionadas ao estudo desta obra.
- Realizar qualquer cálculo proposto nos capítulos subsequentes.

Principais tópicos

A HP 12c possui certas particularidades que vão desde o momento de sua aquisição, passando pelo seu sistema operacional, por suas principais funções e mensagens de erro. Portanto, o capítulo possui os seguintes tópicos:

3.1 **Informações gerais e básicas sobre a HP 12c.** O momento da compra da HP 12c é importante. Tenha cuidado com a procedência e verifique seu estado de funcionamento. Depois, alguns ajustes iniciais precisam ser realizados para que a máquina opere corretamente. Este tópico também mostra as peculiaridades do sistema operacional da calculadora.

3.2 **Cálculos na HP (potenciação, radiciação e logaritmos).** Boa parte do que foi estudado no Capítulo 1 sobre a revisão da matemática básica poderá ser aplicada com o auxílio da HP 12c. Essencialmente, serão abordadas, além das operações básicas, outras como potenciação, radiciação e logaritmos.

3.3 **Operações com datas.** A HP 12c possibilita cálculos que envolvam datas, como determinar o número de dias compreendido entre duas datas ou como somar ou subtrair dias a uma data específica.

3.4 **Funções financeiras.** Neste tópico reside o foco central do livro. A HP 12c tem funções financeiras básicas e específicas para diversas situações. Saiba quais são, como e quando utilizá-las.

3.5 **Mensagens de erro.** Exibe os possíveis erros que podem ocorrer durante a operacionalização dos assuntos tratados neste livro.

3.1 Informações gerais e básicas sobre a HP 12c

Esse assunto está dividido em quatro tópicos: cuidados na hora da compra, primeiros passos, modo de operação e memória automática e registro de pilhas.

3.1.1 Cuidados na hora da compra

A HP 12c, se devidamente cuidada, tem duração indeterminada. No entanto, ao comprar a calculadora é importante realizar um teste de circuitos.

a) Teste de funcionamento de circuitos

A versão de embalagem mais comum da HP 12c é de plástico transparente, de forma que é possível ter acesso ao teclado da calculadora. Um teste automático de circuitos indica se todas as funções e os circuitos da máquina estão em bom funcionamento.

Teste automático de circuitos: Ainda dentro da embalagem, aperte a tecla com o sinal de multiplicação [X], mantenha-a pressionada enquanto liga a máquina pela tecla [ON] e em seguida solte a tecla [X]. A calculadora leva entre 20 e 25 segundos para realizar esse procedimento. Enquanto isso, o visor apresentará a mensagem *running*. Quando o teste estiver concluído, aparecerá no visor a seguinte indicação:

HP 12c (dourada)	HP 12c Platinum
–8, 8, 8, 8, 8, 8, 8, 8, 8, 8, USER f g BEGIN D.MY C PRGM	–8, 8, 8, 8, 8, 8, 8, 8, 8, 8, RPN ALG USER f g BEGIN D.MY C PRGM

Mensagens de erro: Caso o teste automático resulte em Error 9 ou não apareça nada, é sinal de que a máquina apresenta problemas.

b) Procedência

A HP 12c, nos últimos anos, tem sido produzida em vários países, como: China, Malásia, Indonésia, Estados Unidos e Taiwan. Mas, desde 2004, as calculadoras tiveram sua produção concentrada na China. Pergunte ao fornecedor a procedência da máquina, se ela tem garantia, e exija a nota fiscal.

A HP do Brasil[2] informa que atrás da embalagem da calculadora encontra-se a etiqueta do importador e o telefone da assistência técnica. A importação direta pela HP do Brasil lhe garante um produto confiável, com garantia de um ano e suporte técnico. Independentemente da origem de seu produto, exija o manual em português. Em caso de compra, aconselha-se que seja dada preferência à HP 12c tradicional (dourada), que só pode ser adquirida via importadora. A Platinum é mais facilmente encontrada.

3.1.2 Primeiros passos

a) Ligando e desligando: a HP 12c pode ser ligada ou desligada pressionando-se a tecla [ON].

b) O teclado: muitas teclas da HP 12c executam mais de uma função. Essas funções secundárias são acionadas de acordo com sua cor. A tecla PV apresenta duas funções secundárias.

A função **NPV** é acionada pela tecla [f]

A função **CFo** é acionada pela tecla [g]

[2] Para informações adicionais e pontos de venda consulte www.hp.com.br/calculadoras.

Portanto, as funções em laranja são acionadas pela tecla [f], e as funções em azul, pela tecla [g]. As teclas dos números 1, 2, 3, 4, 5, 6, 7 e 8, por exemplo, apresentam apenas uma função secundária.

c) Configuração das casas decimais: para os cálculos iniciais, quatro casas após a vírgula bastam. Com a calculadora ligada, pressione a tecla [f] seguida da tecla [4]. O visor mostrará 0.0000.

d) Mudando de ponto para vírgula: a calculadora vem de fábrica com o visor ajustado para exibir os números do tipo 1,789,965.00, enquanto no Brasil é comum utilizar o ponto separando milhares, e a vírgula, os decimais. A mudança de ponto para vírgula é feita pressionando a tecla [•] mais a tecla [ON] **conjuntamente**, depois liberando somente a tecla [ON]. O visor deverá mostrar 0,0000.

e) Números negativos: algumas operações exigem a utilização de números negativos. Para trocar o sinal de um número diferente de zero, aperte a tecla [CHS]. O significado de CHS é *change signal*, ou 'mude o sinal'. Exemplo: 8 [CHS] resultará no visor em −8.

f) Apagando um número do visor: um número pode ser apagado do visor ao se utilizar a tecla [CLx]. Exemplo: aperte [CLx] que o −8 desaparece.

g) Armazenando um número na memória: durante uma operação, pode ser necessário que algum número seja gravado na memória para ser utilizado posteriormente. A HP 12c permite que os valores sejam armazenados nas teclas de 0 a 9. Para armazenar um número, tecle [Sto] (do inglês *store,* 'grave') e em seguida uma das teclas de 0 a 9. A recuperação desse valor é feita pressionando a tecla [Rcl] (do inglês *recall*, 'recupere') seguida da tecla de 0 a 9 escolhida para gravá-lo.

h) Apagando todos os registros: além dos números armazenados intencionalmente no decorrer das operações, a HP 12c armazena automaticamente alguns números. Ao iniciar qualquer cálculo, sempre acione [f] [REG CLx], para que todo o registro seja apagado. Tome isso por hábito.

3.1.3 Modo de operação

Geralmente, é preciso executar mais de uma operação em sequência. Para facilitar os cálculos e realizá-los sem o uso dos parênteses, a HP 12c trabalha com o sistema RPN (*reverse polish notation*) ou notação polonesa reversa.

A HP 12c Platinum também apresenta a possibilidade de operação no sistema tradicional algébrico, denominado de ALG. Pede-se que a calculadora seja ajustada para o sistema RPN. Isso é feito pressionando a tecla [f] seguida de [CHS DATE] do teclado. O visor da Platinum deve mostrar RPN aceso.

Diferença entre os modos ALG e RPN

No modo de operação tradicional algébrico ALG, a sequência para resolver uma operação básica é: número, sinal da operação, outro número, e pressiona-se a tecla igual. Exemplo: 7 + 5 = 12. A principal característica do modo RPN está em introduzir os números primeiro e depois o sinal da operação. O quadro a seguir mostra como realizar operações básicas em RPN. Tente realizá-las antes de prosseguir a leitura:

Quadro 3.1 Operações básicas em RPN

Limpa	Operação	Modo RPN	Resultado
f REG CLx	a) 7 + 5 =	7 ENTER 5 +	12
f REG CLx	b) 19 − 8 =	19 ENTER 8 −	11
f REG CLx	c) 3 × 12 =	3 ENTER 12 ×	36
f REG CLx	d) 45 ÷ 3 =	45 ENTER 3 ÷	15

3.1.4 Memória automática e registro de pilhas

O cálculo aritmético simples é realizado ao menos com dois números. Na HP 12c, os números devem ser informados primeiro e depois o sinal, como visto na seção anterior. Portanto, existe uma armazenagem de dados durante as operações, que pode ser feita em até quatro linhas (pilhas).

O número que aparece no visor está sempre na pilha X. As outras pilhas são Y, Z, T.

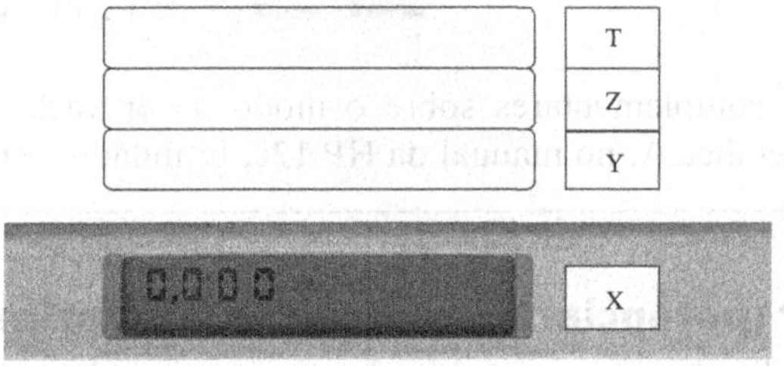

As pilhas começam a ser utilizadas ao se digitar o primeiro ENTER. Funciona como em um computador: a cada ENTER, um número é colocado na linha de cima. Por exemplo: como a calculadora interpreta a operação: (1,12 + 0,89) × 3?

Inicialmente, apague os registros anteriores f REG CLx

IMPORTANTE: Lembre-se de que esse procedimento de limpar os registros deve ser repetido antes da resolução de cada um dos exercícios relacionados a qualquer exemplo apresentado neste capítulo.

Veja, abaixo, o início da operação.

T	0		T	0		T	0		T	0		T	0	
Z	0	▸	Z	0	▸	Z	0	▸	Z	0	▸	Z	0	
Y	0		Y	1,12		Y	0		Y	0		Y	0	
X	1,12	[ENTER]	X	0,89	[+]	X	2,01		X	3	[×]	X	**6,03**	resultado

Exemplo 3A

Resolva as seguintes operações. (As respostas que devem aparecer no visor estão em negrito.)

Pressione [f] [REG/CLx] antes de cada letra.

a) $(2{,}7 + 4) \times 2 =$ 2,7 [ENTER] 4 [+] 2 [×] **13,4**

b) $(3{,}2 + 0{,}27) + (2{,}27 \div 2) =$ 3,2 [ENTER] 0,27 [+] 2,27 [ENTER] 2 [÷] [+] **4,6050**

c) $\dfrac{(3{,}2 + 0{,}27) + (2{,}27 \div 2)}{4{,}5} =$ 3,2 [ENTER] 0,27 [+] 2,27 [ENTER] 2 [÷] [+] [ENTER]

4,5 [÷] **1,0233**

d) $\dfrac{300 \times ((1 + 0{,}2) \times (1 + 0{,}2))}{230} =$ 300 [ENTER] 1 [ENTER] 0,2 [+] [×] 1 [ENTER] 0,2

[+] [×] [ENTER] 230 [÷] **1,8783**

Para informações complementares sobre o modo de operação RPN e o registro de pilhas, consulte o Apêndice A, no manual da HP 12c, intitulado "RPN e a pilha".

3.2 Cálculos na HP (potenciação, radiciação e logaritmos)

No Capítulo 1, foi realizada uma revisão de alguns conceitos da matemática básica do ensino fundamental e médio úteis para a matemática financeira. Este tópico se valerá desses conceitos revistos e vai aplicá-los na HP 12c. Por enquanto, você não precisa se preocupar como utilizá-los no cotidiano, devendo apenas se acostumar com a forma de operação da máquina.

3.2.1 Potenciação

Os cálculos que envolvem valores exponenciais são realizados na HP 12c com o auxílio da tecla [y^x]. Essa tecla significa que o número que está na pilha Y deve ser elevado ao número digitado por último (que está no visor), ou seja, na pilha X.

Exemplo 3B

Resolva as seguintes operações. (As respostas que devem aparecer no visor estão em negrito.)

Pressione [f] [REG CLx] antes de cada letra.

a) $2^5 =$ 2 [ENTER] 5 [Y^X] **32,00**

b) $1{,}89^{2{,}5} =$ 1,89 [ENTER] 2,5 [Y^X] **4,9108**

c) $1{,}05^{12} - 1 =$ 1,05 [ENTER] 12 [Y^X] 1 [−] **0,7959**

d) $(1 + 0{,}09)^{12} - 1 =$ 1 [ENTER] 0,09 [+] 12 [Y^X] 1 [−] **1,8127**

e) $230 \times (1{,}07)^4 =$ 230 [ENTER] 1,07 [ENTER] 4 [Y^X] [×] **301,4831**

f) $\dfrac{5.000}{(1{,}02)^{12}} =$ 5.000 [ENTER] 1,02 [ENTER] 12 [Y^X] [÷] **3.942,4659**

g) $1.270 \times (1 + 0{,}0375)^8 =$ 1.270 [ENTER] 1 [ENTER] 0,0375 [+] 8 [Y^X] [×] **1.704,939**

h) $\{(1 + 0{,}07)^{18} - 1\} \times 100 =$ 1 [ENTER] 0,07 [+] 18 [Y^X] 1 [−] 100 [×] **237,9932**

i) $\dfrac{2.200}{(1 + 0{,}0056)^{125}} =$ 2.200 [ENTER] 1 [ENTER] 0,0056 [+] 125 [Y^X] [÷] **1.094,6231**

j) $\dfrac{3.450 \times (1 + 0{,}03)^{12}}{(1 + 0{,}025)^9} =$ 3.450 [ENTER] 1 [ENTER] 0,03 [+] 12 [Y^X] [×] 1 [ENTER] 0,025 [+] 9 [Y^X] [÷] **3.938,6828**

3.2.2 Radiciação

Como visto no Capítulo 1, a radiciação é o inverso da potenciação. Portanto, $\sqrt[5]{32}$ pode ser reescrita como $32^{\frac{1}{5}}$. Para que a HP 12c realize esse cálculo, onde aparecer 1 sobre algo no expoente, deverá ser utilizada a tecla [1/X].

Exemplo 3C

Resolva as seguintes operações, transformando a raiz em potência quando for o caso. (As respostas que devem aparecer no visor estão em negrito.)

Pressione [f] [REG CLx] antes de cada letra.

a) $\sqrt{36} = 36^{\frac{1}{2}} =$ 36 [ENTER] 2 [1/X] [Y^X] **6,00**

b) $(1{,}72)^{\frac{1}{5}} = 1{,}72$ ENTER 5 1/X Y^X **1,1145**

c) $(2{,}62)^{\frac{1}{12}} - 1 = 2{,}62$ ENTER 12 1/X Y^X 1 − **0,0837**

d) $(1 + 1{,}22)^{\frac{1}{8}} - \;= 1$ ENTER 1,22 + 8 1/X Y^X 1 − **0,1048**

e) $\left[(3{,}27)^{\frac{1}{18}} - 1\right] \times 100 = 3{,}27$ ENTER 18 1/X Y^X 1 − 100 X **6,8036**

f) $\left[(1 + 1{,}55)^{\frac{1}{12}} - 1\right] \times 100 = 1$ ENTER 1,55 + 12 1/X Y^X 1 − 100 X **8,1131**

g) $\dfrac{4.200}{(1 + 0{,}59)^{\frac{1}{6}}} = 4.200$ ENTER 1 ENTER 0,59 + 6 1/X Y^X ÷ **3.887,6137**

3.2.3 Operações com logaritmo neperiano (LN)

A calculadora HP 12c trabalha com o logaritmo *neperiano* (LN) na base de *Eüller*, cujo número é 2,718281. Esse número é expresso pela letra *e*. Não há uma forma direta de calcular o logaritmo em outra base por nenhuma função específica da HP 12c. Existe uma tecla da calculadora relacionada a esse logaritmo, em que a função LN é secundária. Para acioná-la, pressione g %T/LN.

Exemplo 3D

Resolva as seguintes operações que envolvem logaritmos. (As respostas que devem aparecer no visor estão em negrito.)

Pressione f REG/CLx antes de cada letra.

a) $\ln 5{,}23 = 5{,}23$ g %T/LN **1,6544**

b) $\ln(1{,}22)^5 = 1{,}22$ ENTER 5 Y^X g %T/LN **0,9943**

c) $\ln(1 + 0{,}14)^{12} = 1$ ENTER 0,14 + 12 Y^X g %T/LN **1,5723**

d) $\ln(1{,}07 \times 3{,}02) = 1{,}07$ ENTER 3,02 X g %T/LN **1,1729**

e) $\ln\dfrac{4{,}69}{2{,}33} = 4{,}69$ ENTER 2,33 ÷ g %T/LN **0,6996**

f) $\ln\dfrac{\frac{480}{320}}{1{,}07} = 480$ [ENTER] 320 [÷] 1,07 [÷] [g] [%T / LN] **0,3378**

g) $\dfrac{\ln\frac{1.200}{432}}{\ln(1{,}12)} = 1.200$ [ENTER] 432 [÷] [g] [%T / LN] 1,12 [g] [%T / LN] [÷] **9,0149**

h) $\ln(1{,}35)^4 + \ln(1{,}05)^2 = 1{,}35$ [ENTER] 4 [Y^X] [g] [%T / LN] 1,05 [ENTER] 2 [Y^X] [g] [%T / LN] [+] **1,2980**

3.3 Operações com datas

Existe outra função na HP 12c que permite o cálculo do número de dias entre duas datas ou, ainda, determinar que dia da semana está ligado a certa data. Para tanto, alguns ajustes iniciais precisam ser feitos:

a) O sistema de representação de datas adotado no Brasil é o de DIA/MÊS/ANO. Portanto, a calculadora deve ser ajustada para operar dessa maneira. Ao fazer isso, a função D.MY (*day, month, year*, ou dia, mês e ano) estará indicada no visor.

Para esse ajuste, aperte as teclas [g] [4 / D.MY].

b) O sistema de representação de datas americano é o de MÊS/DIA/ANO ou M.DY (*month, day, year*).

Ele seria acionado pelas teclas [g] [5 / M.DY], mas isso não deve ser feito.

A calculadora deve ficar ajustada para o sistema adotado no Brasil, D.MY. Selecione 6 casas após a vírgula, digitando [f] 6. O visor da calculadora se apresentará da seguinte forma para o sistema D.MY com 6 casas:

0, 0 0 0 0 0 0 D.MY

3.3.1 Cálculo do número de dias entre duas datas

Muitas vezes é necessário, por exemplo, descontar um título com vencimento futuro. Logo, o número de dias entre as datas é uma informação importante. Suponha que se deseje saber quantos dias existem entre 03/06/2005 e 07/11/1973.

Procedimento: Digite a data mais antiga e pressione a vírgula uma só vez entre o dia e o mês: 07,111973 e tecle [ENTER]. Depois, digite a data mais recente da mesma forma e acione a função denominada *variação de dias*, representada por **ΔDYS** [g] [EEX / ΔDYS].

Operação: [f] [REG / CLx] 07,111973 [ENTER] 03,062005 [g] [EEX / ΔDYS] **11.531 dias**

Exemplo 3E

Calcule o número de dias entre as seguintes datas. (As respostas que devem aparecer no visor estão em negrito.)

Pressione [f] [REG/CLx] antes de cada letra.

a) 17/02/2004 e 17/05/2004 =

17,022004 [ENTER] 17,052004 [g] [EEX/ΔDYS] **90 dias**

b) 25/03/1998 e 23/10/2001=

25,031998 [ENTER] 23,102001 [g] [EEX/ΔDYS] **1.308 dias**

c) 29/01/2004 e 29/01/1960 =

29,012004 [ENTER] 29,011960 [g] [EEX/ΔDYS] **−16.071 dias**

d) Dia do seu aniversário e a data de hoje

e) Quantos meses existem entre 21/05/2001 e 27/11/2004?

21,052001 [ENTER] 27,112004 [g] [EEX/ΔDYS] 30 [÷] **42,8667 ≈ 43 meses**

3.3.2 Cálculo de uma data a partir de outra

A função relacionada às operações com datas permite que, a partir de uma data específica, se possa adicionar ou subtrair certa quantidade de dias.

Exemplo 3F

Adição de dias: Você aplica uma determinada quantia em um banco no dia 25/11/2005. O dinheiro deverá ser resgatado depois de 115 dias. Determine a data de resgate.

Procedimento: Digite a data base da operação, aperte [ENTER], em seguida digite a quantidade de dias a serem somados, e por último acione a função data, representada por [CHS/DATE].

Operação: [f] [REG/CLx] 25,112005 [ENTER] 115 [g] [CHS/DATE] **20.03.2006 1**

A data de resgate é 20 de março de 2006. O número 1 no canto do visor indica que o dia da semana é uma segunda-feira. Portanto, 2 (terça-feira), 3 (quarta-feira), 4 (quinta-feira), 5 (sexta-feira), 6 (sábado) e 7 (domingo).

Exemplo 3G

Determine em que dia da semana está a seguinte data: 22/07/1941.

Operação: [f] [REG/CLx] 22,071941 [ENTER] 0 [g] [CHS/DATE] **22.07.1941 2**

Nesse caso, como 'zero' dia foi somado, a própria data é a resposta. Mas a indicação do dia da semana está no canto do visor. O dia procurado é terça-feira.

Exemplo 3H

Subtração de dias: Hoje é dia 27/07/2005. Em que dia do mês e da semana se estava há 95 dias?

Operação: [f] [REG CLx] 27,072005 [ENTER] 95 [CHS] [g] [CHS DATE] **23.04.2005 6**

Note que, logo após o número 95, a tecla [CHS] foi acionada para que mudasse seu sinal, tornando-o negativo.

Exemplo 3I

Diga qual a data resultante das seguintes situações. (As respostas que devem aparecer no visor estão em negrito.)

Pressione [f] [REG CLx] antes de cada letra.

a) 24/12/2002 mais 87 dias =

24,122002 [ENTER] 87 [g] [CHS DATE] **21.03.2003 5**

b) 04/06/1994 menos 950 dias =

04,061994 [ENTER] 950 [CHS] [g] [CHS DATE] **28.10.1991 1**

c) 03/02/2005 menos 154 dias =

03,022005 [ENTER] 154 [CHS] [g] [CHS DATE] **02.09.2004 1**

d) 09/08/2002 mais 3,60 meses =

09,082002 [ENTER] 3,60 [ENTER] 30 [X] [g] [CHS DATE] **25.11.2001 1**

3.4 Funções financeiras

Dentre as diversas funções da HP 12c, serão apresentadas algumas consideradas essenciais para o entendimento desta obra. São elas: cálculo de variações percentuais, funções financeiras básicas e funções financeiras diferenciadas.

Quem busca um bom entendimento sobre a HP 12c e suas funções não deve se limitar a elas.

3.4.1 Cálculo de variações percentuais

São inúmeras as situações em que se torna útil calcular a variação percentual entre dois valores. Seja qual for o caso, parte-se de um valor antigo para um novo ou vice-versa. A função da HP 12c que realiza esse cálculo é chamada de *variação percentual* e é acionada pela tecla [Δ%].

Procedimento: Digite o valor antigo e tecle [ENTER], em seguida digite o novo valor e tecle [Δ%].

Se o valor antigo for menor que o novo valor, a variação percentual será positiva e vice-versa.

Exemplo 3J

Sua família tinha há 12 meses uma renda conjunta de $ 4.000,00. Hoje, esse valor está em $ 4.570,00. Considerando que a inflação no último ano foi de 7,5%, como se comportou sua renda familiar com relação à inflação?

Operação: [f] [REG CLx] 4.000 [ENTER] 4.570 [Δ%] **14,25**

A renda de sua família subiu 14,25%, ou seja, 6,75% (14,25% – 7,5%) acima da inflação.[3]

Exemplo 3K

Suponha agora o contrário: a renda de sua família caiu de $ 4.570,00 para $ 4.000,00. De quanto foi a redução percentual?

Operação: [f] [REG CLx] 4.570 [ENTER] 4.000 [Δ%] **–12,4726**

A renda de sua família caiu 12,47%. O sinal negativo na resposta indica queda.

Exemplo 3L

Calcule a variação percentual entre os seguintes valores. (As respostas que devem aparecer no visor estão em negrito.)

Pressione [f] [REG CLx] antes de cada letra.

a) $ 100 e $ 120 = 100 [ENTER] 120 [Δ%] **20,00**

b) $ 70 e $ 100 = 70 [ENTER] 100 [Δ%] **42,86**

c) $ 100 e $ 70 = 100 [ENTER] 70 [Δ%] **–30,00**

d) $ 179 e $ 113 = 179 [ENTER] 113 [Δ%] **–36,87**

e) $ 4.900 e $ 4.000 = 4.900 [ENTER] 4.000 [Δ%] **–18,37**

f) 5,7998 e 4,8777 = 5,7998 [ENTER] 4,8777 [Δ%] **–15,90**

Esse mesmo procedimento pode ser utilizado para verificar o comportamento de preços de produtos no supermercado, de aluguéis, de energia elétrica, do litro de gasolina, entre outros exemplos.

Exemplo 3M

Um litro de gasolina custava $ 0,47 em julho de 1994. Em janeiro de 2005, o preço médio do litro de combustível era de $ 2,25. De quanto foi o aumento da gasolina nesse período?

Operação: [f] [REG CLx] 0,47 [ENTER] 2,25 [Δ%] **378,72**

Nesse momento, você pode se perguntar se hoje você ganha 3,79 vezes mais do que em 1994. Em caso negativo, ocorreu uma perda do poder de compra de seu salário em relação ao preço da gasolina.

---

[3] Neste momento vale ressaltar que 6,75% não significa um rendimento real acima da inflação. Mais informações serão fornecidas no Capítulo 10: "Noções sobre inflação".

3.4.2 Funções financeiras básicas

Ao adquirir um bem financiado, o consumidor está lidando diretamente com quatro variáveis: o valor financiado, a taxa de juros cobrada, o tempo de pagamento e o valor das parcelas.

Outra situação possível ocorre quando um investidor aplica determinada quantia todo mês e pretende resgatá-la no futuro. Nesse caso, também estão envolvidas quatro variáveis: o valor dos pagamentos mensais, a taxa de juros da aplicação, o tempo previsto e o valor de resgate.

Para resolver problemas relacionados com essas situações e outras mais, a HP 12c possui cinco teclas programadas para trabalhar conjuntamente. Veja o Quadro 3.2.

Quadro 3.2 Funções financeiras básicas

Grupo 1	Do inglês	Tradução
PV	*Present value*	Valor Presente
PMT	*Payments*	Pagamentos/parcelas
FV	*Future value*	Valor Futuro
Grupo 2		
i	*Interest rate*	Taxa de juros
n	*Number of periods*	Número de períodos

A divisão entre dois grupos ocorre porque, nas operações financeiras, valor Presente, pagamentos e valor Futuro estão em função de um tempo e de uma taxa de juros periódica. Essa separação é simbólica e de caráter didático.

A definição de cada função e algumas situações em que serão utilizadas são apresentadas a seguir.

GRUPO 1

PV **Definição:** valor Presente no instante zero, valor principal, capital, valor aplicado, valor de origem de uma série de pagamentos/recebimentos.

Utilidade: sempre em função de taxa e tempo. Quando se deseja calcular o valor de uma mercadoria (PV) a partir do valor das parcelas (PMT), ou determinar o valor que se deve aplicar hoje (PV) para ter o direito de receber determinada quantia no futuro (FV).

PMT **Definição:** valor periódico dos pagamentos/recebimentos. É um valor fixo.

Utilidade: sempre em função de taxa e tempo. Quando se deseja partir do valor de uma mercadoria (PV) para se calcular o valor das parcelas (PMT), ou determinar o valor que se deve aplicar mensalmente (PMT) para ter o direito de receber determinada quantia no futuro (FV); útil para o planejamento da aposentadoria, de viagens ou para a aquisição de um bem à vista.

FV **Definição:** valor Futuro, montante acumulado, valor final ou de resgate.

Utilidade: sempre em função de taxa e tempo. Quando se quer calcular o valor a receber no futuro (FV) a partir de uma única aplicação no presente (PV), ou determinar o valor que se tem o direito de receber no futuro (FV) a partir de uma série de depósitos/aplicações mensais (PMT).

GRUPO 2

> IMPORTANTE: Em qualquer operação financeira, tempo e taxa devem estar na mesma base. Exemplo: tempo em meses, taxa ao mês.

[i] **Definição:** taxa periódica, taxa de juros, taxa de rendimento, taxa auferida, taxa de retorno ou taxa de remuneração da operação.
Utilidade: em função dos itens do grupo 1 associados ao tempo. Quando se deseja calcular a taxa de juros de um financiamento (*i*) a partir do valor das parcelas (PMT) e do financiado (PV), ou determinar a taxa de rendimento (*i*) de uma aplicação em que um único valor foi depositado (PV) e depois de certo tempo foi resgatado (FV).

[n] **Definição:** tempo, número de parcelas, número de pagamentos ou número de períodos.
Utilidade: em função dos itens do grupo 1 associados ao tempo. Quando se deseja calcular quanto tempo um capital (PV) deve ficar aplicado para se ter o direito de resgatar um valor desejado (FV), ou determinar quantas parcelas (*n*) seriam necessárias para se acumular certo valor de resgate (FV), ou saber quantas (*n*) parcelas fixas (PMT) serão necessárias para que um valor financiado (PV) seja pago, dada uma taxa de juros.

Utilidade das funções financeiras básicas neste livro

[PV] e [FV] As relações entre valor Presente (PV) e valor Futuro (FV) encontram-se no Capítulo 5.

[PMT] A determinação do valor de parcelas está no Capítulo 6 e no Capítulo 8, assim como sua relação com o valor Presente (PV) e com o valor Futuro (FV).

[i] O Capítulo 7 aborda taxas de juros em diversas circunstâncias. Estas podem envolver: valor Presente (PV), valor Futuro (FV) e série de pagamentos (PMT). Boa parte do capítulo é destinada a situações de equivalência entre taxas a juros compostos.

O funcionamento dessas teclas somente é possível devido a fórmulas e métodos de resolução já existentes para cada uma dessas funções. Tais fórmulas serão deduzidas posteriormente, cada uma no momento oportuno.

3.4.3 Funções financeiras secundárias

Nem sempre as parcelas são fixas em uma operação. Quando isso acontece, as funções de fluxo de caixa da HP 12c podem ser utilizadas para alguns cálculos. É importante salientar que o recurso do fluxo de caixa está relacionado às parcelas não uniformes. Caso contrário, as funções financeiras básicas resolvem, na maioria das situações.

As funções relacionadas ao fluxo de caixa são secundárias e podem ser acionadas pelas teclas [g] ou [f]. As funções de fluxo de caixa estão no quadro a seguir.

Quadro 3.3 Funções de fluxo de caixa

Função	Tecla associada	Do inglês	Tradução
CFo	PV / CFo	*Cash flow at zero*	Fluxo de caixa no instante zero
CFj	PMT / CFj	*Cash flow j*	Fluxo de caixa número *j*
Nj	FV / Nj	*Number of j*	Número de vezes em que o fluxo *j* ocorre consecutivamente
IRR	IRR / FV	*Internal return rate*	Taxa interna de retorno
NPV	NPV / PV	*Net Present value*	Valor Presente líquido

Nesse item, as teclas não foram divididas em grupos. Note também que a HP 12c não relacionou um cálculo de valor Futuro para essas funções. Caso ele seja necessário, primeiro se encontra o valor Presente, que depois deve ser transformado em valor Futuro.

De maneira geral, a inserção de dados para o cálculo está associada à tecla azul [g]. E os cálculos estão relacionados à tecla laranja [f].

[PV / CFo] **Definição:** fluxo de caixa inicial, valor investido, valor financiado.
Utilidade: normalmente, as operações que envolvem fluxo de caixa são realizadas para determinar a taxa de retorno (TIR ou IRR) de uma aplicação (CF*o*) em função de seus retornos (CF*j*). É interessante observar que a função (CF*o*) está associada à tecla de valor Presente (PV) da série de pagamentos fixos.

[PMT / CFj] **Definição:** fluxo de caixa em cada período considerado.
Utilidade: uma vez que os fluxos não são uniformes, (CF*j*) terá de ser digitado mais de uma vez e em sequência no cálculo desejado.

[FV / Nj] **Definição:** número de vezes que o fluxo de caixa ocorre consecutivamente.
Utilidade: em uma sequência de fluxos de caixa, alguns valores podem se repetir consecutivamente. Para que não seja necessário digitá-los um a um, utiliza-se o recurso (N*j*).

[IRR / FV] **Definição:** taxa interna de retorno (TIR). É a taxa de retorno de projetos que têm parcelas não fixas.
Utilidade: para determinar o retorno em termos percentuais de um projeto de investimento/financiamento com fluxos de caixa não uniformes. Muito útil em financiamento de imóveis, por determinar a taxa que o comprador está pagando, uma vez que existem parcelas mensais e intermediárias.

[NPV/PV] **Definição:** valor Presente Líquido (VPL). É o retorno em termos monetários de um projeto, já considerado o valor do dinheiro no tempo e os investimentos realizados.

Utilidade: um projeto de investimento é viabilizado por recursos próprios, de terceiros ou por uma combinação de ambos. Ao retirar seu capital de aplicações tradicionais ou tomar emprestado, o investidor passa a ter um custo sobre esse dinheiro. Portanto, o retorno de um projeto tem de ser maior do que esse custo. Quando isso ocorrer, o VPL mostrará quanto o investidor poderá ganhar ou perder realizando tal investimento. Esse assunto é mais pertinente, por exemplo, às disciplinas de administração financeira e orçamentária, análise de investimentos e engenharia econômica.

Utilidade das funções financeiras neste livro

Em síntese, as funções financeiras são largamente aplicadas em duas situações: para determinar a taxa de retorno/juros de um investimento ou financiamento (TIR) e para determinar o retorno, em termos monetários, desse mesmo investimento (VPL).

Dentro desse conceito, somente a TIR será utilizada nos capítulos 7 e 8.

3.5 Mensagens de erro

Quando algo saiu errado durante uma operação, a HP 12c mostra mensagens de erro descritas por: ERROR (0 a 9). A seguir, estão as mensagens que poderão ocorrer com mais freqüência e seu significado. Fique atento.

Error 3: Está relacionado ao tópico Taxa Interna de Retorno (TIR) e indica que é possível que exista mais de uma resposta para a operação. Nesse caso, uma estimativa de TIR precisa ser fornecida para a calculadora. Para realizar esse procedimento, faça o seguinte enquanto a mensagem Error 3 ainda está no visor:

a) Estime uma possível taxa para o cálculo e digite-a.

b) Aperte em sequência [Rcl] [g] [R/S].

A calculadora tentará encontrar uma resposta próxima ao valor que você estimou, se for possível. Caso contrário, insira nova estimativa.

Error 5: Está relacionado a juros compostos. É causado por inconsistência no lançamento de dados. Nesse caso, deve ser verificado se há coerência entre os valores digitados e os propostos no problema. Veja o Quadro 3.4 a seguir.

Error 7: Está relacionado ao tópico Taxa Interna de Retorno (TIR) e indica que não existe uma TIR para o fluxo de caixa digitado. Pode ser causado por erro de digitação (sinais dos fluxos), magnitude de valores encontrados, número de fluxos de caixa maior do que a memória é capaz de suportar.

- **Asterisco piscando (*):** A bateria da calculadora precisa ser trocada.

As outras mensagens de erro podem ser encontradas no "Apêndice D" do manual da HP 12c.

Quadro 3.4 Operações e condições para ERROR 5

Operação	Condição
n	$PMT \leqslant -PV \times i$
	$PMT = FV \times i$
	$i \leqslant -100$
	Os valores nas variáveis *i, PV, FV* são tais que não existe solução.
i	$PMT = 0$ e $n > 0$
	Os fluxos de caixa têm o mesmo sinal.
PV	$i \leqslant -100$
PMT	$n = 0$ $i = 0$ $i \leqslant -100$ Ao calcular a taxa efetiva ou valor atual, quando o pagamento é negativo.
FV	$i \leqslant -100$
NPV	$i \leqslant -100$

Fonte: *Manual HP 12c*, "Apêndice D", p. 194

4 Noções básicas sobre o Excel

APRESENTAÇÃO

Por que estudar?

Este livro é destinado a qualquer pessoa que tenha interesse por matemática financeira e deseje aprender como usá-la. A aplicação da teoria aqui estudada se faz com a HP 12c ou com o Excel.

O leitor não precisa necessariamente estar cursando ou ter frequentado o ensino superior. Este livro pode ser estudado fora da universidade, de forma isolada, e o Excel pode ser utilizado sem problemas no computador de sua casa. Assim, o curso será conduzido de acordo com suas condições de estudo.

Algumas faculdades ou universidades possuem boa infraestrutura para que as aulas de matemática financeira sejam ministradas em um laboratório de informática. Nesse caso, este capítulo auxiliará o aluno em seus estudos posteriores.

Podem ocorrer também situações em que algum cálculo financeiro precise ser realizado e você não tenha a HP 12c disponível. Nesses casos, o acesso a um computador resolverá o problema.

Objetivos do capítulo

No decorrer deste livro, todos os cálculos relacionados às funções financeiras básicas serão realizados tanto com a HP 12c quanto com o Excel. Em alguns casos, somente a resolução por fórmula será possível. Assim, sua programação no Excel ficará bem clara neste capítulo.

A utilização do Excel possibilita que planilhas sejam criadas para as mais diversas situações. Sem dúvida alguma, o Excel, se bem trabalhado, é uma ferramenta que oferece inúmeros recursos.

Habilidades a serem desenvolvidas

O adequado estudo deste capítulo o habilita a:

- Compreender os princípios básicos de funcionamento do Excel.
- Realizar cálculos utilizando a função financeira e seus argumentos.
- Programar fórmulas para os casos em que as funções financeiras não resolvem.
- Utilizar o Excel para solucionar a maioria dos problemas relacionados à matemática financeira.

Principais tópicos

Procurando estabelecer certa paridade operacional com a HP 12c, o Excel possui algumas particularidades que vão desde a sua configuração básica até o seu modo operante. Portanto, este capítulo possui os seguintes tópicos:

4.1 **Informações gerais e básicas sobre o Excel.** Aqui são apresentados os principais itens que compõem o Excel e como ele deve ser configurado para que realize as operações desejadas.

4.2 **Cálculos no Excel.** Boa parte do que foi estudado no Capítulo 1 sobre matemática básica poderá ser aplicada com o auxílio do Excel. Essencialmente, serão abordadas operações como potenciação, radiciação e logaritmos. Também será visto como programar algumas fórmulas.

4.3 **Funções financeiras.** Neste tópico reside o foco central do livro. Assim como a HP 12c, o Excel tem funções financeiras básicas ou avançadas que são específicas para diversas situações. Saiba quais são, como e quando utilizá-las.

4.1 Informações gerais e básicas sobre o Excel

Para que os assuntos abordados posteriormente sejam trabalhados, são necessários alguns ajustes iniciais no Excel. Parte-se do pressuposto de que o leitor não tem nenhum conhecimento sobre esse software.

4.1.1 Como acessar o Excel

Utilizando Windows XP, o Excel pode ser acessado da seguinte maneira: clique no menu Iniciar, Programas, Microsoft Office, Microsoft Office Excel.

Figura 4.1 Como acessar o Excel em seu computador

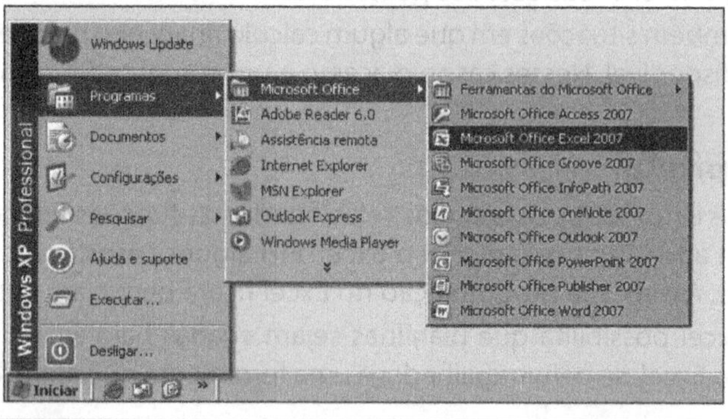

IMPORTANTE: Todas as figuras apresentadas podem diferir um pouco da imagem de seu computador. Portanto, atenha-se somente às funções acionadas.

4.1.2 Aspectos gerais

Após abrir o Excel, uma imagem semelhante a esta deve aparecer em sua tela:

Figura 4.2 Tela inicial do Excel

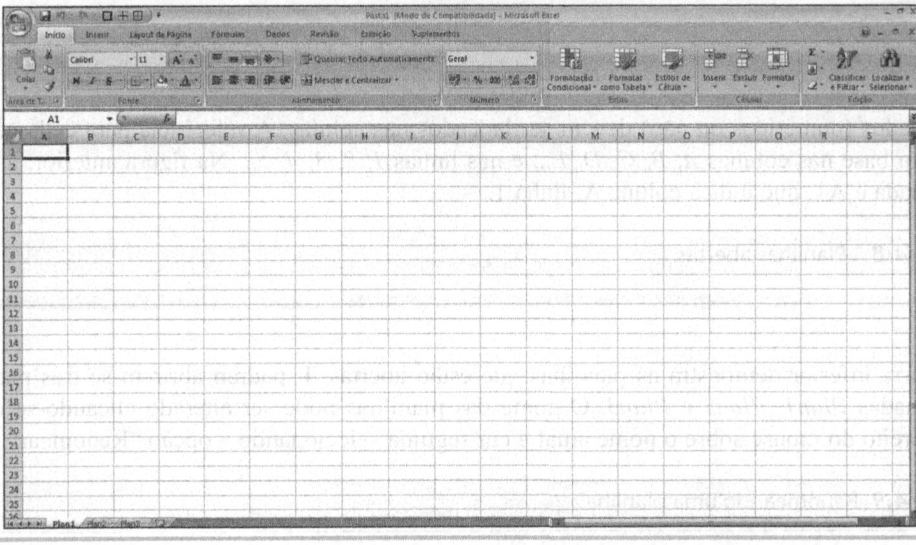

Figura 4.3 Barra de título do documento

O Excel abre automaticamente o arquivo Pasta 1, cujo nome é provisório e deve ser modificado depois.

Figura 4.4 Barra menu

Essa barra possibilita que todas as ferramentas e funções do Excel sejam acessadas. Ao clicar em cada uma das abas, as funções relativas a elas aparecem, e basta selecionar a função desejada.

Figura 4.5 Barra de ferramentas

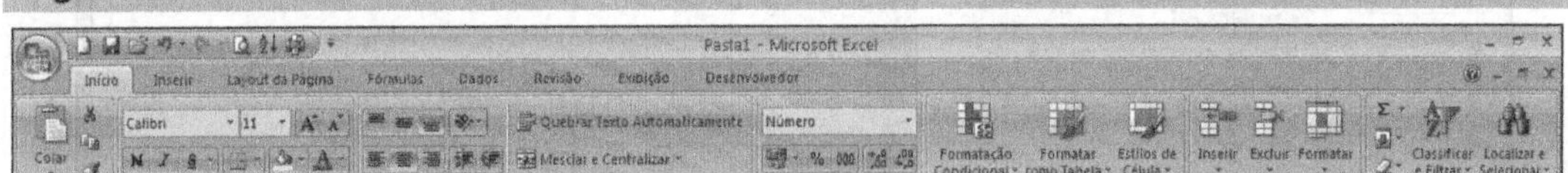

As ferramentas dispostas nessa barra variam de acordo com as necessidades de cada usuário.

Figura 4.6 Barra de fórmulas f_x

As fórmulas ou valores podem ser digitados ou editados diretamente na barra ou nas células. A configuração original permite que os valores sejam digitados nas células.

Figura 4.7 Linhas e colunas

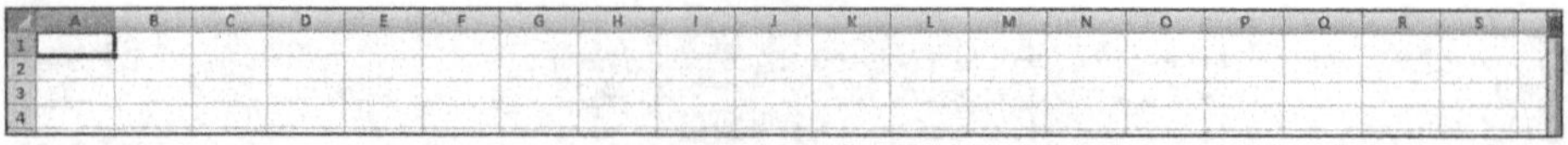

Os dados (numéricos ou não) devem ser lançados nas células. A referência para cada célula é feita com base nas colunas *A, B, C, D, E...* e nas linhas *1, 2, 3, 4, 5...* Na figura anterior, a célula selecionada é A1, que indica coluna A, linha 1.

Figura 4.8 Planilhas abertas

A barra inferior demonstra as planilhas que estão abertas. É padrão abrirem-se três planilhas denominadas *Plan1*, *Plan2* e *Plan3*. O nome das planilhas pode ser alterado clicando-se com o botão direito do mouse sobre o nome atual e em seguida selecionando a opção "Renomear".

Figura 4.9 Renomeando uma planilha

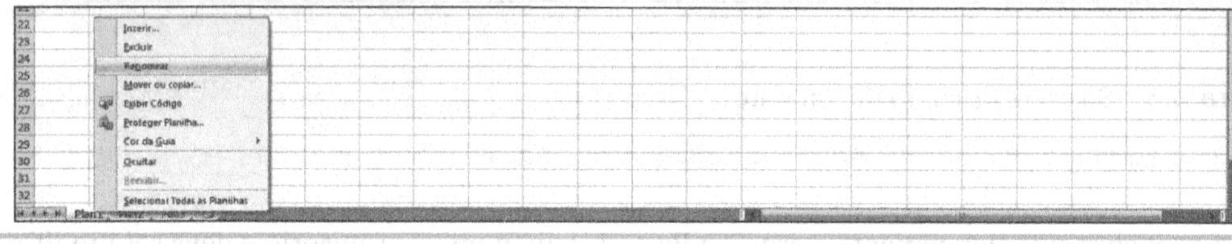

Uma vez clicado em "Renomear", o novo nome da planilha poderá ser digitado.

Figura 4.10 Salvando um documento

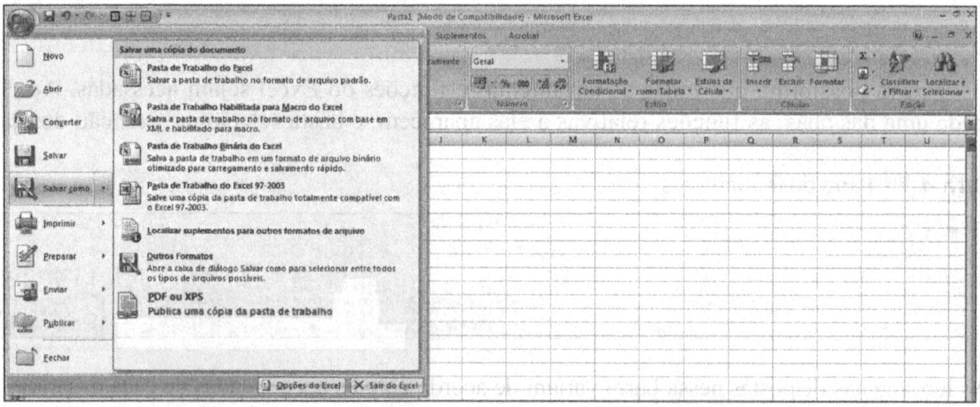

O processo para salvar um documento é o mesmo utilizado no Microsoft Word. O usuário deve clicar no símbolo do Office, que fica no canto superior esquerdo e, em seguida, clicar na opção "Salvar como", digitar o nome desejado para o arquivo e selecionar a pasta onde ele deverá ser salvo. Para que o documento salvo possa ser visualizado nas versões ao Excel 2007, será necessário salvar como "Pasta de trabalho do Excel 97-2003". Nesse caso, a extensão do arquivo será *xls*. Se o documento for salvo na versão 2007, terá a extensão *xlsx*.

4.1.3 Formatação das células

Nas células podem ser digitados dados numéricos ou não. Nesta obra, foi seguido um padrão. As células podem ser assim formatadas: na aba "Início", clique em "Formatar", "Formatar células".

Figura 4.11 Formatar células

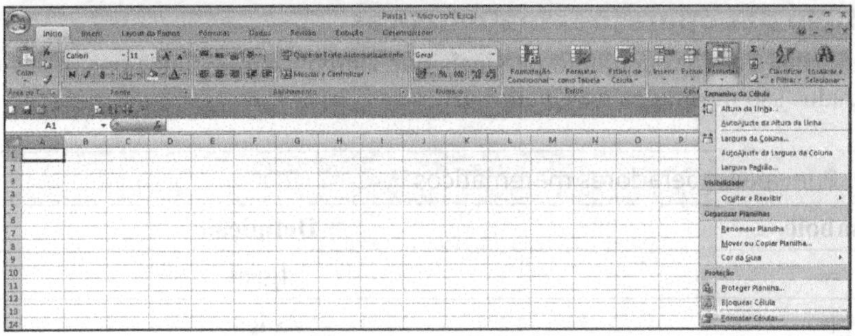

Para dados numéricos:

Moeda: os valores monetários devem ser apresentados no formato de *R$ (Reais)*, com duas casas decimais e número negativo do tipo −R$ 1.234,10. Veja a figura seguinte.

Figura 4.12 Formatando para categoria moeda

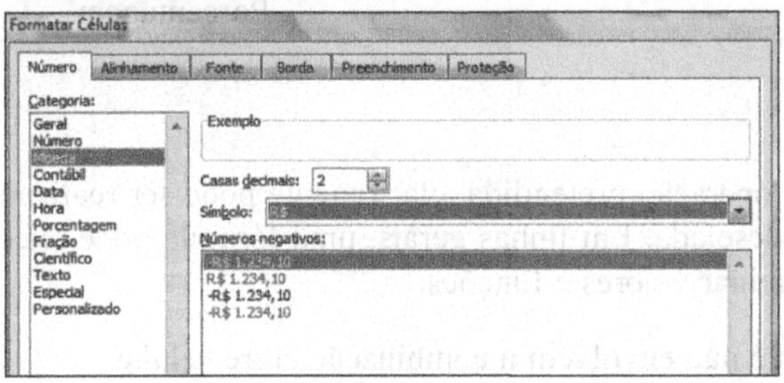

Ao terminar a formatação, clique em OK.

Número: o mesmo procedimento deve ser realizado para formatar um número. Veja a figura a seguir.

Figura 4.13 Formatando para categoria número

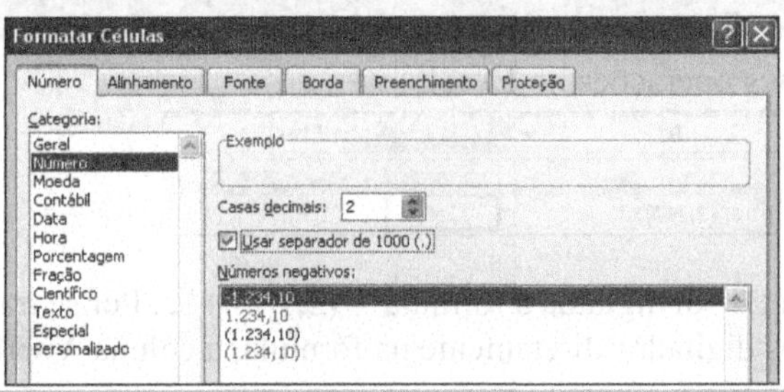

Ao terminar a formatação, clique em OK. No decorrer do texto, algumas formatações serão solicitadas. O processo é o mesmo, o que muda são as variáveis.

4.2 Cálculos no Excel

A partir de agora, ao introduzir um dado, você deve configurar a célula de acordo com sua categoria. As operações são realizadas por meio de fórmulas que, por sua vez, utilizam as células e alguns comandos como referência.

4.2.1 Símbolo das operações matemáticas

O Excel trabalha com um conjunto de sinais que simbolizam algumas operações matemáticas. Os mais utilizados são mostrados no Quadro 4.1.

Quadro 4.1 Principais operadores matemáticos

Símbolo	Definição
=	Igual
+	Adição
–	Subtração
*	Multiplicação
/	Divisão
^	Potenciação
%	Porcentagem

4.2.2 Fórmulas

Qualquer que seja a operação pretendida, ela somente pode ser realizada após a introdução de uma fórmula na célula desejada. Em linhas gerais, uma fórmula pode executar operações básicas, comparar valores e combinar valores e funções.

1º CASO. Operações que não envolvem a combinação entre células

Esses cálculos serão realizados somente com números absolutos, que podem ser digitados junto com a fórmula. Nesse caso, não há referência a outras células envolvidas.

IMPORTANTE: O sinal = (igual) deve ser digitado na célula antes de qualquer operação.

Exemplo 4A

Resolva as seguintes operações no Excel:

a) (2,7 + 4) × 2

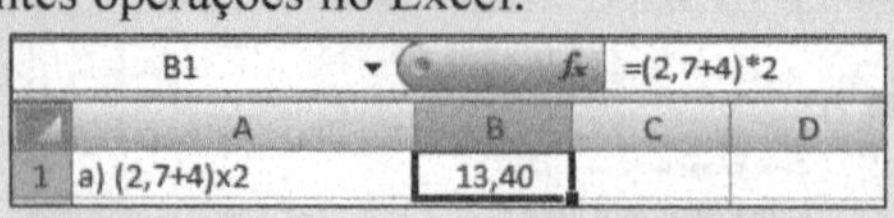

Note que na célula B1 foi digitada a fórmula =(2,7 + 4)*2. Por se tratar de uma operação com valores absolutos digitados diretamente na fórmula, a coluna A seria dispensável e está somente complementando o raciocínio.

b) $(3{,}2 + 0{,}27) + (2{,}27 \div 2) =$

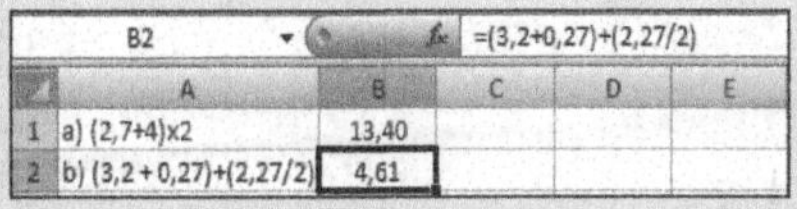
B2 | =(3,2+0,27)+(2,27/2)

	A	B	C	D	E
1	a) (2,7+4)x2	13,40			
2	b) (3,2+0,27)+(2,27/2)	4,61			

Dando prosseguimento aos exemplos, na célula B2 foi digitada a fórmula = (3,2 + 0,27) + (2,27/2).

c) $\dfrac{(3{,}2 + 0{,}27) + (2{,}27 \div 2)}{4{,}5} =$

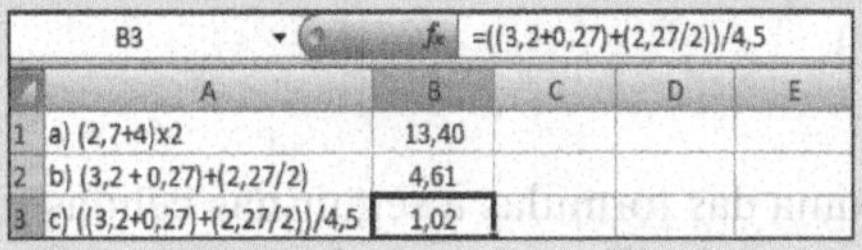
B3 | =((3,2+0,27)+(2,27/2))/4,5

	A	B	C	D	E
1	a) (2,7+4)x2	13,40			
2	b) (3,2+0,27)+(2,27/2)	4,61			
3	c) ((3,2+0,27)+(2,27/2))/4,5	1,02			

Em relação ao exemplo b, foi necessário o acréscimo de dois parênteses para que a divisão pudesse ser realizada. Na célula B3 foi digitada a fórmula = ((3,2 + 0,27) + (2,27/2))/4,5.

d) $300 \times (1 + 0{,}2) \times (1 + 0{,}2) =$

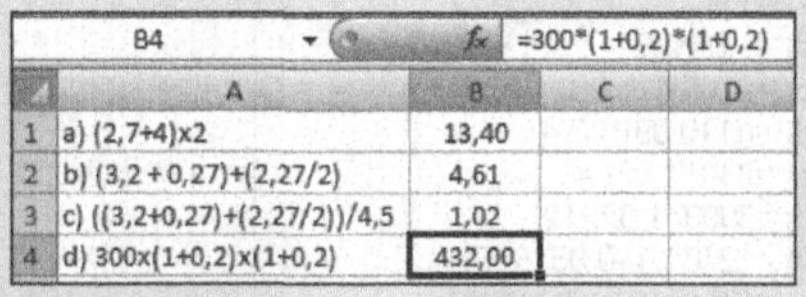
B4 | =300*(1+0,2)*(1+0,2)

	A	B	C	D
1	a) (2,7+4)x2	13,40		
2	b) (3,2+0,27)+(2,27/2)	4,61		
3	c) ((3,2+0,27)+(2,27/2))/4,5	1,02		
4	d) 300x(1+0,2)x(1+0,2)	432,00		

Completando os exemplos, na célula B4 foi digitada a fórmula = 300 * (1 + 0,2) * (1 + 0,2)

2º Caso. Operações que envolvem a combinação entre células

As operações realizadas no Exemplo 4A poderiam ser feitas se cada um dos valores fosse digitado em uma célula. Depois elas são combinadas no formato da fórmula desejada.

Exemplo 4B

Resolva a seguinte operação no Excel, digitando cada um dos valores em células diferentes.

a) $(2{,}7 + 4) \times 2 =$

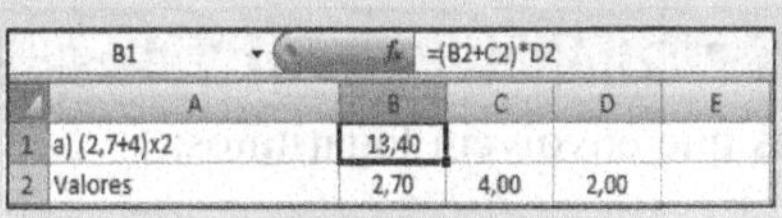
B1 | =(B2+C2)*D2

	A	B	C	D	E
1	a) (2,7+4)x2	13,40			
2	Valores	2,70	4,00	2,00	

Os valores foram digitados nas células B2, C2 e D2, e a fórmula, na célula B1. A vantagem de trabalhar com os dados nas células é que, assim que são substituídos, eles alteram o resultado da fórmula automaticamente.

4.2.3 Potenciação

As operações de potenciação propostas são as mesmas realizadas para a HP 12c no capítulo anterior e serão resolvidas por fórmulas com números absolutos, sem combinação entre células.

Exemplo 4C

Resolva cada um dos exercícios utilizando as fórmulas.

a) $2^5 =$

b) $1{,}89^{2{,}5} =$

c) $1{,}05^{12} - 1 =$

d) $(1 + 0{,}09)^{12} - 1 =$

e) $230 \times (1{,}07)^4 =$

f) $\dfrac{5.000}{(1{,}02)^{12}} =$

g) $1.270 \times (1 + 0{,}0375)^8 =$

h) $[(1 + 0{,}07)^{18} - 1] \times 100 =$

i) $\dfrac{2.200}{(1 + 0{,}0056)^{125}} =$

j) $\dfrac{3.450 \times (1 + 0{,}03)^{12}}{(1 + 0{,}025)^9} =$

Digite cada uma das fórmulas a seguir nas células indicadas. Após ter digitado a fórmula completa, aperte a tecla "Enter" do teclado do computador que o resultado aparecerá.

Resolução:

	A	B
1		Fórmula
2	a)	=2^5
3	b)	=1,89^2,5
4	c)	=(1,05^12)-1
5	d)	=((1+0,09)^12)-1
6	e)	=230*(1,07)^4
7	f)	=5000/(1,02)^12
8	g)	=1270*((1+0,0375)^8)
9	h)	=(((1+0,07)^18)-1)*100
10	i)	=2200/(1+0,0056)^125
11	j)	=(3450*(1+0,03)^12)/(1+0,025)^9

Resultados:

	A	B
1		Resultado
2	a)	32,00
3	b)	4,91
4	c)	0,80
5	d)	1,81
6	e)	301,48
7	f)	3.942,47
8	g)	1.704,94
9	h)	237,99
10	i)	1.094,62
11	j)	3.938,68

4.2.4 Logaritmos

Todos os cálculos do livro em que o logaritmo é aplicado são feitos com logaritmo neperiano (*ln*) de Eüller, em que a base é 2,718281. Esse número é expresso pela letra "e". Consequentemente, o logaritmo deve ser introduzido na fórmula. Esse processo é simples, pois basta digitar *ln* seguido do número ou da expressão entre parênteses.

Exemplo 4D

Resolva as seguintes operações que envolvem logaritmos:

a) $\ln 5{,}23 =$

b) $\ln (1{,}22)^5 =$

c) $\ln (1 + 0{,}14)^{12} =$

d) $\ln (1{,}07 \times 3{,}02) =$

e) $\ln\left(\dfrac{4{,}69}{2{,}33}\right) =$

f) $\ln\left(\dfrac{\frac{480}{320}}{1{,}07}\right) =$

g) $\dfrac{\ln \dfrac{1.200}{432}}{\ln (1{,}12)} =$

h) $\ln (1{,}35)^4 + \ln (1{,}05)^2 =$

Digite cada uma das fórmulas a seguir nas células indicadas. Após ter digitado a fórmula completa, aperte a tecla "Enter" do teclado do computador que o resultado aparecerá.

Resolução:

	A	B
1		Fórmula
2	a)	=LN(5,23)
3	b)	=LN(1,22^5)
4	c)	=LN((1+0,14)^12)
5	d)	=LN(1,07*3,02)
6	e)	=LN(4,69/2,33)
7	f)	=LN(480/320/1,07)
8	g)	=LN(1200/432)/LN(1,12)
9	h)	=LN(1,35^4)+LN(1,05^2)

Resultados:

	A	B
1		Resultado
2	a)	1,6544
3	b)	0,9943
4	c)	1,5723
5	d)	1,1729
6	e)	0,6996
7	f)	0,3378
8	g)	9,0149
9	h)	1,2980

4.3 Funções financeiras

Dentre as diversas funções do Excel, algumas consideradas essenciais para o entendimento deste livro serão apresentadas. São elas: cálculo de variações percentuais, funções financeiras básicas e funções financeiras diferenciadas.

O leitor que busca um bom entendimento sobre o Excel e suas funções não deve se limitar a elas.

4.3.1 Cálculo de variações percentuais

São inúmeras as situações em que é útil calcular a variação percentual entre dois valores. Seja qual for o caso, parte-se de um valor antigo para um novo, ou vice-versa.

Exemplo 4E

Sua família tinha há 12 meses uma renda conjunta de \$ 4.000,00. Hoje, esse valor está em \$ 4.570,00. Considerando que a inflação no último ano foi de 7,5%, como se comportou sua renda familiar com relação à inflação?

A introdução dos dados e a fórmula utilizada para a resolução são mostradas a seguir.

B3 | fx =(B2/B1)-1

	A	B	C
1	Renda antiga	R$ 4.000,00	
2	Renda atual	R$ 4.570,00	
3	Variação percentual	14,25%	

As células B1 e B2 devem ser configuradas para moeda. A célula em que será introduzida a fórmula deve estar configurada para porcentagem. Note que o resultado foi uma divisão entre B2 e B1 menos 1. Resumindo, sua renda familiar foi reajustada acima da inflação de 7,5%.

4.3.2 Funções financeiras básicas[1]

Ao adquirir um bem financiado, o consumidor está lidando diretamente com quatro variáveis: o valor financiado, a taxa de juros cobrada, o tempo de pagamento e o valor das parcelas.

Outra situação possível ocorre quando um investidor aplica determinada quantia todo mês e pretende resgatá-la no futuro. Nesse caso, também estão envolvidas quatro variáveis: o valor dos pagamentos mensais, a taxa de juros da aplicação, o tempo previsto e o valor de resgate.

---

[1] Para exemplos de aplicação das funções financeiras básicas, consulte o menu "Ajuda" do Excel e digite o nome da função desejada.

Para resolver problemas relacionados a essas situações e a outras, o Excel possui um conjunto de funções financeiras que são acionadas da seguinte maneira: clique na aba "Fórmulas" e depois em "Inserir função".

Figura 4.14 Como inserir uma função em uma célula

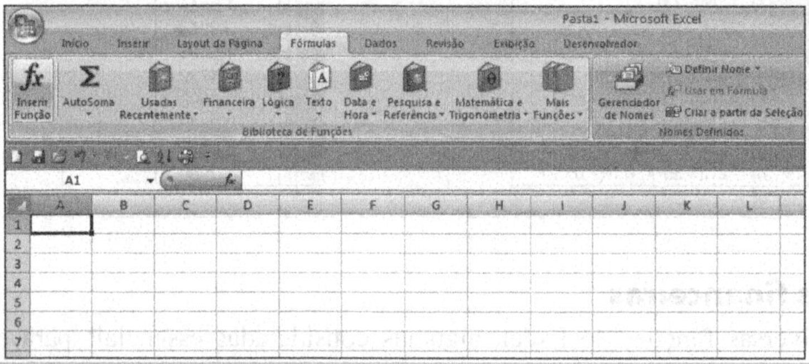

Suponha que se deseje utilizar a função TIR: a Figura 4.15 mostra como realizar tal operação.

Figura 4.15 Acionando as funções financeiras (TIR)

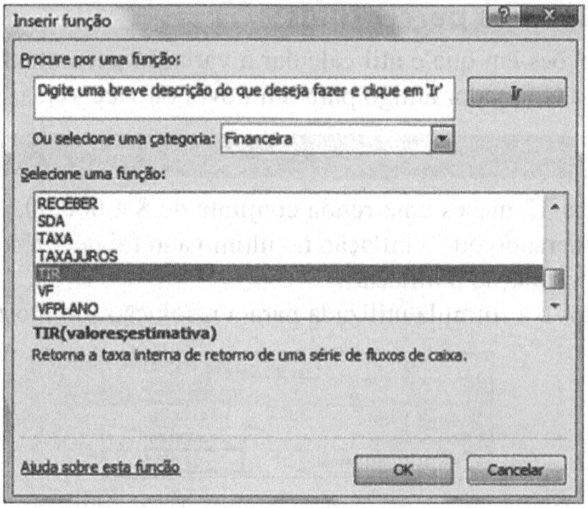

A Figura 4.15 mostra que, dentro de "Categoria da função", deve-se selecionar "Financeira", e o nome da função desejada poderá ser selecionado abaixo.

No decorrer deste livro, cinco funções financeiras denominadas básicas serão utilizadas em todos os capítulos. São elas:

VP	Retorna o valor Presente de um investimento
PGTO	Retorna o pagamento periódico de uma anuidade
VF	Retorna o valor Futuro de um investimento
TAXA	Retorna a taxa de juros por período de uma anuidade
NPER	Retorna o número de períodos de um investimento

VP

Definição: valor Presente no instante zero, valor principal, capital, valor aplicado, valor de origem de uma série de pagamentos/recebimentos ou *Present Value* (PV).

Utilidade: sempre em função de taxa e tempo. Quando se deseja calcular o valor de uma mercadoria (PV) a partir do valor das parcelas (PMT), determinar o valor que se deve aplicar hoje (PV) para ter o direito de receber determinada quantia no futuro (FV).

Como acessar no EXCEL: clique na tecla atalho de função f_x e depois, dentro de "Categoria da função", clique em "Financeira"; por último, selecione a função "VP".

Figura 4.16 Acionando a função VP

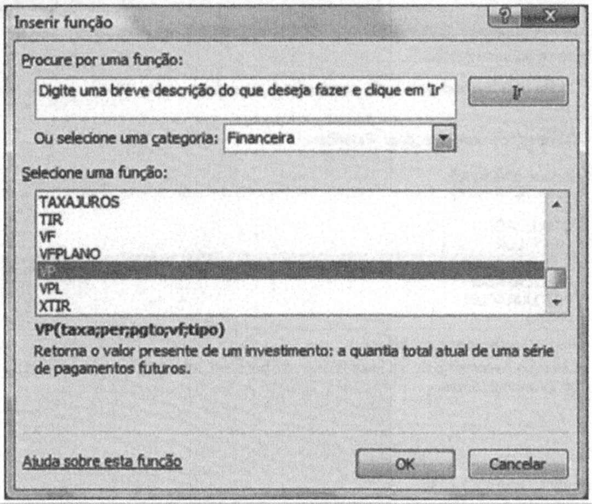

Sintaxe[2] da função: VP(taxa;nper;pgto;vf;tipo).

Taxa: é a taxa de juros por período. Por exemplo, se você obtiver um empréstimo para a compra de um carro com uma taxa de juros de 10% ao ano e fizer pagamentos mensais, a sua taxa de juros mensal será de 10%/12, ou 0,83%. Você deve inserir 10%/12, ou 0,83%, ou 0,0083 na fórmula, como taxa.

Nper: é o número total de períodos de pagamento de uma anuidade. Por exemplo, se você obtiver um empréstimo de quatro anos e fizer pagamentos mensais, o empréstimo terá 4*12 (ou 48) períodos. Você deve inserir 48 na fórmula para nper.

Pgto: é o pagamento feito a cada período e não pode mudar durante a vigência da anuidade. Geralmente, pgto inclui o principal e os juros, e não há outras tarifas ou taxas. Por exemplo, os pagamentos mensais por um empréstimo de quatro anos para a compra de um carro de $ 10.000,00 a 12% são $ 263,33. Você deve inserir −263,33 na fórmula como pgto. Se pgto for omitido, você deverá incluir o argumento vf.

Vf: é o valor Futuro, ou um saldo de caixa que você deseja obter depois do último pagamento. Se vf for omitido, será considerado 0 (o valor Futuro de determinado empréstimo, por exemplo, é 0). Se quiser economizar $ 50.000,00 para pagar um projeto especial em 18 anos, então $ 50.000,00 é o valor Futuro. Você pode então calcular a taxa de juros e determinar quanto deverá economizar a cada mês. Se vf for omitido, você deverá incluir o argumento pgto.

Tipo: é o número 0 ou 1 e indica as datas de vencimento.

---

2 As sintaxes das funções foram literalmente extraídas do Excel.

PGTO

Definição: valor periódico dos pagamentos/recebimentos. É um valor fixo.

Utilidade: sempre em função de taxa e tempo. Quando se deseja partir do valor de uma mercadoria (PV) para calcular o valor das parcelas (PMT); determinar o valor que se deve aplicar mensalmente (PMT) para se ter o direito de receber determinada quantia no futuro (FV); útil para o planejamento da aposentadoria, de viagens ou para a aquisição à vista de um bem.

Como acessar no Excel: clique na tecla atalho de função f_x e depois, dentro de "Categoria da função", clique em "Financeira"; e, por último, selecione a função "PGTO".

Figura 4.17 Acionando a função PGTO

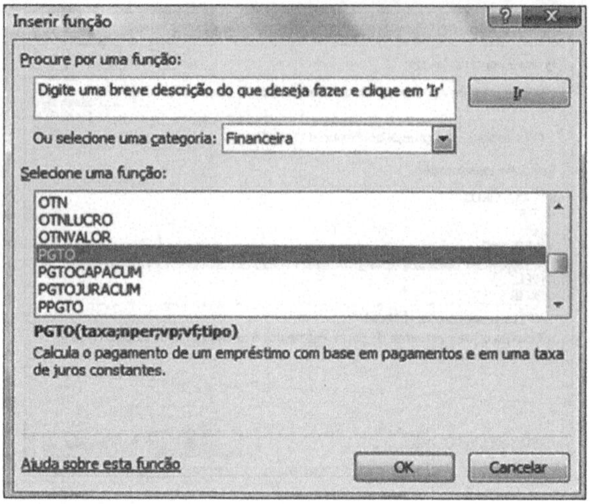

Sintaxe da função: PGTO(taxa;nper;vp;vf;tipo).

Informações complementares

Tipo: é o número 0 ou 1 e indica as datas de vencimento.

Definir tipo para	Se os vencimentos forem
0 ou omitido	No final do período
1	No início do período

Comentários: 1) O pagamento retornado por PGTO inclui o principal e os juros, e não inclui taxas, pagamentos de reserva ou tarifas, às vezes associados a empréstimos. 2) Certifique-se de que esteja sendo consistente quanto às unidades usadas para especificar taxa e nper. Se fizer pagamentos mensais por um empréstimo de quatro anos com juros de 12% ao ano, utilize 12%/12 para taxa e 4*12 para nper. Se fizer pagamentos anuais para o mesmo empréstimo, use 12% para taxa e 4 para nper.

VF

Definição: valor Futuro, montante acumulado, valor final ou de resgate.

Utilidade: sempre em função de taxa e tempo. Calcular o valor a receber no futuro (VF) a partir de uma única aplicação no presente (VP), ou determinar o valor que se tem o direito de receber no futuro (VF) a partir de uma série de depósitos/aplicações mensais (PGTO).

Como acessar no Excel: clique na tecla atalho de função f_x e depois, dentro da "Categoria de função", clique em "Financeira"; por último, selecione a função "VF".

Figura 4.18 Acionando a função VF

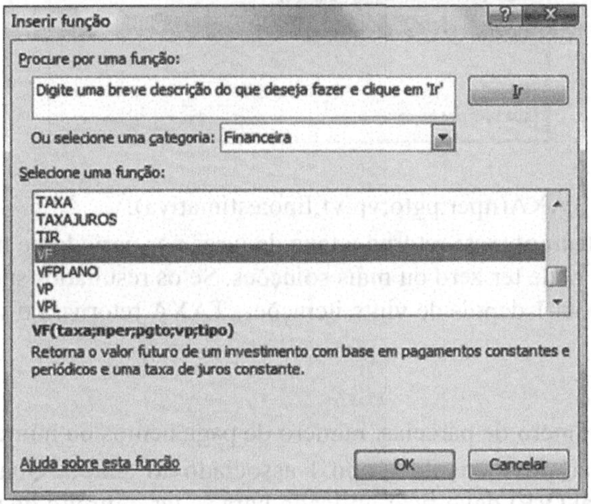

Sintaxe da função: VF(taxa;nper;pgto;vp;tipo).

Informações complementares

Comentários: todos os argumentos, saques, tais como depósitos em poupança, serão representados por números negativos; depósitos recebidos, tais como cheques de dividendos, serão representados por números positivos.

IMPORTANTE: Em qualquer operação financeira, tempo e taxa devem estar na mesma base. Exemplo: tempo em meses, taxa ao mês.

TAXA

Definição: taxa periódica, taxa de juros, taxa de rendimento, taxa auferida, taxa de retorno ou taxa de remuneração da operação.

Utilidade: em função dos itens do grupo 1 associado ao tempo. Quando se deseja calcular a taxa de juros de um financiamento (i) a partir do valor das parcelas (PGTO) e do financiado (VP), ou determinar a taxa de rendimento (i) de uma aplicação em que um único valor foi depositado (VP) e depois de certo tempo foi resgatado (VF).

Como acessar no Excel: clique na tecla atalho de função f_x e depois, dentro de "Categoria da função", clique em "Financeira"; por último, selecione a função "TAXA".

Figura 4.19 Acionando a função TAXA

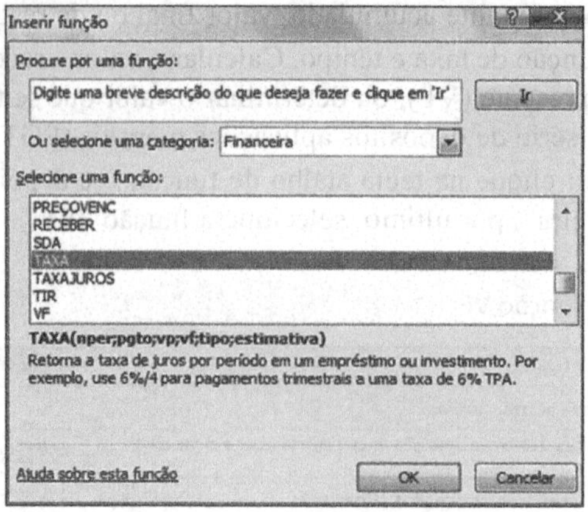

Sintaxe da função: TAXA(nper;pgto;vp;vf;tipo;estimativa).

Informações complementares: retorna a taxa de juros por período de uma anuidade. TAXA é calculada por iteração e pode ter zero ou mais soluções. Se os resultados sucessivos de TAXA não convergirem para 0,0000001 depois de vinte iterações, TAXA retornará o valor de erro #NÚM!

NPER

Definição: tempo, número de parcelas, número de pagamentos ou número de períodos.

Utilidade: em função dos itens do grupo 1 associado ao tempo. Quando se deseja calcular quanto tempo um capital (VP) deve ficar aplicado para se ter o direito de resgatar um valor desejado (VF), ou determinar quantas parcelas (n) seriam necessárias para determinar certo valor de resgate (VF), ou saber quantas (n) parcelas fixas (PGTO) serão necessárias para que um valor financiado (VP) seja pago, dada uma taxa de juros.

Como acessar no Excel: clique na tecla atalho de função f_x e depois, dentro de "Categoria da função", clique em "Financeira"; por último, selecione a função "NPER".

Figura 4.20 Acionando a função NPER

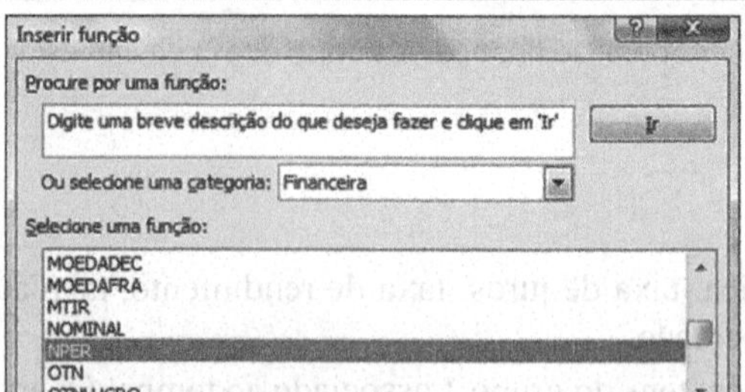

Sintaxe da função: NPER(taxa;pgto;vp;vf;tipo).

Informações complementares: sempre deve estar relacionado a número de parcelas quando houver PGTO. Caso contrário, pode estar relacionado ao tempo de uma aplicação. Por exemplo, dado o valor Presente, encontrar o valor Futuro depois de alguns períodos.

Utilidade das funções financeiras básicas neste livro

PV e FV: as relações entre valor Presente (VP) e valor Futuro (VF) estão no Capítulo 5.

PGTO: a determinação do valor de parcelas está no Capítulo 6 e no Capítulo 8, assim como sua relação com o valor Presente (VP) e com o valor Futuro (VF).

TAXA: o Capítulo 7 estuda taxas de juros em diversas circunstâncias. Estas podem envolver: valor Presente (VP), valor Futuro (VF) e série de pagamentos (PGTO). Boa parte do capítulo é destinada a situações de equivalência entre taxas a juros compostos.

O funcionamento dessas funções somente é possível graças a fórmulas e métodos de resolução já existentes. Tais fórmulas serão deduzidas posteriormente, cada uma no momento oportuno.

4.3.3 Funções financeiras adicionais

Podem ser consideradas funções financeiras adicionais todas as funções não relacionadas como básicas. Por exemplo, nem sempre as parcelas são fixas em uma operação. Quando isso acontece, as funções de *fluxo de caixa* do Excel podem ser acessadas para vários cálculos. É importante salientar que o recurso do *fluxo de caixa* está relacionado às parcelas não uniformes; caso contrário, as funções financeiras básicas resolvem. Quando os fluxos não são uniformes, eles devem ser digitados um a um. A função TIR (taxa interna de retorno), por exemplo, é uma função adicional às funções básicas, que será utilizada neste livro.

TIR

Definição: taxa interna de retorno (TIR). É a taxa de retorno de projetos que têm parcelas não fixas.

Utilidade: para determinar o retorno em termos percentuais de um projeto de investimento/financiamento com fluxos de caixa não uniformes. Muito útil em financiamentos de imóveis, para determinar a taxa que o comprador está pagando, uma vez que existem parcelas mensais e intermediárias.

Como acessar no Excel: clique na tecla atalho de função f_x e depois dentro de "Categoria da função", clique em "Financeira"; por último, selecione a função "TIR".

Figura 4.21 Acionando a função TIR

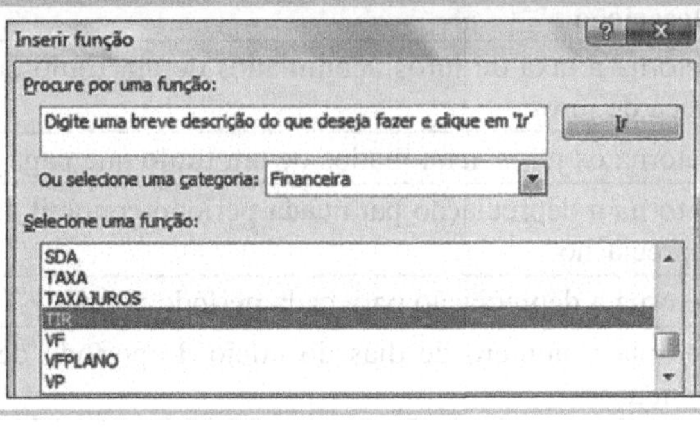

Definição (Excel): retorna a taxa interna de retorno de uma sequência de fluxos de caixa representada pelos números em valores. Esses fluxos não precisam ser iguais, como no caso de uma anuidade. No entanto, os fluxos de caixa devem ser feitos em intervalos regulares, mensalmente ou anualmente. A taxa interna de retorno é a taxa de juros recebida para um investimento que consiste em pagamentos (valores negativos) e receitas (valores positivos) que ocorrem em períodos regulares.

Sintaxe: TIR(valores; estimativa).

Valores: é uma matriz ou uma referência a células que contêm números cuja taxa interna de retorno se deseja calcular.

- Valores deve conter pelo menos um valor positivo e um negativo para calcular a taxa interna de retorno.
- TIR usa a ordem de valores para interpretar a ordem de fluxos de caixa. Certifique-se de inserir os valores de pagamentos e rendas na sequência desejada.
- Se uma matriz ou argumento de referência contiver texto, valores lógicos ou células em branco, esses valores serão ignorados.

Estimativa: é um número que se estima ser próximo do resultado de TIR.

- O Microsoft Excel usa uma técnica iterativa para calcular TIR. Começando por estimativa, TIR refaz o cálculo até o resultado ter uma precisão de 0,00001 por cento. Se TIR não puder localizar um resultado que funcione depois de vinte tentativas, o valor de erro #NÚM! será retornado.
- Na maioria dos casos, não é necessário fornecer estimativa para o cálculo de TIR. Se a estimativa for omitida, será considerada 0,1 (10 por cento).
- Se TIR fornecer o valor de erro #NÚM!, ou se o resultado não for próximo do esperado, tente novamente com um valor diferente para estimativa.

Informações complementares: TIR está intimamente relacionada com VPL, a função do valor Presente líquido. A taxa de retorno calculada por TIR é a taxa de juros correspondente a um valor Presente líquido zero.

Utilidade das funções financeiras secundárias neste livro

Em síntese, as funções financeiras secundárias são largamente aplicadas em duas situações: para determinar a taxa de retorno/juros de um investimento ou financiamento (TIR) e para determinar o retorno, em termos monetários, desse mesmo investimento (VPL). Dentro desse conceito, somente a (TIR) será utilizada nos capítulos 7 e 8.

Função	Descrição
JUROSACUM	Retorna a taxa de juros acumulados de um título que paga uma taxa periódica de juros
JUROSACUMV	Retorna os juros acumulados de um título que paga juros no vencimento
AMORDEGRC	Retorna a depreciação para cada período contábil usando o coeficiente de depreciação
AMORLINC	Retorna a depreciação para cada período contábil
CUPDIASINLIQ	Retorna o número de dias do início do período de cupom até a data de liquidação

(*continua*)

(*continuação*)

CUPDIAS	Retorna o número de dias no período de cupom que contém a data de quitação
CUPDIASPRÓX	Retorna o número de dias da data de liquidação até a data do próximo cupom
CUPDATAPRÓX	Retorna a próxima data de cupom após a data de quitação
CUPNÚM	Retorna o número de cupons pagáveis entre as datas de quitação e vencimento
CUPDATAANT	Retorna a data de cupom anterior à data de quitação
PGTOJURACUM	Retorna os juros acumulados pagos entre dois períodos
PGTOCAPACUM	Retorna o capital acumulado pago sobre um empréstimo entre dois períodos
BD	Retorna a depreciação de um ativo para um período especificado, usando o método de balanço de declínio fixo
BDD	Retorna a depreciação de um ativo com relação a um período especificado usando o método de saldos decrescentes duplos ou qualquer outro método especificado por você
DESC	Retorna a taxa de desconto de um título
MOEDADEC	Converte um preço em formato de moeda, na forma fracionária, em um preço na forma decimal
MOEDAFRA	Converte um preço, apresentado na forma decimal, em um preço apresentado na forma fracionária
DURAÇÃO	Retorna a duração anual de um título com pagamentos de juros periódicos
EFETIVA	Retorna a taxa de juros anual efetiva
VF	Retorna o valor futuro de um investimento
VFPLANO	Retorna o valor futuro de um capital inicial após a aplicação de uma série de taxas de juros compostas
TAXAJUROS	Retorna a taxa de juros de um título totalmente investido
IPGTO	Retorna o pagamento de juros para um investimento em um determinado período
TIR	Retorna a taxa interna de retorno de uma série de fluxos de caixa
ÉPGTO	Calcula os juros pagos durante um período específico de um investimento
MDURAÇÃO	Retorna a duração de Macauley modificada para um título com um valor de paridade equivalente a R$ 100
MTIR	Calcula a taxa interna de retorno em que fluxos de caixa positivos e negativos são financiados com diferentes taxas
NOMINAL	Retorna a taxa de juros nominal anual
NPER	Retorna o número de períodos de um investimento
VPL	Retorna o valor líquido atual de um investimento com base em uma série de fluxos de caixa periódicos e em uma taxa de desconto
PREÇOPRIMINC	Retorna o preço por R$ 100 de valor nominal de um título com um primeiro período indefinido
LUCROPRIMINC	Retorna o rendimento de um título com um primeiro período indefinido

(*continua*)

(*continuação*)

PREÇOÚLTINC	Retorna o preço por R$ 100 de valor nominal de um título com um último período de cupom indefinido
LUCROÚLTINC	Retorna o rendimento de um título com um último período indefinido
PGTO	Retorna o pagamento periódico de uma anuidade
PPGTO	Retorna o pagamento de capital para determinado período de investimento
PREÇO	Retorna a preço por R$ 100,00 de valor nominal de um título que paga juros periódicos
PREÇODESC	Retorna o preço por R$ 100,00 de valor nominal de um título descontado
PREÇOVENC	Retorna o preço por R$ 100,00 de valor nominal de um título que paga juros no vencimento
VP	Retorna o valor presente de um investimento
TAXA	Retorna a taxa de juros por período de uma anuidade
RECEBER	Retorna a quantia recebida no vencimento de um título totalmente investido
DPD	Retorna a depreciação em linha reta de um ativo durante um período
SDA	Retorna a depreciação dos dígitos da soma dos anos de um ativo para um período especificado
OTN	Retorna o rendimento de um título equivalente a uma obrigação do Tesouro
OTNVALOR	Retorna o preço por R$ 100,00 de valor nominal de uma obrigação do Tesouro
OTNLUCRO	Retorna o rendimento de uma obrigação do Tesouro
BDV	Retorna a depreciação de um ativo para um período especificado ou parcial usando um método de balanço declinante
XTIR	Fornece a taxa interna de retorno para um programa de fluxos de caixa que não é necessariamente periódico
XVPL	Retorna o valor presente líquido de um programa de fluxos de caixa que não é necessariamente periódico
LUCRO	Retorna o lucro de um título que paga juros periódicos
LUCRODESC	Retorna o rendimento anual de um título descontado. Por exemplo, uma obrigação do Tesouro
LUCROVENC	Retorna o lucro anual de um título que paga juros no vencimento

PARTE 2

Juros compostos

5 Valor Presente e valor Futuro

APRESENTAÇÃO

Por que estudar?

Para compreender qualquer conceito que envolva juros compostos, inicialmente é preciso que se tenha uma clara definição de valor Presente P e de valor Futuro F_n. Partindo do pressuposto de que existem investidores e tomadores de crédito, o comportamento de suas operações financeiras pode indicar o caminho mais adequado para cada uma das partes.

Aplicações na caderneta de poupança a longo prazo e nos fundos de investimento, por exemplo, têm seu valor de resgate determinado por uma taxa de juros menos os impostos pagos. Esse valor a ser resgatado é denominado valor Futuro F_n e está em função do valor investido, denominado valor Presente P. A relação F_n/P é a base de todo o estudo de juros compostos.

Objetivos do capítulo

O entendimento deste capítulo fornecerá importantes ferramentas para o desenvolvimento de outros conceitos tratados mais adiante. Por esse motivo, o estudo do valor Presente P e do valor Futuro F_n é apresentado antes dos capítulos 6 a 10.

O Capítulo 10, "Noções sobre inflação", por exemplo, trata diretamente da correção de determinado valor por algum índice, geralmente feita por capitalização composta.

Habilidades a serem desenvolvidas

O adequado estudo deste capítulo o habilita a:

- Verificar se o rendimento de aplicações financeiras básicas tem apresentado resultado satisfatório.
- Determinar o valor Futuro F_n de uma operação que envolva a aplicação de uma taxa de juros a um valor Presente P.
- Determinar o valor Presente P de uma operação em função de seu valor Futuro F_n, tempo e taxa de juros.

Após desenvolvidas essas habilidades, o leitor estará mais bem preparado para entender o conteúdo dos capítulos subsequentes.

Fundamentos

No Capítulo 1 foram apresentadas, no item 1.1, a adição e a subtração percentual. Como definição básica, deve-se notar que:

$$10\% = \frac{10}{100} = 0{,}10\text{, logo: } 100\% = \frac{100}{100} = 1$$

Se ao número 1 for adicionado 10%, o resultado será:

$$1 + 10\% = 1 + \frac{10}{100} = 1 + 0{,}10 = 1{,}10$$

Conclui-se que: se qualquer número multiplicado por 1 resulta nele mesmo, consequentemente, qualquer número multiplicado por 1,10 resulta nele mais 10%.[1]

Como complemento aos fundamentos necessários, os capítulos sobre operações com HP 12c e com Excel devem ser bem estudados.

Principais tópicos

Neste capítulo, a introdução aos juros compostos está dividida no estudo do valor Presente *P* e do valor Futuro F_n de uma operação.

5.1 **Conceito de valor Presente *P*, principal ou valor de origem.** As operações financeiras partem de um valor que deverá ser corrigido por uma taxa de juros em função do tempo. Esse valor é denominado valor Presente *P*.

5.2 **Conceito de valor Futuro F_n, montante ou valor de resgate ou valor final.** Uma vez que o valor Presente *P* seja corrigido por uma taxa de juros em função do tempo, ele produzirá um valor Futuro F_n composto pelo valor Presente *P* mais os juros ocorridos no período.

5.3 **Como determinar o valor Futuro F_n a partir do valor Presente *P*.** Cálculo relacionado com o item 5.1.

5.4 **Como determinar o valor Presente *P* a partir do valor Futuro F_n.** Cálculo relacionado com o item 5.2.

5.5 **Determinação do tempo *n* de uma operação que envolva valor Presente *P* e valor Futuro F_n.** Nesse caso, é importante saber quanto tempo o valor Presente deve ficar aplicado para se ter direito a certo valor Futuro ou de resgate.

5.6 **Determinação da taxa de juros *i*.** Muitas vezes, o investidor precisa determinar a que taxa de juros ele deve aplicar seu capital para ter o direito de receber determinada quantia no futuro.

5.1 Conceito de valor Presente *P*, principal ou valor de origem

Como visto no Capítulo 2, as operações financeiras estão estruturadas em função do tempo e das taxas de juros. Inicialmente, tempo e taxa devem ser expressos na mesma unidade de tempo. Portanto, um valor aplicado hoje poderá ser resgatado algum tempo depois, desde que remunerado por uma taxa de juros.

[1] Para informações complementares sobre soma e subtração percentual, consulte Capítulo 1, item 1.2.

O valor que deve ser corrigido para então ser resgatado é chamado de valor Presente P, principal ou valor de origem (a partir de agora será chamado de valor Presente P).

IMPORTANTE: Associe sempre o valor Presente P a valor de origem. Essa relação facilita bastante a identificação do valor Presente P nas mais variadas situações.

5.2 Conceito de valor Futuro F_n, montante ou valor de resgate ou valor final

O valor Futuro de uma operação financeira é formado pelo somatório dos juros ao valor Presente P. Em geral, ele é resgatado ou pago em uma única parcela.[2] A nomenclatura 'valor Futuro', simbolizada por F_n, será adotada de agora em diante.

5.3 Como determinar o valor Futuro F_n a partir do valor Presente P

Para demonstrar a relação entre o valor Presente P e valor Futuro F_n, segue um exemplo. Seu método de resolução está descrito no Capítulo 2, item 2.5.

Exemplo 5A

Você pega de um amigo $ 1.000,00 emprestados para pagar daqui a 5 meses. Se o regime de capitalização for de juros compostos e a taxa combinada for de 10% ao mês, quanto você deverá pagar a seu amigo?

a) Coleta de dados		b) Terminologia
Empréstimo:	$ 1.000,00	$P = 1.000$
Tempo:	5 meses	$n = 5$
Taxa:	10% a.m.	$I = 10\%$
		$i = 0,10$
Valor a pagar:	?	$F_5 = ?$

c) Diagrama

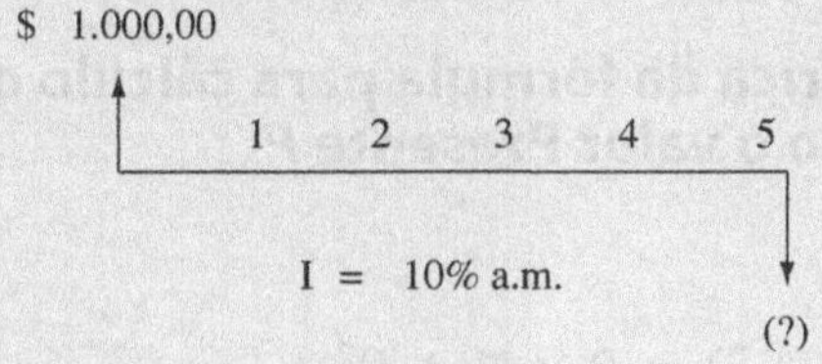

d) Cálculo

Pelo método da adição percentual, o valor corrigido período a período é o seguinte:

[2] Outras definições de valor Futuro serão apresentadas em momento oportuno no decorrer deste livro.

$F_1 = 1.000 \times (1{,}10) = 1.100$

Esse valor significa que você deverá a seu amigo, daqui a um mês, \$ 1.100,00; que é o valor Presente P \$ 1.000,00 mais 10%. Como o pagamento será feito somente no término dos 5 períodos, o valor F_1 deve ser reajustado para o segundo mês.

$F_2 = 1.100 \times (1{,}10) = 1.210$

No regime de capitalização composta, sobre o valor resultante do primeiro mês deve incidir a taxa de juros. Assim, você deverá a seu amigo \$ 1.210,00 ao final do segundo mês. Esse procedimento de corrigir o saldo resultante do mês anterior pela taxa de juros segue até o final do período contratado.

$F_3 = 1.210 \times (1{,}10) = 1.331$

$F_4 = 1.331 \times (1{,}10) = 1.464{,}10$

$F_5 = 1.464{,}10 \times (1{,}10) = 1.610{,}51$

Portanto, o valor que seu amigo deverá receber ao final de 5 meses é de \$ 1.610,51. Matematicamente, o que aconteceu, de maneira direta, foi o seguinte:

$F_1 = 1.000 \times (1{,}10)^1 = 1.100$

$F_2 = 1.000 \times (1{,}10) \times (1{,}10) = 1.000 \times (1{,}10)^2 = 1.210$

$F_3 = 1.000 \times (1{,}10) \times (1{,}10) \times (1{,}10) = 1.000 \times (1{,}10)^3 = 1.331$

$F_4 = 1.000 \times (1{,}10) \times (1{,}10) \times (1{,}10) \times (1{,}10) = 1.000 \times (1{,}10)^4 = 1.464{,}10$

$F_5 = 1.000 \times (1{,}10) \times (1{,}10) \times (1{,}10) \times (1{,}10) \times (1{,}10) = 1.000 \times (1{,}10)^5 = 1.610{,}51$

A resolução da equação $F_5 = 1000 \times (1 + 0{,}10)^5$ apresenta diretamente o valor desejado.

5.3.1 Dedução algébrica da fórmula para cálculo do valor Futuro F_n no instante n, dado o valor Presente P

$F_1 = P \times (1 + i)^1$

$F_2 = P \times (1 + i) \times (1 + i) = P \times (1 + i)^2$

$F_3 = P \times (1 + i) \times (1 + i) \times (1 + i) = P \times (1 + i)^3$

$F_4 = P \times (1 + i) \times (1 + i) \times (1 + i) \times (1 + i) = P \times (1 + i)^4$

Se o período considerado for igual a *n*, a fórmula geral[3] será:

$$F_n = P \times (1 + i)^n$$

Fórmula 5.1

▸ **Explicação:** F_n representa o valor Futuro de uma operação em determinado instante, cujo valor Presente *P* foi acrescido da taxa *i* (expressa em sua forma decimal) *n* vezes, de forma composta (juros sobre juros).

Quando a Fórmula 5.1 deve ser utilizada? Toda vez que se tenha um único valor Presente *P* e se deseje calcular o valor Futuro F_n de uma operação financeira em função do tempo *n* e de uma taxa de juros *i*.

A calculadora HP 12c pode resolver esse problema tanto pela fórmula quanto pelas funções financeiras básicas. Em seguida, o mesmo exemplo será desenvolvido no Excel.

Configure o visor para duas casas: [f] [2]

HP 12c (Resolução pela fórmula)

Fórmula a resolver:

$$F_n = P \times (1 + i)^n \Rightarrow F_5 = 1.000 \times (1{,}10)^5 = ?$$

Apague os registros antes de começar.

Inserção de dados		[f]	[REG CLX]
	1.000	[ENTER]	
	1,10	[ENTER]	
Resultado	5	[y^x]	
		[x]	Visor: 1.610,51

HP 12c (Funções financeiras básicas)

A calculadora HP 12c apresenta uma série de funções financeiras para os mais distintos fins. A denominação "funções financeiras básicas" foi apresentada no Capítulo 3, item 3.4.2 e se refere a um conjunto de cinco teclas:

Grupo 1	PV	PMT	FV	Grupo 2	i	n

[3] Essa fórmula é idêntica à Fórmula 2.4 do Capítulo 2. A principal diferença é que, no Capítulo 2, sua dedução foi feita pela aplicação consecutiva da fórmula de juros simples, e não pelo método da adição percentual, como aqui demonstrado. Se o resultado for idêntico, ambos os métodos são equivalentes.

IMPORTANTE: Ao realizar um cálculo usando a HP 12c, deve-se lançar o número zero para a tecla do Grupo 1, que não será utilizada. Procure sempre digitar os cinco valores, pois as funções são programadas para trabalhar conjuntamente.

Apague os registros antes de começar.

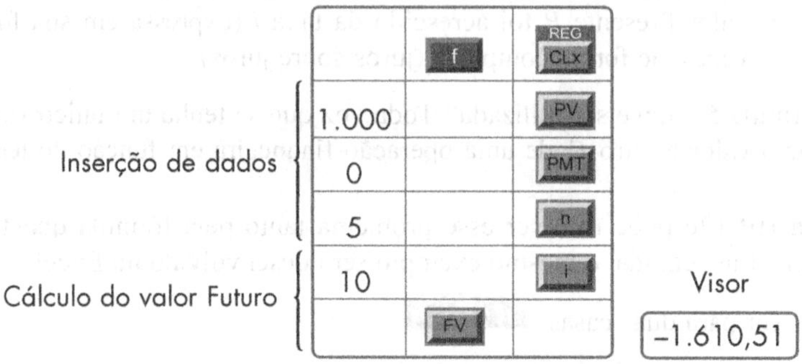

Nesse cálculo não existem parcelas de pagamento, então, o zero foi utilizado para o PMT. Esse procedimento será repetido para os outros exemplos deste livro. Lembre-se: zere o que não for utilizar.

Excel (Funções financeiras básicas)

A coleta de dados e a terminologia podem ser digitadas na planilha, pois isso facilita bastante a operação. Esse procedimento será repetido na maioria das vezes em que se utilizarem as funções financeiras do Excel.

Figura 5.1 Resolução do Exemplo 5A

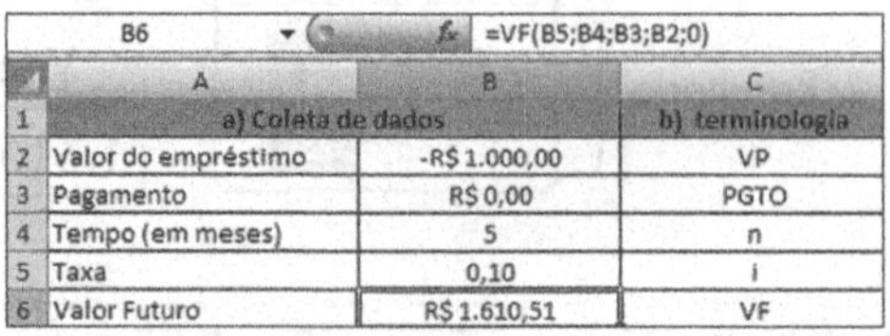

B6 =VF(B5;B4;B3;B2;0)

	A	B	C
1	a) Coleta de dados		b) terminologia
2	Valor do empréstimo	-R$ 1.000,00	VP
3	Pagamento	R$ 0,00	PGTO
4	Tempo (em meses)	5	n
5	Taxa	0,10	i
6	Valor Futuro	R$ 1.610,51	VF

Procedimentos

1. Digite os itens da coleta de dados na coluna A.
2. Digite os respectivos valores na coluna B. Como na HP 12c, o PMT ou PGTO não será utilizado e deve ser *zero*.
3. Na coluna C, digite a terminologia da coleta de dados, que deve ser a mesma relacionada à função VF do Excel.
4. Clique na célula B6 e selecione a função indicada. Veja a Figura 5.2A.

Figura 5.2A Acionando a função desejada no Excel

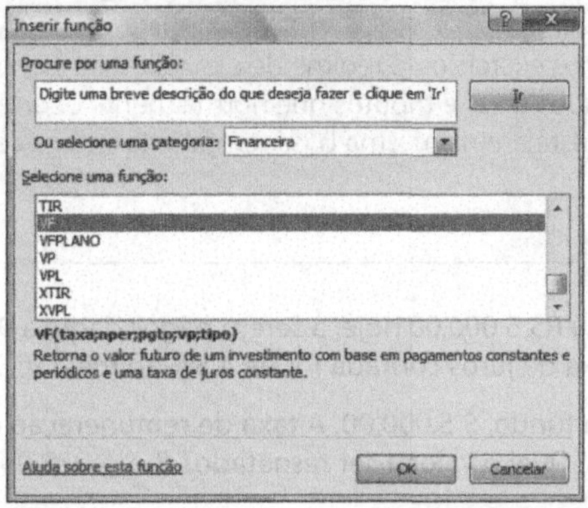

Figura 5.2B Preenchendo os "Argumentos da função" desejada no Excel

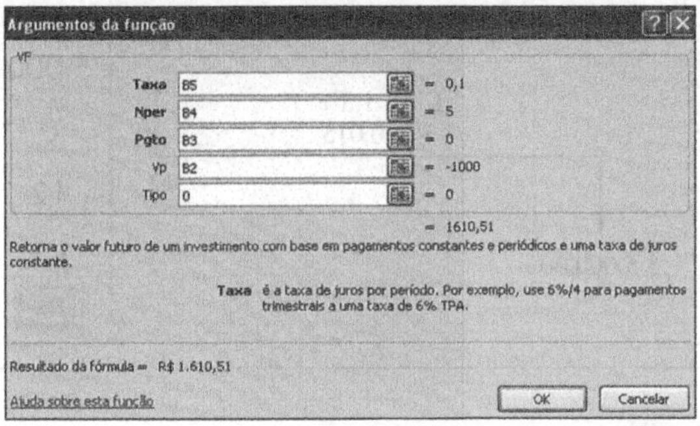

Comentário sobre a Figura 5.2A: Na aba "Fórmulas", clique em "Inserir função". Selecione a categoria "Financeira" e, em seguida, a função" VF.

Portanto, veja as fórmulas utilizadas:

Fórmula (nº)	Célula (local)	Descrição
1	B6	=VF(B4;B3;B5;B2;0)

Sintaxe da fórmula: VF(taxa;nper;pgto;vp;tipo)
Taxa: é a taxa de juros por período.
Nper: é o número total de períodos do empréstimo.
Vp: é o valor Presente.
Pgto: deve ser zero, pois não há uma série de pagamentos nesse exemplo.
VF: é o valor Futuro, que se deseja calcular.
Tipo: é o número 0 ou 1 e indica se o primeiro pagamento é no ato (1) ou com um período de carência (0). No caso deste exemplo, não há uma série de pagamentos, por isso o zero (0) foi utilizado.

A célula B6 demonstra um valor negativo, entre parênteses. Isso significa que ele é uma saída de caixa. Essa análise é coerente uma vez que você terá de pagar a seu amigo.

IMPORTANTE: 1. Em todos os exercícios, o regime de capitalização é composto e não estão sendo considerados taxas e tributos que normalmente ocorrem.
2. Para que estejam na mesma base tempo e taxa, faça os ajustes necessários no tempo.

Exercícios resolvidos

5.1 Um banco lhe emprestou R$ 5.000,00 hoje, a serem pagos daqui a 9 meses. Qual o valor devido ao final do período, se a taxa de juros cobrada for de 4,5% ao mês? R: $ 7.430,48

5.2 Você aplica hoje, em um fundo, $ 5.000,00. A taxa de remuneração é de 1,5% ao mês. O tempo de aplicação é de 12 meses. Qual o valor a ser resgatado? R: $ 5.978,09

Terminologia

Valor	Termo
5.000	PV
1,5	I
12	N
?	FV

Diagrama

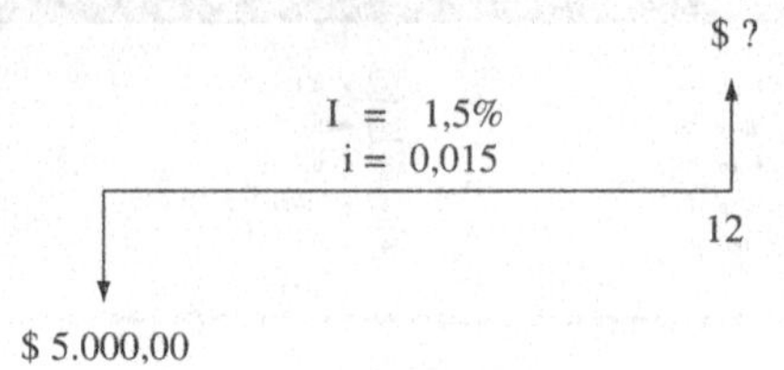

Cálculo HP 12c

	f	REG CLx
5.000	CHS	PV
0		PMT
12		n
1,5		i
FV		

Exercícios de fixação

5.3 Ao visitar sua agência, o gerente lhe informa que as aplicações com prazo de 18 meses são remuneradas a 1,25% ao mês. Seu saldo disponível para aplicação é de $ 1.000,00. Você decidiu fazer a operação. Calcule o valor a ser resgatado ao final do período. R: $ 1.250,58

5.4 Você emprestou para seus amigos os seguintes valores: $ 2.800,00 para Carlos, $ 2.000,00 para João e $ 1.000,00 para Ricardo. Todos prometeram o pagamento daqui a 3 meses. Cobrando a taxa de 3,5% ao mês, calcule o valor a ser pago por cada um de seus amigos. R: Carlos, $ 3.104,41; João, $ 2.217,44; e Ricardo, $ 1.108,72

5.5 Usando os mesmos dados do exercício anterior, faça a comparação, como se você fizesse uma única aplicação financeira de mesmo prazo e taxa. Verifique em qual dos investimentos se consegue o maior montante. R: $ 6.430,56. Não há diferença financeira entre investir em várias aplicações e em apenas uma, desde que as outras variáveis permaneçam constantes.

5.6 Qual montante você conseguiria obter se aplicasse $ 7.000,00 por 4 anos à taxa de 16,5% ao ano? R: $ 12.894,42

5.7 Uma dívida de $ 1.200,00 é contraída hoje no valor. Se a taxa de juros é igual a 0,0557% ao dia, qual o valor a ser pago no Futuro de 175 dias? R: $ 1.322,82

5.8 Uma calculadora custa $ 340,00 à vista. Ela pode ser paga em 30 ou 60 dias. Considerando a taxa de juros de 5% ao mês, determine o valor a ser pago em cada um dos prazos. R: $ 357,00 (30 dias); $ 374,85 (60 dias)

5.9 Se você aplicar $ 8.000,00 hoje à taxa de juros compostos de 2% ao mês, quanto terá disponível daqui a 14 meses? R: $ 10.555,83

5.10 Você contraiu um empréstimo no valor de $ 6.800,00 para ser pago daqui a 7 meses. Calcule o valor a ser pago no vencimento, se lhe foi cobrada a taxa de 8,4% ao mês. R: $ 11.959,52

5.11 Você aplicou $ 1.000,00 durante 48 meses. Hoje, após decorrido esse tempo, você pretende sacar o dinheiro. O banco informou-lhe que a taxa média de rendimento de juros foi 2,2% ao mês. Calcule o valor a ser resgatado. R: $ 2.842,12

5.12 Determine o valor de resgate de uma aplicação realizada na caderneta de poupança há 3 anos. Considere o valor aplicado de $ 3.000,00 e a taxa média de rendimento de 0,84% ao mês. R: $ 4.054,18

5.13 Você pretende comprar um novo computador daqui a um ano. Hoje você tem $ 5.000,00 e espera que o computador custe $ 6.000,00 na data da compra. Sabendo que o banco remunera suas aplicações à taxa de 1,8% ao mês, quanto você terá de dinheiro no tempo previsto? R: $ 6.193,60

5.14 Você deve deixar $ 1.400,00 aplicados por 36 meses. Se a taxa de juros for de 6,4% ao semestre, quanto você resgatará ao final do período? R: $ 2.031,32

5.4 Como determinar o valor Presente *P* a partir do valor Futuro F_n

Suponha agora a seguinte situação: em determinado momento, o valor Futuro F_n pode ser dado e, para tanto, a incógnita passa a ser o valor Presente *P*.

Exemplo 5B

Você paga hoje a seu amigo $ 1.610,51 por um empréstimo realizado há 5 meses. Se o regime de capitalização foi de juros compostos e a taxa combinada, de 10% ao mês, quanto você pegou emprestado?

a) Coleta de dados		b) Terminologia
Valor pago:	1.610,51	$F_5 = 1.610,51$
Tempo:	5 meses	$n = 5$
Taxa:	10% a.m.	$I = 10\%$
		$i = 0,10$
Valor do empréstimo:	?	$P = ?$

c) Diagrama

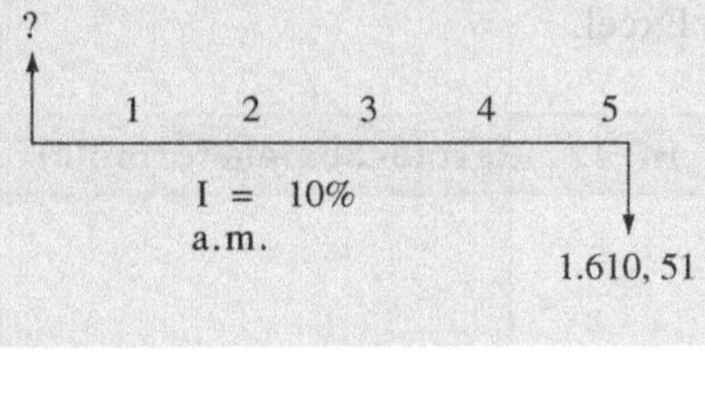

d) Cálculo

O ponto de partida é a Fórmula 5.1, mas nesse caso o valor Presente P, por se tratar da incógnita, deve ser isolado.

$$1.610{,}51 = P \times (1{,}10)^5$$

$$P = \frac{1.610{,}51}{(1{,}10)^5}$$

$$P = \frac{1.610{,}51}{1{,}61051}$$

$$P = 1.000$$

O valor Presente P igual a \$ 1.000,00 pode ser facilmente comprovado, desde que o Exemplo 5B seja análogo ao 5A.

5.4.1 Representação algébrica da fórmula para cálculo do valor Presente *P*, dado o valor Futuro F_n no instante *n* (F_n)

$$F_n = P \times (1 + i)^n$$

Logo:

$$\frac{F_n}{(1 + i)^n} = P$$

ou seja:

$$\boxed{P = \frac{F_n}{(1 + i)^n}}$$

Fórmula 5.2

- **Explicação:** P representa o valor Presente da operação. O valor Futuro F_n, que é dado, deve ser descontado à taxa i (expressa em sua forma decimal) n vezes de forma composta (juros sobre juros).

Quando a Fórmula 5.2 deve ser utilizada? Toda vez que se tenha o valor Futuro F_n em um instante n qualquer e se deseja calcular o valor que lhe deu origem ou o valor Presente P em função do tempo e de uma taxa de juros i.

O procedimento de cálculo será o mesmo do exemplo anterior: HP 12c (fórmula), HP 12c (funções financeiras básicas) e pelo Excel.

HP 12c (Resolução pela fórmula)

Fórmula a resolver:

$$P = \frac{F_n}{(1 + i)^n}$$

$$\frac{1.610{,}51}{(1{,}10)^5} = ?$$

Apague os registros antes de começar.

Inserção de dados	f	REG CLx
	1.610,51	ENTER
	1,10	ENTER
Resultado	5	y^x
		÷

Visor: 1.000,00

Note que o procedimento é semelhante ao do Exemplo 5A, porém, o último sinal será de divisão [÷], e não de multiplicação [X].

HP 12c (Funções financeiras básicas)

Apague os registros antes de começar.

Inserção de dados		f	REG CLx
	1.610,51	CHS	FV
	0		PMT
	5		n
	10		i
Cálculo do valor Presente			PV

Visor: 1.000,00

Nesse caso, o valor de $ 1.610,51 é uma saída de caixa e deve ser introduzido com o sinal de negativo. Logo, a resposta será positiva. Essa análise é coerente, uma vez que você recebeu dinheiro no início da operação.

Excel (Funções financeiras básicas)

Figura 5.3 Resolução do Exemplo 5B no Excel

B6 =VP(B5;B4;B3;B2;0)

	A	B	C
1	a) Coleta de dados		b) terminologia
2	Valor Futuro	-R$ 1.610,51	VF
3	Pagamento	R$ 0,00	PGTO
4	Tempo (em meses)	5	n
5	Taxa	0,10	i
6	Valor do empréstimo	R$ 1.000,00	VP

Procedimentos

1. Digite os itens da coleta de dados na coluna A.
2. Digite os respectivos valores na coluna B. Como na HP 12c, o PMT ou PGTO não será utilizado e deve ser *zero*.

3. Na coluna C, digite a terminologia da coleta de dados, que deve ser a mesma relacionada à função VP do Excel.
4. Clique na célula B6 e selecione a função indicada.

Portanto, veja as fórmulas utilizadas:

Fórmula (nº)	Célula (local)	Descrição
1	B6	=VF(B4;B3;B5;B2;0)

Figura 5.4A Acionando a função desejada no Excel

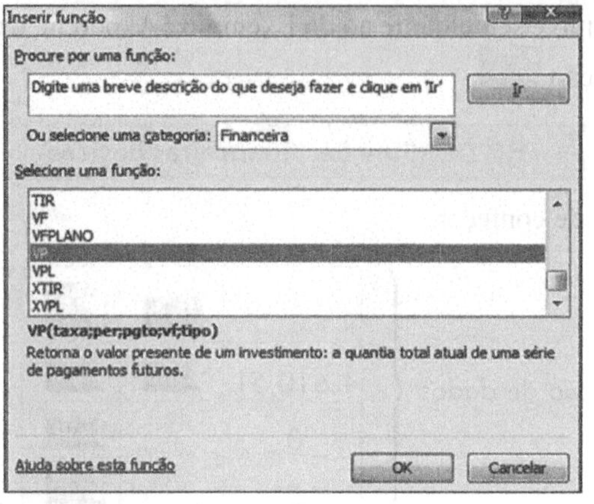

Figura 5.4B Preenchendo os "Argumentos da função" desejada no Excel

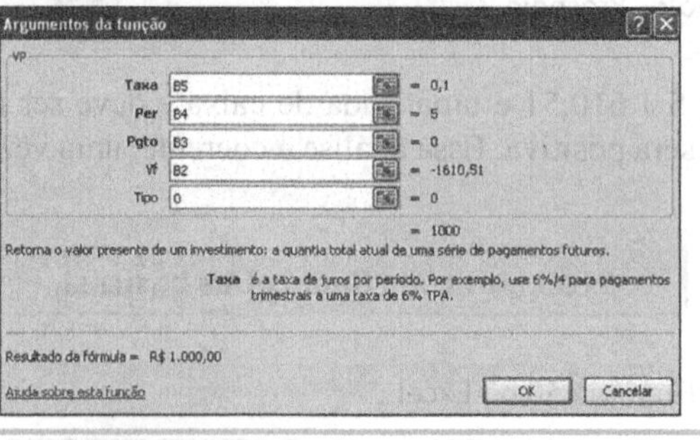

Comentário sobre a Figura 5.4A: Dentro do menu "Inserir função" do Excel, selecione a categoria "Financeira" e em seguida selecione a função "VP". Veja a Figura 5.4A

Sintaxe da fórmula: VP(taxa;per;pgto;vf;tipo)

Taxa: é a taxa de juros por período.

Nper: é o número total de períodos do empréstimo.

Vf: é o valor Futuro que está sendo pago.

Pgto: deve ser zero, pois não há uma série de pagamentos nesse exemplo.

Tipo: é o número 0 ou 1 e indica se o primeiro pagamento é no ato (1) ou com um período de carência (0). No caso desse exemplo, não há uma série de pagamentos, por isso, zero (0) foi utilizado.

VP: é o valor Presente. É o que se deseja calcular.

A célula B2 demonstra um valor negativo, pois será uma saída de caixa ao término do período. A célula B6 apresenta um resultado positivo, simbolizando o valor que lhe foi emprestado.

Exercícios resolvidos

5.15 Seu filho precisará de $ 20.000,00 daqui a 24 meses para fazer uma viagem ao exterior. Quanto é preciso aplicar hoje para receber essa quantia, se a taxa que o banco paga é de 1% ao mês? R: $ 15.751,32

Terminologia

Valor	Termo
?	PV
1	I
24	N
20.000	FV

Diagrama

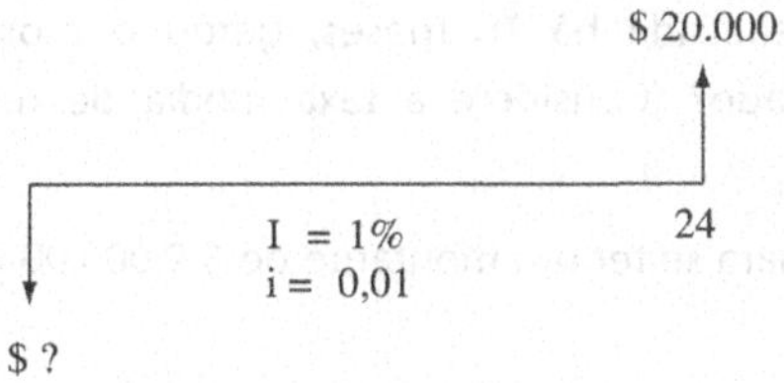

Cálculo HP 12c

	f	REG CLx
20.000		FV
0		PMT
24		n
1		i
PV		

A HP 12c apresentará uma resposta negativa, pois você deverá dispor dessa quantia hoje.

5.16 Você paga hoje a Maurício $ 2.347,94. Qual o valor inicial, se o empréstimo foi feito há 9 meses à taxa contratada de 6% a.m.? R: $ 1.389,74

Terminologia

Valor	Termo
?	PV
6	I
9	N
2.347,94	FV

Diagrama

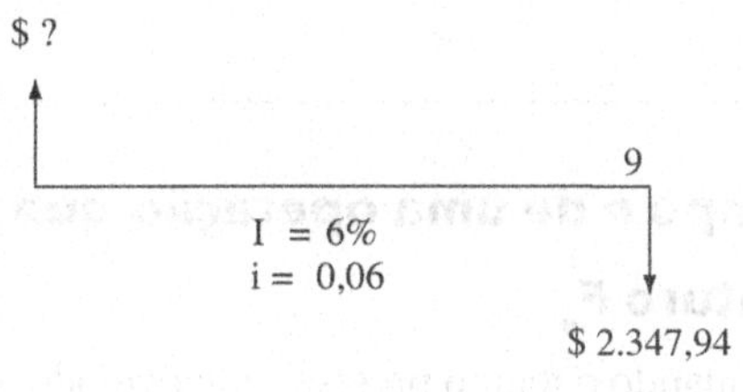

Cálculo HP 12c

	f	REG CLx
2.347,94	CHS	FV
0		PMT
9		n
6		i
PV		

Exercícios de fixação

5.17 Você está devendo à sua operadora de cartão de crédito há 5 meses. Como nenhum pagamento foi efetuado, o valor hoje está em $ 1.587,00. Se a taxa cobrada foi de 8% a.m., qual o valor que deu origem a sua dívida? R: $ 1.080,09

5.18 Sua dívida com a Financeira YK atualmente é de $ 28.224,08. Se ela foi contraída há 4 trimestres, qual o valor originalmente devido? (Taxa: 7,5% a.m.) R: $ 11.850,00

5.19 Sua empresa está recebendo hoje 3 duplicatas, X, Y e Z, de um mesmo cliente. No entanto, devido à necessidade de caixa, elas devem ser descontadas em um banco. Os valores e os prazos de resgate de cada uma são, respectivamente, os seguintes: \$ 50.000,00 (para 6 meses), \$ 90.000,00 (para 9 meses) e \$ 200.000,00 (para 1 ano). Se o banco cobra 4,2% ao mês a juros compostos para esse tipo de operação, determine quanto sua empresa receberá hoje pelas duplicatas. R: \$ 223.284,04 (D_1 = \$ 39.062,83 + D_2= \$ 62.148,84 + D_3 = \$ 122.072,37)

5.20 Seu irmão lhe emprestou certa quantia há 5 meses. Se a taxa contratada foi de 5,4% a.m., qual o valor Presente desse empréstimo se hoje você deve \$ 1.200,00? R: \$ 922,53

5.21 Um renomado banco remunerou uma aplicação que você efetuou à taxa de 1,60% ao mês. Após 8 meses, você resgatou \$ 6.300,00. Calcule o valor aplicado. R: \$ 5.548,70

5.22 Sua aplicação financeira, realizada há 10 meses, gerou o montante de \$ 26.894,30. Qual o capital inicialmente aplicado? (Considere a taxa média de rendimento de 1,8% ao mês.) R: \$ 22.500,00

5.23 Qual o principal necessário para se ter um montante de \$ 9.000,00 daqui a 2 anos, a uma taxa de 1,55% ao mês? R: \$ 6.221,92

5.24 Qual o valor de um empréstimo, sabendo que \$ 1.300,00 foi o total pago após dois anos? Considere que a taxa cobrada foi de R\$ 4,90% a.m. R: \$ 412,41

5.25 Se a taxa de aplicação é de 1,5% a.m., determine o valor que deve ser aplicado para que se resgatem \$ 400.000,00 após 10 anos. R: \$ 67.009,28

5.26 Calcule o valor de um empréstimo contraído hoje, se daqui a 1 ano o valor de \$ 30.000,00 deverá ser pago. Considere uma taxa de 2,6183% a.m. R: \$ 22.000,04

5.27 Hoje você resgata \$ 7.215,26 após aplicação de 3 anos e 3 meses. Durante todo esse período, a taxa média de rendimento foi de 9,5% ao semestre. Determine o valor aplicado. R: \$ 4.000,00

5.28 Você aplicou determinada quantia por um ano. O valor dos juros acrescidos ao principal foi de \$ 10.240,00. Com base na taxa média de rendimento de 1% a.m., calcule o valor que deu origem a essa operação. R: \$ 9.087,48

5.5 Determinação do tempo *n* de uma operação que envolva valor Presente *P* e valor Futuro F_n

Outra situação possível existe quando o tempo precisa ser calculado. Para que isso ocorra, a taxa *i*, o valor Presente *P* e o valor Futuro F_n têm de ser fornecidos. Veja o próximo exemplo.

Exemplo 5C

Você aplica hoje \$ 1.000,00. Visando a uma viagem que custa \$ 1.610,51. Se o regime de capitalização for de juros compostos e a taxa combinada de 10% ao mês, em quanto tempo você terá essa quantia?

a) Coleta de dados		b) Terminologia
Valor resgate:	\$ 1.610,51	$F_5 = 1.610,51$
Valor aplicado:	\$ 1.000,00	$P = 1.000,00$
Taxa:	10% a.m.	$I = 10\%$
		$i = 0,10$
Tempo em meses:	?	$n = ?$

c) Diagrama

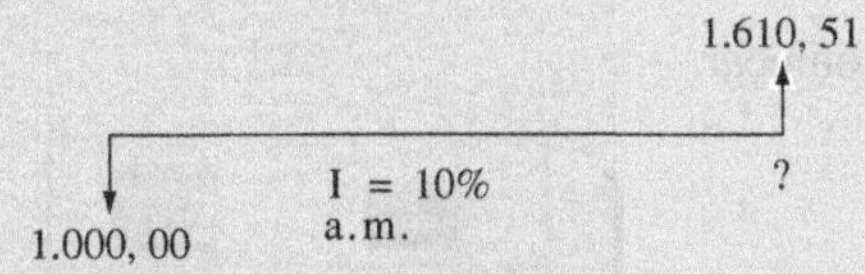

d) Cálculo

Um bom ponto de partida é a Fórmula 5.1, na qual o *n* deve ser isolado. Para que isso seja possível, o recurso do logaritmo deve ser aplicado.

$$F_n = P \times (1 + i)^n \Rightarrow 1.610{,}51 = 1.000 \times (1{,}10)^n$$

$$\Rightarrow \frac{1.610{,}51}{1.000} = (1{,}10)^n ;\ 1{,}61051 = (1{,}10)^n$$

Note que o *n* está no expoente. Para isolá-lo, o log (no caso o neperiano *ln*) é tirado em ambos os lados.

ln 1,61051 = ln(1,10)^n. Pela propriedade da potência do *log*,[4] o *n* sai do expoente e multiplica o *log*. Assim, o cálculo é resolvido:

$$\ln 1{,}61051 = n \times \ln(1{,}10) \Rightarrow n = \frac{\ln 1{,}61051}{\ln(1{,}10)} \Rightarrow n = \frac{0{,}476550899}{0{,}095310180} = 5$$

5.5.1 Dedução algébrica da fórmula para cálculo do *n*, dado o valor Presente *P*, o valor Futuro F_n e a taxa *i*

$$F_n = P \times (1 + i)^n \Rightarrow \frac{F_n}{P} = (1 + i)^n \Rightarrow \ln\left(\frac{F_n}{P}\right) = \ln(1 + i)^n \Rightarrow$$

$$\boxed{n = \frac{\ln\left(\frac{F_n}{P}\right)}{\ln(1 + i)}}$$

Fórmula 5.3

▸ **Explicação:** *n* representa o tempo, *P* representa o valor Presente da operação e F_n, o valor Futuro; a taxa *i* é expressa em sua forma centesimal.

4 Consulte o Capítulo 1, item 1.9.1, Propriedades operatórias dos logaritimos, terceira propriedade.

Quando a Fórmula 5.3 deve ser utilizada? Toda vez que se deseje determinar quanto tempo n o valor Presente P deverá ficar aplicado a uma taxa i para resgatar determinado valor Futuro F_n.

O tempo também pode ser calculado pela HP 12c (fórmula), pela HP 12c (funções financeiras básicas) e pelo Excel.

HP 12c (Resolução pela fórmula)

Fórmula a resolver:

$$n = \frac{\ln\left(\frac{F_n}{P}\right)}{\ln(1+i)} \Rightarrow n = \frac{\ln\frac{1.610,51}{1.000}}{\ln(1,10)}$$

Apague os registros antes de começar.

Inserção de dados	f	REG CLx
	1.610,51	ENTER
	1.000	÷
	g	%T LN
		ENTER
	1,10	g
Resultado		%T LN
		÷

Visor: 5,00

O recurso %T LN teve de ser utilizado. O leitor que tiver feito os exercícios do Capítulo 3 certamente não terá problema com a operacionalização da HP 12c.

HP 12c (Funções financeiras básicas)

Apague os registros antes de começar.

Inserção de dados		f	REG CLx
	1.610,51		FV
	0		PMT
	1.000	CHS	PV
Cálculo do valor Presente	10		i
	n		

Visor: 5,00

IMPORTANTE: Quando se utilizam as funções básicas da HP 12c, caso o valor de *n* não seja inteiro, ele será automaticamente arrendondado para cima. Caso queira usar a HP 12c na resolução, calcule o valor de *n* pela fórmula do logaritmo neperiano, exemplificado na página 83

Excel (Funções financeiras básicas)

Figura 5.5 Resolução do Exemplo 5C no Excel

B6 f_x =NPER(B5;B3;B4;B2;0)

	A	B	C
1	a) Coleta de dados		b) Terminologia
2	Valor Futuro	R$ 1.610,51	VF
3	Pagamento	R$ 0,00	PGTO
4	Valor do empréstimo	-R$ 1.000,00	VP
5	Taxa	0,10	i
6	Tempo (em meses)	5	n

Procedimentos

1. Digite os itens da coleta de dados na coluna A.
2. Digite os respectivos valores na coluna B. Como na HP 12c, o PMT ou PGTO não será utilizado e deve ser *zero*.
3. Na coluna C, digite a terminologia da coleta de dados, que deve ser a mesma relacionada à função NPER do Excel.
4. Clique na célula B6 e selecione a função indicada. Veja na Figura 5.6A.

Figura 5.6A Acionando a função desejada no Excel

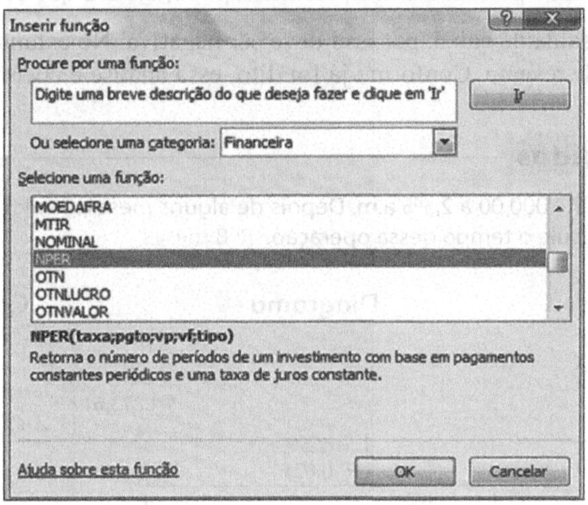

Comentário sobre a Figura 5.6A: Dentro do menu "Inserir função" do Excel, selecione a categoria "Financeira" e em seguida selecione a função "NPER".

Figura 5.6B Acionando a função desejada no Excel

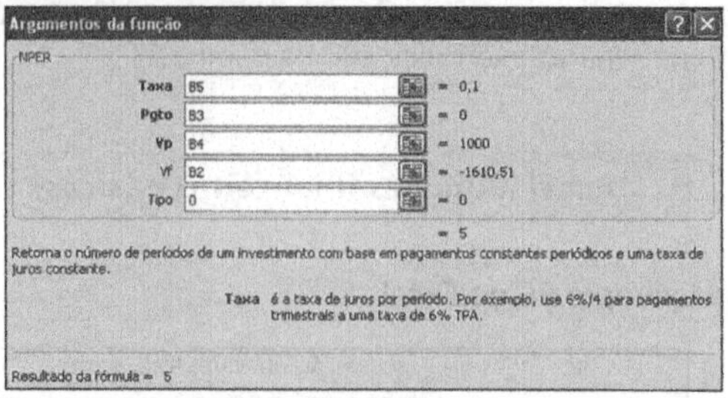

Portanto, veja as fórmulas utilizadas:

Fórmula (nº)	Célula (local)	Descrição
1	B6	=NPER(B4;B3;B2;B5;0)

Sintaxe da fórmula: NPER(TAXA;PGTO;VP;VF;tipo)

Taxa: é a taxa de juros por período.

Vp: é o valor Presente.

Vf: é o valor Futuro que está sendo pago.

Pgto: deve ser zero, pois não há uma série de pagamentos nesse exemplo.

Tipo: é o número 0 ou 1 e indica se o primeiro pagamento é no ato (1) ou com um período de carência (0). No caso desse exemplo não há uma série de pagamentos, por isso zero (0) foi utilizado.

NPER: é o número total de períodos do empréstimo/aplicação. É o que se deseja calcular.

A célula B4 é uma saída de caixa, por isso deve ser negativa. No entanto, a célula B2 é positiva, por se tratar do valor de resgate. Conforme já foi dito, essa análise é coerente.

Exercícios resolvidos

5.29 Hoje você aplica $ 4.000,00 a 2,5% a.m. Depois de alguns meses, o valor disponível para resgate é de $ 4.873,61. Calcule o tempo dessa operação. R: 8 meses

Terminologia

Valor	*Termo*
4.000	PV
2,5	I
?	N
4.873,61	FV

Diagrama

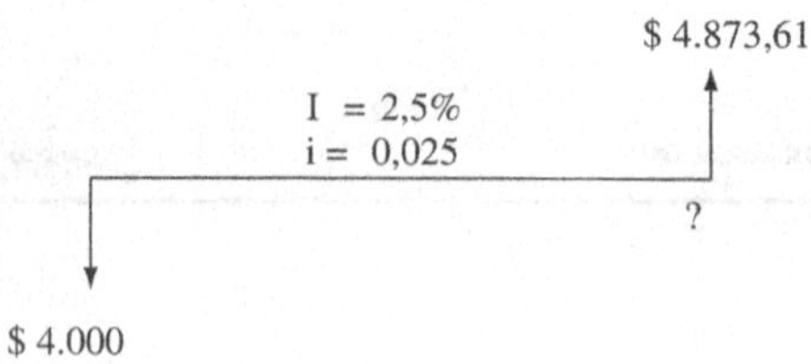

Cálculo HP 12c

	f	REG CLx
4.000	CHS	PV
0		PMT
4.873,61		FV
2,5		i
	n	

5.30 Calcule quanto tempo é necessário para que um valor aplicado a 8% a.m. dobre. R: 9 meses

Terminologia

Valor	*Termo*
4.000	PV
8	I
?	N
8.000	FV

Diagrama

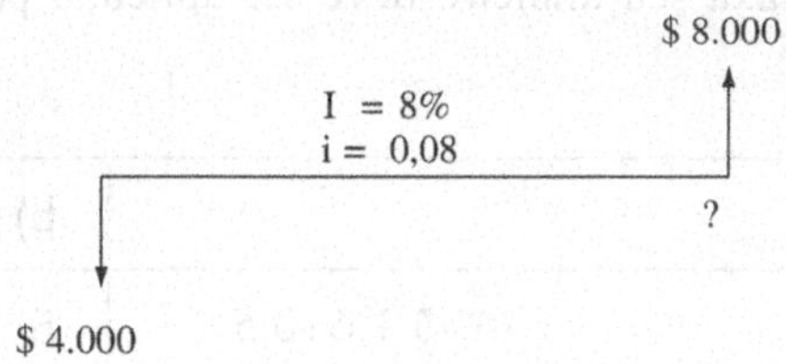

Cálculo HP 12c

f	REG CLx
4.000 CHS	PV
0	PMT
8.000	FV
8	i
n	

OBSERVAÇÃO: Utilize um capital qualquer.

Exercícios de fixação

5.31 Você aplicou $ 1.000,00 a uma taxa de 10% a.m. Depois de algum tempo, o valor disponível para o resgate era de $ 1.610,51. Qual o tempo dessa aplicação? R: 5 meses

5.32 Em quanto tempo uma aplicação de $ 500,00 gera um montante de $ 580,00? Considere que essa aplicação foi remunerada a 5,83% a.m. R: 2,62 meses

5.33 Hoje o valor de uma dívida contraída em uma financeira é de $ 4.236,00. Sabendo que o valor devido originalmente era de $ 3.450,00 e que foi cobrada uma taxa de juros de 2,3067% a.m., quantos meses se passaram até que a dívida atingisse seu valor atual? R: 9 meses

5.34 Um consumidor comprou um aparelho à vista por $ 449,80. O mesmo bem poderia ser pago algum tempo depois por $ 600,00. A loja opera com uma taxa de 5% a.m. Qual o prazo disponibilizado pela loja para tal pagamento? R: 5,94 meses

5.35 Uma aplicação de $ 20.000,00 rendeu $ 5.000,00 de juros. Determine o tempo que esse capital ficou aplicado à taxa de 6% ao trimestre. R: 3,83 trimestres

5.36 Você aplicou $ 669,20 e depois de algum tempo sacou esse valor acrescido de $ 189,30. O banco informou que a taxa média da aplicação foi de 2,002% a.m. Calcule o tempo dessa aplicação. R: 12 meses e 17 dias ou 12,567 meses

5.37 Um banco remunera suas aplicações à taxa de 20% a.a. Se você aplicou $ 2.560,00 e depois sacou $ 5.839,25, determine o prazo decorrido. R: 4 anos e 6 meses ou 4,523 anos

5.38 Quantos anos você precisa deixar aplicados $ 1.000,00 em banco para que gerem, ao final, o valor de $ 1.425,76, se a taxa for de 3% ao mês? R: 1 ano

IMPORTANTE: Como o valor resultante de *n* não é inteiro, ele será arredondado automaticamente para cima na HP12c.

5.6 Determinação da taxa de juros *i*

Encerrando as possibilidades de cálculos relacionados à Fórmula 5.1, a taxa de juros pode ser a incógnita. Para que isso ocorra, o tempo *n*, o valor Presente *P* e o valor Futuro F_n têm de ser fornecidos. Veja o próximo exemplo.

Exemplo 5D

Você tem $ 1.000,00 disponíveis para aplicar hoje. No entanto, uma viagem está em seus planos para daqui a 5 meses e ela custa $ 1.610,51. Se o regime de capitalização for de juros compostos, a que taxa seu dinheiro deve ser aplicado para que o montante da viagem seja conseguido?

a) Coleta de dados		b) Terminologia
Valor resgate:	$ 1.610,51	$F_5 = 1.610,51$
Valor aplicado:	$ 1.000,00	$P = 1.000,00$
Tempo em meses:	5	$n = 5$
Taxa:	?	$I = ?$

c) Diagrama

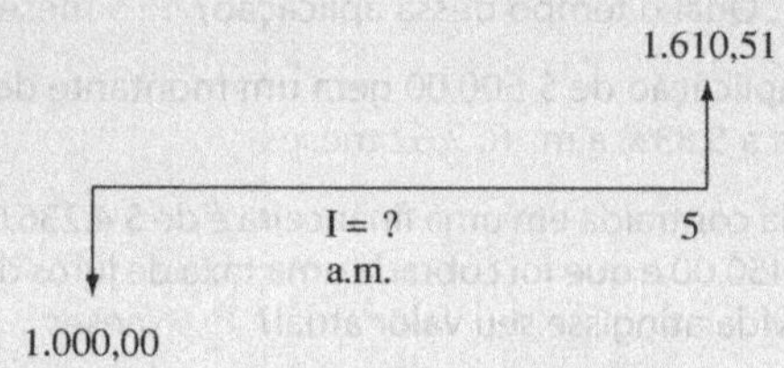

d) Cálculo

Mais uma vez, o ponto de partida é a Fórmula 5.1, na qual o *i* deve ser isolado. Para que isso seja possível, utiliza-se o recurso da radiciação.

$$F_n = P \times (1+i)^n \Rightarrow 1.610{,}51 = 1.000 \times (1+i)^5 \Rightarrow \frac{1.610{,}51}{1.000} = (1+i)^5;$$

$$1{,}61051 = (1+i)^5$$

Note que o *i* está dentro dos parênteses. Para isolá-lo, deve-se extrair a raiz quinta em ambos os lados.

$\sqrt[5]{(1{,}61051)^1} = \sqrt[5]{(1+i)^5}$ A raiz pode ser reescrita em forma de potência:[5]

$$(1{,}61051)^{\frac{1}{5}} = (1+i)^{\frac{5}{5}} \Rightarrow (1{,}61051)^{\frac{1}{5}} = 1 + i \Rightarrow 1{,}10 = 1 + i$$

$$\Rightarrow i = 1{,}10 - 1 = 0{,}10$$

O valor encontrado se refere ao *i*. Para calcular o *I*, basta multiplicá-lo por 100.

$$I = i \times 100 \Rightarrow I = 0{,}10 \times 100 \Rightarrow I = 10$$

[5] Para informações complementares, consulte o Capítulo 1, item 1.8, “Radiciação”.

5.6.1 Dedução algébrica da fórmula para cálculo do *i*, dado o valor Presente *P*, o valor Futuro F_n e o tempo *n*

$$F_n = P \times (1 + i)^n \Rightarrow \frac{F_n}{P} = (1 + i)^n \Rightarrow \sqrt[n]{\frac{F_n}{P}} = \sqrt[n]{(1 + i)^n}$$

$$\Rightarrow \left(\frac{F_n}{p}\right)^{\frac{1}{n}} = (1 + i)^{\frac{n}{n}} \Rightarrow 1 + i = \left(\frac{F_n}{P}\right)^{\frac{1}{n}}, \text{ logo:}$$

$$\boxed{i = \left(\frac{F_n}{P}\right)^{\frac{1}{n}} - 1}$$

Fórmula 5.4

▸ **Explicação:** *i* representa a taxa expressa em sua forma centesimal, *P* representa o valor Presente da operação e F_n, o valor Futuro; *n* é o tempo ou período.

Quando a Fórmula 5.4 deve ser utilizada? Toda vez que se deseje determinar a taxa de juros *i* necessária para transformar um valor Presente *P* em determinado valor Futuro F_n, dado um determinado período.

IMPORTANTE: Neste momento, deve-se ressaltar que as fórmulas 5.2, 5.3 e 5.4 são derivadas da 5.1. Assim sendo, matematicamente falando, este capítulo apresenta apenas uma fórmula: a 5.1.

Como as funções financeiras, tanto da HP 12c quanto do Excel, são operacionalmente semelhantes, a taxa também pode ser calculada pela HP 12c (fórmula), pela HP 12c (funções financeiras básicas) e pelo Excel.

HP 12c (Resolução pela fórmula)

Fórmula a resolver:

$$i = \left(\frac{F_n}{P}\right)^{\frac{1}{n}} - 1 \Rightarrow i = \left(\frac{1.610,51}{1.000}\right)^{\frac{1}{5}} - 1$$

Apague os registros antes de começar.

	Valor	Tecla
Inserção de dados		f
		REG CLx
	1.610,51	ENTER
	1.000	÷
		ENTER
	5	1/X
Resultado		Y^X
	1	−

Visor: 0,10

Os recursos X e Y^x devem ser utilizados. Se você tiver feito os exercícios do Capítulo 3 certamente não terá problema com a operacionalização da HP 12c.

HP 12c (Funções financeiras básicas)

Apague os registros antes de começar.

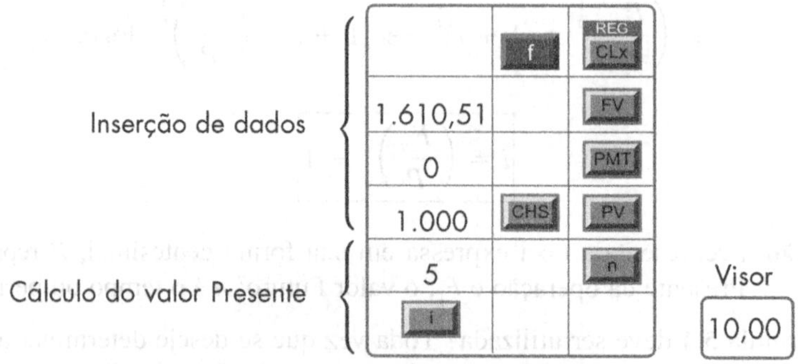

Excel (Funções financeiras básicas)

Figura 5.7 Resolução do Exemplo 5D no Excel

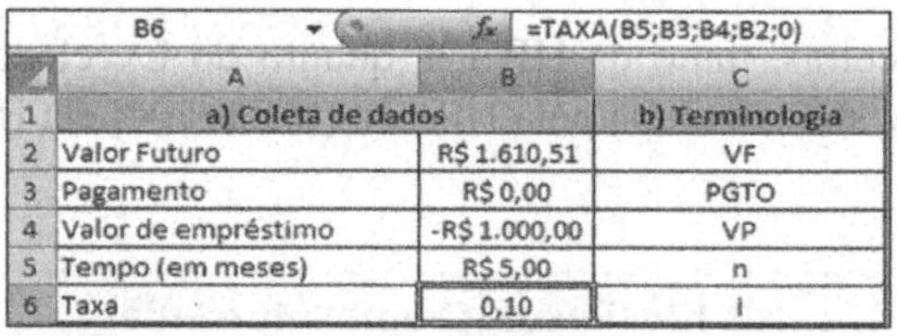

B6 =TAXA(B5;B3;B4;B2;0)

	A	B	C
1	a) Coleta de dados		b) Terminologia
2	Valor Futuro	R$ 1.610,51	VF
3	Pagamento	R$ 0,00	PGTO
4	Valor de empréstimo	-R$ 1.000,00	VP
5	Tempo (em meses)	R$ 5,00	n
6	Taxa	0,10	i

Procedimentos

1. Digite os itens da coleta de dados na coluna A.
2. Digite os respectivos valores na coluna B. Como na HP 12c, o PMT ou PGTO não será utilizado e deve ser *zero*.
3. Na coluna C, digite a terminologia da coleta de dados, que deve ser a mesma relacionada à função "TAXA" do Excel.
4. Clique na célula B6 e selecione a função indicada. Veja a Figura 5.8.

Portanto, veja as fórmulas utilizadas:

Fórmula (nº)	Célula (local)	Descrição
1	B6	=TAXA(B5;B3;B4;B2;0)

Sintaxe da fórmula: TAXA(nper;vp;vf;pgto;tipo)

Nper: é o número total períodos do empréstimo/aplicação.

Figura 5.8 Acionando a função desejada no Excel

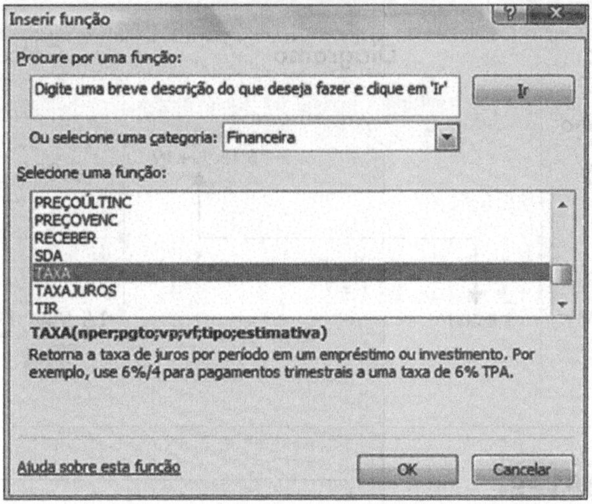

Vp: é o valor Presente.
Vf: é o valor Futuro que está sendo pago.
Pgto: deve ser zero, pois não há uma série de pagamentos nesse exemplo.
Tipo: é o número 0 ou 1 e indica se o primeiro pagamento é no ato (1) ou com um período de carência (0). No caso desse exemplo, não há uma série de pagamentos, por isso o zero (0) foi utilizado.
TAXA: é a taxa de juros por período. É o que se deseja calcular.

Conforme visto anteriormente, a célula B4 é uma saída de caixa. No entanto, a célula B2 é positiva. Conforme já foi dito, essa análise é coerente.

Comentário sobre a Figura 5.8: dentro do menu "Categoria da função" do Excel, clique em "Financeira" e, em seguida, acione a função "TAXA".

Exercícios resolvidos

5.39 Calcule a taxa mensal de uma aplicação de $ 80.000,00 para que após 12 meses ela produza um valor de resgate de $ 173.586,86. R: 6,6683% a.m.

Terminologia

Valor	*Termo*
80.000	PV
?	I
12	N
173.586,86	FV

Diagrama

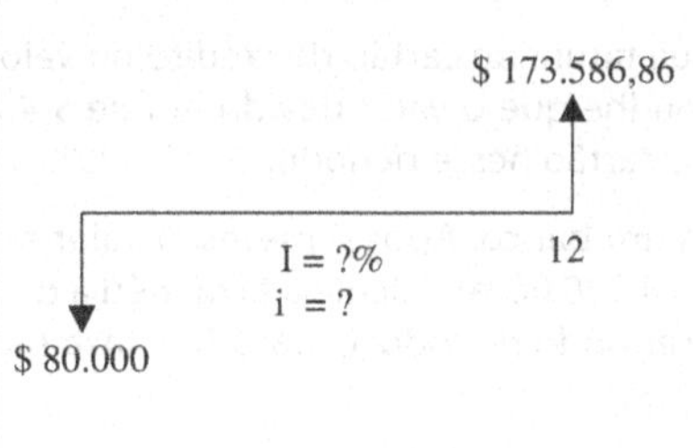

Cálculo HP 12c

	f	REG CLx
80.000	CHS	PV
0		PMT
12		n
173.586,86		FV
i		

5.40 O valor de \$ 8.000,00 foi aplicado por 5 anos. Determine a taxa dessa aplicação para que um montante de \$ 15.994,19 seja acumulado. R: 14,8615% a.a.

Terminologia

Valor	Termo
8.000	PV
?	I
15	N
15.994,19	FV

Diagrama

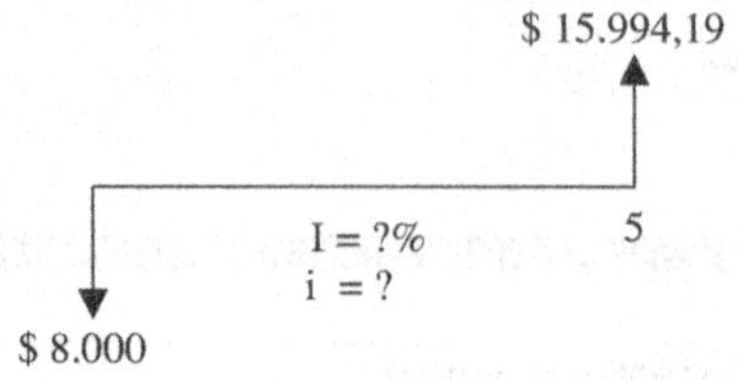

Cálculo HP 12c

	f	CLx (REG)
8.000	CHS	PV
0		PMT
5		n
15.994,19		FV
i		

Exercícios de fixação

5.41 O saldo final de uma aplicação de \$ 800,00 é de \$ 1.200,00 após 7 meses. Calcule a taxa de juros dessa aplicação. R: 5,963% a.m.

5.42 No final do ano passado você aplicou seu 13º salário no valor total de \$ 3.200,00 em um fundo de ações. Após um ano, você resolve fazer o resgate e verifica que o valor total disponível é de \$ 5.750,00. Qual a taxa média mensal de rendimento apurada nessa operação? R: 5,005% a.m.

5.43 O valor de \$ 670,00 deveria ser pago por um empréstimo de \$ 550,00 após dois meses. Qual o valor da taxa de juros cobrada nesse empréstimo? R: 10,371% a.m.

5.44 Que taxa mensal faz com que \$ 2.150,00 produzam \$ 700,00 de juros em 7 meses? R: 4,109% a.m.

5.45 Uma pessoa esqueceu em uma conta o valor de \$ 132,15 por 15 anos. Após esse tempo, o banco enviou-lhe uma carta informando o saldo de \$ 507,19. Calcule a taxa mensal média de remuneração. R: 0,750% a.m.

5.46 Um colega lhe paga hoje \$ 9.777,38 por um empréstimo concedido há um ano e meio. Se o valor que você emprestou a ele foi de \$ 6.000,00, calcule a taxa média dessa aplicação. R: 2,750% a.m.

5.47 Uma aplicação de \$ 300,00 em um fundo de renda fixa posfixada gerou o montante de \$ 750,00 (após os impostos) depois de 3 anos e 1 mês. Calcule a taxa média dessa aplicação. R: 2,507% a.m.

5.48 A que taxa mensal o valor de \$ 1.500,00 deve ser aplicado por 18 meses para que o valor de resgate seja de \$ 2.540,35? R: 2,970% a.m.

5.49 Uma pessoa deixou de pagar sua fatura de cartão de crédito no valor de \$ 540,00. Após um ano e meio a administradora informou-lhe que o valor devido era de \$ 4.796,06. Calcule a taxa mensal cobrada pela administradora do cartão nesse período. R: 12,900% a.m.

5.50 Hoje você aplica \$ 4.150,00 em um banco. Após 4 meses, o valor acumulado é de \$ 4.672,00, e 7 meses à frente o valor está em \$ 4.940,00. a) Calcule a taxa média do primeiro período; b) Calcule a taxa média de rendimento do segundo período; c) Calcule a taxa média de toda a operação. R: a) 3,006% a.m. b) 0,752% a.m. c) 1,597%

IMPORTANTE: Tempo e taxa devem estar na mesma base. Em caso de discordância, faça o ajuste pelo tempo. Não altere a taxa de juros, pois a capitalização é composta.

6 Sequência de pagamentos

APRESENTAÇÃO

Por que estudar?

As empresas estão ansiosas para vender seus produtos e serviços, e o consumidor está apto a comprar. Essa relação merece considerável atenção. Mas nem sempre o consumo é racional, ou seja, com base nas reais necessidades do indivíduo, e frequentemente ocorre por impulso.

No Brasil, a compra financiada (ou a prazo) é uma questão cultural e fortemente enraizada.

Desde o começo da abertura econômica, no início dos anos 90, o brasileiro tem tido acesso a grande variedade de produtos, principalmente importados. Por esse motivo, seja qual for o produto ou serviço, as pessoas devem se valer do salutar hábito de pesquisar antes da compra.

Em uma realidade na qual a taxa básica de juros[1] é alta, a compra parcelada quase sempre tem juros embutidos e pode sair mais cara do que deveria para o consumidor.

As operações com cartão de crédito estão se tornando cada vez mais populares. Por esse motivo, é bom que algumas regras básicas de utilização sejam seguidas e que alguns cálculos sejam realizados em caso de inadimplência.

Este capítulo mostra como certos tipos de financiamento são estruturados e quais aspectos o consumidor deve levar em conta na hora da compra. E, ainda, como utilizar o cartão de crédito de forma correta.

Objetivos do capítulo

Este capítulo é o mais extenso e, dependendo da necessidade de cada leitor, o mais importante da obra. Ele é subsequente ao Capítulo 5 porque a compreensão dos assuntos aqui abordados depende de alguns conceitos analisados no Capítulo 5 e nos anteriores.

O foco do Capítulo 6 reside no cálculo e em operações que envolvem parcelas. Portanto, a grande aplicabilidade do tema justifica o estudo deste capítulo neste momento.

A compreensão de capítulos posteriores, como o 7, o 8 e o 9, depende em parte de um bom estudo do Capítulo 6.

[1] A taxa básica é a Selic, divulgada periodicamente pelo Banco Central do Brasil.

Habilidades a serem desenvolvidas

O adequado estudo deste capítulo o habilita a:

- Compreender como é calculado o valor fixo das parcelas de um financiamento do tipo (0 + *n* pagamentos) ou (1 + *n* pagamentos).
- Programar-se financeiramente com base em depósitos mensais, compras futuras, viagens, gastos com educação e até mesmo aposentadoria.
- Identificar oportunidades de investimento que possibilitem um rendimento perpétuo.
- Estabelecer uma melhor relação com seu cartão de crédito.
- Realizar cálculos com a fatura em aberto do cartão de crédito e assim programar a quitação dele com base em uma data futura o mais próximo possível.

Fundamentos

Para uma melhor compreensão do assunto, alguns tópicos estudados em capítulos anteriores serão relembrados. São eles: valor Presente e valor Futuro.[2]

$$\boxed{F_n = P(1 + i)^n} \quad \text{Fórmula 5.1}$$

- **Explicação:** F_n representa o valor Futuro ou final de uma operação cujo valor Presente *P* foi acrescido da taxa *i* (expressa em sua forma decimal) *n* vezes de forma composta (juros sobre juros).

$$\boxed{P = \frac{F_n}{(1 + i)^n}} \quad \text{Fórmula 5.2}$$

- **Explicação**: *P* representa o valor Presente da operação. O valor Futuro F_n, que é dado, deve ser descontado à taxa *i* (expressa em sua forma decimal) *n* vezes de forma composta (juros sobre juros).

Principais tópicos

6.1 **Série de progressão aritmética (PA).** Retomada dos conceitos básicos.

6.2 **Série de progressão geométrica (PG).** Retomada dos conceitos básicos.

6.3 **Sequência de pagamentos uniformes.** Uma definição direta de sequência de pagamentos é realizada, pois nela se fundamentam os assuntos subsequentes.

6.4 **Sequência de pagamentos uniformes postecipados.** Mostra como é calculado o valor das parcelas de um financiamento com base no valor de origem e vice-versa. Financiamento do tipo (0 + *n* pagamentos).

6.5 **Quantidade de parcelas em uma sequência de pagamentos uniformes postecipados (relação *PV/PMT*).** A partir do valor de um produto e de parcelas fixas que cabem no orçamento, a quantidade de parcelas pode ser determinada.

6.6 **Valor Futuro de uma sequência de pagamentos uniformes postecipados.** A importância de aplicar e de colocar os juros compostos aqui demonstrada, juntamente com seus benefícios.

[2] Para informações complementares, consulte o Capítulo 5, itens 5.1 e 5.2.

6.7 **Quantidade de parcelas em uma sequência de pagamentos uniformes postecipados (relação *PMT/FV*).** Complementa o assunto da sessão anterior, tópico muito útil para diversos tipos de planejamento financeiro pessoal, dentre os quais a aposentadoria.

6.8 **Sequência de pagamentos uniformes antecipados.** Esse item se assemelha bem ao 6.4, com uma sutil e importante diferença: existe uma entrada no valor das parcelas. Financiamento do tipo (1 + *n* pagamentos).

6.9 **Valor Futuro de uma sequência de pagamentos uniformes antecipados.** Assemelha-se ao item 6.5, porém, o primeiro depósito deve ser na data atual, e o resgate, um período após o término dos depósitos.

6.10 **Sequência uniforme com parcelas adicionais.** Em certas ocasiões, parcelas podem ser adicionadas a uma sequência uniforme, ou até mesmo outra sequência pode ser adicionada à anterior, com periodicidade diferente.

6.11 **Sequência uniforme infinita ou perpetuidade.** Trata do rendimento perpétuo ou infinito. Veja como isso é possível e quais cuidados devem ser tomados para que esse rendimento seja mantido.

6.12 **Operações com cartões de crédito.** Esse tópico é de extrema utilidade, pois apresenta dicas de como utilizar o cartão e, ainda, como realizar alguns cálculos em caso de inadimplência.

6.1 Série de progressão aritmética (PA)

Uma progressão aritmética (PA) tem como principal característica a soma ou a subtração de um número fixo a cada um de seus termos a partir do segundo.[3] Mas qual a aplicação de uma PA na matemática financeira? Para responder a essa questão, considere o seguinte exemplo.

Exemplo 6A

Você tem de pagar um empréstimo de $ 1.000,00 em 5 parcelas. Sabe-se que os valores de cada uma das parcelas são: $ 300,00, $ 280,00, $ 260,00, $ 240,00 e $ 220,00. Quanto você pagará por esse empréstimo? O diagrama do problema auxilia a sua compreensão.

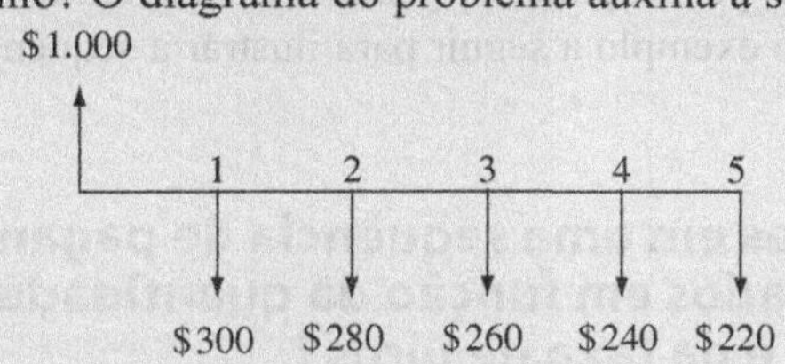

Note que o valor das parcelas cai $ 20,00 todo mês. Essa série é uma PA de diferença 'd' entre os termos no valor de − $ 20,00.

A fórmula para determinar a soma dos termos de uma PA finita é a seguinte:

$$S_n = \frac{(a_1 + a_n) \times n}{2}$$

[3] Informações adicionais sobre PA podem ser encontradas no Capítulo 1, item 1.9.

Levando em conta que a soma dos valores pagos nos cinco períodos é o montante pago M_5, então:

$$M_5 = \frac{(300 + 220) \times 5}{2}$$

$$M_5 = \frac{2.600}{2} = 1.300$$

Portanto, você pagou $ 1.300,00 pelo empréstimo de $ 1.000,00.
Esse assunto será retomado com mais detalhes no Capítulo 8.

6.2 Série de progressão geométrica (PG)

Uma progressão geométrica (PG) tem como principal característica a multiplicação ou a divisão de um número fixo a cada um de seus termos a partir do primeiro.[4] Mas qual a aplicação de uma PG na matemática financeira? Para responder a essa questão, considere o próximo tópico de estudo: sequência de pagamentos uniformes.

6.3 Sequência de pagamentos uniformes

Atribui-se o nome de sequência de pagamentos uniformes a uma situação em que um empréstimo é pago em parcelas iguais e consecutivas, período a período.

Existe também a sequência diferida de pagamentos uniformes, que será vista mais adiante.

A sequência de pagamentos uniformes pode assumir duas formas: a de pagamento postecipado e a de pagamento antecipado.

6.4 Sequência de pagamentos uniformes postecipados

Quando o pagamento for postecipado, o primeiro pagamento ocorre somente ao final do primeiro período. Considere o exemplo a seguir para ilustrar a sequência uniforme de pagamentos postecipados.

6.4.1 Valor das parcelas em uma sequência de pagamentos *PMT* uniformes postecipados em função da quantidade de parcelas *n*, do valor Presente *P* e da taxa de juros *i*

Exemplo 6B

Um colega lhe pede $ 1.000,00 emprestados. Para correr o risco, você cobra dele uma taxa de juros de 10% ao mês. Ele vai lhe pagar em 5 parcelas iguais (0 + 5). Determine o valor de cada uma.

[4] Informações adicionais sobre PG podem ser encontradas no Capítulo 1, item 1.10.

a) Coleta de dados		b) Terminologia
Empréstimo:	$ 1.000,00	$P = 1.000$
Parcelas:	5 (0 + 5)	$n = 5$
Taxa:	10% a.m.	$I = 10\%$
		$i = 0,10$
Valor das prestações:	?	$PMT = ?$

Nesse exemplo, o valor IGUAL das parcelas é a incógnita e é representado por *PMT* (do inglês *payment*).

IMPORTANTE: Sempre que se trabalha com pagamentos constantes *PMT*, a letra '*n*' deve se referir ao *número de parcelas*.

c) Diagrama

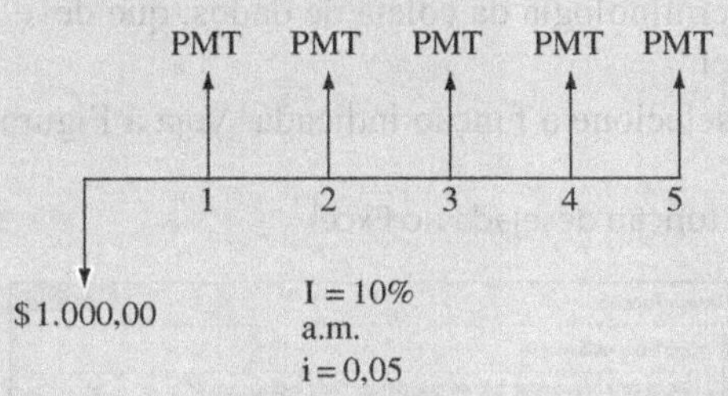

d) Cálculo

Como a montagem do problema já está pronta, o cálculo será feito pela HP 12c e depois pelo Excel. A resolução por fórmula será vista mais adiante.

HP 12c (Funções financeiras básicas)

Apague os registros antes de começar.

Inserção de dados		f	REG CLx
	1.000	CHS	PV
	0		FV
	5		n
	10		i
Cálculo das parcelas	PMT		

Visor: 263,80

Seu amigo deverá lhe pagar 5 parcelas de $ 263,80. Esse valor deve ser positivo, pois, para você, ele é uma entrada de caixa.

Excel (Funções financeiras básicas)

Figura 6.1 Resolução do Exemplo 6B pelo Excel

B6 | f_x =PGTO(B4;B3;B2;B5;0)

	A	B	C	D
1	a) Coleta de dados		b) Terminologia	
2	Valor do empréstimo	-R$ 1.000,00	VP	
3	Número de parcelas	5	n	
4	Taxa	0,10	i	
5	Valor Futuro	R$ 0,00	VF	
6	Pagamento	R$ 263,80	PGTO	

Procedimentos

1. Digite os itens da coleta de dados na coluna A.
2. Digite os respectivos valores na coluna B. Como na HP 12c, o VF não será utilizado e deve ser *zero*. Note que o valor do empréstimo deve ser negativo, pois para você ele significa uma saída de caixa.
3. Na coluna C, digite a terminologia da coleta de dados, que deve ser a mesma relacionada à função "VF" do Excel.
4. Clique na célula B6 e selecione a função indicada. Veja a Figura 6.2.

Figura 6.2 Acionando a função desejada no Excel

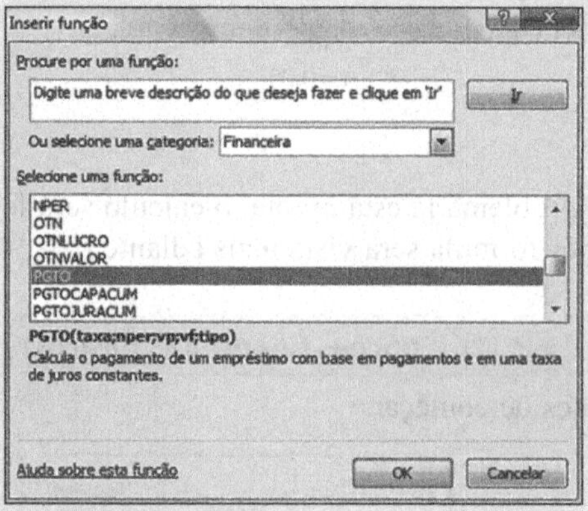

Comentário sobre a figura: Dentro do menu "Categoria da função" do Excel, clique em "Financeira" e em seguida acione a função "PGTO". Preencha os campos da tela "Argumentos da função" de acordo com a Figura 6.3.

Figura 6.3 Preenchendo os "Argumentos da função" desejada no Excel

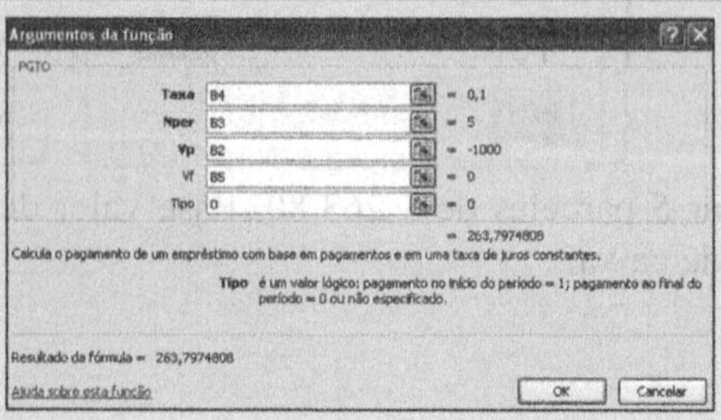

Fórmulas utilizadas:

Fórmula (nº)	Célula (local)	Descrição
1	B6	=PGTO(B4;B3;B2;B5;0)

A função PGTO pode ser aplicada toda vez que se deseja calcular o valor das parcelas de uma sequência de pagamentos iguais a partir do valor Presente e da quantidade de pagamentos.

Sintaxe da fórmula da função: PGTO(taxa;nper;vp;vf;tipo)

Taxa: é a taxa de juros por período.

Nper: é o número total de pagamentos do empréstimo.

Vp: é o valor Presente ou valor total Presente de uma sequência de pagamentos futuros.

Vf: é o valor Futuro, ou o saldo de caixa, que você deseja obter depois do último pagamento. Se "Vf" for omitido, será considerado 0 (o valor Futuro de determinado empréstimo, por exemplo, 0).

Tipo: é o número 0 ou 1 e indica se o primeiro pagamento é no ato (1) ou com um período de carência (0). No caso do exemplo, o primeiro pagamento foi após um período, portanto, o (0) foi utilizado.

IMPORTANTE: 1. Em todos os exercícios, o regime de capitalização é composto, e não estão sendo considerados taxas e tributos que normalmente ocorrem.
2. Para que tempo e taxa estejam na mesma base, faça os ajustes necessários no tempo.

Exercícios resolvidos

6.1 **Você compra uma televisão de 29 polegadas financiada em 10 parcelas iguais. A loja cobra juros de 5% ao mês e a primeira parcela vence 30 dias após a compra. Calcule o valor das parcelas, sabendo que o valor à vista da TV é de $ 1.500,00. R: $ 194,26**

Terminologia

Valor	Termo
1.500	PV
5	I
10	N
?	PMT

Diagrama

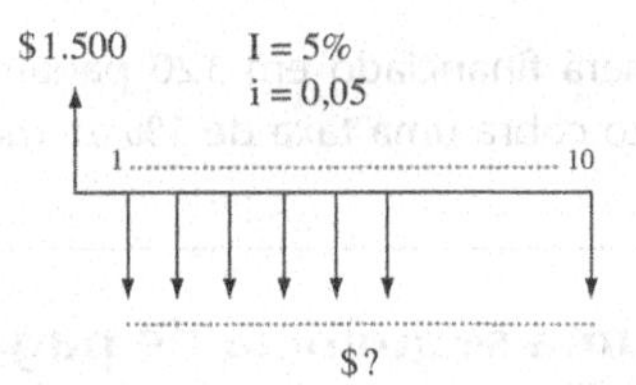

Cálculo HP 12c

	f	REG CLx
1.500		PV
0		FV
10		n
5		i
PMT		

OBSERVAÇÃO: fique atento à resposta negativa, pois você terá de pagar as parcelas.

6.2 **Você compra um carro nas seguintes condições: uma entrada de $ 3.500,00 mais 36 prestações iguais. Sabendo que o valor do veículo à vista é de $ 16.000,00 e a taxa de financiamento, de 2,7214% a.m., calcule o valor das prestações. R: $ 549,00**

Terminologia	
Valor	*Termo*
16.000 − 3.500	PV
2,7214	I
36	N
?	PMT

Diagrama

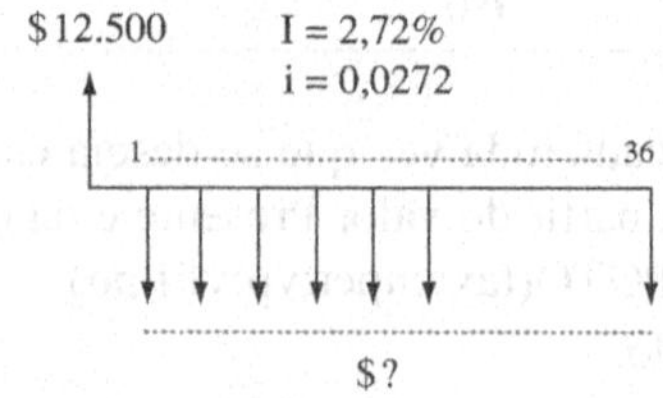

Cálculo HP 12c		
	f	REG CLx
12.500		PV
0		FV
36		n
2,7214		i
PMT		

Exercícios de fixação

6.3 A empresa Voe Bem lhe vende uma passagem aérea para o exterior no valor de \$ 1.900,00. Seu cartão de crédito vai lhe parcelar a compra em 7 vezes, cobrando por isso 3% ao mês. Calcule o valor das parcelas. **R: \$ 304,96**

6.4 Um projetor multimídia custa \$ 9.800,00. Ele pode ser parcelado em 10 vezes. Caso uma entrada de \$ 2.700,00 seja dada, qual o valor das parcelas? (Taxa de financiamento: 2,7% ao mês.) **R: \$ 819,64**

6.5 "Compre um *home theater* de \$ 2.900,00 em 18 pagamentos mensais fixos." Esse é o anúncio da loja. Se a taxa de juros cobrada em tal promoção for de 5,5% ao mês, qual o valor das prestações? **R: \$ 257,87**

6.6 Quatro pneus do modelo Dryroad hoje custam \$ 275,00 cada um. Considerando que você pagará um à vista e os outros três em 6 parcelas, calcule o valor de cada parcela, se lhe foi cobrada uma taxa de juros de 6,9% ao mês. **R: \$ 172,55**

6.7 Considere os mesmos dados do exercício anterior, some gastos com os amortecedores de \$ 700,00 e acrescente \$ 200,00 à entrada. **R: \$ 277,12**

6.8 Um visor de cristal líquido para um computador desk top custa \$ 1.400,00. Se uma entrada de 65% for efetuada e o restante financiado a 2% ao mês, calcule o valor das parcelas. Suponha 12 pagamentos mensais fixos. **R: \$ 46,33**

6.9 Um imóvel de \$ 110.000,00 será financiado em 120 pagamentos mensais. Calcule o valor das parcelas, sabendo que o banco cobra uma taxa de 1% ao mês e que não existem intermediárias. **R: \$ 1.578,18**

6.4.2 Valor Presente *P* de uma sequência de pagamentos *PMT* uniformes postecipados em função da quantidade de parcelas *n* e da taxa de juros *i*

De maneira análoga ao item anterior, é possível calcular o valor Presente de uma sequência de pagamentos uniformes postecipados a partir da quantidade e do valor das parcelas e da taxa de juros.

Exemplo 6C

Você comprou um aparelho eletroeletrônico por (0 + 5) prestações mensais iguais e postecipadas de \$ 263,79. A financeira informou que a taxa cobrada foi de 10% ao mês. Determine o valor à vista do aparelho.

a) Coleta de dados		b) Terminologia
Valor das prestações:	$ 263,79	$PMT = 263,79$
Parcelas:	5 (0 + 5)	$n = 5$
Taxa:	10% a.m.	$I = 10\%$
		$i = 0,10$
Valor à vista:	?	$PV = ?$

c) Diagrama

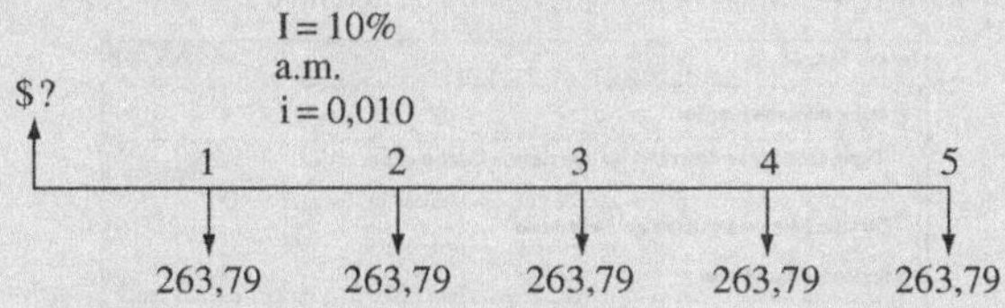

d) Cálculo

Após a coleta de dados, a terminologia e o diagrama, o cálculo será feito pela HP 12c, depois pelo Excel e, por último, pela fórmula.

HP 12c (Funções financeiras básicas)

Apague os registros antes de começar.

Inserção de dados		f	REG CLx
	263,79	CHS	PMT
	0		FV
	5		n
	10		i
Cálculo do valor Presente	PV		

Visor: 999,97

O valor das prestações, do seu ponto de vista, é uma saída de caixa. Por esse motivo, utilizou-se a tecla CHS. O resultado deve ser positivo, pois lhe foi creditado.

Excel (Funções financeiras básicas)

Figura 6.4 Resolução do Exemplo 6C pelo Excel

B6 f_x =VP(B4;B3;B2;B5;0)

	A	B	C	D
1	a) Coleta de dados		b) Terminologia	
2	Pagamento	-R$ 263,79	PGTO	
3	Número de parcelas	5	n	
4	Taxa	0,10	i	
5	Valor Futuro	R$ 0,00	VF	
6	Valor do empréstimo	R$ 999,97	VP	

Procedimentos

1. Digite os itens da coleta de dados na coluna A.
2. Digite os respectivos valores na coluna B. Como na HP 12c, o VF não será utilizado e deve ser *zero*. Note que o valor das parcelas deve ser negativo, pois para você ele significa uma saída de caixa.
3. Na coluna C, digite a terminologia da coleta de dados, que deve ser a mesma relacionada à função VP do Excel.
4. Clique na célula B6 e selecione a função indicada. Veja a Figura 6.5.

Figura 6.5 Acionando a função desejada no Excel

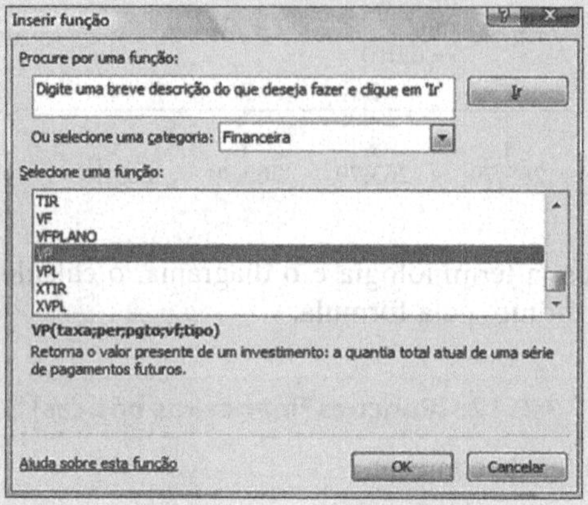

Comentário sobre a figura: Dentro do menu "Categoria da função" do Excel, clique em "Financeira" e em seguida acione a função "VP". Preencha os campos da tela "Argumentos da função", de acordo com a Figura 6.6.

Figura 6.6 Preenchendo os "Argumentos da função" desejada no Excel.

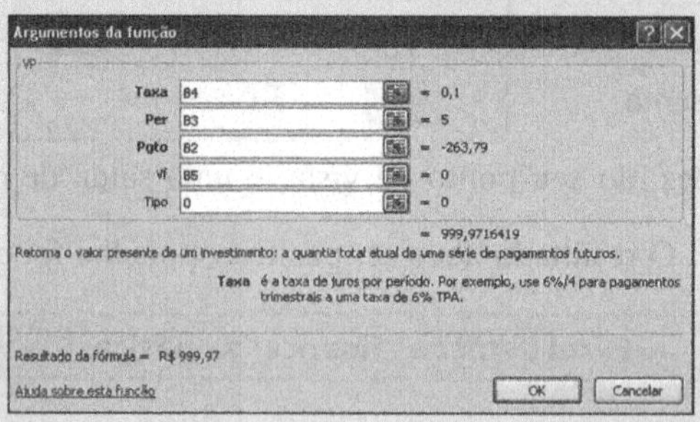

Fórmulas utilizadas:

Fórmula (nº)	Célula (local)	Descrição
1	B6	=VP(B4;B3;B2;B5;0)

A função "VP" pode ser aplicada toda vez que se deseja calcular o valor Presente de uma sequência de pagamentos iguais, a partir do valor das parcelas e da sua quantidade.

Sintaxe da fórmula da função: VP(taxa;nper;pgto;vf;tipo)
Taxa: é a taxa de juros por período.
Nper: é o número total de pagamentos do empréstimo.
Pgto: é o valor uniforme das parcelas.
Vf: é o valor Futuro, ou o saldo de caixa, que você deseja obter depois do último pagamento. Se Vf for omitido, será considerado 0 (o valor Futuro de determinado empréstimo, por exemplo, 0).
Tipo: é o número 0 ou 1 e indica se o primeiro pagamento é no ato (1) ou com um período de carência (0). No caso do exemplo, o primeiro pagamento foi após um período, portanto, o (0) foi utilizado.

Assim como no cálculo pela HP 12c, a célula B6 demonstra um valor Presente positivo. Esse valor foi o que você recebeu no início da operação.

Exercícios resolvidos

6.10 Uma máquina de lavar roupas é vendida em 10 prestações mensais e iguais de $ 199,99, com o primeiro pagamento para 30 dias. Determinar o preço da máquina, sabendo que a loja cobra em financiamentos 1% a.m. de juros. **R: $ 1.894,17**

Terminologia

Valor	*Termo*
?	PV
1	I
10	N
199,99	PMT

Diagrama

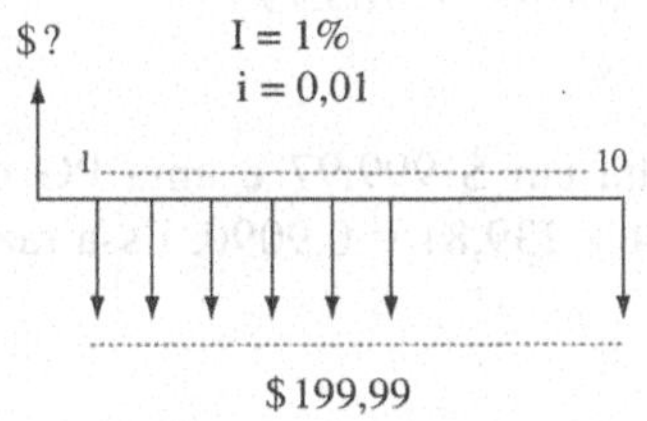

Cálculo HP 12c

	f	REG CLx
199,99	CHS	PMT
0		FV
10		n
1		i
PV		

6.11 Você quer comprar uma bicama nas seguintes condições: uma entrada de $ 100,00 mais 5 prestações mensais de $ 80,00. A financeira cobra uma taxa de juros de 3% a.m. Com base nessas informações, calcule o preço à vista. **R: $ 466,38**

Terminologia

Valor	*Termo*
100 + ?	PV
3	I
5	N
80	PMT

Diagrama

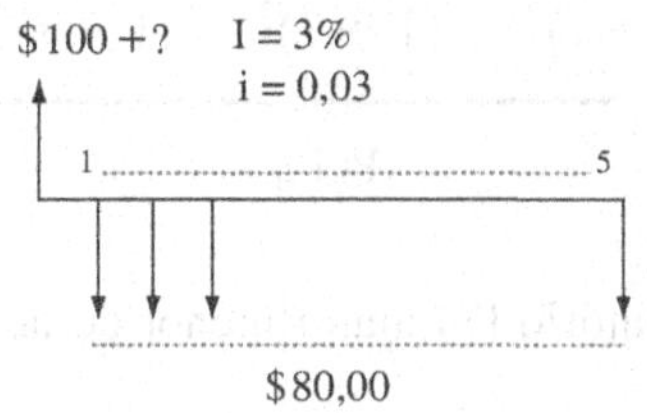

Cálculo HP 12c

	f	REG CLx
80	CHS	PMT
0		FV
5		n
3		i
PV		

6.4.3 Fundamentos do cálculo do valor Presente *P* em função de parcelas fixas postecipadas *PMT*, do número de prestações *n* e da taxa *i*

O cálculo do valor Presente P das parcelas iguais e postecipadas também pode ser realizado por fórmula, e seu desenvolvimento parte de uma relevante observação.

IMPORTANTE: Cada uma das parcelas é um valor Futuro em relação à origem. Para determinar o valor Presente dado um valor Futuro, utiliza-se a Fórmula 5.2, que, nesse caso, pode ser aplicada 5 vezes consecutivamente.

Fórmula 5.2 (básica): $P = \dfrac{F_n}{(1+i)^n}$

Aplicação consecutiva da fórmula:

$$P = \frac{F_1}{(1+i)^1} + \frac{F_2}{(1+i)^2} + \frac{F_3}{(1+i)^3} + \frac{F_4}{(1+i)^4} + \frac{F_5}{(1+i)^5}$$

Substituição por valores do Exemplo 6C. Cada F_n é um *PMT*.

$$P = \frac{263{,}79}{1{,}10} + \frac{263{,}79}{1{,}10^2} + \frac{263{,}79}{1{,}10^3} + \frac{263{,}79}{1{,}10^4} + \frac{263{,}79}{1{,}10^5}$$

$$P = \frac{263{,}79}{1{,}10} + \frac{263{,}79}{1{,}21} + \frac{263{,}79}{1{,}331} + \frac{263{,}79}{1{,}4641} + \frac{263{,}79}{1{,}6105}$$

$$P = 239{,}09 + 218{,}04 + 198{,}19 + 180{,}77 + 163{,}79$$

Portanto: 999,97

A sequência que, somada, resulta em \$ 999,97 é uma PG com razão q menor que 1 (aproximadamente 0,9090): $q = 218{,}0144 \div 239{,}81 = 0{,}9090$. Essa razão também é obtida pela divisão de 1 por 1,10.

6.4.4 Dedução algébrica da fórmula para o cálculo do valor Presente *P* em função de parcelas fixas postecipadas *PMT*, do número de prestações *n* e da taxa *i*

$$P = \frac{PMT}{(1+i)^1} + \frac{PMT}{(1+i)^2} + \frac{PMT}{(1+i)^3} + \frac{PMT}{(1+i)^4} + \dots \frac{PMT}{(1+i)^n}$$

$$P = PMT \times \left[\underbrace{\frac{1}{(1+i)^1} + \frac{1}{(1+i)^2} + \frac{1}{(1+i)^3} + \frac{1}{(1+i)^4} +}_{\text{PG } q < 1} \dots \frac{1}{(1+i)^n} \right]$$

$S_n = \dfrac{a_1 \times (q^n - 1)}{q - 1}$; fórmula somatório PG maior|menor do que 1.

$$P = PMT \times \left[\frac{a_1 \times (q^n - 1)}{q - 1} \right] \quad P = PMT \times \left[\frac{\frac{1}{(1+i)} \times \left(\frac{1}{(1+i)^n} - 1 \right)}{\frac{1}{(1+i)} - 1} \right]$$

Tirar o mínimo com $(1+i)^n$ e $(1+i)$.

$$P = PMT \times \left\{ \frac{\frac{1}{(1+i)} \times \left[\frac{1-(1+i)^n}{(1+i)^n}\right]}{\frac{1-(1+i)}{(1+i)}} \right\}$$

$$P = PMT \times \left\{ \frac{\frac{1}{(1+i)} \times \left[\frac{1-(1+i)^n}{(1+i)^n}\right]}{\frac{-i}{(1+i)}} \right\}$$

Multiplicar o numerador e o denominador por –1.

$$P = PMT \times \left\{ \frac{\frac{1}{(1+i)} \times \left[\frac{1-(1+i)^n}{(1+i)^n}\right]}{\frac{-i}{(1+i)}} \right\} \times \left(\frac{-1}{-1}\right)$$

$$P = PMT \times \left\{ \frac{\frac{1}{(1+i)} \times \left[\frac{(1+i)^n-1}{(1+i)^n}\right]}{\frac{i}{(1+i)}} \right\}$$

O denominador passa invertido, multiplicando o numerador.

$$P = PMT \times \left\{\frac{1}{(1+i)} \times \left[\frac{(1+i)^n-1}{(1+i)^n}\right] \times \frac{(1+i)}{i}\right\}$$

$$\boxed{P = PMT \times \left(\frac{(1+i)^n-1}{i \times (1+i)^n}\right)} \qquad \text{Fórmula 6.1}$$

▸ **Explicação:** P representa o valor Presente de uma sequência de pagamentos uniformes postecipados *PMT*, construído em função de uma taxa i (expressa em sua forma decimal) e do tempo n vezes, de forma composta (juros sobre juros).

Quando a Fórmula 6.1 deve ser utilizada? Toda vez que se deseja calcular o valor Presente P de uma sequência de pagamentos iguais *PMT* e postecipados, em função de uma taxa de juros i e do tempo n.

Exemplo 6D

Resolva o Exemplo 6C pela Fórmula 6.1 utilizando a HP 12c.

HP 12c (Resolução pela fórmula)

Agora, a principal vantagem do sistema RPN de operação da HP 12c pode ser vista. Uma vez montada a fórmula, a calculadora consegue realizar a operação em uma única série de lançamento de dados. Utilize $ 263,79 como o valor das parcelas.

Fórmula a resolver:

$$P = PMT \times \left(\frac{(1+i)^n - 1}{i \times (1+i)^n}\right) \Rightarrow P = 263{,}79 \times \left(\frac{(1{,}10)^5 - 1}{0{,}10 \times (1{,}10)^5}\right)$$

Apague os registros antes de começar.

Início...		...continua	
f	REG CLx	1,10	ENTER
1,10	ENTER	5	Y^x
5	Y^x	0,10	×
1,00	−	×	÷
	ENTER	263,79	×

Visor: 999,97

6.4.5 Dedução algébrica da fórmula para o cálculo do valor das parcelas fixas postecipadas *PMT* em função do número de prestações *n*, do valor Presente *P* e da taxa *i*

Basta isolar o *PMT* da Fórmula 6.1:

$$P = PMT \times \left[\frac{(1+i)^n - 1}{i \times (1+i)^n}\right] \Rightarrow P \times [i \times (1+i)^n] = PMT \times [(1+i)^n - 1]$$

$$PMT = P \times \left[\frac{i \times (1+i)^n}{(1+1)^n - 1}\right]$$ Fórmula 6.2

▸ **Explicação:** *PMT* representa o valor da parcela em uma sequência de pagamentos uniformes postecipados, construída em função de um valor Presente *P*, de uma taxa *i* (expressa em sua forma decimal) e da quantidade de parcelas *n*.

Quando a Fórmula 6.2 deve ser utilizada? Toda vez que se deseja calcular o valor dos pagamentos uniformes postecipados *PMT* a partir do valor Presente *P* em função de uma taxa de juros *i* e da quantidade de parcelas *n*.

Exemplo 6E

Resolva o Exemplo 6B pela Fórmula 6.2 utilizando a HP 12c.

HP 12c (Resolução pela fórmula)

Fórmula a resolver:

$$PMT = P \times \left[\frac{i \times (1+i)^n}{(1+i)^n - 1}\right] \Rightarrow PMT = 1.000 \times \left[\frac{0{,}10 \times (1{,}10)^5}{(1{,}10)^5 - 1}\right]$$

Apague os registros antes de começar.

Início...		...continua	
f	REG CLx	1,10	ENTER
1,10	ENTER	5	Y^x
5	Y^x	1	−
0,10	×	÷	÷
	ENTER	1.000	×

Visor: 263,79

Exercícios de fixação

6.12 Uma moto de $ 40.000,00 é financiada em 36 vezes à taxa de 2,2% ao mês. Determine qual o valor das parcelas mensais. **R: $ 1.620,16**

6.13 Um hospital financia um aparelho de $ 100.000,00 em 4 anos. Sabendo que a taxa de juros é de 12% ao ano e que as parcelas também são anuais, calcule o valor de cada uma. **R: $ 32.923,44**

6.14 Uma bolsa feminina é vendida em 12 prestações mensais de $ 29,80, sem entrada. Qual o valor à vista do produto, se a taxa de juros cobrada é de 4,76% a.m.? **R: $ 267,74**

6.15 Um aparelho de telefone é oferecido por 2 prestações mensais de $ 88,32, sem entrada. Qual o valor à vista do produto, se a taxa de juros cobrada é de 1,5% a.m.? **R: $ 172,74**

6.16 Você comprou um aparelho de FAX por 11 parcelas de $ 78,99 mais uma entrada de $ 100,00. Se a taxa cobrada foi de 3% a.m., qual o valor do aparelho? **R: $ 830,86**

6.17 A rede Casas Tampinha anuncia que uma geladeira de R$ 2.200,00 pode ser paga em 6 vezes sem entrada. Se a loja cobra 4% a.m. de seus clientes, calcule o valor das parcelas. **R: $ 419,68**

6.18 Você está interessado em saber o valor à vista de uma bicicleta anunciada por 7 parcelas de $ 200,00. A loja informa que a taxa cobrada nesse financiamento é de 3,4% ao mês. **R: $ 1.227,49**

6.19 Calcule o preço à vista de um automóvel financiado em 18 prestações sem entrada de $ 2.860,00, à taxa de 2,42% a.m. **R: $ 41.335,20**

6.20 Um aparelho de videoquê é anunciado em 10 vezes de R$ 39,99. Se a taxa cobrada pela loja é de 1,0% a.m., qual é o valor à vista do aparelho? **R: $ 378,76**

6.21 Um sítio é vendido por $ 348.000,00 à vista. Você propõe 40% de entrada e o restante em 120 parcelas fixas e postecipadas, que devem ser calculadas à taxa de 1% a.m. Qual é o valor das prestações? **R: $ 2.995,67**

6.22 Uma casa de campo tem seu preço estimado em $ 220.000,00 à vista e é anunciada em condições especiais: 20% de entrada e o restante financiado a 1,68% a.m., em 60 meses. Calcule o valor das prestações. **R: $ 4.678,61**

6.23 Você recebe hoje uma boa proposta de mudança de emprego com luvas. Com o dinheiro recebido, pretende pagar um MBA que custa $ 1.200,00 mensais e tem duração de 24 meses. Quanto você precisa destinar de seu dinheiro para que, aplicado a 1% a.m., ele pague seu curso? **R: 25.492,06**

6.24 A financeira Superinvest oferece crédito a 11% a.m. Uma pessoa deseja fazer um empréstimo de $ 700,00 e ainda tem de financiar uma taxa de $ 80,00. Calcule o valor das parcelas, sabendo que o empréstimo é quitado em 8 meses. **R: $ 151,57**

6.25 Uma empresa compra uma máquina em 7 parcelas semestrais de $ 21.000,00. Nesse contrato, a taxa de juros acertada foi prefixada em 12% ao semestre. Determine o valor à vista da máquina. **R: $ 95.838,89**

6.26 Uma empresa compra uma máquina em 9 parcelas bimestrais de $ 17.000,00. Nesse contrato, a taxa de juros acertada foi prefixada em 3% ao bimestre. Determine o valor que pode ser pago pela máquina, sabendo que existe um desconto de 15% à vista. **R: $ 112.509,27**

6.5 Quantidade de parcelas em uma sequência de pagamentos uniformes postecipados (relação *PV/PMT*)

Pode ocorrer uma situação em que é necessário calcular quantas parcelas devem existir para que determinado valor seja pago. Veja o exemplo a seguir.

Exemplo 6F

Você está planejando comprar um carro novo. Para tanto, seu antigo veículo será dado como entrada, sobrando $ 9.300,00 para ser financiado. A taxa cobrada pela financeira é de 1,5% ao mês. Se você pode pagar $ 1.000,00 todo mês, quantas parcelas serão necessárias para pagar o financiamento?

a) Coleta de dados		b) Terminologia
Valor das prestações:	$ 1.000,00	*PMT* = $ 1.000,00
Valor financiado:	$ 9.300,00	*PV* = 9.300,00
Taxa:	1,5% a.m.	*I* = 1,5%
		i = 0,015
Quantidade de parcelas:	?	*n* = ?

c) Diagrama

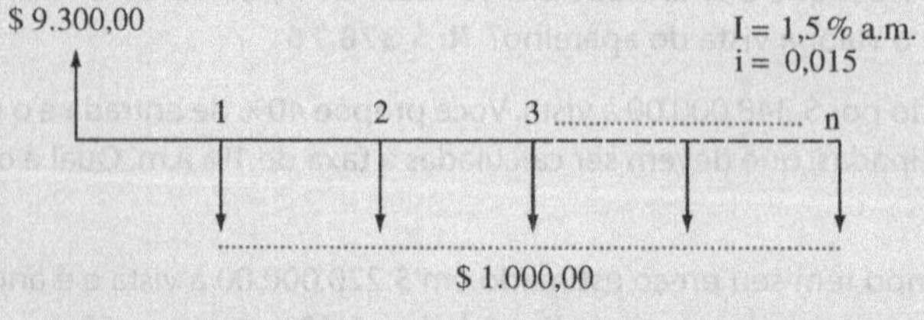

OBSERVAÇÃO: O traço acima do $ 1.000,00 significa que ele é o valor de uma parcela que se repete por todo o período. Esse recurso pode às vezes ser utilizado para que não se escreva repetidamente o mesmo número em sequência.

d) Cálculo

A resolução do exemplo pode ser feita por fórmula ou pelo Excel. A HP 12c arredonda para cima qualquer número encontrado quando se calcula o *n* em uma sequência de pagamentos uniformes. Por esse motivo, suas funções financeiras básicas não podem ser utilizadas.

Inicialmente, o Exemplo 6F será resolvido pelo Excel e depois por fórmula.

Excel (Funções financeiras básicas)

Figura 6.7 Resolução do Exemplo 6F pelo Excel

B6 fx =NPER(B4;B2;B3;B5;0)

	A	B	C	D
1	**a) Coleta de dados**		**b) Terminologia**	
2	Pagamento	-R$ 1.000,00	PGTO	
3	Valor do empréstimo	R$ 9.300,00	VP	
4	Taxa	0,015	i	
5	Valor Futuro	R$ 0,00	VF	
6	Valor do empréstimo	R$ 10,09	n	

Procedimentos

1. Digite os itens da coleta de dados na coluna A.
2. Digite os respectivos valores na coluna B. Como na HP 12c, o VF não será utilizado e deve ser *zero*. Note que o valor das parcelas deve ser negativo.
3. Na coluna C, digite a terminologia da coleta de dados, que deve ser a mesma relacionada à função "NPER" do Excel.
4. Clique na célula B6 e selecione a função indicada. Veja a Figura 6.8.

Figura 6.8 Acionando a função desejada no Excel

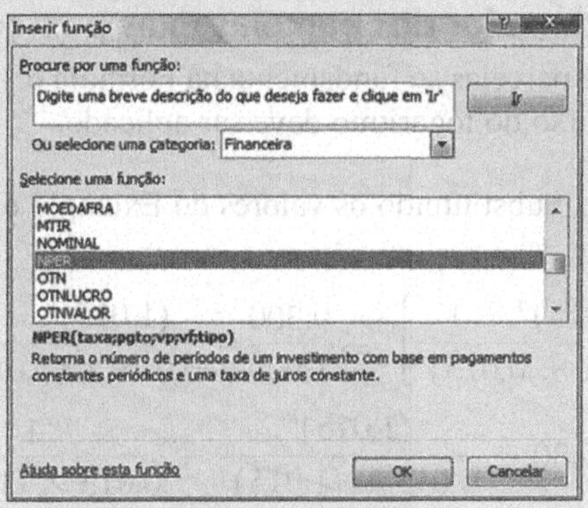

Comentário sobre a figura: Dentro do menu "Categoria da função" do Excel, clique em "Financeira" e em seguida acione a função "NPER". Preencha os campos da tela "Argumentos da função", de acordo com a Figura 6.9.

Figura 6.9 Preenchendo os "Argumentos da função" desejada no Excel

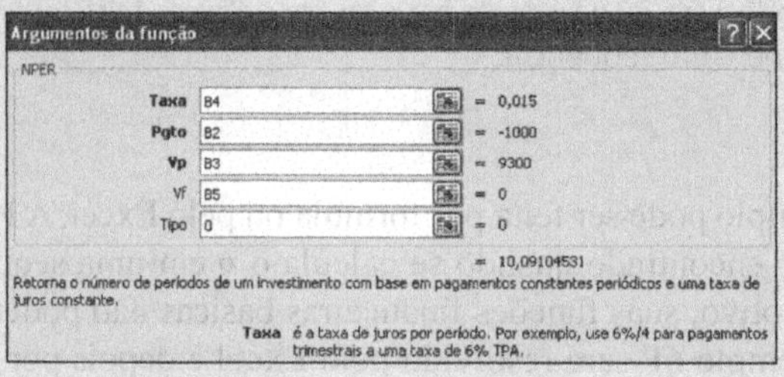

Fórmula utilizada na função:

Fórmula (nº)	Célula (local)	Descrição
1	B6	=NPER(B4;B2;B3;B5;0)

A função NPER pode ser aplicada toda vez que se deseja calcular a quantidade de parcelas em uma sequência de pagamentos iguais, a partir do valor Presente e do valor de cada pagamento.

Sintaxe da fórmula da função: NPER(taxa;pgto;vp;vf;tipo)

Taxa: é a taxa de juros por período.

Pgto: valor das parcelas.

Vp: é o valor de origem ou financiado.

Vf: é o valor Futuro, ou saldo, que você deseja obter após o último pagamento. Se for omitido, será considerado 0 (o valor Futuro de um empréstimo, por exemplo, é 0).

Tipo: é o número 0 ou 1 e indica se o primeiro pagamento é no ato (1) ou com um período de carência (0). No caso desse exemplo, não há uma série de pagamentos, por isso zero (0) foi utilizado.

A resposta para o problema proposto é 10,09 parcelas. Se esse cálculo fosse realizado pelas funções financeiras da HP 12c, o resultado seria 11, bem distante da realidade. Vamos ver agora a resolução pela fórmula.

6.5.1 Fundamentos do cálculo da quantidade de parcelas fixas *n* em função do valor Presente *P*, do valor das parcelas fixas postecipadas *PMT* e da taxa *i*

O cálculo da quantidade de parcelas se fundamenta na Fórmula 6.1, em que o n deve ser isolado. Para que isso seja feito, o recurso do logaritmo deve ser aplicado.

$$P = PMT \times \left[\frac{(1+i) - 1^n}{i \times (1+i)^n}\right]$$ Substituindo os valores do Exemplo 6F:

$$9.300 = 1.000 \times \left[\frac{(1+0{,}015)^n - 1}{0{,}015 \times (1+0{,}015)^n}\right] \Rightarrow \frac{9.300}{1.000} = \frac{(1{,}015)^n - 1}{0{,}015 \times (1{,}015)^n} \Rightarrow$$

$$9{,}30 = \frac{(1{,}015)^n - 1}{0{,}015 \times (1{,}015)^n} \Rightarrow 9{,}30 = \frac{\cancel{(1{,}015)^n}}{0{,}015 \times \cancel{(1{,}015)^n}} - \frac{1}{0{,}015 \times (1{,}015)^n} \Rightarrow$$

$$9{,}30 = \frac{1}{0{,}015} - \frac{1}{0{,}015 \times (1{,}015)^n} \Rightarrow 9{,}30 = 66{,}66 - \frac{1}{0{,}015 \times (1{,}015)^n} \Rightarrow$$

$$-57{,}3667 = -\frac{1}{0{,}015 \times (1{,}015)^n} \Rightarrow \text{multiplica ambos os lados por } -1;$$

$$57{,}3667 = \frac{1}{0{,}015 \times (1{,}015)^n} \Rightarrow 57{,}3667 \times [0{,}015 \times (1{,}015)^n] = 1 \Rightarrow$$

$$0{,}8605 \times (1{,}015)^n = 1 \Rightarrow (1{,}015)^n = \frac{1}{0{,}8605} \Rightarrow (1{,}015)^n = 1{,}1621 \Rightarrow$$

Tira o *ln* de ambos os lados.

$$\ln(1{,}015)^n = \ln 1{,}1621 \Rightarrow n \times \ln(1{,}015) = \ln 1{,}1621 \Rightarrow n \times 0{,}0149 = 0{,}1502 \Rightarrow$$

$$n = \frac{0{,}1502}{0{,}0149} \Rightarrow n = 10{,}0910 \Rightarrow$$
resultado idêntico ao do Exel.

6.5.2 Dedução algébrica da fórmula para o cálculo da quantidade de parcelas fixas *n* em função do valor Presente *P*, do valor das parcelas fixas postecipadas *PMT* e da taxa *i*

$$P = PMT \times \left[\frac{(1+i)^n - 1}{i \times (1+i)^n}\right] \Rightarrow \frac{P}{PMT} = \left[\frac{(1+i)^n - 1}{i \times (1+i)^n}\right] \Rightarrow$$

$$\frac{P}{PMT} = \frac{\cancel{(1+i)^n}}{i \times \cancel{(1+i)^n}} - \frac{1}{i \times (1+i)^n} \Rightarrow \frac{P}{PMT} = \frac{1}{i} - \frac{1}{i \times (1+i)^n} \Rightarrow$$

$$\frac{P}{PMT} - \frac{1}{i} = -\frac{1}{i \times (1+i)^n} \Rightarrow \frac{1}{i} - \frac{P}{PMT} = \frac{1}{i \times (1+i)^n} \Rightarrow$$

$$\frac{PMT - (P \times i)}{PMT \times i} = \frac{1}{i \times (1+i)^n} \Rightarrow \left[\frac{PMT - (P \times i)}{\cancel{PMT \times i}}\right] \times i = \frac{1}{(1+i)^n} \Rightarrow$$

$$\frac{PMT - (P \times i)}{PMT} = \frac{1}{(1+i)^n} \Rightarrow (1+i)^n \times [PMT - (P \times i)] = PMT \Rightarrow$$

$$(1+i)^n = \frac{PMT}{[PMT - (P \times i)]} \Rightarrow \ln(1+i)^n = \ln\frac{PMT}{[PMT - (P \times i)]} \Rightarrow$$

$$n \times \ln(1+i) = \ln\frac{PMT}{[PMT - (P \times i)]} \Rightarrow \boxed{n = \frac{\ln\frac{PMT}{[PMT - (P \times i)]}}{\ln(1+i)}} \quad \text{Fórmula 6.3}$$

▸ **Explicação:** *n* é a quantidade de parcelas; *PMT* representa o valor da parcela em uma sequência de pagamentos uniformes postecipados, construída em função de um valor Presente *P* e de uma taxa *i* (expressa em sua forma decimal).

Quando a Fórmula 6.3 deve ser utilizada? Toda vez que se deseja calcular a quantidade de parcelas *n* a partir do valor dos pagamentos uniformes postecipados *PMT*, do valor Presente *P* e de uma taxa de juros *i*.

Exemplo 6G

Resolva o Exemplo 6F pela Fórmula 6.3 utilizando a HP 12c.

HP 12c (Resolução pela fórmula)

Fórmula a resolver:

$$n = \frac{\ln \frac{PMT}{[PMT - (P \times i)]}}{\ln(1 + i)} \Rightarrow n = \frac{\ln \frac{1.000}{[1.000 - (9.300 \times 0{,}015)]}}{\ln(1 + 0{,}015)}$$

Apague os registros antes de começar.

Início... / ...continua

f	REG CLx	g	%T LN
1.000	ENTER	1	ENTER
1.000	ENTER	0,015	+
9.300	ENTER	g	%T LN
0,015	×		÷
	−		
÷			

Visor: 10,0910

Exercício resolvido

6.27 Em quantas prestações mensais de $ 125,00 será pago um eletrodoméstico que custa $ 2.500,00, se a taxa contratada for de 2% a.m.? **R: 25,80 prestações**

Terminologia

Valor	*Termo*
2.500	PV
2	I
?	N
125,00	PMT

Diagrama

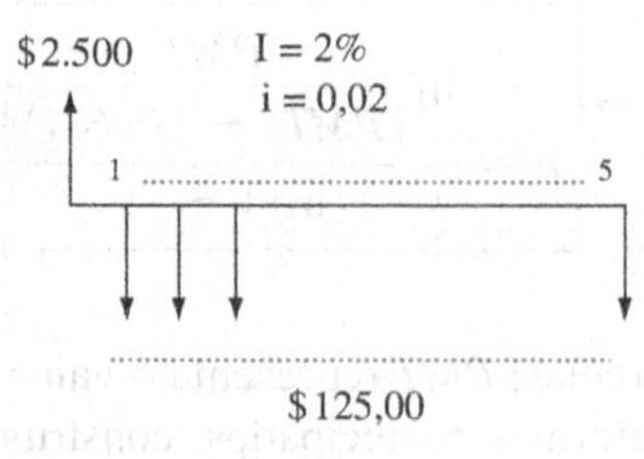

Cálculo HP 12c

f	REG CLx	g	%T LN
125	ENTER	1	ENTER
125	ENTER	0,02	+
2.500	ENTER	g	%T LN
0,02	×		÷
	−		
÷			

Exercícios de fixação

6.28 Um conjunto de móveis para sala custa à vista $ 930,00. Ele pode ser pago em prestações mensais de $ 120,56, sem entrada, à taxa de juros de 3,2% a.m. Em quantas prestações ele deve ser vendido? **R: 9 prestações**

6.29 Quantas prestações de $ 314,75 serão necessárias para pagar um microcomputador que custa $ 2.500,00 à vista? O plano é sem entrada e a taxa de juros é de 7% a.m. **R: 12 prestações**

6.30 Um aparelho de TV custa $ 1.000,00 à vista. A loja cobra uma taxa de juros de 8,20% a.m. Você pode pagar somente prestações mensais iguais de $ 150,38 e sem entrada. Em quantas prestações mensais você deverá pagar? **R: 10 prestações**

6.6 Valor Futuro de uma sequência de pagamentos uniformes postecipados

O valor de cada um dos pagamentos postecipados de uma sequência uniforme pode ser corrigido até o final de determinado período. Esse tipo de cálculo faz muito sentido se analisado principalmente do ponto de vista do devedor.

Exemplo 6H

Um amigo lhe deve 5 (0 + 5) parcelas de $ 263,79. No entanto, ele não lhe paga nenhuma parcela até o término do contrato. Você deve corrigir cada uma delas à taxa de juros acertada de 10% ao mês e determinar quanto seu amigo deverá a você ao final de 5 meses.

Resumindo, isso significa que os pagamentos se acumularam e devem ser pagos de uma só vez no último período, ou seja, no quinto mês.

a) Coleta de dados		b) Terminologia
Valor das prestações:	$ 263,79	*PMT* = $ 263,79
Parcelas:	5 (0+5)	*n* = 5
Taxa:	10% a.m.	*I* = 10%
		i = 0,10
Valor Futuro:	?	*FV* = ?

Nesse exemplo, o valor Futuro F_n das parcelas é a incógnita.

c) Diagrama

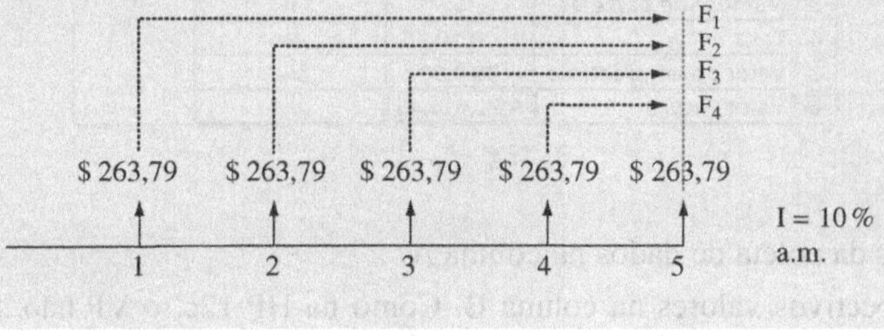

▸ **Explicação:** Cada parcela deve ser corrigida pelo número de períodos restante para o final. A primeira parcela será corrigida por 4 meses e produz F_1; a segunda parcela, por 3 meses, e produz F_2; a terceira, por 2 meses, e produz F_3; a quarta, por 1 mês, e produz F_4; a quinta não deve sofrer correção, pois é paga no momento correto. O somatório de todos os valores finais com a quinta parcela produz o montante que lhe é devido.

d) Cálculo

Esse problema pode ser resolvido pela HP 12c, pelo Excel ou por fórmula. Seja qual for o método, o resultado é obtido de maneira direta.

HP 12c (Funções financeiras básicas)

Apague os registros antes de começar.

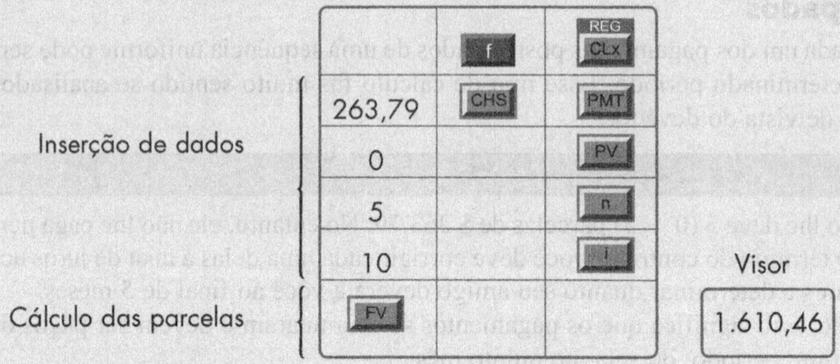

Seu amigo deverá lhe pagar uma única parcela de \$ 1.610,46. Esse valor deve ser positivo, pois, para você, ele constitui uma entrada de caixa. Portanto, você deve acionar a tecla CHS para entrar com o valor do *PMT*. Note também que *zero* foi digitado como valor Presente *P*, uma vez que este não foi utilizado no cálculo.

Excel (Funções financeiras básicas)

Figura 6.10 Resolução do Exemplo 6H pelo Excel

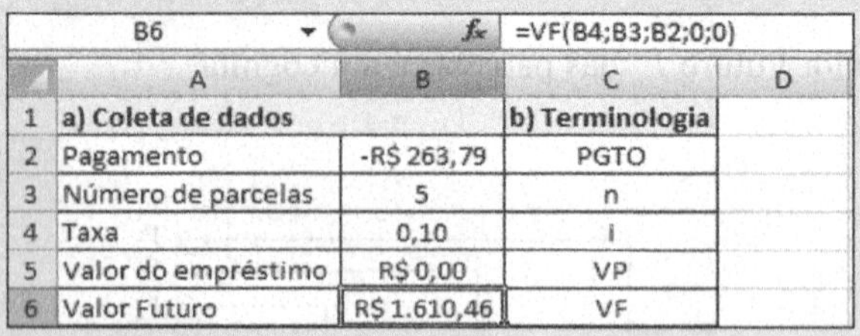

B6 =VF(B4;B3;B2;0;0)

	A	B	C	D
1	a) Coleta de dados		b) Terminologia	
2	Pagamento	-R\$ 263,79	PGTO	
3	Número de parcelas	5	n	
4	Taxa	0,10	i	
5	Valor do empréstimo	R\$ 0,00	VP	
6	Valor Futuro	R\$ 1.610,46	VF	

Procedimentos

1. Digite os itens da coleta de dados na coluna A.
2. Digite os respectivos valores na coluna B. Como na HP 12c, o VP não será utilizado e deve ser *zero*. Note que o valor das parcelas deve ser negativo.

3. Na coluna C, digite a terminologia da coleta de dados, que deve ser a mesma relacionada à função VF do Excel.
4. Clique na célula B6 e selecione a função indicada. Veja a Figura 6.11.

Figura 6.11 Acionando a função desejada no Excel

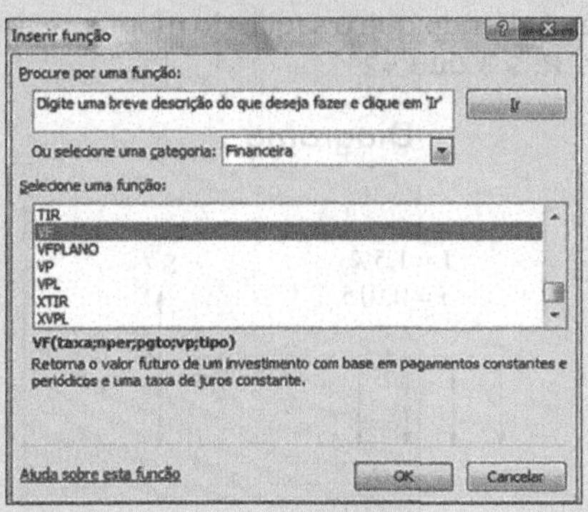

Comentário sobre a figura: Dentro do menu "Categoria da função" do Excel, clique em "Financeira" e em seguida acione a função "VF". Preencha os campos da tela "Argumentos da função", de acordo com a Figura 6.12.

Figura 6.12 Preenchendo os "Argumentos da função" desejada no Excel

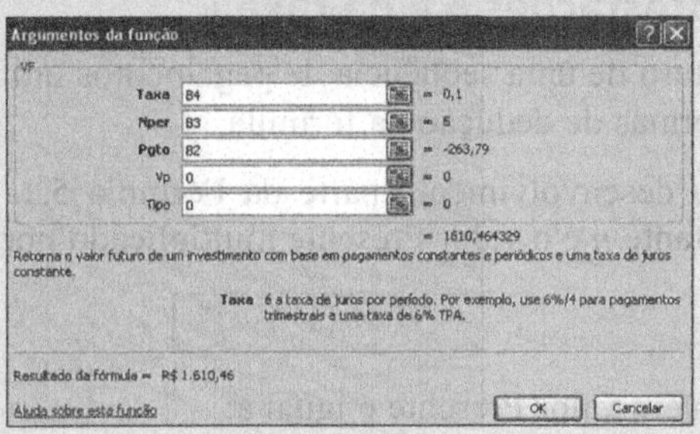

Fórmula utilizada na função:

Fórmula (nº)	Célula (local)	Descrição
1	B6	=VF(B4;B3;B2;B5;0)

A função VF deve ser aplicada toda vez que se deseja calcular o valor Futuro de uma sequência de pagamentos iguais, a partir do valor de cada um. Pode-se notar também que existem dois zeros na fórmula: um se refere ao valor Presente e o outro, à sequência postecipada. Para a sequência antecipada, utiliza-se o número 1, como será visto no item 6.7.

Sintaxe da fórmula da função: VF(taxa;nper;pgto;vp;tipo)
Taxa: é a taxa de juros por período.
Nper: é o número total de períodos (ou parcelas) do empréstimo.
Vp: deve ser zero, pois não será utilizado.
Pgto: valor das parcelas.

Tipo: é o número 0 ou 1 e indica se o primeiro pagamento é no ato (1) ou com um período de carência (0). No caso deste exemplo, não há uma série de pagamentos, por isso zero (0) foi utilizado.

Exercício resolvido

6.31 Você deposita, ao final de cada mês, $ 105,00, durante 24 meses. O banco remunera essa operação a uma taxa de 1,5% ao mês. Sabendo que o saque do montante acumulado será feito com a última parcela, calcule esse valor. **R: $ 3.006,52**

Terminologia

Valor	*Termo*
105	PMT
1,5	I
24	N
?	FV

Diagrama

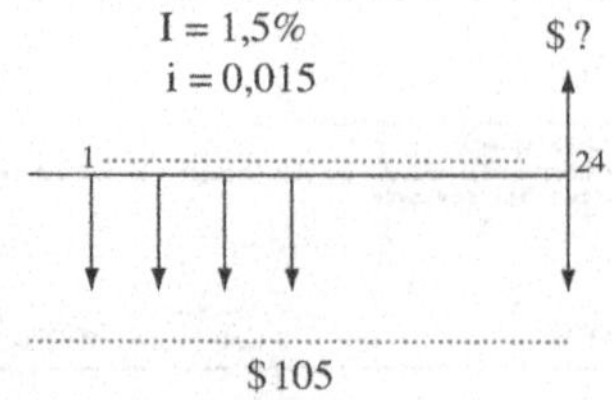

Cálculo HP 12c

	f	REG CLx
105	CHS	PMT
0		PV
24		n
1,5		i
FV		

6.6.1 Dedução da fórmula para cálculo do valor Futuro *VF* de uma sequência uniforme de pagamentos postecipados *PMT* em função do número de prestações *n* e da taxa *i*

Para cálculo do valor Futuro de uma sequência de pagamentos uniformes postecipados por fórmula, há pelo menos duas formas de dedução da fórmula.

Primeira forma: Seu desenvolvimento parte da Fórmula 5.1, em que o valor Futuro no instante *n* é o valor Presente multiplicado por $(1 + i)$ elevado a *n*.

$$F_n = P \times (1 + i)^n$$ Fórmula 5.1

Mas a Fórmula 6.1 mostra que o valor Presente é igual a:

$$P = PMT \times \left[\frac{(1 + i)^n - 1}{i \times (1 + i)^n}\right]$$

Agora o *P* será substituído na fórmula anterior.

$$F_n = PMT \times \left[\frac{(1 + i)^n - 1}{i \times \cancel{(1 + i)^n}}\right] \times \cancel{(1 + i)^n}$$

Portanto:

$$F_n = PMT \times \left[\frac{(1 + i)^n - 1}{i}\right]$$ Fórmula 6.4

- **Explicação:** F_n representa o valor Futuro de uma sequência de pagamentos uniformes postecipados, construída em função de uma taxa *i* (expressa em sua forma decimal) e da quantidade de parcelas *n*.

Quando a Fórmula 6.4 deve ser utilizada? Toda vez que se deseja calcular o valor Futuro dos pagamentos uniformes postecipados a partir do valor da parcelas em função de uma taxa de juros e da quantidade.

Segunda forma: Partindo da observação feita no diagrama do Exemplo 6F, cada pagamento deve ser corrigido até o final do período. Algebricamente, a situação se desenvolve assim:

$$F_n = PMT \times (1+i)^{n-1} + PMT \times (1+i)^{n-2} + PMT \times (1+i)^{n-3} \ldots + PMT \times (1+i)^{n-n}$$

Como n menos n é igual a zero, (1 + i) elevado a zero é 1.

$$F_n = PMT \times (1+i)^{n-1} + PMT \times (1+i)^{n-2} + PMT \times (1+i)^{n-3} \ldots + PMT \times 1$$

O PMT pode ser colocado em evidência.

$$F_n = PMT \times (1 \times (1+i)^{n-1} + 1 \times (1+i)^{n-2} + 1 \times (1+i)^{n-3} \ldots + 1)$$

$$F_n = PMT \times (1 + 1 \times (1+i)^{n-1} + 1 \times (1+i)^{n-2} + 1 \times (1+i)^{n-3} \ldots)$$

Essa é uma PG com razão maior que um, ou seja: ($q = 1 + i$).

$$S_n = \frac{a_1 \times (q^n - 1)}{q - 1}$$; fórmula somatório PG maior|menor que 1.

$$F_n = PMT \times \left[\frac{a_1 \times (q^n - 1)}{q - 1}\right]$$, onde $a_1 = 1$ e $q = (1 + i)$

$$F_n = PMT \times \left[\frac{1 \times (1+i)^n - 1}{(\cancel{1} + i) \cancel{- 1}}\right] \Rightarrow \boxed{F_n = PMT \times \left[\frac{(1+i)^n - 1}{i}\right]}$$

Exemplo 6I

Resolva o Exemplo 6H pela Fórmula 6.4, utilizando a HP 12c.

HP 12c (Resolução pela fórmula)

Fórmula a resolver:

$$F_n = PMT \times \left[\frac{(1+i)^n - 1}{i}\right] \qquad \boxed{F_5 = 263{,}79 \times \left[\frac{(1{,}10)^5 - 1}{0{,}10}\right]}$$

Apague os registros antes de começar.

	Dados	Tecla	
	f	REG CLx	
Inserção de dados	1,10	ENTER	
	5	y^x	
	1	−	
		ENTER	
	0,10	÷	Visor
	263,79	×	1.610,46

O exemplo se referiu a um empréstimo *parcelado* que não foi pago em dia. Mas existem outras situações em que se aplica diretamente o valor Futuro de uma sequência de pagamentos uniformes postecipados. O planejamento de uma aposentadoria é feito com base em depósitos periódicos postecipados que podem ser iguais, assim como uma poupança para um filho cursar a faculdade, para adquirir um bem ou mesmo para o planejamento de uma viagem.

Exercícios de fixação

6.32 Sua esposa pretende fazer um curso de línguas no exterior daqui a um ano. Esse curso custa $ 25.000,00, dos quais você já possui $ 11.000,00. Refazendo as suas contas, você percebe que pode aplicar, ao final de cada mês, $ 1.080,00. Se o banco remunera esse tipo de operação a 1,30% ao mês, determine o montante acumulado somente desses depósitos ao final do último mês e diga se sua esposa fará o curso. Considere que o valor de $ 11.000,00 será aplicado à mesma taxa pelo mesmo período. **R: $ 26.772,16 (F_1= $ 13.927,99 + F_2= $ 12.844,17). Sua esposa fará o curso.**

6.33 Você pretende comprar um aparelho de DVD para seu carro que custa $ 1.250,00. Quanto você deverá depositar ao final de cada mês em um fundo de investimento de alto risco para que, ao completar 8 depósitos, tenha esse dinheiro? (Taxa de remuneração do fundo: 5% a.m.) **R: 130,90**

6.34 Se eu depositar mensalmente $ 150,00 em um banco durante três anos, quanto terei ao final do período, se a taxa for de 0,75% ao mês? **R: $ 6.172,91**

6.7 Quantidade de parcelas em uma sequência de pagamentos uniformes postecipados (relação *PMT/FV*)

Outra situação é possível em relação ao valor Futuro de uma sequência de pagamentos uniformes postecipados: o cálculo da quantidade de parcelas.

Exemplo 6J

Você pretende acumular $ 800.000,00 em alguns anos, tendo em vista, obviamente, sua aposentadoria. Para tanto, você pode aplicar $ 1.700,00 ao término de cada mês em um fundo de renda fixa que paga 1% de juros ao mês. Determine em quanto tempo você poderá se aposentar.

a) Coleta de dados		b) Terminologia
Pagamentos mensais:	$ 1.700,00	*PMT* = $ 1.700,00
Valor do montante:	$ 800.000,00	*FV* = 800.000,00
Taxa:	1% a.m.	*I* = 1,0%
		i = 0,01
Quantidade de parcelas:	?	*n* = ?

c) Diagrama

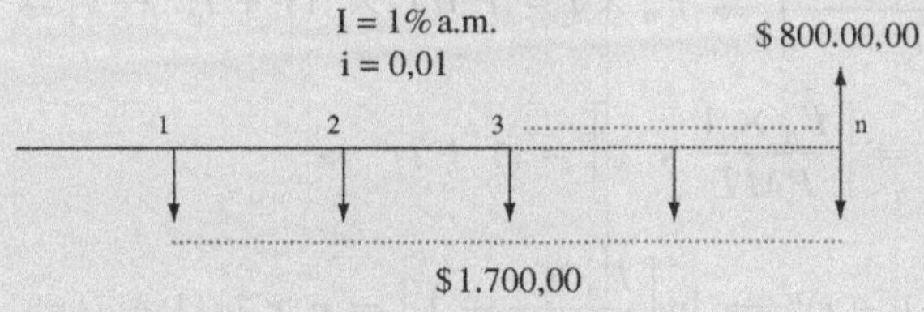

d) Cálculo

A exemplo do cálculo da quantidade de parcelas quando se relacionava *PV* a *PMT*, a resolução do exemplo somente pode ser feita por fórmula ou pelo Excel, pois a HP 12c também arredondará para cima o *n* encontrado.

Inicialmente, o Exemplo 6J será resolvido pelo Excel e depois por fórmula.

Excel (Funções financeiras básicas)

Figura 6.13 Resolução do Exemplo 6J pelo Excel

B6 =NPER(B4;B2;B5;B3;0)

	A	B	C
1	a) Coleta de dados		b) Terminologia
2	Pagamento	-R$ 1.700,00	PGTO
3	Valor Futuro	R$ 800.000,00	VF
4	Taxa	0,01	i
5	Valor do empréstimo	R$ 0,00	VP
6	Número de parcelas	175,02	n

Procedimentos

1. Digite os itens da coleta de dados na coluna A.
2. Digite os respectivos valores na coluna B. Como na HP 12c, o VP não será utilizado e deve ser *zero*. Note que o valor das parcelas deve ser negativo.
3. Na coluna C, digite a terminologia da coleta de dados, que deve ser a mesma relacionada à função "NPER" do Excel.
4. Clique na célula B6 e selecione a função indicada. Veja a Figura 6.8: Acionando a função desejada no Excel.

Comentário sobre a figura: Preenchendo os "Argumentos da função" desejada no Excel e sintaxe da fórmula – Consulte o Exemplo 6F.

Concluindo, seriam necessários 175,02 depósitos de $ 1.700,00 remunerados a 1% ao mês para acumular $ 800.000,00. Isso representa aproximadamente 14 anos e meio de poupança.

6.7.1 Dedução algébrica da fórmula para o cálculo da quantidade de parcelas fixas *n* em função do valor Presente *P*, do valor das parcelas fixas postecipadas *PMT* e da taxa *i*

O cálculo da quantidade de parcelas se fundamenta na Fórmula 6.4, em que o *n* deve ser isolado. Para que isso seja feito, o recurso do logaritmo também será aplicado aqui.

$$F_n = PMT \times \left[\frac{(1+i)^n - 1}{i}\right] \Rightarrow F_n \times i = PMT \times [(1+i)^n - 1] \Rightarrow$$

$$\frac{F_n \times i}{PMT} = (1+i)^n - 1 \Rightarrow \left[\frac{F_n \times 1}{PMT} + 1\right] = (1+i)^n \Rightarrow$$

$$\ln\left[\frac{F_n \times i}{PMT} + 1\right] = \ln(1+i)^n \Rightarrow \ln\left[\frac{F_n \times i}{PMT} + 1\right] = n \times \ln(1+i) \Rightarrow$$

$$n = \frac{\ln\left[\left(\frac{F_n \times i}{PMT}\right) + 1\right]}{\ln(1+i)}$$

Fórmula 6.5

▸ **Explicação:** n é a quantidade de parcelas; *PMT* representa o valor da parcela em uma sequência de pagamentos uniformes postecipada, construída em função de um valor Futuro F_n e de uma taxa i (expressa em sua forma decimal).

Quando a Fórmula 6.5 deve ser utilizada? Toda vez que se deseja calcular a quantidade de parcelas n a partir do valor dos pagamentos uniformes postecipados *PMT*, do valor Futuro F_n e de uma taxa de juros i.

Se esse exemplo se concretizasse em sua vida, daqui a aproximadamente 15 anos você teria uma aposentadoria de mais ou menos $ 8.000,00 mensais. Portanto, comece a fazer os cálculos. A seguir, veja como desenvolver a fórmula na HP 12c.

Exemplo 6L

Resolva o exemplo 6J pela Fórmula 6.5 utilizando a HP 12c.

HP 12c (Resolução pela fórmula)

Fórmula a resolver:

$$n = \frac{\ln\left[\left(\frac{F_n \times i}{PMT}\right) + 1\right]}{\ln(1+i)} \Rightarrow \frac{\ln\left[\left(\frac{800.000 \times 0{,}01}{1.700}\right) + 1\right]}{\ln(1 + 0{,}01)}$$

Início...		...continua	
f	REG CLx	g	%T LN
800.000	ENTER	1	ENTER
0,01	×	0,01	+
1.700	÷	g	%T LN
1	+		÷

Visor

175,02

6.8 Sequência de pagamentos uniformes antecipados

A denominação 'pagamento antecipado' se refere a uma situação em que o primeiro pagamento/recebimento é feito no instante inicial (no início do período). As demais parcelas assumem individualmente um valor idêntico a esse durante todo o período da operação.

6.8.1 Valor das parcelas em uma sequência de pagamentos *PMT* uniformes antecipados em função da quantidade de parcelas *n*, do valor Presente *P* e da taxa de juros *i*

Exemplo 6M

Você decide comprar um eletrodoméstico de $ 1.000,00 em 5 parcelas (1 + 4) iguais com entrada igual às parcelas. A loja cobrou uma taxa de juros de 10% ao mês. Determine o valor de cada parcela.

a) Coleta de dados		b) Terminologia
Eletrodoméstico:	$ 1.000,00	*P* = 1.000
Parcelas:	5 (1+4)	*n* = 5
Taxa:	10% a.m.	*I* = 10%
		i = 0,10
Valor das prestações:	?	*PMT* = ?

c) Diagrama

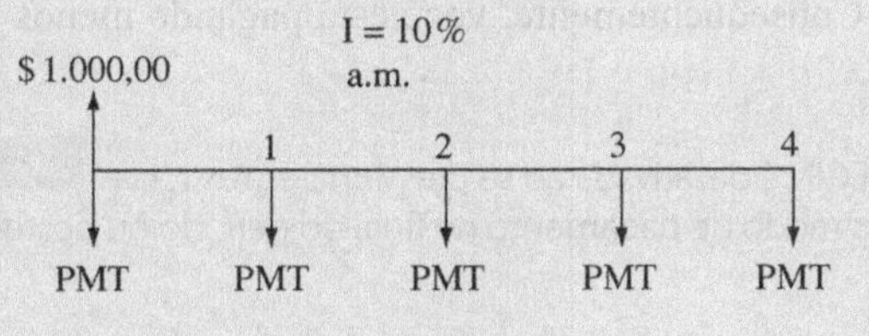

O valor de $ 1.000,00 será financiado. Portanto, ele deve ser uma entrada de caixa no instante zero (positivo). De maneira análoga, os pagamentos devem ser saídas de caixa (negativo).

CUIDADO: O tempo de toda a operação é de 4 meses, mas o número de parcelas a pagar é 5 (que deve ser usado como n).

d) Cálculo

Como a montagem do problema já está pronta, o cálculo será feito pela HP 12c, depois pelo Excel e, por último, pela fórmula.

HP 12c (Funções financeiras básicas)

Para calcular o valor das 5 parcelas, com entrada paga no início do período, a HP tem uma função especial, que deve ser acionada antes do cálculo. A função é denominada BEGIN (significa 'início'). Ela é acionada pelas teclas g 7 BEG. Quando está ativa, o visor da HP 12c mostra a seguinte imagem:

Figura 6.14 Visor da HP 12c com a função BEGIN acionada

Apague os registros antes de começar.

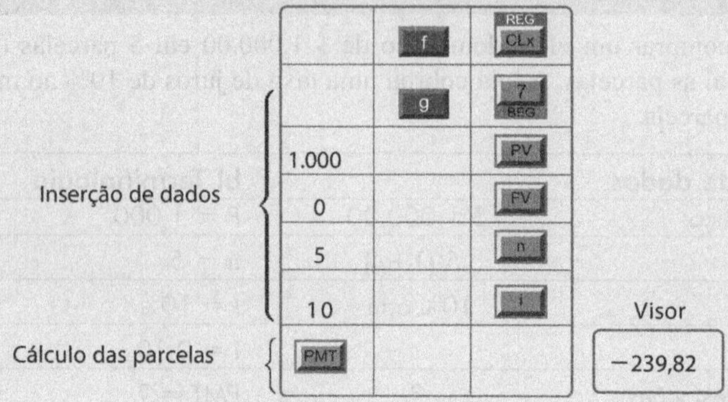

Você deverá pagar 5 parcelas de $ 239,82, a primeira no ato da compra. Esse valor deve ser negativo, pois, para você, ele é uma saída de caixa. Note que, por pagar a primeira parcela no momento da compra, esse valor é menor do que se você pagasse na forma postecipada (com 30 dias). Consequentemente, você está pagando menos juros.

ATENÇÃO: A função BEGIN é desativada ao se pressionarem as teclas g 8 END. A calculadora volta para o modo de pagamento no final do período ou postecipado.

Excel (Funções financeiras básicas)

Figura 6.15 Resolução do Exemplo 6M pelo Excel

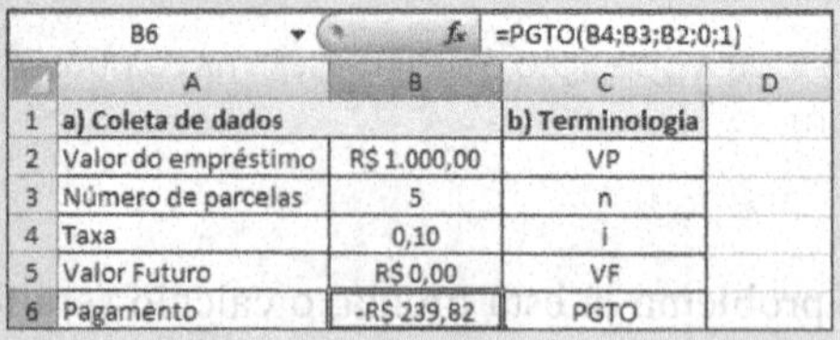

B6 =PGTO(B4;B3;B2;0;1)

	A	B	C	D
1	a) Coleta de dados		b) Terminologia	
2	Valor do empréstimo	R$ 1.000,00	VP	
3	Número de parcelas	5	n	
4	Taxa	0,10	i	
5	Valor Futuro	R$ 0,00	VF	
6	Pagamento	-R$ 239,82	PGTO	

Procedimentos

1. Digite os itens da coleta de dados na coluna A.
2. Digite os respectivos valores na coluna B. Como na HP 12c, o VF não será utilizado e deve ser *zero*. Note que o valor do empréstimo deve ser negativo, pois para você ele significa uma saída de caixa.
3. Na coluna C, digite a terminologia da coleta de dados, que deve ser a mesma relacionada à função VF do Excel.

4. Clique na célula B6 e selecione a função indicada. Veja a Figura 6.16.

Figura 6.16 Acionando a função desejada no Excel

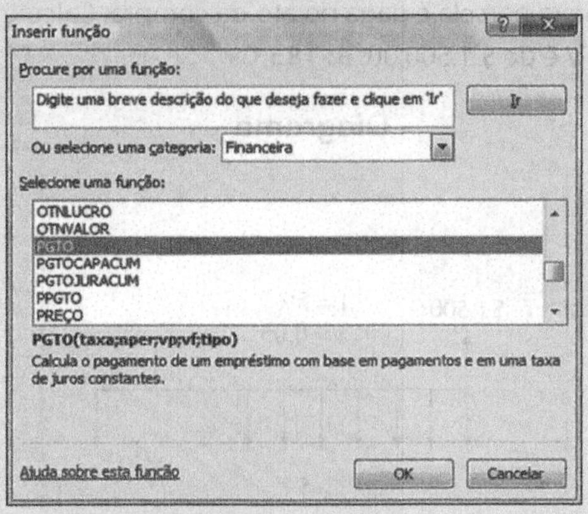

Comentário sobre a figura: Dentro do menu "Categoria da função" do Excel, clique em "Financeira" e em seguida acione a função "PGTO". Nesse caso, ao abrir "Argumentos da função", preste atenção a um item chamado TIPO, no qual deve ser digitado o número 1, por se tratar de uma sequência de pagamento antecipado. Veja a Figura 6.17.

Figura 6.17 Preenchendo os "Argumentos da função" desejada no Excel

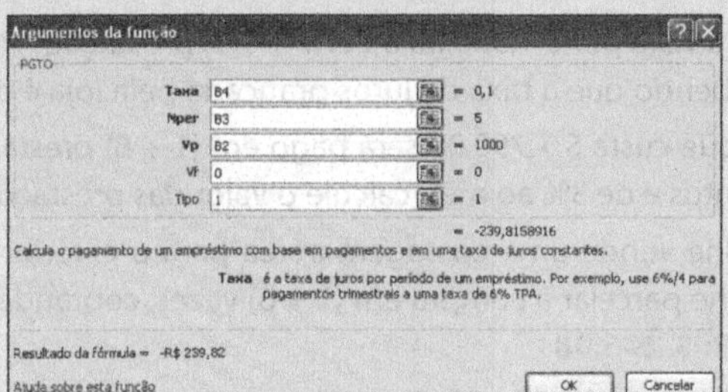

Fórmulas utilizadas:

Fórmula (nº)	Célula (local)	Descrição
1	B6	=PGTO(B4;B3;B2;B5;1)

A função PGTO(1) pode ser aplicada toda vez que se deseja calcular o valor das parcelas de uma sequência antecipada de pagamentos iguais, a partir do valor Presente e da quantidade de pagamentos.

Sintaxe da fórmula da função: PGTO(taxa;nper;vp;vf;tipo)

Taxa: é a taxa de juros por período.

Nper: é o número total de pagamentos do empréstimo.

Vp: é o valor Presente ou valor total presente de uma sequência de pagamentos futuros.

Vf: é o valor Futuro, ou o saldo de caixa, que você deseja obter depois do último pagamento. Se Vf for omitido, será considerado 0 (o valor Futuro de determinado empréstimo, por exemplo, 0).

Tipo: é o número 0 ou 1 e indica se o primeiro pagamento é no ato (1) ou com um período de carência (0). No caso do exemplo, o primeiro pagamento foi no ato, portanto o (1) foi utilizado.

Exercício resolvido (calcular PMT)

6.35 Você compra uma televisão de 29 polegadas e vai pagar em 10 parcelas iguais. A loja cobra juros de 5% ao mês, mas a primeira parcela é paga no ato da compra. Calcule o valor das parcelas, sabendo que o valor à vista da TV é de $ 1.500,00. **R: 185,01**

Terminologia

Valor	*Termo*
1.500	PV
5	I
10	N
?	PMT

Diagrama

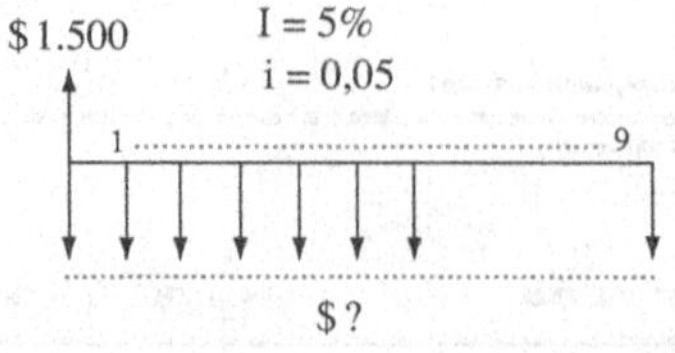

Cálculo HP 12c

	f	REG CLx
	g	7 BEG
1.500		PV
0		FV
10		n
5		i
PMT		

Exercícios de fixação

6.36 Determinado produto é vendido por $ 900,00 à vista. Calcule o valor de (1 + 11) parcelas financiadas a 3% ao mês. **R: $ 87,78**

6.37 Um freezer é vendido à vista por $ 1.380,00 ou em (1 + 5) prestações mensais iguais. Calcule o valor de cada prestação, sabendo que a taxa de juros praticada pela loja é de 3,7% ao mês. **R: $ 251,38**

6.38 Um eletrodoméstico que custa $ 1.790,00 será pago em (1 + 6) prestações mensais. Se a taxa praticada para financiamentos é de 3% ao mês, calcule o valor das prestações. **R: $ 278,94**

6.39 A empresa Voe Bem lhe vende uma passagem aérea para o exterior no valor de $ 1.900,00. Seu cartão de crédito vai lhe parcelar a compra em (1 + 6) vezes, cobrando por isso 3% ao mês. Calcule o valor das parcelas. **R: $ 296,08**

6.40 Um projetor multimídia custa $ 9.800,00. Ele pode ser parcelado em (1 + 9) vezes. Qual o valor das parcelas? (Taxa de financiamento: 2,7% ao mês.) **R: $ 1.101,60**

6.41 "Compre um home theater de $ 2.900,00 em (1 + 17) pagamentos mensais fixos." Esse é o anúncio da loja. Se a taxa de juros cobrada em tal promoção for de 5,5% ao mês, qual será o valor das prestações? **R: $ 244,42**

6.42 Cada pneu do modelo Dryroad custa hoje $ 275,00. Considerando que você vai comprar quatro e que um você pagará à vista e os outros três em (1 + 5) parcelas, calcule o valor de cada parcela se a taxa de juros cobrada foi de 6,9% ao mês. **R: $ 161,41**

6.43 Considere os mesmos dados do exercício anterior e some gastos com os amortecedores, de $ 700,00. **R: $ 298,36**

6.44 Um imóvel de R$ 110.000,00 será financiado em (1 + 119) pagamentos mensais. Calcule o valor das parcelas, sabendo que o banco cobra uma taxa de 1% ao mês e que não existem intermediárias. **R: $ 1.562,55**

6.45 Em relação ao exercício anterior, calcule de quanto foi a economia de quem optou por comprar o imóvel com entrada. (Compare com o plano sem entrada.) **R: $ 1.875,60**

6.8.2 Valor Presente *P* de uma sequência de pagamentos *PMT* uniformes antecipados em função da quantidade de parcelas *n* e da taxa de juros *i*

Exemplo 6N

Você decide comprar um eletrodoméstico em 5 parcelas (1 + 4) iguais de $ 239,82. A loja cobrou uma taxa de juros de 10% ao mês. Determine o valor que lhe foi financiado.

a) Coleta de dados		b) Terminologia
Valor das prestações:	$ 239,82	*PMT* = 239,82
Parcelas:	5 (1+4)	*n* = 5
Taxa:	10% a.m.	*I* = 10%
		i = 0,10
Eletrodoméstico:	?	*P* = ?

c) Diagrama

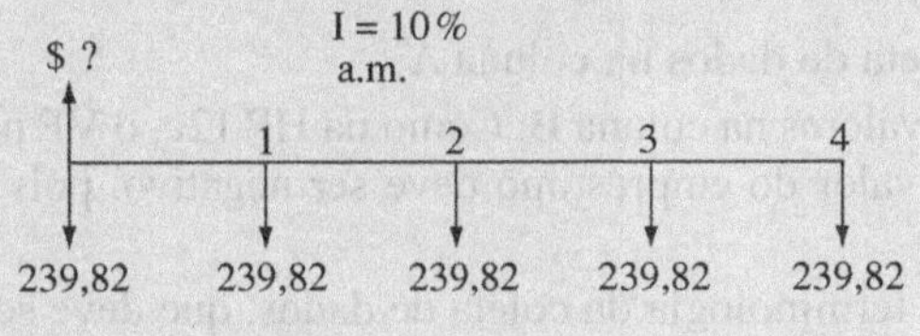

d) Cálculo

A sequência de resolução será pela HP 12c, pelo Excel e, por último, pela fórmula.

HP 12c (Funções financeiras básicas)

Apague os registros antes de começar.
Acione a função BEGIN.

	f	REG CLx
	g	7 BEG
239,82	CHS	PMT
0		FV
5		n
10		i
PV		

Visor: 1.000,02

OBSERVAÇÃO: Desconsidere os centavos na resposta.

O valor das parcelas deve ser lançado negativo (saída de caixa). O preço à vista do eletrodoméstico é $ 1.000,02.

Excel (Funções financeiras básicas)

Figura 6.18 Resolução do Exemplo 6N pelo Excel – OBS.: utilize 263,797480 na célula B2.

B6 =VP(B4;B3;B2;B5;0)

	A	B	C	D
1	**a) Coleta de dados**		**b) Terminologia**	
2	Pagamento	-R$ 263,80	PGTO	
3	Número de parcelas	5	n	
4	Taxa	0,10	i	
5	Valor Futuro	R$ 0,00	VF	
6	Valor do empréstimo	R$ 1.000,00	VP	

Procedimentos

1. Digite os itens da coleta de dados na coluna A.
2. Digite os respectivos valores na coluna B. Como na HP 12c, o VF não será utilizado e deve ser *zero*. Note que o valor do empréstimo deve ser negativo, pois para você ele significa uma saída de caixa.
3. Na coluna C, digite a terminologia da coleta de dados, que deve ser a mesma relacionada à função VF do Excel.
4. Clique na célula B6 e selecione a função indicada. Veja a Figura 6.19.

Figura 6.19 Acionando a função desejada no Excel

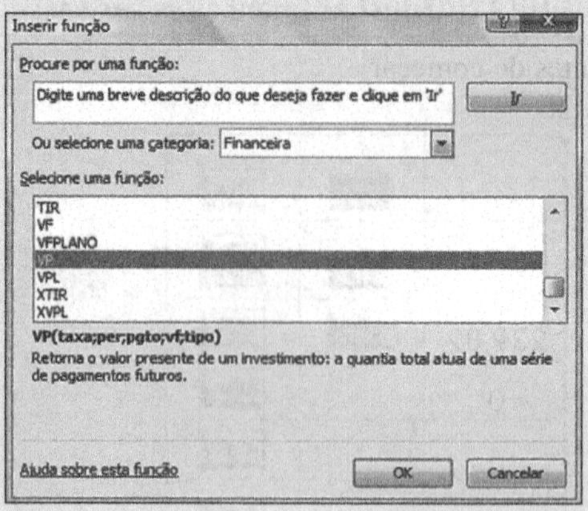

Comentário sobre a figura: Dentro do menu "Categoria da função" do Excel, clique em "Financeira" e em seguida acione a função "PV". Nesse caso, ao abrir "Argumentos da função", preste atenção a um item chamado TIPO, no qual deve ser digitado o número 1, por se tratar de uma sequência de pagamento antecipado. Veja a Figura 6.20.

Figura 6.20 Preenchendo os "Argumentos da função" desejada no Excel

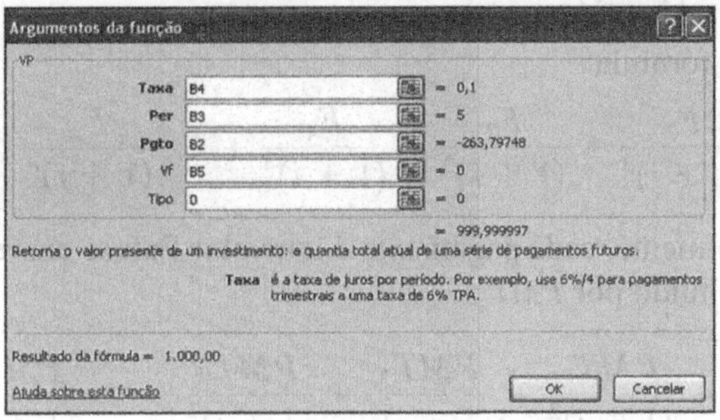

Fórmulas utilizadas:

Fórmula (nº)	Célula (local)	Descrição
1	B6	=VP(B4;B3;B2;B5;1)

Sintaxe da fórmula da função: VP(taxa;nper;pgto;vf;tipo)

Taxa: é a taxa de juros por período.

Nper: é o número total de pagamentos do empréstimo.

Pgto: é o valor uniforme das parcelas.

Vf: é o valor Futuro, ou o saldo de caixa, que você deseja obter depois do último pagamento. Se Vf for omitido, será considerado 0 (o valor Futuro de determinado empréstimo, por exemplo, 0).

Tipo: é o número 0 ou 1 e indica se o primeiro pagamento é no ato (1) ou com um período de carência (0). No caso do exemplo, o primeiro pagamento foi no ato, portanto, o (1) foi utilizado.

Exercício resolvido

6.46 Uma loja anuncia um *palm top* por (1 + 5) prestações de $ 230,00. Sabendo que a taxa praticada é de 3,6% ao mês, calcule o preço à vista do aparelho. **R: $ 1.265,53**

Terminologia

Valor	*Termo*
?	PV
3,6	I
6	N
230	PMT

Diagrama

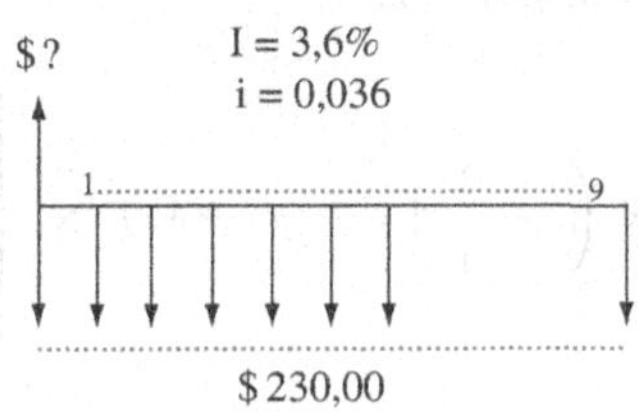

Cálculo HP 12c

	f	REG CLx
	g	7 BEG
230		PMT
0		FV
6		n
3,6		i
PV		

6.8.3 Dedução algébrica da fórmula para o cálculo do valor Presente *P* de uma sequência de parcelas fixas antecipadas *PMT*, em função do número de prestações *n* e da taxa *i*

Por se tratar de um caso específico, a dedução algébrica da fórmula é apresentada a seguir. O princípio é o mesmo da Fórmula 6.1, porém com o primeiro pagamento no ato.

Fórmula 5.2 (básica): $P = \dfrac{F_n}{(1+i)^n}$

Aplicação consecutiva da fórmula:

$$P = F_0 + \frac{F_1}{(1+i)^1} + \frac{F_2}{(1+i)^2} + \frac{F_3}{(1+i)^3} + \frac{F_4}{(1+i)^4} + \dots \frac{F_n}{(1+i)^n}$$

Como descrito anteriormente, cada pagamento é um valor Futuro em relação à origem. Por esse motivo, F_n deve ser substituído por PMT_n.

$$P = PMT_0 + \frac{PMT_1}{(1+i)^1} + \frac{PMT_2}{(1+i)^2} + \frac{PMT_3}{(1+i)^3} + \frac{PMT_4}{(1+i)^4} + \dots \frac{PMT_n}{(1+i)^n}$$

$$P = PMT \times \left[1 + \frac{1}{(1+i)^1} + \frac{1}{(1+i)^2} + \frac{1}{(1+i)^3} + \frac{1}{(1+i)^4} + \dots \frac{1}{(1+i)^n} \right]$$

PG com $q = \dfrac{1}{(1+i)}$

PG com $S_n = \dfrac{a_1 \times (q^n - 1)}{q - 1}$; fórmula somatório PG.

$$P = PMT \times \left[\frac{a_1 \times (q^n - 1)}{q - 1} \right]; \; P = PMT \times \left\{ \frac{1 \times \left[\frac{1}{(1+i)^n} - 1 \right]}{\frac{1}{(1+i)} - 1} \right\};$$

Tirar o mínimo com $(1+i)^n$ e $(1+i)$.

$$P = PMT \times \left\{ \frac{1 \times \left[\frac{1 - (1+i)^n}{(1+i)^n} \right]}{\frac{\cancel{1} - (\cancel{1} + i)}{(1+i)}} \right\}; \; P = PMT \times \left\{ \frac{\left[\frac{1 - (1+i)^n}{(1+i)^n} \right]}{\frac{-i}{(1+i)}} \right\};$$

Multiplicar o numerador e o denominador por -1.

$$P = PMT \times \left\{ \frac{\left[\frac{1 - (1+i)^n}{(1+i)^n} \right]}{\frac{-i}{(1+i)}} \right\} \times \left(\frac{-1}{-1} \right); \; P = PMT \times \left\{ \frac{\left[\frac{(1+i)^n - 1}{(1+i)^n} \right]}{\frac{i}{(1+i)}} \right\};$$

O denominador passa invertido, multiplicando o numerador.

$$P = PMT \times \left\{ \left[\frac{(1+i)^n - 1}{(1+i)^n} \right] \times \frac{(1+i)}{i} \right\}; \; \boxed{P = PMT \times \left\{ \left[\frac{(1+i)^{n+1} - 1 - i}{i \times (1+i)^n} \right] \right\}}$$

Fórmula 6.6

▸ **Explicação:** P representa o valor Presente de uma sequência de pagamentos uniformes antecipados PMT, construído em função de uma taxa i (expressa em sua forma decimal) e do tempo n vezes de forma composta (juros sobre juros).

Quando a Fórmula 6.6 deve ser utilizada? Toda vez que se deseja calcular o valor Presente P de uma sequência de pagamentos uniformes antecipados PMT, em função de uma taxa de juros i e do tempo n.

Exemplo 6O

Para resolução deste exercício, utilizaremos a Fórmula 6.6, com a HP 12c.

HP 12c (Resolução pela fórmula)

Fórmula a resolver:

$$P = PMT \times \left\{\left[\frac{(1+i)^{n+1} - 1 - i}{i \times (1+i)^n}\right]\right\};\ P = 239{,}82 \times \left\{\left[\frac{(1{,}10)^{5+1} - 1 - 0{,}10}{0{,}10 \times (1{,}10)^5}\right]\right\}$$

Apague os registros antes de começar. Desconsidere os centavos na resposta.

Início		...continua	
f	REG CLx	1,10	ENTER
1,10	ENTER	5	Y^x
6	Y^x	0,10	×
1	−		÷
0,10	−	239,82	×
	ENTER		

Visor: 1.000,02

6.8.4 Dedução algébrica da fórmula para o cálculo do valor das parcelas fixas antecipadas *PMT* em função do número de prestações *n*, do Presente *P* e da taxa *i*

Basta partir da Fórmula 6.6 e isolar o PMT.

$$P = PMT \times \left\{\left[\frac{(1+i)^{n+1} - 1 - i}{i \times (1+i)^n}\right]\right\}$$

$$[i \times (1+i)^n] \times P = PMT \times [(1+i)^{n+1} - 1 - i]$$

$$PMT = \left\{\left[\frac{P \times i \times (1+i)^n}{(1+i)^{n+1} - 1 - i}\right]\right\}$$

Fórmula 6.7

▸ **Explicação:** *PMT* representa o valor da parcela em uma sequência de pagamentos uniformes antecipada, construída em função de um valor Presente *P*, de uma taxa *i* (expressa em sua forma decimal) e da quantidade de parcelas *n*.

Quando a Fórmula 6.7 deve ser utilizada? Toda vez que se deseja calcular o valor dos pagamentos uniformes postecipados a partir do valor Presente, em função de uma taxa de juros e da quantidade de parcelas.

Exemplo 6P

Resolva o exemplo 6N pela Fórmula 6.7 utilizando a HP 12c.

HP 12c (Resolução pela fórmula)

Fórmula a resolver:

$$PMT = \left[\frac{P \times i \times (1+i)^n}{(1+i)^{n+1} - 1 - i}\right] \Rightarrow PMT = \left[\frac{1.000 \times 0{,}10 \times (1{,}10)^5}{(1{,}10)^{5+1} - 1 - 0{,}10}\right]$$

Apague os registros antes de começar.

Início...		...continua	
	f		
	REG CLx	1,10	ENTER
1,10	ENTER	6	Y^x
5	Y^x	1	−
0,10	×	0,10	−
1000	×		÷
	ENTER		

Visor: 239,82

O valor encontrado é idêntico ao calculado pelas funções financeiras básicas. Não é prático resolver todos os exercícios por fórmula, de modo que você deve eleger o método mais adequado à sua realidade.

Exercícios de fixação

6.47 Uma televisão de 100 polegadas pode ser comprada em (1 + 11) prestações mensais iguais e consecutivas de $ 1.599,00. Determine o preço à vista, sabendo que a loja cobra 3,9% a.m. de juros. **R: $ 15.682,86**

6.48 Hoje vence a primeira de 12 parcelas de $ 350,00 referentes a um empréstimo. Você recebeu um dinheiro e quer antecipar todas elas para pagamento imediato. Considerando a taxa de juros compostos contratada de 2% a.m., qual o valor atual a ser pago? **R: $ 3.775,40**

6.49 Uma bela cozinha é vendida por (1 + 23) prestações mensais fixas de $ 59,50. Qual o preço à vista, se a taxa de juros for de 4,20% ao mês? **R: $ 926,23**

6.50 Calcule o preço à vista de uma máquina fotográfica adquirida em (1 + 9) prestações mensais de $ 200,00, se a taxa de financiamento foi de 3% a.m. R: 1.757,22

6.51 Um aparelho eletrônico é vendido à vista por R$ 600,00, mas pode ser financiado à taxa de 3% a.m. Obtenha o valor de cada prestação nas seguintes condições de financiamento:

a) 15 prestações mensais sem entrada. **R: 50,26**
b) 12 prestações mensais sem entrada. **R: 60,28**
c) 18 prestações mensais com entrada. **R: 42,35**
d) 20 prestações mensais com entrada. **R: 39,15**
e) 36 prestações mensais sem entrada. **R: 27,48**
f) 6 prestações mensais com entrada. **R: 107,53**

6.52 Um televisor é vendido à vista por R$ 17.299,99 ou em (1 + 11) prestações mensais. Obtenha o valor de cada prestação, utilizando uma taxa de juros de 3,72% a.m. **R: $ 1.748,48**

6.53 Refaça o exercício anterior, considerando (0 + 12) como forma de pagamento. **R: $ 1.813,53**

6.54 Determine o preço à vista de uma filmadora financiada a 4,6% ao mês em (1 + 5) prestações mensais, iguais e sucessivas de $ 230,00. **R: $ 1.236,89**

6.55 Um carro importado Audri custa $ 130.000,00. A revendedora cobra uma taxa de juros de 2,63% a.m., incidente sobre o saldo devedor. Calcule o valor da prestação mensal para as seguintes possibilidades de pagamento:

a) 12 prestações sem entrada. **R: $ 12.773,29**
b) 12 prestações com entrada. **R: $ 12.445,96**
c) 24 prestações sem entrada. **R: $ 7.373,46**
d) 24 prestações com entrada. **R: $ 7.184,51**

6.56 Você emprestou para um amigo $ 1.200,00, que lhe serão devolvidos em 9 prestações trimestrais iguais e postecipadas. Se a taxa acertada foi de 5,6% ao trimestre, qual o valor de cada prestação? **R: $ 173,37**

6.57 Calcule o valor de cada uma das (1 + 4) prestações mensais de uma estante que custa $ 980,00 à vista. Considere uma taxa de 7,2% ao mês. **R: $ 224,16**

6.9 Valor Futuro de uma sequência de pagamentos uniformes antecipados

No item 6.6 foi visto que o valor Futuro de uma sequência de pagamentos uniformes postecipados é apresentado ao término e com o último pagamento da série.

Se a sequência de pagamentos for uniforme antecipada, por definição, o valor Futuro deverá ser resgatado um período após o depósito da última parcela, ou ao final do último período.

Assim, o procedimento de cálculo é o mesmo apresentado anteriormente, sendo necessário acionar a função [g] [7 BEG] na HP 12c.

6.9.1 Dedução algébrica da fórmula para o cálculo do valor Futuro de uma sequência de pagamentos uniformes antecipados

Como visto no item 6.6, o desenvolvimento algébrico desejado parte da Fórmula 5.1, em que o valor Futuro no instante n é o valor Presente multiplicado por $(1 + i)$ elevado a n.

$$F_n = P \times (1 + i)^n$$ Fórmula 5.1

Mas a Fórmula 6.6 mostra que o valor Presente é igual a:

$$P = PMT \times \left[\frac{(1+i)^{n+1} - 1 - i}{i \times (1+i)^n}\right] \Rightarrow$$

logo,

$$F_n = PMT \times \left[\frac{(1+i)^{n+1} - 1 - i}{i \times \cancel{(1+i)^n}}\right] \times \cancel{(1+i)^n}$$

$$F_n = PMT \times \left[\frac{(1+i)^{n+1} - 1 - i}{i}\right]$$ Fórmula 6.8

▸ **Explicação:** F_n representa o valor Futuro de uma sequência de pagamentos uniformes antecipados, construída em função de uma taxa i (expressa em sua forma decimal) e da quantidade de parcelas n.

Quando a Fórmula 6.8 deve ser utilizada? Toda vez que se deseja calcular o valor Futuro dos pagamentos uniformes antecipados e de resgate postecipado a partir do valor das parcelas, em função de uma taxa de juros e da quantidade de parcelas.

Note que o que faz com que o resgate seja ao final do último período é o $n + 1$ da fórmula. Agora, pense sobre a seguinte afirmação e tire suas conclusões:

PARA REFLETIR (DIGA SE é VERDADEIRO OU FALSO): Se o número de pagamentos for o mesmo nas sequências postecipada e antecipada e o saque do montante for feito junto com o depósito da última parcela, o valor Futuro de ambas as séries será idêntico e dado pela fórmula da série postecipada.

Exercício resolvido

6.58 Você planeja depositar $ 100,00 no início de cada mês pelos próximos 100 meses. Se o banco lhe paga juros de 1,10% a.m., qual será o montante no final desse período? **R: 18.254,77**

Terminologia

Valor	*Termo*
100	PMT
1,10	I
100	N
?	FV

Diagrama

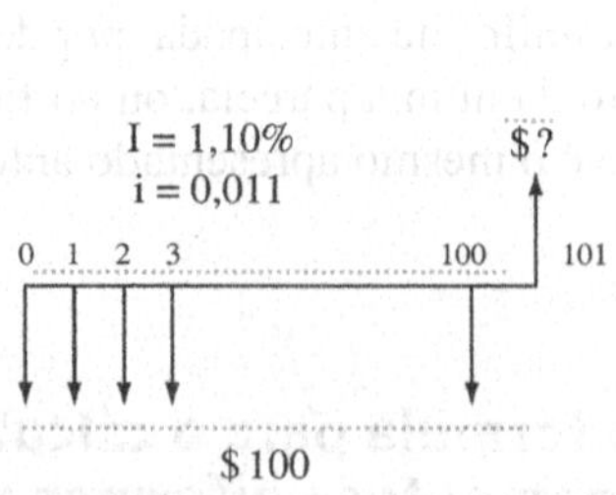

Cálculo HP 12c

	f	REG CLx
	g	7 BEG
100	CHS	PMT
0		PV
100		n
1,1		i
FV		

Exercícios de fixação

6.59 Se uma pessoa depositar mensalmente $ 50,00 em um banco, a começar de hoje, quanto ela terá acumulado ao final de 5 anos? (Taxa média prevista: 0,78% ao mês.)? **R: $ 3.836,75**

6.60 Um banco remunera suas aplicações a 2,10% ao mês. Quanto deverá ser depositado, a partir de hoje, para que ao final de 50 meses o montante de $ 14.300,00 seja atingido? **R: 161,01**

6.10 Sequência uniforme com parcelas adicionais

Podem acontecer situações em que sejam adicionadas parcelas a uma sequência uniforme de pagamentos postecipados. Isso é bem comum, sobretudo em financiamento de imóveis com as construtoras.

A determinação do valor dessas parcelas está intimamente relacionada à equivalência de capitais e à Taxa Interna de Retorno (TIR), assuntos estudados em capítulos posteriores. Considere a seguinte situação.

Exemplo 6Q

Você adquiriu um imóvel financiado. Embora as prestações sejam mensais, você também tem de pagar parcelas trimestrais até a entrega das chaves. Depois disso, ocorrerão parcelas semestrais e anuais por mais 4 anos.

Note que você sempre terá de pagar as parcelas mensais, mas, adicionalmente, existem parcelas trimestrais e, no futuro, semestrais e anuais. Como saber se a inclusão dessas parcelas mantém a taxa contratada de financiamento? Será que as parcelas foram calculadas corretamente? Como verificar a taxa de juros[5] será estudado no Capítulo 7, e como determinar o valor dessas parcelas, no Capítulo 9 (Equivalência de capitais).

Exercício resolvido

6.61 Você compra um carro usado por 24 parcelas mensais de $ 550,00 sem entrada e mais 4 parcelas semestrais no valor de $ 1.500,00. A concessionária trabalha com as seguintes taxas: 2,40% ao mês e 15,30% ao semestre. Calcule o valor do carro à vista. **R: $ 14.202,90 ($ 9.946,29 + $ 4.256,61)**

Procedimento: Primeiro se deve calcular o valor Presente P_{24} das 24 parcelas. Depois, calcular o valor Presente P_4 das 4 semestrais. E, por último, somar os resultados.

Parte 1:

Terminologia

Valor	Termo
?	PV
2,40	I
24	N
550	PMT

Diagrama

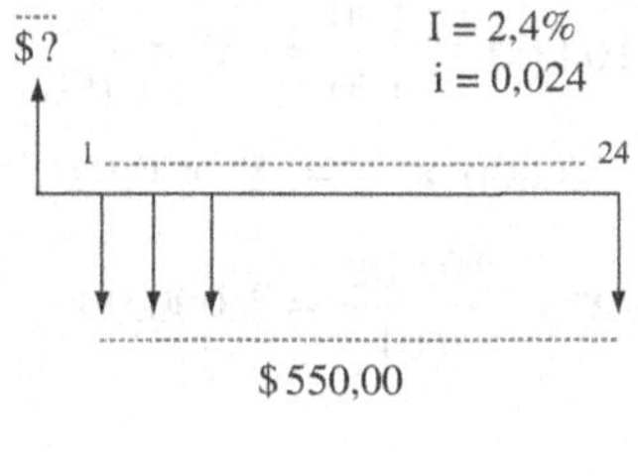

Cálculo HP 12c

	f	REG CLx
550	CHS	PMT
0		FV
24		n
2,4		i
PV		

[5] Consulte Taxa Interna de Retorno (TIR), Capítulo 7, item 7.3.

O valor Presente P_{24} encontrado é de $ 9.946,29.

Parte 2:

Terminologia

Valor	*Termo*
?	PV
15,30	I
4	N
1.500	PMT

Diagrama

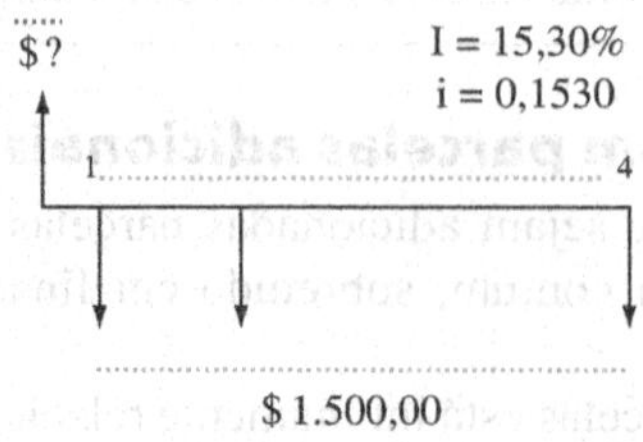

Cálculo HP 12c

	f	REG CLx
1.500	CHS	PMT
0		FV
4		n
15,30		i
PV		

O valor Presente P_4 encontrado é de $ 4.256,60. Portanto, a soma de P_{24} com P_4 é igual a $ 14.202,90, sendo esse o valor à vista do veículo.

6.11 Sequência uniforme infinita ou perpetuidade

O princípio que fundamenta a perpetuidade de capitais é bem simples. Ao aplicar um dinheiro, ele deverá ser remunerado a uma taxa de juros. Porém, se o aplicador gastar somente os juros ganhos, ele sempre preservará o valor principal.[6]

Exemplo 6R

Quanto você precisaria aplicar em um banco hoje para ter o direito de receber $ 10.000,00 mensais pelo resto de sua vida e ainda deixá-los para seus descendentes? Considere que o banco remunere suas aplicações a 1% ao mês e que não incidam impostos.

Intuitivamente, percebe-se que, se o banco remunera as aplicações a 1% ao mês e a renda pretendida é de $ 10.000,00, então esse valor é 1% de algo maior.

A simples aplicação de uma regra de três resolve o problema.

10.000 ____________ 1%

X ____________ 100%

Se 1% é igual a 0,01 e 100% é igual a 1, então:

$$10.000 \times 100\% = X \times 1\%$$

$$10.000 \times \frac{100}{100} = X \times \frac{1}{100}$$

$$10.000 \times 1 = X \times 0,01$$

$$X = \frac{10.000}{0,01} = 1.000.000$$

[6] Nesse caso, a inflação não está sendo considerada.

A letra X representa o valor Presente P, que deve ser aplicado. O valor de $ 10.000,00 é a parcela de renda perpétua; portanto, pode ser chamado de PMT. A taxa i é de 0,01. Esses termos associados geram a fórmula pretendida:

$$P = \frac{PMT}{i}$$ Fórmula 6.9

6.11.1 Dedução algébrica da fórmula de perpetuidade de capitais

O valor atual de uma sequência uniforme postecipada é dado por:

$$P = \frac{PMT}{(1+i)^1} + \frac{PMT}{(1+i)^2} + \frac{PMT}{(1+i)^3} + \frac{PMT}{(1+i)^4} + \dots \frac{PMT}{(1+i)^n}$$

Essa é uma PG finita, em que $\frac{PMT}{(1+i)}$ e a razão é $\frac{1}{(1+i)}$.

Conforme demonstrado no Capítulo 1, o somatório de uma PG infinita é feito no item 1.11.2, letra c:

$$S = \frac{a_1}{1-q}$$

Substituindo a_1 e q:

$$S = \frac{\frac{PMT}{(1+i)}}{1 - \frac{1}{(1+i)}} \Rightarrow \frac{\frac{PMT}{(1+i)}}{\frac{(1+i)-1}{(1+i)}} \Rightarrow \frac{\frac{PMT}{(1+i)}}{\frac{i}{(1+i)}} \Rightarrow \frac{PMT}{\cancel{(1+i)}} \times \frac{\cancel{(1+i)}}{i} \Rightarrow \frac{PMT}{i}$$

A soma dessas parcelas descontadas à taxa de juros é o valor Presente P. Portanto, S pode ser substituído por P, o que resultará na Fórmula 6.9, já deduzida intuitivamente.

$$S = \frac{PMT}{i} \text{ ou } P = \frac{PMT}{i}$$

A possibilidade de um rendimento perpétuo está associada a inúmeras situações e é o objetivo de muitas pessoas. Um exemplo mais comum está relacionado ao recebimento de aluguéis. O valor Presente P já foi aplicado na compra do imóvel e seu proprietário recebe os aluguéis por tempo indeterminado enquanto possui e aluga o imóvel.

Uma importante observação deve ser feita. A inflação pode corroer o valor principal com o tempo. Em outras palavras, não se deve gastar todo o rendimento mensal pago pelo banco no caso de uma aplicação, mas somente a parte real[7] que lhe cabe, descontados os impostos. No caso dos aluguéis, os índices de correção do contrato protegem o rendimento da inflação. Porém, o proprietário deve estar atento à depreciação e ao valor dos aluguéis de imóveis similares.

[7] O assunto rendimento real de uma aplicação será retomado com mais propriedade no Capítulo 10, "Noções sobre inflação".

Exercícios de fixação

6.62 Vale a pena comprar um imóvel avaliado em $ 120.000,00 para receber um aluguel de $ 1.200,00? Considere que você aplica seu dinheiro a 1,5% ao mês. **R: Não vale a pena. O rendimento da aplicação é maior que o aluguel, pois $ 1.800,00 > $ 1.200,00.**

6.63 Um grande clube esportivo paga a um jogador de futebol $ 540.000,00 mensais e vitalícios. Se o clube consegue uma remuneração de seu dinheiro a 1,8% ao mês, calcule o montante necessário para a aplicação imediata para que esse contrato seja cumprido. **R: R$ 30.000.000,00**

6.64 Você ganha na loteria $ 1.000.000,00. A que taxa deve aplicar seu dinheiro para que garanta um rendimento perpétuo de $ 20.000,00? **R: $ 2% ao mês**

6.65 Você deseja uma renda perpétua de $ 7.000,00 mensais. Se seu estilo é conservador e você costuma aplicar na caderneta de poupança, que paga em média 0,65% ao mês, quanto tem de aplicar hoje para ter direito a essa renda? **R: $ 1.076.923,08**

6.66 Qual a menor quantia que se deve investir hoje a 5% ao mês para ter sempre uma renda mensal perpétua de $ 100.000,00? **R: $ 2.000.000,00**

6.67 Determine o valor de uma aplicação que gera fluxos perpétuos de $ 300,00 mensais. Considere que a taxa de remuneração do capital investido seja de 2,2% ao mês. **R: $ 13.636,36**

6.68 Quanto você deverá aplicar hoje em um fundo que paga 1% ao mês para ter uma renda mensal infinita de $ 10.000,00? **R: $ 1.000.000,00**

6.69 O banco central de determinado país emite um título sem prazo de vencimento que paga bônus anual de $ 6.000,00. Considerando o custo de oportunidade ajustado ao risco de 18,5%, determine o valor de mercado desse título. **R: $ 32.432,43**

6.12 Operações com cartões de crédito

Este tópico é indicado a todas as pessoas que utilizam o cartão de crédito. Em linhas gerais, ele é um instrumento facilitador de compra na vida de muitas pessoas. O crédito fácil disponibilizado pelo cartão tem sido alvo de muitas promoções e ofertas dos mais diversos produtos, além de poder ser utilizado no pagamento de pequenos valores, como um almoço, por exemplo.

As empresas administradoras do cartão assumem o risco de concessão de crédito. A remuneração dessas empresas está expressa nas anuidades, em percentual de vendas e nos juros cobrados nos refinanciamentos em situações de inadimplência.

Quando o usuário do cartão não paga a totalidade de uma fatura, passam a incorrer taxas de juros pelo atraso. Essas taxas têm sido absurdamente altas e de caráter legal questionável.

Antes que o assunto principal deste tópico seja desenvolvido, seguem algumas dicas para a utilização do cartão de crédito no dia a dia.

Dicas para o uso do cartão de crédito

- As compras a prazo, principalmente no Brasil, têm juros embutidos. Prefira o pagamento à vista *com desconto* ao parcelado no cartão.

- Evite pagar com cartão pequenas despesas do cotidiano, como almoços, jantares, cinema e locadoras de filmes. Ao fazer isso, sobra-lhe mais dinheiro, que pode ser usado para outras finalidades.
- Uma boa dica para utilizar o cartão de crédito está, por exemplo, no pagamento de passagens aéreas ou de pacotes turísticos.
- Existem produtos que são tabelados; o único fator que varia entre os revendedores é a forma e o prazo de pagamento. Nesse caso, pesquise muito todas as possibilidades de compra. Se o produto for indispensável e você tiver o dinheiro para pagar à vista *sem desconto*, pense bem! Você pode comprar a prazo no maior número de parcelas possível, aplicar seu dinheiro e com ele pagar as prestações posteriormente.
- *Pague integralmente* a fatura do cartão. Os juros que incidem sobre o saldo remanescente são normalmente mais altos do que os do cheque especial.
- Utilize o cartão de modo racional e moderado. Saiba que provavelmente seu limite de crédito é maior que sua capacidade de pagamento, e o comércio tentará lhe vender além do necessário.

Infelizmente, muitas pessoas acabam não pagando integralmente a fatura do cartão de crédito. Os juros cobrados pelo atraso podem dificultar ainda mais a quitação da dívida. O pagamento mínimo exigido pelas administradoras é em geral um pouco superior à taxa cobrada pela inadimplência. Assim, não há perpetuidade.

O estudo[8] a seguir mostra, de maneira simplificada, como lidar com a situação de não pagamento integral da fatura do cartão de crédito. O objetivo é ajudar o devedor a se planejar e liquidar seu débito o mais rápido possível.

As taxas de juros cobradas pelas administradoras podem variar de acordo com o cliente e também mensalmente.

Uma estimativa do comportamento do saldo devedor pode ser realizada com base na taxa de inadimplência para o próximo período. Esse valor é claramente apresentado nas faturas dos cartões. Para auxiliar nos cálculos, algumas fórmulas serão apresentadas mais adiante. Assim o devedor terá condições de se programar.

Vale ressaltar ainda que os juros de mora previstos por lei também são cobrados do devedor. Esses e outros eventuais encargos não foram incluídos aqui, pois a principal relação está entre a taxa de juros cobrada pelo atraso e o pagamento mensal de cada fatura.

IMPORTANTE:

1. Todo o estudo pressupôs que o usuário do cartão pagará parcialmente o valor da fatura *no dia do vencimento*.[9] Se isso não ocorrer, outros ajustes deverão ser realizados. Juros de mora e outros encargos não foram considerados, mas isso não invalida os cálculos, que são uma boa aproximação da realidade.
2. O valor a ser pago mensalmente deve ser maior do que os juros cobrados pelo atraso.
3. A taxa de juros de inadimplência se repetirá no futuro por *n* vezes.

Cada um dos tópicos estudados a seguir apresentará um exemplo e uma fórmula resultante. Tais cálculos podem ser realizados por fórmula e pela HP 12c. Quando pertinente, os cálculos com as funções financeiras da HP 12c serão apresentados.

[8] Estudo e fórmulas desenvolvidos pelo autor.

[9] Evite ao máximo fazer isso. Tente pagar a fatura integralmente.

6.12.1 Como determinar o valor de uma fatura Fa_n no instante *n* em função de um pagamento % (percentual) *p* constante e uma taxa de juros *i* incidente sobre cada saldo devedor remanescente

Exemplo 6S

O valor da fatura de seu cartão de crédito para vencimento hoje é de $ 1.700,00. Você planeja pagar 40% dessa e de cada fatura que se seguirá. Se a taxa de juros é de 12% ao mês sobre o saldo remanescente, qual será seu saldo devedor ao final de 5 meses?

Em outras palavras, você somente pagará 40% do valor de cada fatura todo mês, a partir de hoje, mais 4 meses. A administradora cobra 12% de juros pelo atraso. Portanto, o valor da fatura para o 5º mês é a incógnita.

IMPORTANTE: Para determinar o valor da fatura com vencimento para 5 meses, deve-se considerar que 5 pagamentos já foram realizados: o da fatura atual mais 4. Nesse caso, o n é igual a pagamento e a tempo.

a) Coleta de dados		b) Terminologia
Valor atual da fatura:	$ 1.700,00	Fa_0 = $ 1.700,00
Número de pagamentos:	5	$n = 5$
Taxa de juros:	12% a.m.	$I = 12\%$
		$i = 0{,}12$
Percentual pgto. por fatura:	40%	$P = 40\%$
Valor da fatura no mês 5:	?	$Fa_5 = ?$

c) Diagrama

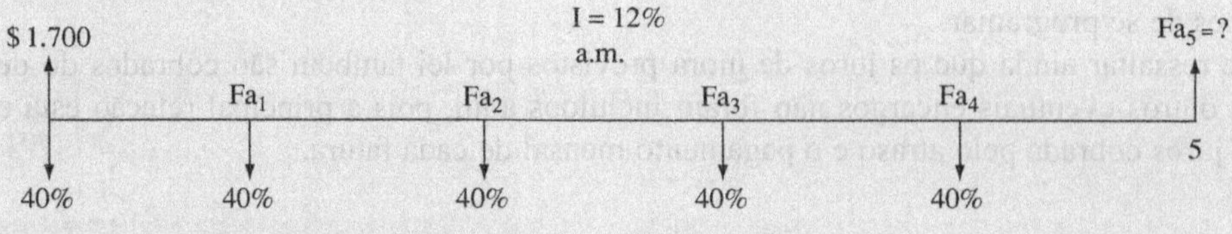

O diagrama mostra que 40% da fatura de cada mês será paga de hoje até o mês 4. O saldo residual do quarto mês é que dará origem à fatura do quinto mês.

d) Cálculo

Para que esse problema seja solucionado, deve-se partir do seguinte raciocínio:

Você pagou 40% do valor da fatura atual. Esse saldo deve ser corrigido pela taxa de juros para que origine uma nova fatura Fa_1, que será de:

$$Fa_1 = 1700 \times (1 - 0{,}40) \times (1 + 0{,}12) = 1.142{,}40$$

O valor da fatura do mês 1 é de 1.142,40. Você paga 40% dessa fatura e o valor resultante deve ser corrigido pela taxa de juros para o próximo mês, de modo que origine uma nova fatura Fa_2, que será de:

$Fa_2 = 1.142{,}40 \times (1 - 0{,}40) \times (1 + 0{,}12) = 767{,}69$

$Fa_3 = 767{,}69 \times (1 - 0{,}40) \times (1 + 0{,}12) = 515{,}88$

$Fa_4 = 515{,}88 \times (1 - 0{,}40) \times (1 + 0{,}12) = 346{,}67$

$Fa_5 = 346{,}67 \times (1 - 0{,}40) \times (1 + 0{,}12) = 232{,}96$ E assim sucessivamente.

Portanto, para o cálculo do valor Futuro de uma fatura deve-se usar a seguinte fórmula.[10]

$$Fa_n = Fa_0 \times [(1 - p)(1 + i)]^n$$ Fórmula 6.10

▸ **Explicação:** Fa_n é o valor da fatura no instante n; Fa_0 é o valor da fatura a ser pago hoje, na data zero; p é o percentual (%) fixo pago mensalmente de cada fatura; i é a taxa de juros mensal cobrada pela administradora; e n é o tempo em meses.

Quando a Fórmula 6.10 deve ser utilizada? Toda vez que se deseja calcular o valor Futuro de uma fatura de cartão de crédito Fa_n a partir do valor de uma fatura atual Fa_0, do percentual pago todo mês p, da taxa de juros i cobrada e do tempo n.

HP 12c (Resolução pela fórmula)

Fórmula a resolver:

$$Fa_5 = Fa_0 \times [(1 - p)(1 + i)]^n \Rightarrow$$

$$Fa_5 = 1.700 \times [(1 - 0{,}40)(1 + 0{,}12)]^5$$

Apague os registros antes de começar.

Início...		...continua	
f	REG CLx	1	ENTER
1	ENTER	0,12	+
0,40	−		×
	ENTER	5	y^x
		1.700	×

Visor: 232,97

O valor da fatura previsto para o quinto mês será de 232,97. Esse tipo de cálculo é útil, por exemplo, quando o devedor planeja utilizar seus recebimentos de férias ou de décimo terceiro para quitar sua dívida com a administradora do cartão. Assim, ele saberá quanto deve reservar para tal pagamento.

10 Fórmula desenvolvida pelo autor. O estudo completo sobre cartões de crédito pode ser solicitado pelo seguinte e-mail: cmgconsult@uol.com.br.

Exercícios de fixação

6.70 Calcule o valor da fatura de um cartão de crédito após 8 meses de pagamentos constantes de 35% do valor de cada fatura, sabendo que o valor original era de $ 700,00 e que a taxa de juros cobrada pelo cartão é de 11% ao mês. **R: $ 51,40**

6.71 Considere os mesmos dados do exercício anterior, alterando o valor de pagamento para 20% ao mês. **R: $ 270,65**

6.12.2 Como calcular em quanto tempo *n* determinado valor de fatura F_a é alcançado em função de um pagamento mensal % (percentual) *p* constante e uma taxa de juros *i* incidente sobre cada saldo devedor remanescente

Exemplo 6T

O valor atual da fatura de seu cartão de crédito é de $ 1.700,00. Você planeja pagar 40% dessa fatura e de cada uma que se seguirá. Se a taxa de juros é de 12% ao mês sobre o saldo remanescente, em quanto tempo o valor de sua fatura será de $ 232,96?

a) Coleta de dados		b) Terminologia
Valor atual da fatura:	$ 1.700,00	Fa_0 = $ 1.700,00
Valor (pretendido) fatura:	$ 232,96	Fa_n = 232,96
Taxa de juros:	12% a.m.	*I* = 12%
		i = 0,12
Percentual pgto. por fatura:	40%	*P* = 40%
		p = 0,40
Tempo em meses:	?	*n* = ?

c) Diagrama

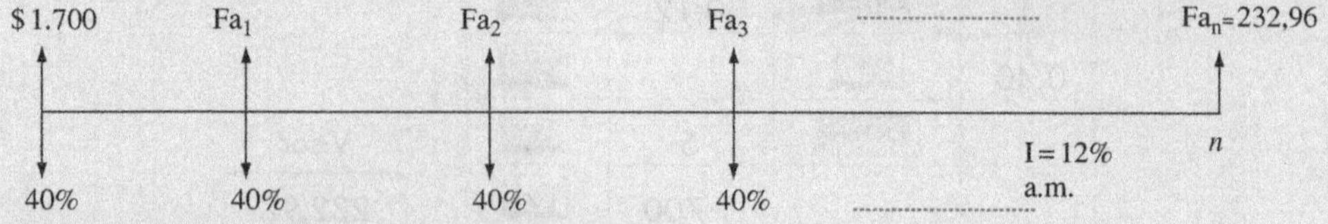

d) Cálculo

O ponto de partida para a resolução é a Fórmula 6.10. Porém, o recurso matemático do logaritmo[11] deve ser usado para que o *n* seja isolado. A dedução da fórmula para o cálculo do *n* é mostrada a seguir.

[11] Informações adicionais sobre logaritmo podem ser encontradas no Capítulo 1, item 1.9.

$$Fa_n = Fa_0 \times [(1 - p)(1 + i)]^n \Rightarrow \frac{Fa_n}{Fa_0} = [(1 - p)(1 + i)]^n$$

$$\Rightarrow \ln\frac{Fa_n}{Fa_0} = \ln[(1 - p)(1 + i)]^n \Rightarrow \ln\frac{Fa_n}{Fa_0} = n \times \ln[(1 - p)(1 + i)]$$

$$\Rightarrow \frac{\ln\frac{Fa_n}{Fa_0}}{\ln[(1 - p)(1 + i)]} = n \Rightarrow \boxed{n = \frac{\ln\frac{Fa_n}{Fa_0}}{\ln(1 - p)(1 + i)}} \quad \text{Fórmula 6.11}$$

▸ **Explicação:** n é o número de meses; Fa_n é o valor pretendido da fatura do cartão; Fa_0 é o valor atual da fatura; i é a taxa de juros cobrada pela administradora; e p é o percentual pago mensalmente de cada fatura.

Quando a Fórmula 6.11 deve ser utilizada? Toda vez que se deseja calcular em quanto tempo n o valor atual de uma fatura de cartão de crédito Fa_0 atingirá um valor Fa_n em função de um valor percentual p pago todo mês e da taxa de juros i cobrada em caso de inadimplência.

HP 12c (Resolução pela fórmula)

Fórmula a resolver:

$$n = \frac{\ln\frac{Fa_n}{Fa_0}}{\ln\,(1 - p)(1 + i)}$$

$$\Rightarrow n = \frac{\ln\frac{232{,}96}{1.700}}{\ln(1 - 0{,}40)(1 + 0{,}12)}$$

Apague os registros antes de começar.

Início...		...continua	
f	REG CLx	0,4	−
232,96	ENTER	1	ENTER
1.700	÷	0,12	+
g	%T LN		X
	ENTER	g	%T LN
1	ENTER		+

Visor: 5,00

Em 5 meses, o valor da fatura será de 232,96.

Exercícios de fixação

6.72 Você deve hoje $ 1.750,00 ao seu cartão de crédito. Se você deseja pagar 40% da fatura todo mês e a operadora do cartão lhe cobra juros de 12,5% ao mês sobre o saldo remanescente, calcule daqui a quanto tempo você estará devendo 5% de sua fatura original. **R: 7,62 meses**

6.73 Considere os mesmos dados do problema anterior e suponha que agora você deseja saber em quanto tempo estará devendo 10% da fatura original. **R: 5,86 meses**

6.74 O valor original da fatura de seu cartão é de $ 800,00. Se você pagar 50% da fatura todo mês, em quanto tempo estará devendo $ 50,00? Considere a taxa de reajuste do cartão de 9,5% ao mês. **R: 4,60 meses**

6.12.3 Como calcular o pagamento % (percentual) *p* constante para que determinado valor de fatura Fa_n seja atingido em função do tempo *n* e uma taxa de juros *i* incidente sobre cada saldo devedor remanescente

Exemplo 6U

O valor atual da fatura de seu cartão de crédito é de $ 1.700,00. Se a taxa de juros é de 12% ao mês sobre cada saldo remanescente e você planeja estar devendo $ 232,96 daqui a 5 meses, qual percentual de cada fatura deverá ser pago mensalmente?

a) Coleta de dados		b) Terminologia
Valor atual da fatura:	$ 1.700,00	$Fa_0 = \$ 1.700,00$
Número de pagamentos:	5	$n = 5$
Valor da fatura no mês 5:	232,96	$Fa_5 = 232,96$
Taxa de juros:	12% a.m.	$I = 12\%$
		$i = 0,12$
Percentual pgto. por fatura:	?	$P = ?$

c) Diagrama

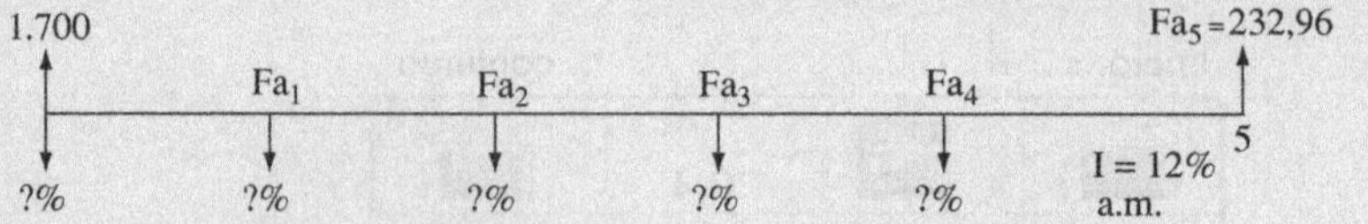

d) Cálculo

De maneira similar ao item anterior, o *p* deve ser isolado na Fórmula 6.10. Para tal feito, o recurso matemático da radiciação[12] deve ser trabalhado.

$$Fa_n = Fa_0 \times [(1-p)(1+i)]^n \Rightarrow \frac{Fa_n}{Fa_0} = [(1-p)(1+i)]^n \Rightarrow$$

$$\sqrt[n]{\frac{Fa_n}{Fa_0}} = \sqrt[n]{[(1-p)(1+i)]^n} \Rightarrow \left(\frac{Fa_n}{Fa_o}\right)^{\frac{1}{n}} = [(1-p)(1+i)]^{\frac{n}{n}} \Rightarrow$$

[12] Informações adicionais sobre radiciação podem ser encontradas no Capítulo 1, item 1.8.

$$\left(\frac{Fa_n}{Fa_0}\right)^{\frac{1}{n}} = (1-p)(1+i) \Rightarrow \frac{\left(\frac{Fa_n}{Fa_0}\right)^{\frac{1}{n}}}{(1+i)} = (1-p) \Rightarrow -1 + \frac{\left(\frac{Fa_n}{Fa_0}\right)^{\frac{1}{n}}}{(1+i)} = -p \Rightarrow$$

$$(-1)(-1) + \frac{\left(\frac{Fa_n}{Fa_0}\right)^{\frac{1}{n}}}{(1+i)} = -p \times (-1) \Rightarrow 1 - \frac{\left(\frac{Fa_n}{Fa_0}\right)^{\frac{1}{n}}}{(1+i)} = p \Rightarrow$$

$$\boxed{p = 1 - \left[\frac{\left(\frac{Fa_n}{Fa_0}\right)^{\frac{1}{n}}}{(1+i)}\right]} \qquad \text{Fórmula 6.12}$$

▸ **Explicação**: p é o percentual pago mensalmente de cada fatura; n é o número de meses; Fa_n é o valor pretendido da fatura do cartão; Fa_0 é o valor atual da fatura; i é a taxa de juros cobrada pela administradora.

Quando a Fórmula 6.12 deve ser utilizada? Toda vez que se deseja calcular qual o valor percentual p que deverá ser pago mensalmente para que o valor atual de uma fatura de cartão de crédito Fa_0 atinja um valor Fa_n da taxa de juros i cobrada em caso de inadimplência e do tempo n.

HP 12c (Resolução pela fórmula)

Fórmula a resolver:

$$p = 1 - \left[\frac{\left(\frac{Fa_n}{Fa_0}\right)^{\frac{1}{n}}}{(1+i)}\right] \Rightarrow p = 1 - \left[\frac{\left(\frac{232{,}96}{1700}\right)^{\frac{1}{5}}}{(1+0{,}12)}\right]$$

Apague os registros antes de começar.

início...		...continua	
f	REG CLx		ENTER
1	ENTER	1	ENTER
232,96	ENTER	0,12	+
1.700	÷		÷
	ENTER		÷
5	1/X		
	Y^X		

Visor: 0,40

O valor mensal que deverá ser pago é de 40% para que no quinto mês a fatura seja de 232,96.

Exercício de fixação

6.75 Sua dívida hoje com a administradora de cartões de crédito é de \$ 4.000,00. Você vai destinar uma parte de seu 13º salário para liquidar o saldo devedor. A taxa de juros mensal sobre o saldo remanescente é de 14% e você precisa descobrir qual percentual de cada fatura deve pagar todo mês para que em dezembro seu saldo devedor seja de \$ 1.500,00 e assim possa quitá-lo e ter uma boa passagem de ano. Considere a data atual como de início.

A Fórmula 6.11 serviu de base para situações em que um percentual *p* de cada fatura era pago mensalmente. Porém, o devedor pode optar por um pagamento fixo mensal monetário *PMT* de cada fatura, em vez do pagamento percentual *p*. O mais comum é que esse caso ocorra.

6.12.4 Valor que uma fatura Fa_n atingirá em função do tempo *n* e de uma taxa de juros *i* incidente sobre cada saldo devedor remanescente, sabendo que um pagamento \$ (monetário) *PMT* mensal e constante é realizado

Não faz muito sentido o devedor pagar um percentual fixo mensal da fatura de seu cartão de crédito. Isso porque a cada mês ele estaria pagando um valor menor que o anterior.

O que é mais útil é o devedor determinar uma quantia fixa a pagar todo mês, seja qual for o saldo devedor. A princípio, o devedor determina essa quantia e projeta o valor Futuro de sua fatura em um instante qualquer.

Exemplo 6V

O valor atual da fatura de seu cartão de crédito é de \$ 1.700,00. Se a taxa de juros é de 12% ao mês sobre cada saldo remanescente e você planeja pagar \$ 200,00 mensalmente, qual será o valor de sua fatura para daqui a 5 meses?

a) Coleta de dados		b) Terminologia
Valor atual da fatura:	\$ 1.700,00	Fa_0 = \$ 1.700,00
Pagamento mensal fixo:	\$ 200,00	*PMT* = 200,00
Número de pagamentos:	5	*n* = 5
Taxa de juros:	12% a.m.	*I* = 12%
		i = 0,12
Valor da fatura no mês 5:	?	Fa_5 = ?

c) Diagrama

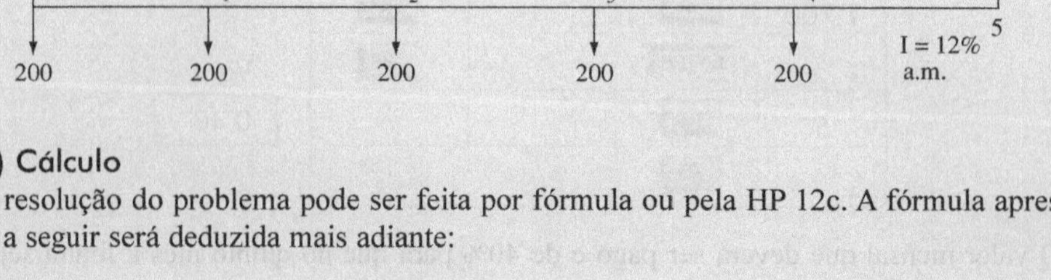

d) Cálculo

A resolução do problema pode ser feita por fórmula ou pela HP 12c. A fórmula apresentada a seguir será deduzida mais adiante:

$$Fa_n = Fa_0(1+i)^n - \left\{\frac{PMT}{i} \times [(1+i)^{n+1} - (1+i)]\right\} \quad \text{Fórmula 6.13}$$

$$\text{Condições: } i \times Fa_0 < PMT < Fa_0$$

▸ **Explicação:** Fa_n é o valor da fatura no instante n; Fa_0 é o valor da fatura a ser pago hoje, na data zero; *PMT* é a parcela fixa paga mensalmente de cada fatura; i é a taxa de juros mensal cobrada pela administradora; e n é o tempo em meses.

Quando a Fórmula 6.13 deve ser utilizada? Toda vez que se deseja calcular o valor Futuro de uma fatura de cartão de crédito Fa_n a partir do valor de uma fatura atual Fa_0, do valor pago todo mês *PMT*, da taxa de juros i cobrada e do tempo n.

HP 12c (Resolução pela fórmula)

Fórmula a resolver:

$$Fa_n = Fa_0(1+i)^n - \left\{\frac{PMT}{i} \times [(1+i)^{n+1} - (1+i)]\right\} \Rightarrow$$

$$Fa_5 = 1.700\,(1+0{,}12)^5 - \left\{\frac{200}{0{,}12} \times [(1+0{,}12)^{5+1} - (1+0{,}12)]\right\}$$

Apague os registros antes de começar.

Início		...continua	
f	REG CLx	0,12	÷
1.700	ENTER		ENTER
1,12	ENTER	1,12	ENTER
5	y^x	6	y^x
	×	1,12	−
	ENTER		×
200	ENTER		−

Visor: 1.572,94

O valor previsto para a fatura de seu cartão com vencimento no mês 5 é de $ 1.572,94. Note que pouco diminuiu em relação ao valor original de $ 1.700,00. Isso porque o valor pago se aproxima muito da taxa de juros cobrada. Aumente o valor dos pagamentos mensais para o máximo que conseguir.

HP 12c (Funções financeiras básicas)

Esse problema é um exemplo claro de utilização das cinco funções financeiras básicas. Até o presente momento, sempre um dos itens do grupo 1 [PV], [PMT] e [FV] foi zerado durante o cálculo. Agora, os três elementos desse grupo estão presentes e mensurados, e nenhum deles é zero, conforme demonstrado a seguir:

- O valor atual da fatura está associado a [PV].
- O pagamento mensal está associado a [PMT].
- O valor da taxa de juros está associado a [i].
- O tempo expresso em meses está associado a [n].
- O que se deseja é o valor Futuro da fatura que será calculado pela função [FV].

Como o primeiro pagamento será realizado na data zero, a função BEGIN deverá ser utilizada.

Cálculo pela HP 12c:

[f]	[REG CLx]
[g]	[7 BEG]
1.700	[PV]
200	[PMT]
12	[i]
5	[n]
[FV]	

Visor

1.572,94

Aqui não será apresentado tal procedimento, mas ele pode ser realizado no Excel, e você já possui conhecimento para realizá-lo.

Observação: A fórmula 6.13 pode ser facilmente deduzida se o valor atual da fatura do cartão Fa_0 for levado até um instante n qualquer no futuro e dele for subtraído o valor Futuro (Fórmula 6.8) de uma sequência uniforme de pagamentos antecipados.

$F'_n = Fa_0(1 + i)^n$ valor da fatura no instante n se não ocorrer nenhum pagamento até lá.

$$F''_n = PMT \times \left\{\left[\frac{(1+i)^{n+1} - 1 - i}{i}\right]\right\}$$ que equivale a

$$F''_n = \frac{PMT}{i} \times [(1+i)^{n+1} - (1+i)]$$

Logo: $Fa_n = F' - F'' \Rightarrow Fa_n = Fa_0(1+i)^n - \dfrac{PMT}{i} \times [(1+i)^{n+1} - (1+i)]$

Exercício de fixação

6.76 Hoje o valor da fatura de seu cartão de crédito é de $ 2.789,00. Se forem realizados pagamentos mensais fixos de $ 500,00 e nada mais for gasto no cartão, qual será o valor da fatura daqui a 6 meses? (Taxa de juros sobre o saldo: 12% ao mês.)

Como este livro parte de conceitos matemáticos básicos para todas as deduções de fórmulas, estas não serão realizadas numericamente. A dedução algébrica da Fórmula 6.13 é um pouco mais trabalhosa do que as estudadas anteriormente e, desse modo, destina-se aos leitores *mais* interessados no assunto. Aos demais, este capítulo se encerra aqui, e os exercícios propostos podem ser resolvidos.

Ampliação do estudo de operações com cartões de crédito.

(Casos em que *PMT* é constante).

▸ **E1:** Dedução algébrica da fórmula para cálculo do valor da fatura em um instante *n* qualquer Fa_n, dadas as taxas de correção do saldo remanescente *i*. Valor da parcela de pagamento fixo e mensal *PMT* e valor inicial da fatura Fa_0.

O método matemático que fundamenta a dedução da fórmula 6.13 é chamado de equações por diferenças.

$$\left.\begin{aligned} Fa_n &= (Fa_{n-1} - PMT)(1+i) \\ Fa_{n-1} &= (Fa_{n-2} - PMT)(1+i) \end{aligned}\right\} \begin{matrix} \text{I} \\ \text{II} \end{matrix}$$

Substituir II em I.

$$Fa_n = \{[(Fa_{n-2} - PMT)(1+i)] - PMT\}(1+i)$$

$$Fa_n = \{[(Fa_{n-2} - PMT)(1+i)^2] - PMT(1+i)\} \quad \text{III}$$

$$Fa_{n-2} = (Fa_{n-3} - PMT)(1+i) \quad \text{IV}$$

Substituir IV em III.

$$Fa_n = \{[(Fa_{n-3} - PMT)(1+i)] - PMT\}(1+i)^2 - PMT(1+i)$$

$$Fa_n = [(Fa_{n-3} - PMT)(1+i)^3] - PMT(1+i)^2 - PMT(1+i)$$

$$Fa_n = [(Fa_{n-3})(1+i)^3] - PMT(1+i)^3 - PMT(1+i)^2 - PMT(1+i)$$

$$Fa_n = [(Fa_{n-3})(1+i)^3] - PMT[\underbrace{(1+i)^3 + (1+i)^2 + (1+i)}_{\text{PG finita, com } q > 1}]$$

Para *k* termos:

$$Fa_n = [(Fa_{n-k})(1+i)^k] - PMT[(1+i) + (1+i)^2 + (1+i)^3 \ldots (1+i)^{k-1}]$$

$$Fa_n = [(Fa_{n-k})(1+i)^k] - PMT\left\{\frac{(1+i)[(1+i)^n - 1]}{(\cancel{1}+i) - \cancel{1}}\right\}$$

$$Fa_n = [(Fa_{n-k})(1+i)^k] - \frac{PMT}{i}\{(1+i)[(1+i)^n - 1]\}$$

$$Fa_n = [(Fa_{n-k})(1+i)^k] - \frac{PMT}{i}[(1+i)^{n+1} - (1+i)] \text{ Como } n = k \text{, então:}$$

$$\boxed{Fa_n = [Fa_0(1+i)^n] - \left\{\frac{PMT}{i}[(1+i)^{n+1} - (1+i)]\right\}} \quad \text{Fórmula 6.13}$$

Essa fórmula é geral para os cálculos em diversas situações com cartão de crédito que envolvam pagamento mensal fixo, uma vez que qualquer um de seus termos pode ser uma incógnita. Em seguida, os termos serão isolados, e suas respectivas fórmulas, apresentadas.

▸ **E2:** Dedução algébrica da fórmula para cálculo do valor da parcela de pagamento fixo e mensal *PMT*, dada a taxa de correção saldo remanescente *i*, o valor pretendido de uma fatura em um instante *n* qualquer.

$$Fa_n = [Fa_0(1+i)^n] - \left\{\frac{PMT}{i}[(1+i)^{n+1} - (1+i)]\right\}$$

$$Fa_n - [Fa_0(1+i)^n] = -\left\{\frac{PMT}{i}[(1+i)^{n+1} - (1+i)]\right\} \text{ Multiplicar ambos por } (-1)$$

$$[Fa_0(1+i)^n - Fa_n] = \frac{PMT}{i}[(1+i)^{n+1} - (1+i)]$$

$$\frac{i[Fa_0(1+i)^n - Fa_n]}{(1+i)^{n+1} - (1+i)} = PMT \Rightarrow \boxed{PMT = \frac{i[Fa_0(1+i)^n - Fa_n]}{(1+i)^{n+1} - (1+i)}} \quad \text{Fórmula 6.14}$$

▸ **Explicação:** *PMT* representa o pagamento mensal uniforme realizado em função de um valor atual da fatura do cartão de crédito Fa_0, de um valor Futuro almejado Fa_n, de uma taxa de juros *i* (expressa em sua forma centesimal) e da quantidade de pagamentos programados *n*.

Quando a Fórmula 6.14 deve ser utilizada? Toda vez que se deseja calcular o valor dos pagamentos uniformes *PMT* a partir do valor atual da fatura do cartão de crédito Fa_0, para que se alcance um determinado valor Futuro Fa_n em função de uma taxa de juros *i* e da quantidade de pagamentos *n*.

Exercícios de fixação

1. Quanto você deverá pagar mensalmente da fatura de seu cartão de crédito para que daqui a 11 meses o valor dela seja de $ 100,00? Considere um valor atual de sua fatura de $ 3.000,00 e uma taxa de juros sobre cada saldo remanescente de 13,5% ao mês. **R: $ 470,76**
2. Considere os mesmos dados do exemplo anterior, mude o período para 8 meses e o valor pretendido da fatura de $ 900,00. **R: $ 499,23**

7 Taxas a juros compostos

APRESENTAÇÃO

Por que estudar?

Dentre as inúmeras variáveis que fazem parte da economia de um país, uma das mais importantes é a taxa de juros. A partir da taxa básica da economia, monitorada e controlada pelo Banco Central (Bacen), o custo do dinheiro é estabelecido.

Atualmente, no Brasil, não é incoerente afirmar que a maioria das oportunidades para o consumidor de compra no varejo tem algum tipo de juros embutido e não divulgado, principalmente se a forma de pagamento oferecida pela empresa for parcelada e sem juros.

Ao identificar os juros praticados pelo mercado, você, consumidor, internaliza a importância de comprar à vista. Agindo desse modo, a situação se inverte, e você acaba aplicando seu dinheiro na própria compra.

Aos poupadores, saber identificar o rendimento de suas aplicações e com ele realizar planos futuros é um excelente negócio. Aos tomadores, escolher a fonte de empréstimo mais barata é imprescindível a quem deseja recuperar a saúde financeira.

Portanto, quanto mais juros se paga, menos o consumidor tem disponível para poupar e, sem querer, ele contribui para o aumento da transferência de renda dentro do país.

Objetivos do capítulo

No contexto deste livro, a taxa de juros tem balizado as operações nos capítulos anteriores e essa característica se manterá até o fim do livro.

O Capítulo 5 mostrou a relação entre valor Presente e valor Futuro. O Capítulo 6 partiu de tais relações para apresentar as sequências de pagamentos uniformes e suas derivadas. Agora, todas essas relações continuam válidas, e a taxa de juros é o objeto central do estudo; é a incógnita, nas mais diversas circunstâncias.

Habilidades a serem desenvolvidas

O adequado estudo deste capítulo o habilita a:

- Identificar a taxa de juros de uma sequência de pagamentos uniformes, seja postecipada ou não.

- Realizar a equivalência entre taxas a juros compostos.
- Calcular a taxa de juros efetiva de um financiamento em que estejam envolvidos TAC e IOF.
- Calcular a taxa de juros de um financiamento/aplicação em que os valores são desiguais usando as funções de fluxo de Caixa da HP12c e do Excel.

Fundamentos

Para uma melhor compreensão do assunto amortização de empréstimos, alguns tópicos estudados em capítulos anteriores serão relembrados. São eles: valor Presente e valor Futuro e sequência uniforme de capitais.

1. Valor Presente e valor Futuro[1]

$$F_n = P(1 + i)^n$$

Fórmula 5.1

- **Explicação:** F_n representa o valor Futuro ou final de uma operação cujo valor Presente *P* foi acrescido da taxa *i* (expressa em sua forma decimal) *n* vezes de forma composta (juros sobre juros).

$$P = \frac{F_n}{(1 + i)^n}$$

Fórmula 5.2

- **Explicação:** *P* representa o valor Presente da operação. O valor Futuro F_n, que é dado, deve ser descontado à taxa *i* (expressa em sua forma decimal) *n* vezes de forma composta (juros sobre juros).

2. Sequência uniforme de pagamentos postecipados

$$P = PMT \times \left[\frac{(1 + i)^n - 1}{i \times (1 + i)^n}\right]$$

Fórmula 6.1

- **Explicação:** *P* representa o valor Presente de uma sequência de pagamentos uniformes postecipados *PMT*, construído em função de uma taxa *i* (expressa em sua forma decimal) e do tempo *n* vezes de forma composta (juros sobre juros).

$$PMT = P \times \left[\frac{i \times (1 + i)^n}{(1 + 1)^n - 1}\right]$$

Fórmula 6.2

- **Explicação:** *PMT* representa o valor da parcela em uma sequência de pagamentos uniformes postecipados, construída em função de um valor Presente *P*, de uma taxa *i* (expressa em sua forma decimal) e da quantidade de parcelas *n*.

---

[1] Para informações complementares, consulte o Capítulo 5, itens 5.1 e 5.2.

3. Sequência uniforme de pagamentos antecipados

$$P = PMT \times \left[\frac{(1+i)^{n+1} - 1 - i}{i \times (1+i)^n}\right]$$ Fórmula 6.6

▸ **Explicação:** *P* representa o valor Presente de uma sequência de pagamentos uniformes antecipados *PMT*, construído em função de uma taxa *i* (expressa em sua forma decimal) e do tempo *n* vezes de forma composta (juros sobre juros).

$$PMT = \left[\frac{P \times i \times (1+i)^n}{(1+i)^{n+1} - 1 - i}\right]$$ Fórmula 6.7

▸ **Explicação:** *PMT* representa o valor da parcela em uma sequência de pagamentos uniformes antecipada, construída em função de um valor Presente *P*, de uma taxa *i* (expressa em sua forma centesimal) e da quantidade de parcelas *n*.

Principais tópicos

7.1 **Taxa de juros em uma sequência uniforme de pagamentos.** Demonstra como calcular a taxa de juros de uma sequência de pagamentos.

7.2 **Taxas equivalentes a juros compostos.** Mostra como as taxas se equivalem. Por exemplo: em função de uma taxa mensal pode ser determinada sua taxa equivalente anual, e vice-versa.

7.3 **Capitalização.** Tópico conceitual fundamentado em algumas demonstrações.

7.4 **Taxas nominais e efetivas.** Tópico fundamentado em algumas discussões teóricas, uma vez que sua aplicação já tem sido feita.

7.5 **Taxa Interna de Retorno (TIR).** O cálculo da taxa em um fluxo de caixa não uniforme é realizado nesse item.

7.1 Taxa de juros em uma sequência uniforme de pagamentos

O capítulo anterior apresentou, entre outros assuntos, a sequência uniforme de pagamentos, que pode ser postecipada ou antecipada. Esse tópico se mostrou muito útil no dia a dia, pois nele se baseia a maioria dos financiamentos ocorridos no mercado para a pessoa física.

Ao financiar um bem, o consumidor precisa estar atento à taxa de juros praticada pela financeira. Nem sempre a taxa é divulgada, pois, em muitos casos, vende-se supostamente sem juros. A questão é simples: se ao consumidor é oferecido um pequeno desconto à vista, então existem juros.

Muitas pessoas acabam realizando maus negócios e pagando juros altos em financiamentos, enquanto seu dinheiro está aplicado a uma taxa bem mais baixa. Veja o seguinte exemplo.

7.1.1 Taxa de juros em uma sequência uniforme antecipada

Exemplo 7A

Uma loja vende um par de tênis de $ 90,00 em 3 pagamentos, uma entrada mais dois de $ 30,00, sem juros! Mas você sabe que pode haver juros embutidos nessa condição e por esse motivo pede um desconto à vista. A loja lhe oferece 5% de desconto, ou seja, o tênis custará $ 85,50 para o pagamento imediato. Calcule a taxa de juros cobrada pela loja.

Conforme já foi dito, se à vista o tênis realmente custa $ 85,50, e a prazo são 3 parcelas de $ 30,00, existem juros.

a) Coleta de dados		b) Terminologia
Tênis (à vista):	$ 85,50	P = 85,50
Parcelas:	3 (1 + 2)	n = 3
Tipo:	antecipada	
Valor das prestações:	$ 30,00	PMT = 30,00
Taxa de juros:	?	I = ?

Nesse exemplo, o valor da taxa de juros é a incógnita e é representado por *I* (do inglês *interest*).

c) Diagrama

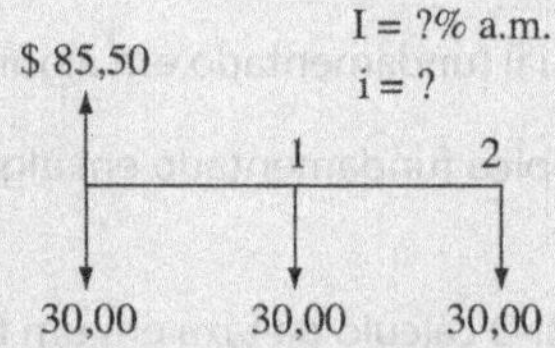

O valor de $ 85,50 será financiado. Portanto, ele deve ser uma entrada de caixa no instante zero (positivo). De maneira análoga, os pagamentos de $ 30,00 devem ser saídas de caixa (negativo), pois você vai pagar.

d) Cálculo

Como a montagem do problema já está pronta, o cálculo será feito pela HP 12c e depois pelo Excel. Por se tratar de cálculo de taxa de juros, a resolução via fórmula é mais complexa (está demonstrada no Apêndice C[2]).

HP 12c (Funções financeiras básicas)

Para calcular o valor da taxa cobrada no financiamento de caráter antecipado, como no exemplo, a função especial BEGIN deve ser acionada pelas teclas g 7 BEG. O visor da HP 12c deve mostrar a palavra acesa.

[2] Consulte o "Apêndice C".

Apague os registros antes de começar.

		f	REG CLx
		g	7 BEG
Inserção de dados	85,50		PV
	0		FV
	3		n
	30	CHS	PMT
Cálculo da taxa	i		

Visor: 5,3588

A taxa de juros que a loja está cobrando de você é de 5,35% ao mês. Isso quer dizer que, se você tiver seu dinheiro aplicado a uma taxa menor que essa, deverá sacá-lo e comprar à vista. Cuidado com a data de vencimento de suas aplicações. Talvez seja interessante esperar um pouco para comprar o tênis.

Por esse motivo, o comércio em geral poderia dar descontos para pagamentos à vista, e não o faz. O empresário já aplica seu capital na própria venda. Pode acontecer também de o empresário trocar os cheques recebidos em uma *factoring*.[3] Mesmo assim, quem pagou os juros foi você.

Excel (Funções financeiras básicas)

Figura 7.1 Resolução do Exemplo 7A no Excel

B6   fx =TAXA(B3;B4;B2;B5;1)

	A	B	C
1	Coleta de dados		b) Terminologia
2	Valor do empréstimo	R$ 85,50	VP
3	Parcelas	3	n
4	Pagamentos	-R$ 30,00	PGTO
5	Valor Futuro	R$ 0,00	VF
6	Taxa	5,36%	i

Procedimentos

1. Digite os itens da coleta de dados na coluna A.
2. Digite os respectivos valores na coluna B. Como na HP 12c, o VF não será utilizado e deve ser *zero*.
3. Na coluna C, digite a terminologia da coleta de dados, que deve ser a mesma relacionada à função "TAXA" do Excel.
4. Clique na célula B6 (configure-a para %)[4] e selecione a função indicada. Veja a Figura 7.2.

[3] Nome que se dá a empresas de fomento financeiro.
[4] Na aba início, clique em "Formatar", "Formatar células".

Figura 7.2 Acionando a função desejada no Excel

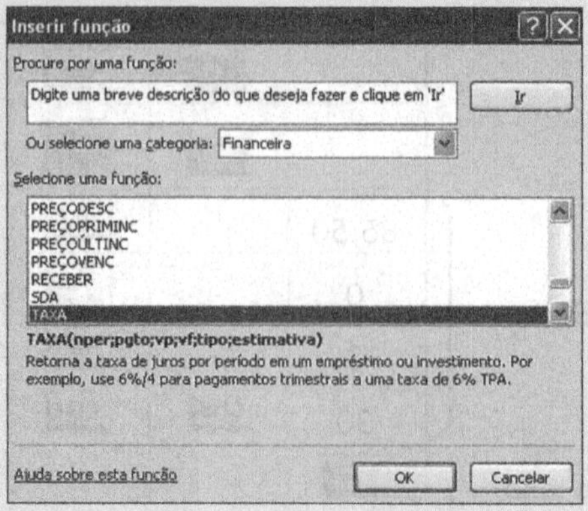

Comentário sobre a figura: Dentro do menu "Categoria da função" do Excel, clique em "Financeira" e em seguida acione a função "TAXA". Nesse caso, ao abrir "Argumentos da função", preste atenção a um item chamado TIPO, no qual deve ser digitado o número 1, por se tratar de uma série de pagamentos antecipados. Veja a Figura 7.3.

Figura 7.3 Preenchendo os "Argumentos da função" desejada no Excel

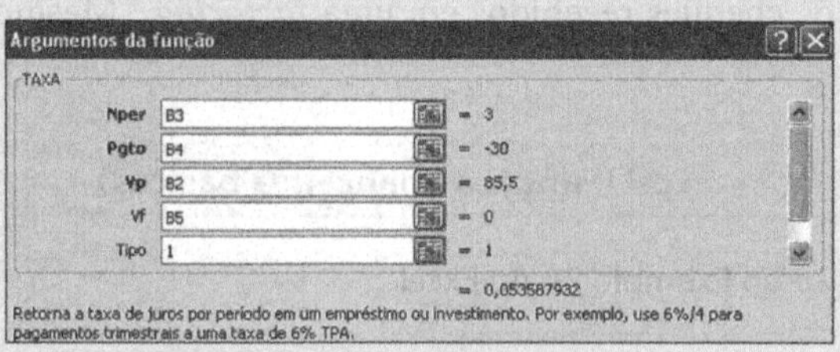

Fórmulas utilizadas:

Fórmula (nº)	Célula (local)	Descrição
1	B6	=TAXA(B3;B4;B2;B5;1)

Deve-se utilizar a função "TAXA" sempre que se deseja calcular a taxa de um financiamento com parcelas fixas postecipadas ou antecipadas.

Sintaxe da fórmula: TAXA(nper;pgto;vp;vf;tipo)

Nper: é o número total de pagamentos do empréstimo.

Pgto: é o pagamento feito em cada período e não pode mudar durante a vigência da anuidade. Geralmente, Pgto inclui o principal e os juros e nenhuma outra taxa ou tributo. Se Pgto for omitido, você deverá incluir o argumento Vf.

Vp: é o valor Presente, o valor total presente de uma série de pagamentos futuros.

Vf: é o valor Futuro, ou o saldo de caixa que você deseja obter depois do último pagamento. Se Vf for omitido, será considerado 0 (o valor Futuro de determinado empréstimo, por exemplo, 0).

Tipo: é o número 0 ou 1 e indica se o primeiro pagamento é no ato (1) ou se há um período de carência (0). No caso do exemplo, o primeiro pagamento foi após um período, por isso o (0) foi utilizado.

Exercício resolvido

7.1 Um barco usado lhe é vendido por uma entrada de $ 398,00 mais 36 parcelas de $ 398,00 fixas, ou à vista, por $ 9.500,00. Descubra a taxa usada para esse financiamento. **R: 2,69% a.m.**

Terminologia

Valor	*Termo*
9.500	PV
?	I
37	N
398	PMT

Diagrama

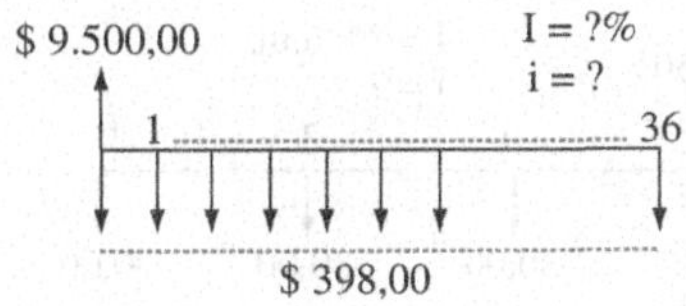

Cálculo HP 12c

	f	CLx (REG)
	g	7 (BEG)
9.500		PV
0		FV
398	CHS	PMT
37		n
i		

Exercícios de fixação

7.2 Um carro popular usado custa $ 20.600,00. Ele é anunciado em uma loja especializada, em 24 parcelas de $ 1.123,71. Calcule a taxa desse financiamento, considerando a primeira prestação paga no ato da compra. **R: 2,49% ao mês**

7.3 Uma casa de campo é vendida por $ 550.000,00 à vista. O cliente também pode pagar em (1 + 6) parcelas trimestrais de $ 98.000,00. Que taxa trimestral está sendo considerada? **R: 8,08%**

7.4 Um anúncio chama sua atenção: "Compre uma máquina de lavar roupa por (1 + 9) parcelas de $ 145,00, SEM JUROS". Mas você observa que um desconto de 10% pode ser concedido para pagamento à vista em dinheiro. Determine a taxa de juros mensal praticada pela loja na venda desse produto. **R: 2,42%**

7.5 Considere os mesmos dados do exercício anterior e parta do princípio de que você pode pagar à vista. Você ainda está pesquisando onde comprar a máquina e a encontra nas lojas Taco por $ 1.150,00 à vista. Obviamente, a máquina deve ser comprada nessa segunda loja. Portanto, determine a quanto você conseguiu aplicar seu dinheiro, em comparação com o pagamento a prazo. **R: 5,57% ao mês**

7.6 Júnior comprou um *notebook* por $ 3.900,00 à vista. A loja lhe havia oferecido a oportunidade de pagá-lo em (1 + 11) parcelas de $ 414,00. Ele sabiamente não aceitou tal proposta e comprou o aparelho à vista. Calcule a quanto ele aplicou seu dinheiro. **R: 4,74%**

7.1.2 Taxa de juros em uma sequência uniforme postecipada

Exemplo 7B

Considere os dados do exemplo anterior e calcule a taxa de juros cobrada pela loja, sabendo que o parcelamento é sem entrada.

a) Coleta de dados		b) Terminologia
Tênis (à vista):	$ 85,50	$P = 85,50$
Parcelas:	3 (0 + 3)	$n = 3$
Tipo:	postecipada	
Valor das prestações:	$ 30,00	$PMT = 30,00$
Taxa de juros:	?	$I = ?$

c) Diagrama

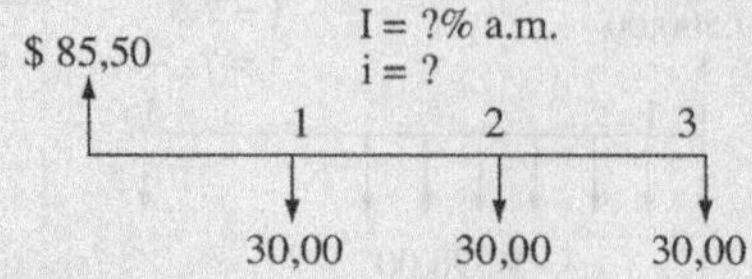

d) Cálculo

HP 12c (Funções financeiras básicas)

Antes de iniciar o cálculo, apague a função BEGIN, pois agora são 3 parcelas iguais, sem entrada. Isso deve ser feito acionando [g] [8 END].

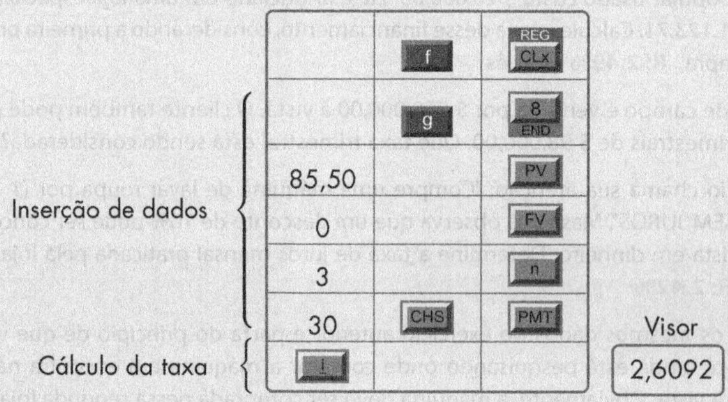

A taxa de juros que a loja está cobrando é de 2,61% ao mês. Isso quer dizer que, se você tiver seu dinheiro aplicado a uma taxa menor que essa, deverá sacá-lo e comprar à vista. Antes, verifique a data de vencimento de suas aplicações.

Excel (Funções financeiras básicas)

Figura 7.4 Resolução do Exemplo 7B no Excel

B6 =TAXA(B3;B4;B2;B5;0)

	A	B	C
1	Coleta de dados		b) Terminologia
2	Valor do empréstimo	R$ 85,50	VP
3	Parcelas	3	n
4	Pagamentos	-R$ 30,00	PGTO
5	Valor Futuro	R$ 0,00	VF
6	Taxa	2,61%	i

Procedimentos

1. Digite os itens da coleta de dados na coluna A.
2. Digite os respectivos valores na coluna B. Como na HP 12c, o VF não será utilizado e deve ser *zero*.
3. Na coluna C, digite a terminologia da coleta de dados, que deve ser a mesma relacionada à função "TAXA" do Excel.
4. Clique na célula B6 (configure-a para %) e selecione a função indicada. Veja a Figura 7.5.

Figura 7.5 Acionando a função desejada no Excel

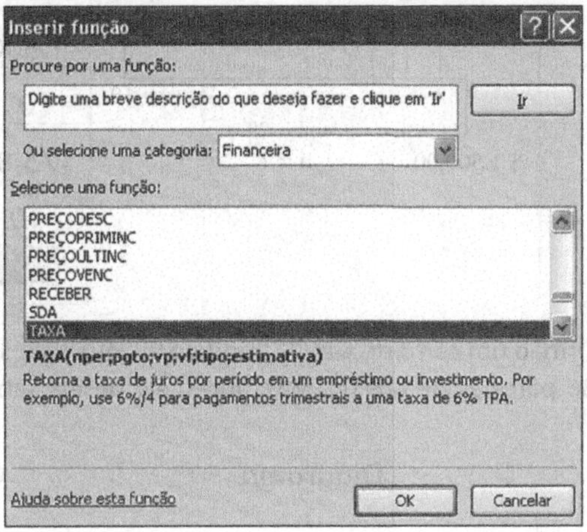

Comentário sobre a figura: Dentro do menu "Categoria da função" do Excel, clique em "Financeira" e em seguida acione a função "TAXA". Nesse caso, ao abrir a função, preste atenção a um item chamado TIPO, no qual deve ser digitado o número 0, por se tratar de uma série de pagamentos postecipados. Veja a Figura 7.6.

Figura 7.6 Preenchendo os "Argumentos da função" desejada no Excel

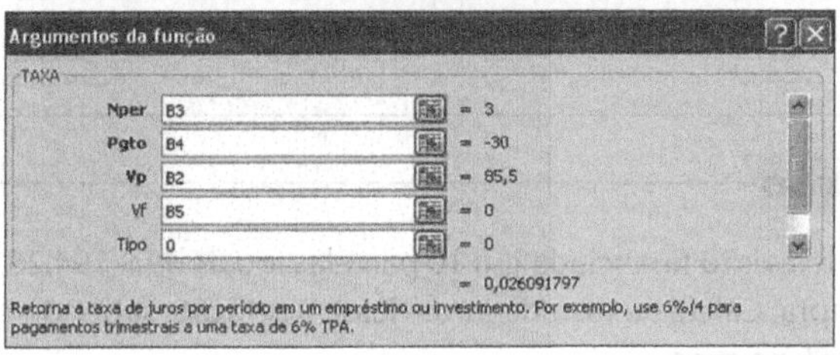

Fórmulas utilizadas:

Fórmula (nº)	Célula (local)	Descrição
1	B6	= TAXA(B3;B4;B2;B5;0)

Sintaxe da fórmula: TAXA(B3;B4;B2;B5;0): veja exemplo anterior.

Exercícios resolvidos

7.7 Você faz um empréstimo para um colega de trabalho no valor de $ 1.500,00 em 10 vezes de $ 175,85. Calcule a taxa cobrada. **R: 3% a.m.**

Terminologia

Valor	*Termo*
1.500	PV
?	I
10	N
175,85	PMT

Diagrama

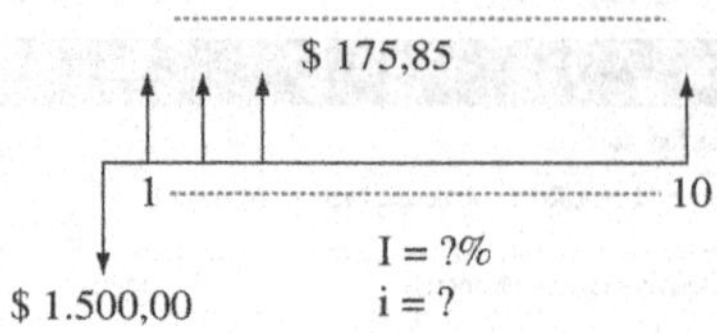

Cálculo HP 12c

	f	REG CLx
	g	8 END
1.500	CHS	PV
0		FV
175,85		PMT
10		n
i		

7.8 Você vende para seu irmão um carro de ano 97, modelo 98, que vale $ 14.900,00 por uma entrada de $ 4.500,00 mais 36 parcelas de 469,00. Mas, antes, ele deseja saber o valor da taxa cobrada. **R: 2,90% a.m.**

Terminologia

Valor	*Termo*
14.900–4.500	PV
?	I
36	N
469	PMT

Diagrama

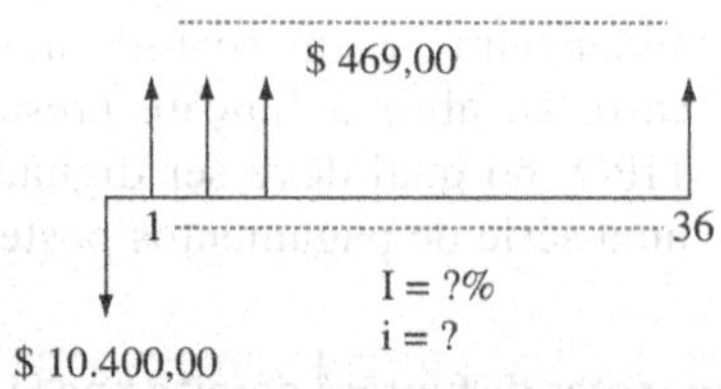

Cálculo HP 12c

	f	REG CLx
	g	8 END
10.400	CHS	PV
0		FV
469		PMT
36		n
i		

Exercícios de fixação

7.9 Você compra uma televisão financiada em 10 parcelas iguais de $ 194,25. A primeira parcela vence 30 dias após a compra. Calcule a taxa de juros dessa operação, sabendo que o valor à vista da TV é de $ 1.500,00. **R: 5% ao mês.**

7.10 Uma máquina de lavar roupa que custa $ 1.894,16 é vendida em 10 prestações mensais e iguais de $ 199,99, com o primeiro pagamento para 30 dias. Determine a taxa de juros, sabendo que a loja os cobra. **R: 1% a.m.**

7.11 Uma loja, em um shopping center, está liquidando seu estoque e, para isso, oferece jaquetas de couro por R$ 180,00 à vista ou em 6 pagamentos sem entrada de R$ 38,15. Qual a taxa cobrada pela loja? **R: 7,33% a.m.**

7.12 Você lê um anúncio que diz: "Compre um carro novo por 36 parcelas de \$ 193,39". Mas existe uma entrada de \$ 18.750,00. O carro à vista custa \$ 23.450,00. Calcule a taxa cobrada no financiamento. **R: 2,30% a.m.**

7.13 Você compra um aparelho de TV tela plana que é vendido por 4 prestações mensais de \$ 833,00. Se o valor à vista do aparelho é de \$ 3.099,00, qual a taxa de juros cobrada pela loja? **R: 2,96% a.m.**

7.14 O valor de um *minissystem* é de \$ 200,00 à vista. A prazo, esse aparelho pode ser adquirido em 10 prestações mensais fixas de \$ 23,50, sem entrada. Qual a taxa de juros? **R: 3,05%**

7.15 Você pode fazer um empréstimo no banco no valor de \$ 1.000,00 para ser pago em 10 vezes de \$ 122,50. Seu amigo lhe propõe o mesmo empréstimo para pagar em 12 parcelas de \$ 105,75. Qual das duas opções lhe oferece mais vantagens? **R: As duas taxas têm o mesmo valor de 3,87% a.m., portanto a melhor opção é o pagamento em mais vezes.**

7.16 Um carro de ano 2000, modelo 2001, é comercializado por \$ 18.900,00, ou por uma entrada de \$ 6.300,00 mais 36 parcelas de 559,00. Você está interessado, mas deseja saber antes o valor da taxa cobrada. Calcule-a. **R: 2,79% a.m.**

7.17 No centro de São Paulo, um terno custa \$ 215,23 à vista, ou pode ser pago em 7 prestações mensais de \$ 34,78, sem entrada. Calcule a taxa de juros cobrada pela loja. **R: 3,18% a.m.**

7.2 Taxas equivalentes a juros compostos

Quando um banco cobra 8% ao mês no cheque especial de um cliente, ele deve informar a taxa anual. O cálculo mais básico indica que 8 vezes 12 é igual a 96%. Isso se os juros fossem simples ou lineares. Porém, os juros são compostos, e o banco deve informar que o cheque especial cobra uma taxa anual de 151,81%. Portanto, 8% ao mês equivalem a 151,81% ao ano, pelo regime de capitalização composta, e vice-versa.

As taxas são equivalentes em dois casos: de um período menor para um maior, e de um período maior para um menor.

IMPORTANTE: Para todos os exercícios deste capítulo considere um ano com: 360 dias, 48 semanas, 24 quinzenas, 12 meses, 6 bimestres, 4 trimestres, 3 quadrimestres.[5]

1º caso: período menor para maior

É a situação mais comum. Para ilustrar, veja a Tabela 7.1.

Tabela 7.1 Relação entre períodos (menor/maior)

Tenho ao...	Desejo encontrar ao...
Dia (a.d.)	Mês (a.m.)
Mês (a.m.)	Bimestre (a.b.)
Mês (a.m.)	Ano (a.a.)
Semestre (a.s.)	Ano (a.a.)
Bimestre (a.b.)	Semestre (a.s.)
I_a	I_b
Desde que $I_a < I_b$	

[5] Essa é uma mera convenção para facilitar os cálculos. Faça os ajustes necessários adequados para a vida real.

▸ **Explicação da tabela:** A coluna "Tenho ao..." significa a taxa que me foi fornecida inicialmente, e a coluna "Desejo encontrar ao...", a taxa que devo calcular de modo equivalente. Na primeira linha, tenho uma taxa ao dia e desejo calcular a taxa equivalente ao mês. Na terceira linha, tenho a taxa ao mês e desejo calcular a taxa equivalente anual, e assim sucessivamente. Note que a última linha indica que I_a deve ser *menor* que I_b. Quando isso ocorrer, o método de cálculo será sempre o mesmo.

Exemplo 7C

Um renomado banco cobra de você uma taxa de 8% ao mês de cheque especial. Calcule a taxa anual equivalente cobrada pelo banco.

A resolução pode ser feita na seguinte ordem: fórmula, HP 12c e Excel. Se você devesse $ 1,00 ao banco, qual seria o valor, decorrido um ano, nas condições citadas? Já se sabe que a Fórmula 5.1 pode ser utilizada nesse caso.

$$F_n = P \times (1 + i)^n \Rightarrow \quad F_{12} = 1 \times (1 + 0{,}08)^{12} \Rightarrow \quad F_{12} = 2{,}518170$$

O valor seria de $ 2,5182, ou seja, 151,82% a mais.[6]

Para o cálculo da taxa de valor maior equivalente I_b, a taxa menor I_a deve ser divida por 100 (assim se obtém i_a) e somada com 1 na fórmula. Quando se trabalha com taxas equivalentes de período *menor* para *maior*, a parte exponencial da fórmula indica um índice de reajuste.

Como interessa saber qual a taxa equivalente, deve-se subtrair 1 e multiplicar por 100 o resultado do cálculo exponencial. Com bases nessas observações, uma fórmula geral para esse caso é apresentada abaixo:

$$\boxed{I_b = [(1 + i_a)^n - 1] \times 100}$$

Fórmula 7.1

▸ **Explicação:** I_b é a taxa *i* capitalizada *n* vezes, ou seja, é a taxa equivalente em *n* períodos, expressa em sua forma percentual; i_a é a taxa menor que deve ser capitalizada, e *n*, o número de períodos.

Quando a Fórmula 7.1 deve ser utilizada? Toda vez que se deseja calcular a taxa equivalente partindo de um período menor para um maior.

Resolução do Exemplo 7C

Inicialmente, deve-se determinar *n*. Quantos meses existem em um ano? 12, portanto *n* é igual a 12.

$$I_b = [(1 + i_a)^n - 1] \times 100 \Rightarrow \quad I_{12} = [(1 + 0{,}08)^{12} - 1] \times 100 \Rightarrow \quad I_{12} = [2{,}518170 - 1] \times 100$$

$$\Rightarrow I_{12} = 1{,}518170 \times 100 \Rightarrow \quad I_{12} = 151{,}8170\% \text{ ou } I_{ano} = 151{,}82\%$$

[6] Para informações sobre como calcular variações percentuais, consulte o Capítulo 10, item 10.3.

HP 12c (Resolução pela fórmula)

Apague os registros antes de começar.

	f	REG CLx
Inserção de dados	1	ENTER
	0,08	+
	12	y^x
	1	−
Resultado	100	×

Visor: 151,82

A taxa de 8% ao mês equivale a 151,82% ao ano no regime de capitalização composta.

HP 12c (Funções financeiras básicas)

Uma alternativa à fórmula é a utilização das funções financeiras básicas no cálculo dessas taxas. Esse método também pode ser estendido para o Excel.

Excel (Funções financeiras básicas)

A exemplo da HP 12c, o cálculo pode ser feito pelas funções financeiras do Excel.

Figura 7.7 Resolução do Exemplo 7C pelo Excel

B6 *fx* =VF(B2;B3;B4;B5)-1

	A	B	C
1	Coleta de dados		b) Terminologia
2	Taxa Mensal	0,08	i
3	Número de períodos	12	n
4	Pagamentos	0	PGTO
5	Valor Presente	-1	VP
6	Taxa Anual Equivalente	151,82%	VF

Procedimentos

1. Digite os itens da coleta de dados na coluna A.
2. Digite os respectivos valores na coluna B. Como na HP 12c, o PMT ou PGTO não será utilizado e deve ser *zero*.
3. Na coluna C, digite a terminologia da coleta de dados, que deve ser a mesma relacionada à função TAXA do Excel.
4. Clique na célula B6 (configure-a para %) e selecione a função indicada. Veja a Figura 7.8.

Figura 7.8 Acionando a função desejada no Excel | Preenchendo argumentos da função desejada

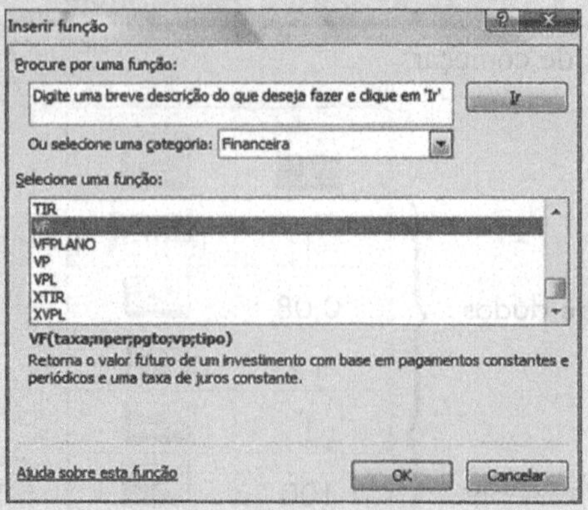

Comentário sobre a figura: Dentro do menu "Categoria da função" do Excel, clique em "Financeira" e em seguida acione a função "VF".

Fórmulas utilizadas:

Fórmula (nº)	Célula (local)	Descrição
1	B6	=(VF (B2;B3;B4;B5)) −1)

Quando a função VF deve ser utilizada? Além dos tópicos relacionados à sequência de pagamentos, a função VF pode ser aplicada ao cálculo de taxas equivalentes, de um período menor para um maior e vice-versa.

Sintaxe da fórmula: VF(taxa;nper;pgto;vp;tipo)

Vf: neste caso, significa o fator de correção que o valor Presente deverá sofrer. Desse fator deve ser subtraído o número 1, como se pode notar na descrição da fórmula.

Taxa: é a taxa de juros do período menor.

Nper: é o número total de períodos de capitalização da taxa.

Pgto: deverá ser zero, pois o valor Presente VP é utilizado.

Vp: Deve ser considerado 1, pois os cálculos são de taxas equivalentes.

Exercícios resolvidos

7.18 Determine a taxa semestral equivalente à taxa de 4,2% a.m. **R: 28,00% a.s.**

$$I_b = [(1 + i_a)^n - 1] \times 100 \Rightarrow \quad I_{sem} = [(1 + 0{,}042)^6 - 1] \times 100 = 28{,}00\%$$

7.19 Qual a taxa anual acumulada equivalente a uma taxa de inflação de 1,08% a.m.? **R: 13,76% a.a.**

$$I_b = [(1 + i_a)^n - 1] \times 100 \quad \Rightarrow \quad I_{ano} = [(1 + 0{,}0108)^{12} - 1] \times 100 \Rightarrow 13{,}76\%$$

7.20 **Qual a taxa trimestral equivalente à taxa de 1% a.m.? R: 3,03% a.t.**

$$I_b = [(1 + i_a)^n - 1] \times 100 \Rightarrow \quad I_{trim} = [(1 + 0{,}01)^3 - 1] \times 100 \Rightarrow 3{,}03\,\%$$

7.21 **Calcule os juros anuais equivalentes a 6,5% a.b. R: 45,91% a.a.**

$$I_b = [(1 + i_a)^n - 1] \times 100 \Rightarrow \quad I_{sem} = [(1 + 0{,}065)^6 - 1] \times 100 \Rightarrow 45{,}91\,\%$$

Exercícios de fixação

7.22 O banco Price cobra 8% ao mês pelo uso do cheque especial de determinado tipo de cliente. Calcule a taxa anual equivalente. **R: 151,82%**

7.23 A caderneta de poupança paga em média 1,2% ao bimestre. Calcule a taxa anual. **R: 7,41%**

7.24 Um capital fica aplicado a 2% ao mês por 4 anos e meio. Calcule qual será seu rendimento percentual em todo o período. **R: 191,33%**

7.25 A administradora de cartões de crédito Mastercredit cobra uma taxa de 13% ao mês de juros sobre fatura em atraso. Calcule a taxa anual praticada por essa empresa. **R: 333,45%**

7.26 Determinada financeira cobra juros diários de 0,29%. Qual a taxa anual praticada por essa empresa? **R: 183,63%**

7.27 Calcule o valor mensal das prestações de um aparelho que custa $ 1.400,00 e é vendido em 8 parcelas sem entrada. Considere que a empresa trabalha com uma taxa de juros de 0,162766% ao dia. **R: $ 216,61**

7.28 Refaça o exercício anterior, considerando que a taxa de juros cobrada é de 1% por semana. **R: $ 208,46**

7.29 Uma aplicação de $ 5.000,00 é remunerada a 0,1125% ao dia. Quanto estará disponível para saque em 10 meses? **R: 7.005,87**

2º caso: período maior para menor

É o oposto do primeiro caso. Para ilustrar, veja a tabela a seguir.

Tabela 7.2 Relação entre períodos (maior/menor)

Tenho ao...	Desejo encontrar ao...
Mês (a.m.)	Dia (a.d.)
Bimestre (a.b.)	Mês (a.m.)
Ano (a.a.)	Mês (a.m.)
Ano (a.a.)	Semestre (a.s.)
Semestre (a.s.)	Bimestre (a.b.)
I_b	I_a
Desde que $I_b > I_a$	

- **Explicação da tabela:** A coluna "Tenho ao..." significa a taxa que me foi fornecida inicialmente, e a coluna "Desejo encontrar ao...", a taxa que devo calcular de forma equivalente. Na primeira linha, tenho uma taxa ao mês e desejo calcular a taxa equivalente ao dia. Na terceira linha, tenho a taxa ao ano e desejo calcular a taxa equivalente mensal, e assim sucessivamente. Note que a última linha indica que I_b deve ser *maior* que I_a.

Exemplo 7D

Um renomado banco cobra uma taxa anual de 151,817% ao ano no cheque especial. Calcule a taxa mensal equivalente cobrada pelo banco.

Para compreender melhor o procedimento, a resolução pode ser feita na seguinte ordem: Fórmula, HP 12c e Excel.

A Fórmula 7.1 é o ponto de partida. I_n é a taxa anual de 151,8170%. O n continua sendo 12, pois um ano tem 12 meses. Agora a incógnita passou a ser o i, por isso ele deve ser isolado.

$$I_b = [(1 + i_a)^n - 1] \times 100 \Rightarrow \quad 151{,}8170 = [(1 + i_a)^{12} - 1] \times 100 \Rightarrow$$

$$\frac{151{,}8170}{100} = [(1 + i_a)^{12} - 1] \Rightarrow$$

$$1{,}518170 + 1 = (1 + i_a)^{12} \Rightarrow \quad 2{,}518170 = (1 + i_a)^{12}$$

Agora o i_a precisa ser isolado, e para isso é preciso que a raiz 12ª seja tirada[7] de ambos os lados.

$$\sqrt[12]{2{,}518170} = \sqrt[12]{(1 + i_a)^{12}} \Rightarrow \quad (2{,}518170)^{\frac{1}{12}} = (1 + i_a)^{\frac{12}{12}} \Rightarrow \quad (2{,}518170)^{\frac{1}{12}} = 1 + i_a$$

$$\Rightarrow \quad i_a = (2{,}518170)^{\frac{1}{12}} - 1 \Rightarrow \quad i_a = 1{,}08 - 1 \Rightarrow \quad i_a = 0{,}08 \text{ ou } 8\% \text{ ao mês}$$

7.2.1 Dedução da fórmula para o cálculo de taxas equivalentes de um período maior para um menor

$$I_b = [(1 + i_a)^n - 1] \times 100 \Rightarrow \quad I_b = [(1 + i_a)^n - 1] \times 100$$

$$\Rightarrow \frac{I_b}{100} = [(1 + i_a)^n - 1] \Rightarrow$$

$$\frac{I_b}{100} + 1 = (1 + i_a)^n \Rightarrow \text{como } \frac{I_b}{100} \text{ pode ser chamado de } i_b, \text{ então:}$$

$$(i_b + 1) = (1 + i_a)^n \Rightarrow \quad \sqrt[n]{(i_b + 1)} = \sqrt[n]{(1 + i_a)^n}$$

$$\Rightarrow (i_a + 1)^{\frac{1}{n}} = (1 + i_a)^{\frac{n}{n}} \Rightarrow (i_b + 1)^{\frac{1}{n}} = 1 + i_a \Rightarrow i_a = (i_a + 1)^{\frac{1}{n}} - 1$$

7 Para mais detalhes sobre operações com raízes, consulte o Capítulo 1, item 1.8.

Reescrevendo os termos e transformando i_a em I_a, a fórmula final é encontrada:

$$i_a = \left[(1 + i_b)^{\frac{1}{n}} - 1\right] \text{ se } I_a = i_a \times 100 \text{ então:}$$

$$\boxed{I_a = \left[(1 + i_b)^{\frac{1}{n}} - 1\right] \times 100} \qquad \text{Fórmula 7.2}$$

▸ **Explicação:** I_a é a taxa menor que deve ser calculada, já expressa em sua forma percentual; i_b é a taxa maior que deve ser descapitalizada *n* vezes de maneira composta; e *n*, o número de *períodos* (entenda por períodos quantos períodos menores existem dentro de um maior).

Quando a Fórmula 7.2 deve ser utilizada? Toda vez que se deseja calcular a taxa equivalente partindo de um período maior para um menor.

HP 12c (Resolução pela fórmula)

Fórmula a resolver:

$$I_a = \left[(1 + i_b)^{\frac{1}{n}} - 1\right] \times 100 \Rightarrow I_a = \left[(1 + 1{,}5182)^{\frac{1}{12}} - 1\right] \times 100$$

Apague os registros antes de começar.

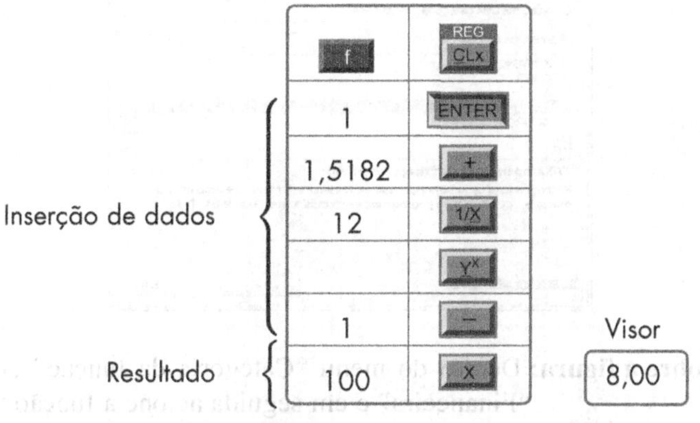

Excel (Funções financeiras básicas)

Como este caso é o inverso do anterior, o Excel também não possui uma função relativa e direta para taxas equivalentes de período maior para menor. As funções financeiras básicas serão utilizadas como alternativa no cálculo, nesse caso. Lembre-se de que esse método pode ser estendido para a HP 12c.

Agora, o VF deve ser a taxa maior, e o VP continua sendo −1.

O valor Futuro, que nesse exemplo é a taxa anual, deve ser dividido por 100 e somado com 1 para que o cálculo se inicie.

Figura 7.9 Resolução do Exemplo 7D pelo Excel

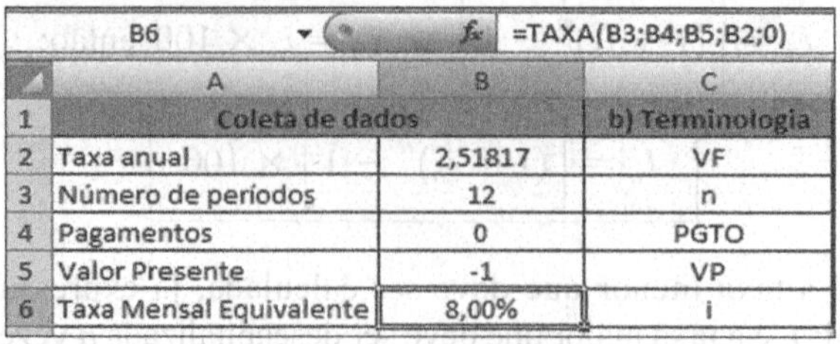

B6 =TAXA(B3;B4;B5;B2;0)

	A	B	C
1	Coleta de dados		b) Terminologia
2	Taxa anual	2,51817	VF
3	Número de períodos	12	n
4	Pagamentos	0	PGTO
5	Valor Presente	-1	VP
6	Taxa Mensal Equivalente	8,00%	i

Procedimentos

1. Digite os itens da coleta de dados na coluna A.
2. Digite os respectivos valores na coluna B. Como na HP 12c, o PMT ou PGTO não será utilizado e deve ser *zero*.
3. Na coluna C, digite a terminologia da coleta de dados, que deve ser a mesma relacionada à função TAXA do Excel.
4. Clique na célula B6 e selecione a função indicada. Veja a Figura 7.10.

Figura 7.10 Acionando a função desejada no Excel

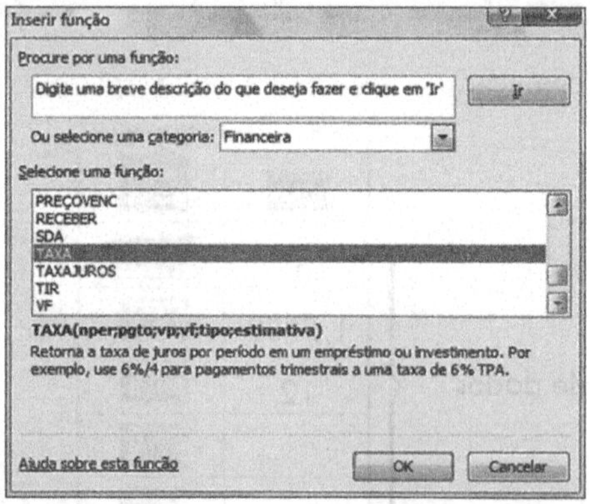

Comentário sobre a figura: Dentro do menu "Categoria da função" do Excel, clique em "Financeira" e em seguida acione a função "TAXA".

Fórmulas utilizadas:

Fórmula (nº)	Célula (local)	Descrição
1	B6	= TAXA(B3;B4;B5;B2)

A função "TAXA" deve ser utilizada, pois além de determinar a taxa de um financiamento com prestações iguais (Exemplo 7A), também é aplicada no cálculo da taxa equivalente de um período maior para um menor e vice-versa.

Sintaxe da fórmula: TAXA(nper;pgto;vp;vf)

Nper: é o número total de períodos.

Pgto: deve ser igual a 0. Se Pgto for omitido, você deverá incluir o argumento Vf.

Vp: é o valor Presente, o valor total Presente de uma série de pagamentos futuros.
Vf: é o valor da taxa maior, dividido por 100 e somado com 1.

Embora o método de resolução pelas funções financeiras tenha sido apresentado, entende-se que, para o cálculo de taxas equivalentes, a fórmula seja o método mais prático.

Exercícios resolvidos

7.30 Calcule a taxa diária equivalente à taxa de juros de 100% ao ano, assumindo o ano com 365 dias. **R: 0,19% a.d.**

$$I_a = \left[(1 + i_b)^{\frac{1}{n}} - 1\right] \times 100 \Rightarrow I_{dia} = \left[(1 + 1)^{\frac{1}{365}} - 1\right] \times 100 = 0{,}19\%$$

7.31 Determine a taxa trimestral equivalente à taxa de 35% a.a. **R: 7,79% a.t.**

$$I_a = \left[(1 + i_b)^{\frac{1}{n}} - 1\right] \times 100 \Rightarrow I_{trim} = \left[(1 + 0{,}35)^{\frac{1}{4}} - 1\right] \times 100 = 7{,}79\%$$

7.32 Calcule a taxa mensal equivalente a 176% a.a. **R: 8,83% a.m.**

$$I_a = \left[(1 + i_b)^{\frac{1}{n}} - 1\right] \times 100 \Rightarrow I_{mês} = \left[(1 + 1{,}76)^{\frac{1}{12}} - 1\right] \times 100 = 8{,}83\%$$

7.33 Luciana resgatou $ 7.000,00 após 15 meses de aplicação. Sabe-se que a taxa de rendimento anual dessa operação foi de 20%. Calcule quanto Luciana aplicou inicialmente. **R: 5.573,42**

Procedimento: primeiro deve-se converter a taxa anual em mensal. Depois, encontrar o valor Presente utilizando essa taxa.

Parte 1: $I_a = \left[(1 + i_b)^{\frac{1}{n}} - 1\right] \times 100 \Rightarrow I_{mês} = \left[(1 + 0{,}20)^{\frac{1}{12}} - 1\right] \times 100 = 1{,}53\%$

Parte 2:

$$P = \frac{F}{(1 + i)^n} \Rightarrow P = \frac{7.000}{(1 + 0{,}0153)^{15}} = \frac{7.000}{1{,}2560} = 5.573{,}42$$

Exercícios de fixação

7.34 A rentabilidade de determinado fundo foi de 0,79% a.m. Qual a taxa semestral equivalente? **R: 4,83% a.s.**

7.35 Mara aplicou $ 1.000,00 na caderneta de poupança e resgatou $ 1.977,98 após 8 anos. Qual foi a taxa de rendimento anual? **R: 8,90% a.a.**

7.36 Calcule a taxa mensal equivalente a:

a) 12% ao bimestre	**R: 5,83% a.m.**
b) 96% ao ano	**R: 5,76% a.m**
c) 48% ao semestre	**R: 6,75% a.m.**
d) 24% ao trimestre	**R: 7,43% a.m.**

7.37 Um investimento capitalizado trimestralmente rendeu 38% de juros em 3 anos. Calcule a taxa equivalente para 12 meses. **R: 11,33% a.a.**

7.38 Uma taxa de 26% em 135 dias equivale a quanto em 255 dias? **R: 54,74%**

7.39 Que taxas são equivalentes a 19,50% a.a., se os prazos forem os que se seguem?

a) 1 mês	**R: 1,50% a.m.**
b) 1 trimestre	**R: 4,55% a.t.**
c) 1 bimestre	**R: 3,01% a.b.**
d) 1 semestre	**R: 9,32% a.s.**
e) 1 dia	**R: 0,0495% a.d.**
f) 1 semana	**R: 0,3718% a semana**
g) 1 quinzena	**R: 0,7450% a quinzena**
h) 1 quadrimestre	**R: 6,12% ao quadrimestre**
i) 1,25 mês	**R: 1,87% em 1,25 meses**
j) 9 semanas	**R: 3,40% em 9 semanas**
k) 4,50 bimestres	**R: 14,29% em 4,50 bimestres**
l) 87 dias	**R: 4,40% em 87 dias**
m) 150 dias	**R: 7,70% em 150 dias**
n) 3,80 trimestres	**R: 18,44 em 3,80 trimestres**

7.40 Calcule a taxa diária equivalente a 46,35% a.t. **R: 0,4240% a.d.**

7.41 Calcule as taxas anuais equivalentes nas seguintes situações:

a) 3% a.m.	**R: 42,58% a.a.**
b) 5% a.b.	**R: 34,01% a.a.**
c) 8% a.t.	**R: 36,05% a.a.**
d) 12% a.s.	**R: 25,44% a.a.**
e) 2,5% a.q.	**R: 7,69% a.a.**
f) 0,007% a.d.	**R: 2,55% a.a.**
g) 1,3789% por semana	**R: 92,97% a.a.**
h) 0,89% em 10 dias	**R: 37,572% a.a.**
i) 1,47% em 21 dias	**R: 28,42% a.a.**
j) 5,86% em 3,56 meses	**R: 21,16% a.a.**
k) 7,77% em 2,55 bimestres	**R: 19,07% a.a.**
l) 9,15% em 2,43 trimestres	**R: 15,50% a.a.**
m) 8,99% em 2,29 quadrimestres	**R: 11,94% a.a.**
n) 21,45% em 19,67 quinzenas	**R: 26,76% a.a.**

7.42 O valor $ 2.780,00 foi aplicado por 8 meses a uma taxa de juros de 18% a.a. Qual o valor de resgate ao final da operação? **R: $ 3.104,32**

7.43 Uma pessoa pagou 12 prestações mensais fixas e postecipadas de $ 150,00 por um produto que custava $ 1.400,00 à vista. Calcule a taxa anual praticada pela loja. **R: 61,87% a.a.**

7.44 Um renomado instituto divulgou que a inflação do Brasil em 2004 foi de aproximadamente 6,5% ao ano. Qual foi a inflação mensal? **R: 0,5262% a e m.**

7.45 Rodrigo aplicou $ 140.000,00. Esse dinheiro rendeu juros durante 3 anos, 5 meses e 6 dias. Sabendo que a taxa de juros e a capitalização foram diárias e de 0,0493739% ao dia, quanto ele sacou ao término do período? **R: $ 257.688,95**

7.46 Em regime de capitalização composta, o que é preferível: aplicar $ 1.000,00 durante um ano, à taxa de 1,55% a.m., ou ao bimestre, à taxa de 3,15%? **R: 3,15% a.b.**

7.47 Uma taxa anual de 60% equivale a qual taxa em 85 dias? **R: 11,74%**

7.3 Capitalização

O foco de capitalização, neste livro, é bem simples e parte de uma definição já dada anteriormente.

▸ **Capitalização:** um valor pode ser capitalizado de maneira simples ou composta, desde que taxa e tempo estejam na mesma base de tempo.

Alguns exemplos: uma taxa de X% ao mês pode ser capitalizada por *n* meses; uma taxa de Y% ao ano pode ser capitalizada por *n* anos; uma taxa de Z% ao dia pode ser capitalizada por *n* dias, e assim sucessivamente.

Esse procedimento já tem sido adotado em todos os exercícios, porém agora ele foi isolado e relacionado somente à taxa.

O Exemplo 7C poderia ser reescrito: Se 8% ao mês for capitalizado mensalmente de maneira composta durante 1 ano, qual a taxa do período? A resposta seria a mesma, 151,81%, e o modo de resolver também.

Aqui não será abordado o tópico de *capitalização contínua*, pois sua aplicação no mercado praticamente inexiste e não seria de nenhuma utilidade no cotidiano do leitor.

7.4 Taxas nominais e efetivas

A definição e a utilidade da nomenclatura de taxas nominais e efetivas têm dividido autores na área de matemática financeira.

As práticas de mercado ajudaram a criar uma verdadeira enxurrada de nomenclaturas de taxas, quando muitas delas querem dizer a mesma coisa.

Um exemplo clássico é o de financiamento de imóveis. O contrato informa uma taxa 'nominal' de 12% ao ano e, para cálculo das parcelas, ela seria de 1% ao mês. Veja bem: 1% ao mês equivale à taxa 'efetiva' de 12,68% ao ano. Agora, responda: por que o financiador não divulgou diretamente a taxa 12,68% ao ano no contrato? Resposta: Porque essa é uma prática usual no mercado. A pessoa pensa que está pagando 12% ao ano, quando na verdade paga 12,68%.

A confusão existente poderia ser evitada se em um regime de capitalização composta o hábito fosse de divulgar, por exemplo, as taxas mensais, semestrais e anuais já capitalizadas diariamente ou mensalmente.[8]

[8] No Capítulo 11, esse assunto será retomado de maneira apropriada no tópico 11.2.

A abordagem de taxas nominais e efetivas a seguir foca em um ponto do estudo clássico: os financiamentos. Ela está fundamentada na simplicidade e na aplicabilidade do assunto.

Um exemplo pode explicar bem a diferença entre taxas nominais e efetivas em um financiamento.

Exemplo 7E

Você fez um *leasing* de um veículo junto a um banco no valor de $ 15.000,00, pelo qual terá que pagar TAC (Taxa de Abertura de Crédito) de $ 400,00 e IOF (Imposto sobre Operações Financeiras)[9] de $ 300,00. O prazo acertado foi de 48 meses e a taxa de 2% ao mês.

ATENÇÃO: PROVAVELMENTE, O BANCO LHE DARÁ DUAS ALTERNATIVAS.

Alternativa A: Você deseja que a TAC e o IOF sejam descontados do principal, e você receberia somente $ 14.300,00. Nesse caso, as prestações seriam de $ 489,03.

Alternativa B: Você deseja receber os $ 15.000,00 líquidos e financiar também a TAC e o IOF.[10] Nesse caso, as prestações seriam de $ 511,85.

Tratando-se de um financiamento no qual juros incidem sobre saldo devedor, quanto maior o saldo devedor inicial, pior para você. Portanto, a melhor alternativa seria receber $ 14.300,00 e pagar 48 parcelas de $ 489,03: o montante pago seria menor. Em algumas situações, o banco somente lhe oferece a alternativa B, e você acaba pagando mais.

Veja o que aconteceu no exemplo citado. Na alternativa A, o banco financiou $ 15.000,00 a 2% ao mês e, na alternativa B, ele financiou $ 15.700,00, também a 2% ao mês. Considerando a alternativa A como a mais assertiva, você pode questionar que, se recebeu $ 14.300,00 pelo valor de $ 15.000,00 financiado a 2% a.m., a taxa que pagou é então maior do que essa? Correto, e essa taxa é chamada de efetiva.

O cálculo das prestações e das taxas será realizado a seguir somente pela HP 12c, uma vez que o cálculo das prestações de uma sequência uniforme postecipada foi estudado no Capítulo 6 (HP 12c, Excel e Fórmula) e o cálculo da taxa dessas sequências, no tópico 7.1 (HP 12c e Excel).

Alternativa A:

a) Coleta de dados		b) Terminologia
Valor financiado:	$ 15.000	$P = 15.000$
Parcelas:	48	$n = 48$
Tipo:	postecipado	
Taxa de juros nominal:	2%	$I = 2\%$
Valor das prestações:	$ 489,03	$PMT = 489,03$
Valor recebido:	$ 14.300	$P = 14.300$
Taxa de juros efetiva:	?	$I_e = ?$

[9] Valores simbólicos. O consumidor deve ser informado quanto deverá pagar de TAC e de IOF no momento da assinatura de um contrato.

[10] O IOF tem de ser refinanciado. Isso gera, na prática, um segundo valor de IOF, que deveria ser somado ao primeiro. Esse fato não é considerado nesse exemplo básico.

c) Diagrama

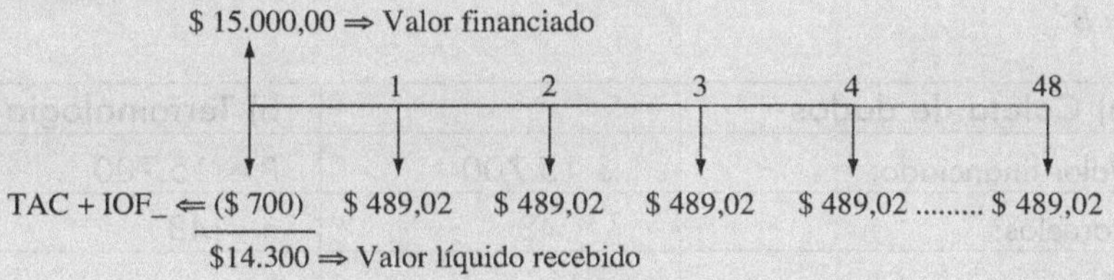

O valor de $ 15.000 será financiado, mas você tem de pagar TAC e IOF, de maneira que sobrarão somente $ 14.300,00. Os pagamentos de $ 489,03 são uniformes e consecutivos até o último período.

d) Cálculo

HP 12c (Funções financeiras básicas)

Cálculo do valor das parcelas: utilizando o valor financiado e a taxa nominal de 2%.

Apague os registros antes de começar.

				Visor
		f	REG CLx	
Inserção de dados	15.000		PV	
	0		FV	
	48		n	
	2		i	
Cálculo das parcelas	PMT			–489,03

O banco fez esse cálculo para determinar o valor de suas parcelas. Porém, você recebeu um valor líquido menor do que o financiado.

Cálculo do valor da taxa efetiva do financiamento: utilizando o valor líquido recebido $ 14.300,00 e o valor das prestações calculadas sobre o valor integral de $ 15.000,00.

Apague os registros antes de começar.

				Visor
		f	REG CLx	
Inserção de dados	14.300		PV	
	0		FV	
	48		n	
	489,03	CHS	PMT	
Cálculo da taxa	i			2,24

A taxa efetiva da alternativa A é de 2,2374%. A incidência da TAC e do IOF causou o 0,2374% excedente.

Alternativa B:

a) Coleta de dados		b) Terminologia
Valor financiado:	$ 15.700	$P = 15.700$
Parcelas:	48	$n = 48$
Tipo:	postecipado	
Taxa de juros nominal:	2%	$I = 2\%$
Valor das prestações:	$ 511,85	$PMT = 511,85$
Valor recebido:	$ 15.000	$P = 15.000$
Taxa de juros efetiva:	?	$I_e = ?$

c) Diagrama

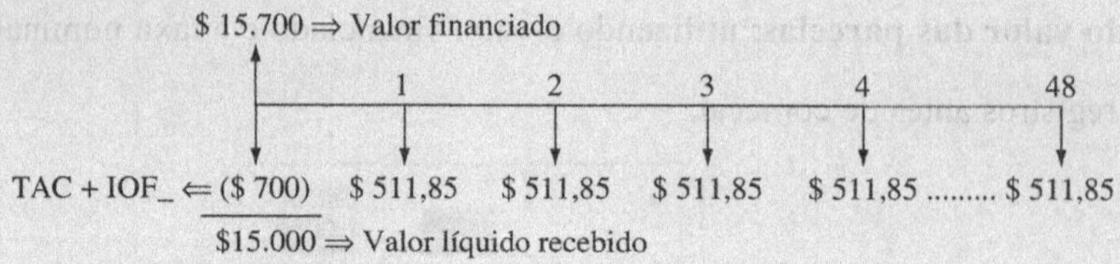

O valor de $ 15.700 será financiado, mas você tem de pagar TAC e IOF, de maneira que sobrarão somente $ 15.000,00. Os pagamentos de $ 511,84 são uniformes e consecutivos até o último período.

d) Cálculo

HP 12c (Funções financeiras básicas)

Cálculo do valor das parcelas: utilizando o valor financiado e a taxa nominal de 2%. Apague os registros antes de começar.

				Visor
		f	REG CLx	
Inserção de dados	15.700		PV	
	0		FV	
	48		n	
	2		i	
Cálculo das parcelas	PMT			−511,85

Como na alternativa A, o banco fez esse cálculo para determinar o valor de suas parcelas, e você receberá um valor líquido menor do que o financiado.

Cálculo do valor da taxa efetiva do financiamento: utilizando o valor líquido recebido e o valor das prestações calculadas sobre o valor integral de $ 15.700,00.

Apague os registros antes de começar.

		f	REG CLx
Inserção de dados	15.000		PV
	0		FV
	48		n
	511,85	CHS	PMT
Cálculo da taxa	i		

Visor: 2,23

Embora a taxa efetiva da alternativa B seja um pouco menor que a da alternativa A, o valor de juros pagos em todo o financiamento é maior que na alternativa A.

DICA: Nem sempre a menor taxa efetiva indica o melhor negócio. Fique atento ao montante pago pelo financiamento.

A utilização do cálculo da taxa efetiva em sequência de pagamentos uniformes não é bem ampla, especialmente se relacionada à administração financeira das empresas.

Exercícios resolvidos

7.48 Ao fazer um empréstimo de $ 800,00 o banco cobra uma taxa de abertura de crédito de $ 20,00. Portanto, você só receberá $ 780,00, que deverão ser pagos em 6 parcelas de $ 155,00. A taxa expressa no contrato é de 4,48% ao mês. Mas qual é a taxa efetiva que você vai pagar? **R: 5,27% a.m.**

Terminologia

Valor	*Termo*
780	PV
?	I
6	N
155	PMT

Diagrama

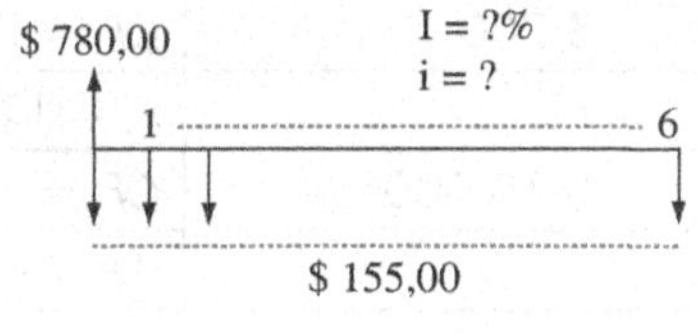

Cálculo HP 12c

	f	REG CLx
780		PV
0		FV
155	CHS	PMT
6		n
i		

7.49 Ao fazer um empréstimo de $ 3.000,00, o banco cobra de você uma taxa de abertura de crédito de $ 30,00. Portanto, você receberá $ 2.970,00, que serão pagos após 6 meses, no valor de 4.020,28. A taxa expressa no contrato é de 5% ao mês. Mas qual a taxa efetiva que você vai pagar? **R: 5,18% a.m.**

Procedimento: primeiro encontre a taxa de todo o período. Isso é feito dividindo o valor a ser pago no sexto mês pelo valor emprestado. Depois, utilize a fórmula de taxas de um período maior para um menor para encontrar a taxa mensal.

Parte 1:

$$I = \left[\left(\frac{4.020,28}{2.970}\right) - 1\right] \times 100 = 35{,}36\% \text{ em 6 meses}$$

$$I_a = \left[(1 + 0{,}3535)^{\frac{1}{6}} - 1\right] \times 100 = 5{,}18\%$$

Parte 2:

7.5 Taxa Interna de Retorno (TIR)

Neste capítulo, foi demonstrado como se calcula a taxa de uma sequência de pagamentos uniformes, no item 7.1. No entanto, existem circunstâncias em que a sequência de pagamentos não é uniforme. Nesses casos, a taxa dessa sequência é calculada pela TIR.

A TIR é também chamada de IRR (do inglês *Internal Return Rate*). Essa nomenclatura é encontrada em algumas calculadoras financeiras e também na HP 12c.

- **Definição:** A TIR é a taxa que iguala as entradas às saídas de caixa. Ou seja, é a taxa de retorno do projeto em análise.

Por se tratar de sequência de pagamentos não uniformes, o cálculo da TIR é feito por uma função financeira chamada fluxo de caixa. Essa função[11] é encontrada tanto na HP 12c quanto no Excel.

Exemplo 7F

Um veículo novo custa $ 35.000,00. Você dará $ 8.000,00 de entrada e poderá pagar o restante, pela proposta do banco da montadora, em 24 parcelas, sendo 11 mensais de $ 700,00 e uma anual de $ 10.000,00. Isso se repete também no segundo ano. Que taxa o banco está cobrando de você? (Ignore TAC e IOF.)

a) Coleta de dados		b) Terminologia
Valor do veículo:	$ 35.000	
Valor da entrada:	$ 8.000	
Valor financiado:	$ 27.000	$CF_0 = 27.000$
Pagamentos (1° ano):	$ 700	$CF_1 = 700$
Quantidade:	11	$n_1 = 11$
Pagamento anual 1:	$ 10.000	$CF_2 = 10.000$
Pagamentos (2° ano):	$ 700	$CF_3 = 700$
Quantidade:	11	$n_3 = 11$
Pagamento anual 2:	$ 10.000	$CF_4 = 10.000$
Taxa de juros (TIR):	?	*IRR* = ?

c) Diagrama

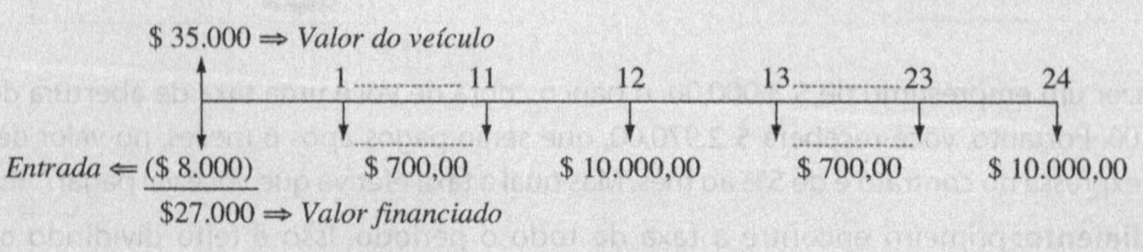

[11] Para informações complementares sobre as funções financeiras da HP 12c, consulte o Capítulo 3, item 3.4.3.

Se o veículo custa $ 35.000,00 e é dada uma entrada de $ 8.000,00, então o valor financiado será de $ 27.000,00. Do mês 1 ao 11 e do mês 13 ao 23, parcelas de $ 700,00 deverão ser pagas mensalmente. Nos meses 12 e 24, ocorrem as parcelas intermediárias de $ 10.000,00.

d) Cálculo

HP 12c (Função fluxo de caixa)

Apague os registros antes de começar.

		f	REG CLx	700	CHS	g	PMT CFj
27.000		g	PV CFo	11		g	FV Nj
700	CHS	g	PMT CFj	10.000	CHS	g	PMT CFj
11		g	FV Nj		f		IRR FV
10.000	CHS	g	PV CFo				

Visor: 1,8294

O valor que lhe foi creditado ou financiado é uma entrada de caixa, portanto deve ser positivo. Os demais pagamentos, por serem saídas de caixa, são negativos. A taxa do financiamento é de 1,8294% ao mês.

Excel (Função fluxo de caixa)

A determinação da TIR pelo Excel é, nesse caso, um pouco mais trabalhosa. É preciso digitar todos os fluxos de caixa, pois o Excel não conta com uma função similar à n_j da HP 12c. O cálculo da TIR se torna interessante no Excel quando se trabalha com um conjunto de planilhas que formaram a origem da série fluxo de caixa.

Figura 7.11 Resolução do Exemplo 7F pelo Excel

B27 fx =TIR(B2:B26)

	A	B
1	Meses	Fluxo de Caixa
2	0	R$ 27.000,00
3	1	-R$ 700,00
4	2	-R$ 700,00
5	3	-R$ 700,00
6	4	-R$ 700,00
7	5	-R$ 700,00
8	6	-R$ 700,00
9	7	-R$ 700,00
10	8	-R$ 700,00
11	9	-R$ 700,00
12	10	-R$ 700,00
13	11	-R$ 700,00
14	12	-R$ 10.000,00
15	13	-R$ 700,00
16	14	-R$ 700,00
17	15	-R$ 700,00
18	16	-R$ 700,00
19	17	-R$ 700,00
20	18	-R$ 700,00
21	19	-R$ 700,00
22	20	-R$ 700,00
23	21	-R$ 700,00
24	22	-R$ 700,00
25	23	-R$ 700,00
26	24	-R$ 10.000,00
27	TIR	1,83%

Procedimentos

1. Digite o número de meses na coluna A e seus respectivos valores na coluna B. Note que o valor do empréstimo deve ser positivo, e os pagamentos, negativos.
2. Agora, clique sobre a célula B27 e selecione a função indicada. Veja a Figura 7.12.

Figura 7.12 Acionando a função desejada no Excel

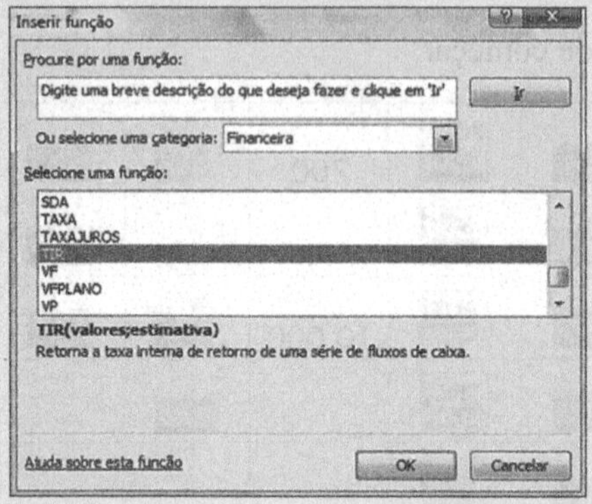

▸ **Comentário sobre a figura:** No Excel, dentro do menu "Categoria da função", clique em "Financeira" e, em seguida, acione a função "TIR". Veja a Figura 7.13.

Figura 7.13 Preenchendo os "Argumentos da função" desejada no Excel

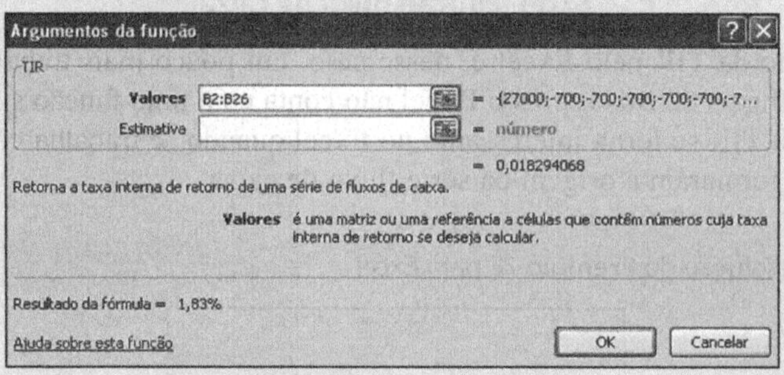

O campo "estimativa" não precisa ser preenchido nesse caso. Sua utilização é indicada quando há entradas de caixa intercaladas com saídas. Nesse caso, pode haver mais de uma TIR.

Fórmulas utilizadas:

Fórmula (nº)	Célula (local)	Descrição
1	B27	=TIR(B2; B26)

A função TIR deve ser utilizada sempre que se deseja calcular a taxa de uma sequência de capitais com parcelas não uniformes.

Sintaxe da fórmula: TIR(valores;estimativa)

Valores: é uma matriz ou uma referência a células que contêm números cuja Taxa Interna de Retorno se deseja calcular. Deve conter pelo menos um valor positivo e um negativo para calcular a Taxa Interna de Retorno.

- TIR: usa a ordem de valores para interpretar a ordem de fluxos de caixa. Certifique-se de inserir os valores de pagamentos e rendas na sequência desejada.
- Se uma matriz ou argumento de referência contiver texto, valores lógicos ou células em branco, esses valores serão ignorados.

Estimativa: é um número que se estima ser próximo do resultado de TIR.

- O Microsoft Excel usa uma técnica iterativa para calcular a TIR. Começando por estimativa, a TIR refaz o cálculo até o resultado ter uma precisão de 0,00001 por cento. Se a TIR não puder localizar um resultado que funcione depois de vinte tentativas, o valor de erro #NÚM! será retornado.
- Na maioria dos casos, não é necessário fornecer estimativa para o cálculo de TIR. Se a estimativa for omitida, será considerada 0,1 (10 por cento).

Se a TIR fornecer o valor de erro #NÚM!, ou se o resultado não for próximo do esperado, tente novamente com um valor diferente para estimativa.

Operações com a TIR são extremamente úteis ao consumidor e ao administrador financeiro.

Para o consumidor, outro exemplo de aplicação da TIR está no financiamento de imóveis. Geralmente, esses financiamentos contêm parcelas intermediárias, além das mensais. Fique atento ao período do contrato, pois a HP 12c tem a limitação da entrada de vinte fluxos de caixa diferentes.[12]

De qualquer forma, para períodos maiores, aconselha-se a utilização do Excel ou de uma calculadora financeira mais avançada[13] que demonstre os fluxos digitados. Tal procedimento auxilia a prevenção de erros de cálculo e permite melhor utilização da ferramenta TIR.

Exercícios resolvidos

7.50 Ao fazer um empréstimo de $ 3.000,00, o banco cobra uma taxa de abertura de crédito de $ 30,00. Portanto, você receberá $ 2.970,00 que serão pagos após 12 meses, no valor de $ 4.020,28. A taxa expressa no contrato é de 2% ao mês. Mas qual a taxa efetiva que você vai pagar? **R: 2,56% a.m.**

Terminologia

Valor	*Termo*
2.970	CF_0
?	I
0	CF_1
4.020,28	CF_2

Diagrama

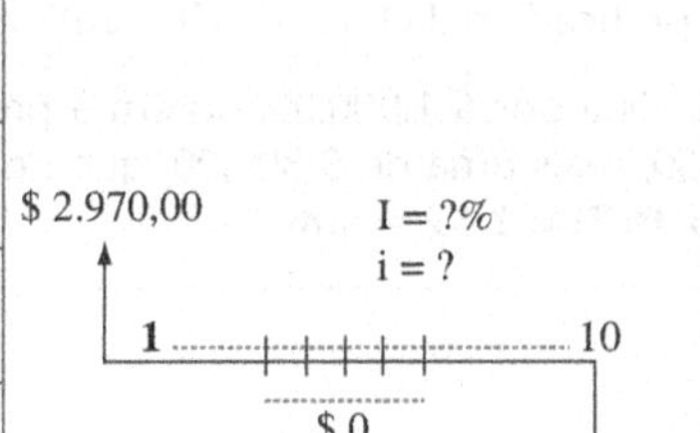

Cálculo HP 12c

	f		REG CLx
2.970		g	PV CFo
0		g	PMT CFj
12		g	FV Nj
4.020,28	CHS	g	PMT CFj
	f		IRR FV

[12] A HP 12c Platinum possibilita a entrada de 25 fluxos de caixa, mas pode apresentar problemas de cálculo na TIR.

[13] Nesse caso, sugere-se HP 17BII ou 19BII.

7.51 As casas da Thia anunciam um sofá, uma cama e uma cozinha em 10 pagamentos de $ 199,00, sendo o primeiro pagamento só ao final de 3 meses. Sabendo que toda essa mercadoria custa à vista $ 1.575,00, calcule a taxa de juros cobrada pela empresa. **R: TIR: 3,22% a.m.**

Terminologia

Valor	Termo
1.575	CF_0
?	I
0	CF_1
199	CF_2

Diagrama

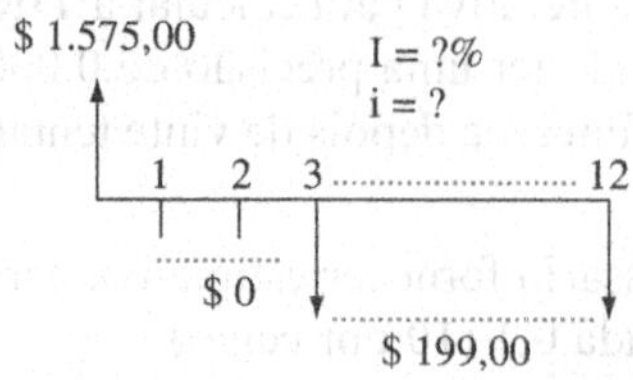

Cálculo HP 12c

		f	REG CLx
1.575		g	PV CF_0
0		g	PMT CF_j
2		g	FV N_j
199	CHS	g	PMT CF_j
10		g	FV N_j
		f	IRR FV

Exercícios de fixação

7.52 Você empresta $ 1.000,00 para seu irmão. Ele vai lhe pagar $ 510,00 daqui a 6 meses e mais $ 650,00 daqui a um ano. Calcule a taxa dessa operação. **R: TIR: 1,61% a.m.**

7.53 Um terreno é vendido à vista por $ 21.900,00. Ele também pode ser pago nas seguintes condições: $ 3.000,00 de entrada; $ 6.000,00 daqui a 3 meses; $ 7.000,00 daqui a 5 meses; e $ 9.000,00 daqui a 8 meses. Qual a taxa de juros mensal cobrada? **R: TIR: 2,74% a.m.**

7.54 Um fazendeiro comprou uma nova colheitadeira por (0 + 10) prestações de $ 137.690,00 mais um pagamento de $ 410.990,00, após um ano. Sabendo que a máquina custa $ 1.000.000,00, calcule a taxa mensal de juros desse financiamento. **R: TIR: 9,55% a.m.**

7.55 Uma bicicleta custa $ 550,00 à vista. A prazo, pode ser paga em 6 prestações fixas de $ 110,50. Nesse caso, o primeiro pagamento será ao final de 4 meses, e os demais serão subsequentes. Determine a taxa de juros mensal praticada pela loja. **R: TIR: 2,93% a.m.**

7.56 Um eletrodoméstico pode ser pago à vista por $ 1.000,00, ou em 9 prestações mensais iguais e consecutivas e postecipadas de $ 95,50, mais uma de $ 300,00, que deve ser paga com a última parcela. Calcule a taxa dessa operação **R: TIR: 2,52% a.m.**

8 Amortização de empréstimos

APRESENTAÇÃO

Por que estudar?

O assunto amortização de empréstimo é um dos mais importantes para a maioria das pessoas. A razão é simples e está intimamente relacionada à aquisição de um imóvel. Existem vários modos de comprar um imóvel. Saiba escolher aquele que melhor se adapta a seu perfil e, principalmente, o que custa o menos possível.

Muitas pessoas compram imóveis como forma de aplicação de recursos, outras necessitam de um para morar. Tal situação tem gerado novos lançamentos imobiliários, especialmente nos grandes centros urbanos.

Ao se imaginar um imóvel como forma de investimento, vários aspectos podem ser considerados, tais como: rentabilidade das aplicações financeiras de baixo risco, liquidez, depreciação/valorização do imóvel, localização, entre outros. Não existem muitos trabalhos sobre a valorização imobiliária, diferentemente dos estudos sobre produtos disponíveis no mercado financeiro. A taxa básica de juros da economia (taxa Selic) geralmente é o ponto de partida para qualquer análise de investimento.

Por outro lado, nem sempre uma família dispõe de toda a quantia para adquirir um imóvel à vista. Quando isso não é possível, um financiamento pode ser uma alternativa.

As construtoras e os bancos têm algumas linhas de financiamento de imóveis. Quando o financiamento é inevitável, é preciso que os sistemas de amortização sejam bem compreendidos, afinal, a 'casa própria' é o investimento principal de uma família. Cada sistema tem sua particularidade e seu custo, portanto, é importante que se faça a escolha certa.

Objetivos do capítulo

Demonstrar outras aplicações de alguns conceitos desenvolvidos nos capítulos 5 (valor Presente e valor Futuro), 6 (Sequência de capitais) e 7 (Taxas a juros compostos).

Habilidades a serem desenvolvidas

O adequado estudo deste capítulo o habilita a:

- Analisar os fundamentos dos principais sistemas de amortizações existentes, identificando vantagens ou desvantagens para o comprador.
- Compreender melhor por que os juros a longo prazo e a correção monetária podem colocar você em situação desconfortável no financiamento de imóveis.
- Identificar formas alternativas de aquisição de um imóvel.

Fundamentos

Para melhor compreensão do assunto amortização de empréstimos, alguns tópicos estudados em capítulos anteriores serão relembrados, são eles: valor Presente e valor Futuro, sequência uniforme de capitais, taxas equivalentes e Taxa Interna de Retorno.

1. Valor Presente e valor Futuro[1]

$$F_n = P(1 + i)^n$$ Fórmula 5.1

▸ **Explicação:** F_n representa o valor Futuro ou final de uma operação cujo valor Presente *P* foi acrescido da taxa *i* (expressa em sua forma decimal) *n* vezes de forma composta (juros sobre juros).

$$P = \frac{F_n}{(1 + i)^n}$$ Fórmula 5.2

▸ **Explicação:** *P* representa o valor Presente da operação. O valor Futuro F_n, que é dado, deve ser descontado à taxa *i* (expressa em sua forma decimal) *n* vezes de forma composta (juros sobre juros).

A próxima fórmula parte da apresentada a seguir e considera o *PMT* como incógnita.

$$PMT = P \times \left[\frac{i(1 + i)^n}{(1 + 1)^n - 1}\right]$$ Fórmula 6.2

▸ **Explicação:** Essa fórmula é utilizada para que se possa determinar o valor das parcelas iguais *PMT*, dado um valor à vista da operação, a taxa de juros *i* (expressa em sua forma decimal) e a quantidade de parcelas *n*.

2. Taxas equivalentes[2]

$$I_b = [(1 + i_a)^n - 1] \times 100$$ Fórmula 7.1

▸ **Explicação:** I_b é a taxa *i* capitalizada *n* vezes, ou seja, é a taxa equivalente em *n* períodos, expressa em sua forma percentual; i_a é a taxa menor que deve ser capitalizada, e *n*, o número de períodos.

$$I_a = \left[(1 + i_b)^{\frac{1}{n}} - 1\right] \times 100$$ Fórmula 7.2

[1] Para informações complementares, consulte o Capítulo 5, itens 5.1 e 5.2.
[2] Para informações complementares, consulte o Capítulo 7, itens 7.2 e 7.3.

▸ **Explicação:** I_a é a taxa menor que deve ser calculada, já expressa em sua forma percentual; i_b é a taxa maior que deve ser descapitalizada *n* vezes de maneira composta; e *n*, o número de *períodos* (entenda por períodos quantos períodos menores existirem dentro de um maior).

3. Taxa Interna de Retorno (TIR)[3]

A taxa interna de retorno representa a taxa de um fluxo de caixa, seja ou não composto por pagamentos uniformes. A calculadora HP 12c e o Excel têm a função "Fluxo de caixa", em que os valores de entrada e de saída são inseridos. Após tal procedimento, basta calcular o IRR do fluxo.[4] Veja o cálculo da TIR no Capítulo 7 ou em exemplos posteriores.

Principais tópicos

O capítulo inicia-se com uma rápida revisão de alguns conceitos estudados anteriormente. Depois, segue a seguinte divisão de tópicos:

8.1 **Noções básicas sobre amortização.** Para que qualquer sistema de amortização seja estudado, alguns princípios básicos devem ser seguidos. Podem acontecer situações no cotidiano que extrapolem os assuntos tratados neste capítulo. Por esse motivo, tenha em mente o que está por trás da teoria e saiba modificá-la quando necessário.

8.2 **Representação gráfica de uma operação de amortização.** É essencial para que os cálculos sejam corretamente direcionados. Inicialmente, é apresentada uma planilha de amortização. Em seguida, são representados seus fluxos de caixa.

8.3 **Sistema de amortização convencional (plano liore).** É assim denominado porque não há um padrão de valor amortizado a ser seguido. As amortizações são variadas e de acordo com cada contrato.

8.4 **Sistema de Amortização Constante (SAC).** É um sistema de fácil compreensão e bastante utilizado, principalmente para empréstimos ao setor produtivo da economia.

8.5 **Sistema de Amortização Crescente (Sacre).** Desenvolvido pela Caixa Econômica Federal, tem muita aplicabilidade em financiamentos de imóveis. Na verdade, esse sistema é o SAC um pouco modificado. Um estudo complementar sobre ele será apresentado no anexo deste capítulo.

8.6 **Sistema de amortização francês (Price).** Também é muito utilizado para o financiamento de imóveis, sobretudo com as construtoras e alguns bancos. Este item se resume à sua explicação teórica a partir de alguns exemplos. O anexo deste capítulo traz um estudo específico sobre o sistema Price e a correção monetária das parcelas.

8.7 **Principais aplicações no cotidiano.** Explica por que, dentre os sistemas de amortização de empréstimos, o Price é o mais claro para todas as pessoas.

O "Apêndice B" é composto por um estudo mais aprofundado sobre os sistemas Sacre e Price. É leitura recomendada para quem pensa em adquirir um imóvel financiado, profissionais da área e demais interessados.

---

[3] Para informações complementares, consulte o Capítulo 7, item 7.5.

[4] IRR: do inglês *Internal Return Rate* (Taxa Interna de Retorno). O não domínio do cálculo da TIR não o impede de compreender plenamente os conceitos de amortização deste capítulo.

8.1 Noções básicas sobre amortização

No decorrer deste livro, está sendo utilizado como padrão utilizar um exemplo antes de uma dedução de fórmula, mas agora se faz necessária a apresentação de alguns princípios, como será demonstrado a seguir. Existem dois conceitos básicos por trás de qualquer sistema de amortização de empréstimos:

Primeiro conceito: Toda parcela (*PMT*) é formada por uma parte referente à amortização e outra parte referente aos juros, ambos pagos em um período específico. De maneira simples, pode-se afirmar que a parcela (*PMT*) é igual à soma de uma parcela de amortização (*A*) mais uma parcela de juro (*J*).

$$\boxed{PMT_n = A_n + J_n} \qquad \text{Fórmula 8.1}$$

Explicação: PMT_n é a parcela paga no período *n*; *A* representa a amortização referente a esse período; e J_n, os juros nele pagos.

Quando a Fórmula 8.1 deve ser utilizada? Toda vez que se deseja calcular o valor de uma parcela em determinado período *n*.

Segundo conceito: A parte da parcela referente aos juros nela auferidos é calculada com base no período anterior, em função da taxa periódica acertada.

$$\boxed{J_n = SD_{n-1} \times i} \qquad \text{Fórmula 8.2}$$

▸ **Explicação:** J_n representa os juros pagos em uma referida parcela no período *n*. Estes são calculados sobre o saldo devedor do período anterior (SD_{n-1}) e *i* é a taxa cobrada no financiamento. Resumindo, juro incide sobre saldo devedor do período anterior.

Quando a Fórmula 8.2 deve ser utilizada? Toda vez que se deseja calcular os juros que devem ser pagos em determinado período *n*.

Exemplo 8A

Um imóvel de $ 100.000,00 foi financiado para você a 2% ao mês, durante 120 meses. Tal financiamento, pelo sistema de pagamentos uniformes, gerou uma parcela fixa de $ 2.204,80.[5] Quanto foi pago de juros e quanto foi amortizado na primeira parcela?

A Fórmula básica 8.1 pode ser agora aplicada. O pagamento da primeira parcela é igual a juros mais amortização.

$$PMT_n = A_n + J_n$$

$$PMT_1 = A_1 + J_1$$

$$2.204,81 = A_1 + J_1$$

Os juros devem ser calculados primeiro para que a amortização seja encontrada. Note que o mês em análise é o primeiro e os juros devem incidir sobre o saldo devedor original no instante zero.

[5] Não será considerado, em nenhum exemplo deste capítulo, cálculo com IOF ou TAC.

$$J_n = SD_{n-1} \times i$$

$$J_1 = SD_{(1-1)} \times i$$

$$J_1 = 100.000 \times 0{,}02$$

$$J_1 = 2.000{,}00$$

Agora uma simples substituição pode ser realizada:

$$PMT_n = A_n + J_n$$

$$PMT_1 = A_1 + J_1$$

$$2.204{,}81 = A_1 + 2.000{,}00$$

$$A_1 = 2.204{,}81 - 2.000{,}00$$

$$A_1 = 204{,}81$$

Reflita antes de prosseguir. O que acabou de ser demonstrado foi o seguinte: um financiamento de \$ 100.000,00 gerou 120 parcelas de \$ 2.204,81. Se você tivesse pago apenas uma parcela, seu saldo devedor para a quitação imediata seria de \$ 100.000,00, menos a amortização de \$ 204,81, já que os juros pagos foram de \$ 2.000,00. Isso mesmo: você pagou \$ 2.204,81 e ainda deve \$ 99.795,19! Este enfoque será retomado mais adiante.

8.2 Representação gráfica de uma operação de amortização

É importante que, para toda operação de amortização, uma tabela seja montada e seus fluxos sejam representados em um diagrama. Esse procedimento, além de evitar erros comuns, possibilita uma fácil conferência dos resultados encontrados.

8.2.1 Tabela de amortização de empréstimos

A montagem de uma tabela de amortização é simples. De maneira didática, propõe-se que as colunas tenham a seguinte ordem:

N: Representa os períodos.
SD: Saldo devedor no final de um período.
A: Parcela que será amortizada no período.
J: Parcela de juros do período.
PMT: Pagamento efetuado pelo tomador do financiamento em um período.

Tabela 8.1 Modelo de planilha de amortização

N	SD	A	J	PMT
0				
1				
2				
. . .				
n				

▸ **Explicação:** O período pode variar de um a 'ene'. Normalmente não há a incidência de juros nem de amortização no instante inicial 'zero'; logo, não há pagamento *PMT*. A aplicação da tabela será feita no Exemplo 8B.

8.2.2 Diagrama dos fluxos de caixa de um financiamento

Conforme descrito no Capítulo 2 (item 2.2), as representações dos fluxos de caixa podem ser feitas na visão do financiador e do tomador de um empréstimo.

Fluxo de caixa do tomador

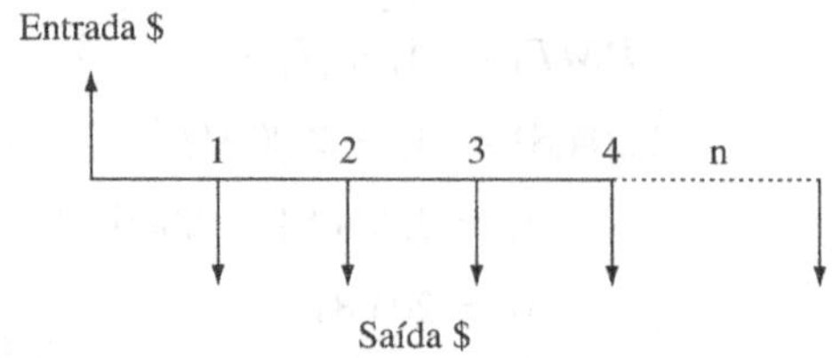

Fluxo de caixa do financiador

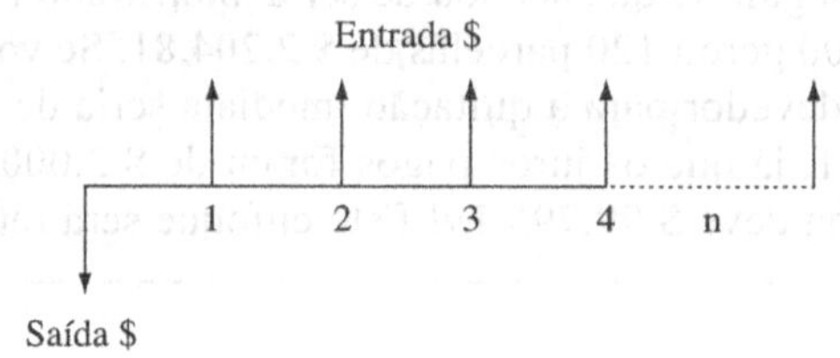

O tomador recebe recursos no instante zero e depois os paga em algumas parcelas. O financiador fornece recursos no instante zero para depois recebê-los, nesse caso, parcelados.

8.3 Sistema de amortização convencional (plano livre)

Conhecido também por plano livre de amortização. Chama-se convencional porque um empréstimo pode ser quitado com amortizações variáveis, sem nenhum padrão a seguir.

Exemplo 8B

Um amigo lhe empresta $ 1.000,00, que devem ser pagos em 5 parcelas. Com o intuito de pagar menos juros, você propõe as seguintes amortizações: $ 500,00 na primeira parcela, $ 150,00 na segunda, $ 100,00 na terceira, $ 150,00 na quarta e $ 100,00 na quinta. Monte uma planilha, sabendo que a taxa acertada foi de 10% ao mês. Faça a representação gráfica e a comprovação da operação.

8.3.1 Como preencher a planilha

Inicialmente, o saldo inicial do empréstimo é colocado no instante zero. Depois, o valor da amortização é lançado em cada período. Um somatório das amortizações é feito em seguida. O valor resultante tem de ser igual ao financiado.

Tabela 8.2 Planilha de amortização do Exemplo 8B

N	SD	A	J	*PMT*
0	***1.000,00****			
1	500,00	*500,00*	100,00	600,00
2	350,00	*150,00*	50,00	200,00
3	250,00	*100,00*	35,00	135,00
4	100,00	*150,00*	25,00	175,00
5	*0*	*100,00*	10,00	110,00
Total		**1.000,00**	**220,00**	**1.220,00**

* Os valores em itálico foram dados no enunciado, os demais foram calculados.

Quando as amortizações são conhecidas, o valor do saldo devedor em cada período pode ser calculado por uma simples subtração. Por exemplo: no início, o saldo devedor (SD_0) era de $ 1.000,00. No período 1, $ 500,00 foram amortizados desse valor. Portanto, o saldo devedor no período 1 é dado por ($ 1.000,00 − $ 500,00), ou seja, $ 500,00. Esse procedimento se repete até que o saldo devedor seja zerado. Veja as setas na tabela.

De acordo com o segundo conceito, os juros devem incidir sobre o saldo devedor do período anterior. Segue-se o cálculo dos juros de cada período.

$$J_n = \text{SD}_{n-1} \times \text{i}$$

$$J_1 = \text{SD}_{(1-1)} \times \text{i}$$

$$J_1 = 1.000 \times 0{,}10 = 100$$

$$J_2 = 500 \times 0{,}10 = 50$$

$$J_3 = 350 \times 0{,}10 = 35$$

$$J_4 = 250 \times 0{,}10 = 25$$

$$J_5 = 100 \times 0{,}10 = 10$$

Conforme descrito no item 8.1 (primeiro conceito), o valor das parcelas ou pagamentos é resultado da amortização mais o juro de cada período. Portanto:

$$PMT_{\,n} = \text{A}_n + \text{J}_n$$

$$PMT_{\,1} = 500 + 100 = 600$$

$$PMT_{\,2} = 150 + 50 = 200$$

$$PMT_{\,3} = 100 + 35 = 135$$

$$PMT_{\,4} = 150 + 25 = 175$$

$$PMT_{\,5} = 100 + 10 = 110$$

Duas questões podem ser feitas: Quanto você pagou pelo empréstimo? Resposta: $ 1.220,00 (obtidos pelo somatório dos pagamentos). Quanto você pagou de juros? Resposta: $ 220,00 (obtidos pelo somatório dos juros ou pela subtração do valor pago menos o valor inicial).

8.3.2 Representação gráfica (diagrama)

Note, pelo diagrama, que você recebeu $ 1.000,00 no instante zero e depois pagou cinco parcelas, uma em cada período.

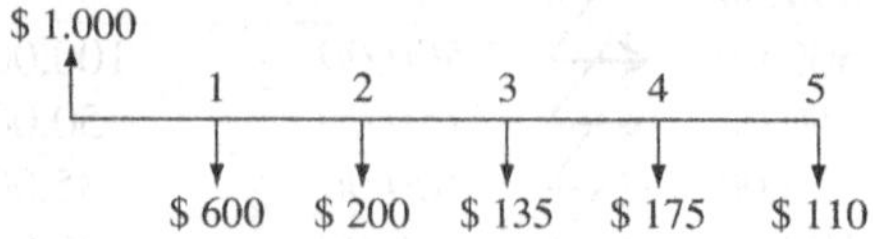

Os valores das parcelas podem ser verificados pelo método da TIR. O diagrama é essencial, pois auxilia na organização dos dados para a comprovação.

HP 12c (Comprovação pela TIR)

Apague os registros antes de começar.

				Visor
			f	REG CLx	
Inserção de dados	1.000		g	PV CFo	
	600	CHS	g	PMT CFj	
	200	CHS	g	PMT CFj	
	135	CHS	g	PMT CFj	
	175	CHS	g	PMT CFj	
	110	CHS	g	PMT CFj	
Cálculo da taxa %			f	IRR FV	10,00

O valor apresentado no visor é a taxa de financiamento. Portanto, os cálculos estão corretos.

Excel

A montagem da planilha e a comprovação pelo Excel.[6]

Figura 8.1 Resolução do Exemplo 8B pelo Excel

	A	B	C	D	E	F	G
1	Dados						
2	Valor Financiado	$1.000,00					
3	Taxa	0,10					
4							
5	Período	Saldo Devedor	Amortização	Juros	Parcela		Comprovação
6	0	$1.000,00					-$1.000,00
7	1	$500,00	$500,00	$100,00	$600,00		$600,00
8	2	$350,00	$150,00	$50,00	$200,00		$200,00
9	3	$250,00	$100,00	$35,00	$135,00		$135,00
10	4	$100,00	$150,00	$25,00	$175,00		$175,00
11	5	$0,00	$100,00	$10,00	$110,00		$110,00
12	Total		$1.000,00	$220,00	$1.220,00		10%

[6] Para um procedimento mais detalhado sobre as funções básicas do Excel, consulte o Capítulo 4.

Fórmulas utilizadas:

Fórmula (nº)	Célula (local)	Descrição
1	B7	=B6−C7
2	D7	=B6*$B$3
3	E7	=C7+D7
4	C12	=SOMA(C7:C11)
5	D12	=SOMA(D7:D11)
6	E12	=SOMA(E7:E11)
7	G12	=TIR(G6:G11)

Procedimentos

1. Digite o valor financiado e a taxa nas células B2 e B3, respectivamente.
2. Introduza na coluna C (intervalo C7:C11) os valores das amortizações que foram dados no exemplo.
3. Na célula B7, aplique a primeira fórmula. Uma vez digitada, ela deve ser arrastada até a célula B11.
4. Na célula D7, aplique a segunda fórmula. Uma vez digitada, ela deve ser arrastada até a célula D11.
5. Aplique as fórmulas de soma 4, 5 e 6 nas colunas C, D e E, respectivamente.
6. A comprovação, a exemplo da HP 12c, deve ser feita pela TIR. Copie e cole com vínculo os valores da célula B2 (adicionando o sinal de negativo) e os valores das parcelas (intervalo E6:E11). O resultado da TIR deve ser 0,10 ou 10%.

Exercícios de fixação

8.1 Seu amigo lhe pede $ 4.700,00 emprestados. Esse valor deverá ser amortizado da seguinte maneira: 1ª parcela de amortização, de $ 2.000,00; 2ª parcela, de $ 800,00; 3ª parcela, de $ 1.200,00; e 4ª parcela, de $ 700,00. Calcule o valor que você deverá receber (*PMT*) em cada um dos quatro meses pelo empréstimo, se a taxa de juros combinada foi de 7% ao mês. **R: 2.329; 989; 1.333; 749**

8.2 Você concedeu um empréstimo para seu primo no valor de $ 80.000,00. Ele vai pagar em 5 parcelas (*PMT*) anuais. Para compensar o risco assumido, você solicitou que a 1ª parcela de amortização fosse de $ 45.000,00; a 2ª parcela, de $ 15.000,00; a 3ª parcela, de $ 10.000,00; e a 4ª e a 5ª parcelas, de $ 5.000,00 cada uma. Se a taxa de juros combinada foi de 40% ao ano, calcule o valor das parcelas anuais (*PMT*) que seu primo deverá lhe pagar. Calcule quanto foi pago de juros em todo o contrato. **R: 77.000; 29.000; 18.000; 9.000; 7.000; juros: 60.000**

8.3 Você contraiu uma dívida de $ 25.000,00, que deve ser quitada em 4 meses. Você terá de amortizar $ 5.000,00 no primeiro mês e $ 8.000,00 no segundo mês. O saldo remanescente deve ser amortizado em duas parcelas iguais. Determine o valor de cada parcela de pagamento (*PMT*) em cada um dos 4 meses. (Taxa: 10% ao mês.) **R: 7.500; 10.000; 7.200; 6.600**

8.4 Por um empréstimo de $ 800,00 você pagará 5 parcelas mensais (*PMT*) fixas de $ 150,00, mais uma parcela ao final do período. Calcule o valor desta última parcela, sabendo que a taxa de juros é de 10% ao mês. **R: 409,91**

8.4 Sistema de Amortização Constante (SAC)

Em financiamentos de longo prazo, principalmente no setor produtivo, esse sistema tem ampla utilização no Brasil. No SAC, como o próprio nome diz, o valor da amortização é constante, ou seja, o mesmo para todos os períodos. Isso somente será possível se o saldo devedor inicial for dividido pelo número de períodos envolvidos no financiamento.

$$\boxed{A = SD_0 \div n}$$

Fórmula 8.3

- **Explicação:** A é o valor da parcela de amortização; SD_0 é o saldo devedor inicial (valor financiado); e n, o número de períodos.

Quando a Fórmula 8.3 deve ser utilizada? Toda vez que se deseja calcular o valor da parcela de amortização no sistema SAC.

Exemplo 8C

Um amigo lhe empresta $ 1.000,00, que devem ser pagos em 5 parcelas. O sistema de amortização acertado foi o SAC. Faça uma planilha, sabendo que a taxa contratada foi de 10% ao mês. Faça a representação gráfica e a comprovação da operação.

Planilha de amortização

Para que a planilha possa ser feita, inicialmente se calcula o valor da amortização.

$$A = SD \div n \;\Rightarrow\; A = 1.000 \div 5 \;\Rightarrow\; A = 200$$

Esse valor é colocado 'ene' vezes na coluna de amortização (A) da planilha, do período 1 a *n*.

Tabela 8.3 Planilha de amortização do Exemplo 8C

N	SD	A	J	PMT
0	***1.000,00***			
1	800,00	200,00	100,00	300,00
2	600,00	200,00	80,00	280,00
3	400,00	200,00	60,00	260,00
4	200,00	200,00	40,00	240,00
5	*0*	200,00	20,00	220,00
Total		**1.000,00**	**300,00**	**1.300,00**

A amortização teve seu valor calculado antes da montagem da tabela. Os juros e o valor das parcelas são encontrados seguindo o mesmo procedimento do exemplo anterior. Primeiro se calculam os juros de cada período com base no saldo devedor anterior, depois se adiciona o valor da amortização. Esse somatório é o valor da parcela em um referido período.

Cálculo dos juros: Coluna J da Tabela 8.3.

$$J_n = SD_{n-1} \times i$$

$$J_1 = SD_{(1-1)} \times i$$

$$J_1 = 1.000 \times 0,10 = 100$$

$$J_2 = 800 \times 0,10 = 80$$

$$J_3 = 600 \times 0,10 = 60$$

$$J_4 = 400 \times 0,10 = 40$$

$$J_5 = 200 \times 0,10 = 20$$

Cálculo do valor das parcelas: Coluna *PMT* da Tabela 8.3.

$$PMT_n = A_n + J_n$$

$$PMT_1 = 200 + 100 = 300$$

$$PMT_2 = 200 + 80 = 280$$

$$PMT_3 = 200 + 60 = 260$$

$$PMT_4 = 200 + 40 = 240$$

$$PMT_5 = 200 + 20 = 220$$

Neste sistema, você pagou mais juros que no caso anterior. O valor de juros pago foi de $ 300,00 para um empréstimo de $ 1.000,00.

Diagrama da operação

O valor financiado de $ 1.000,00 gerou cinco parcelas de valores não uniformes. Porém, existe uma diferença de $ 20,00, que é constante entre cada uma.

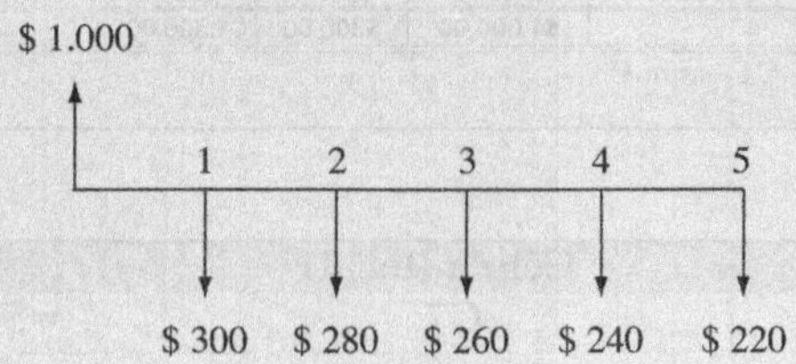

Uma vez realizado o fluxo de caixa da operação, sua taxa pode ser comprovada pela TIR.

HP 12c (Comprovação pela TIR)

Apague os registros antes de começar.

			f	REG CLx
Inserção de dados	1.000	CHS	g	PV CFo
	300		g	PMT CFj
	280		g	PMT CFj
	260		g	PMT CFj
	240		g	PMT CFj
	220		g	PMT CFj
Cálculo da taxa %			f	IRR FV

Visor: 10,00

O valor encontrado corresponde à taxa de financiamento. A planilha de amortização está correta.

Excel

A montagem da planilha e a comprovação pelo Excel.

Figura 8.2 Resolução do Exemplo 8C pelo Excel

	A	B	C	D	E	F	G
1	Dados						
2	Valor Financiado	$1.000,00					
3	Taxa	0,10					
4							
5	Periodo	Saldo Devedor	Amortização	Juros	Parcela		Comprovação
6	0	$1.000,00					-$1.000,00
7	1	$800,00	$200,00	$100,00	$300,00		$300,00
8	2	$600,00	$200,00	$80,00	$280,00		$280,00
9	3	$400,00	$200,00	$60,00	$260,00		$260,00
10	4	$200,00	$200,00	$40,00	$240,00		$240,00
11	5	$0,00	$200,00	$20,00	$220,00		$220,00
12	Total		$1.000,00	$300,00	$1.300,00		10%

Fórmulas utilizadas:

Fórmula (nº)	Célula (local)	Descrição
1	C7	=$B$2/$A$11
2	B7	=B6-C7
3	D7	=B6*$B$3
4	E7	=C7+D7
5	C12	=SOMA(C7:C11)
6	D12	=SOMA(D7:D11)
7	E12	=SOMA(E7:E11)
8	G12	=TIR(G6:G11)

Procedimentos

1. Digite o valor financiado e a taxa nas células B2 e B3, respectivamente.
2. Digite os valores das amortizações, aplicando a primeira fórmula.
3. Na célula B7, aplique a segunda fórmula. Uma vez digitada, ela deve ser arrastada até a célula B11.
4. Na célula D7, aplique a terceira fórmula. Uma vez digitada, ela deve ser arrastada até a célula D11.
5. Na célula E7, aplique a quarta fórmula. Uma vez digitada, ela deve ser arrastada até a célula E11.
6. Aplique as fórmulas de soma 5, 6 e 7 nas colunas C, D e E, respectivamente.
7. A comprovação, a exemplo da HP 12c, deve ser feita pela TIR. Copie e cole com vínculo os valores da célula B2 (adicionando o sinal de negativo) e os valores das parcelas (intervalo E6:E11). O resultado da TIR deve ser 0,10 ou 10%.

8.4.1 Desenvolvimento teórico do sistema SAC

Os cálculos nos sistemas de amortização procuram responder essencialmente a três questões:

1. Qual o valor das parcelas em determinado período?
2. Qual o saldo devedor para a quitação em cada período?
3. Qual o valor total pago pelo tomador do empréstimo?

8.4.1.1 Cálculo das parcelas no sistema SAC

A principal característica das parcelas no sistema SAC é a redução uniforme de valor de um período para outro. Esse fato ocorre devido às amortizações constantes, que reduzem proporcionalmente o saldo devedor de cada período.

A parcela PMT_1 é calculada pela soma da amortização A com os juros incidentes sobre o valor inicial $(SD_0 \times i)$.

$$PMT_1 = A + (SD_0 \times i)$$

É importante ressaltar que a queda do saldo devedor é uniforme. Portanto, o saldo devedor no período 1 é encontrado facilmente se o valor da amortização for subtraído do valor inicial (SD_0). Sobre esse valor incide a taxa de juros referente ao segundo período, que é somada à amortização, e assim a parcela PMT_2 é calculada.

$$PMT_2 = A + [(SD_0 - A) \times i]$$

No terceiro período tal operação se repete, com uma sutil diferença: do valor inicial (SD_0) se subtrai duas vezes o valor da amortização; depois, os juros são calculados e somados à amortização do referido período. Esse processo se repete 'ene' vezes. A seguir será demonstrada a fórmula final para o cálculo do valor de uma parcela em determinado período.

$$PMT_3 = A + [(SD_0 - 2A) \times i]$$

$$PMT_4 = A + [(SD_0 - 3A) \times i]$$

$$PMT_5 = A + [(SD_0 - 4A) \times i]$$

Note que, para o período 3, o valor de duas amortizações é subtraído do valor inicial (SD_0). Para o período 4, o valor de três amortizações é subtraído do valor inicial (SD_0). Logo, para o período n, o valor de (n − 1) amortizações deve ser subtraído do valor inicial (SD_0). Portanto:

$$PMT_n = A + \{[SD_0 - (n-1)A] \times i\}$$

Fórmula 8.4

▸ **Explicação:** *PMT* é a parcela no período n; A é o valor fixo da amortização; SD_0 é o saldo devedor no instante zero; e i é a taxa de juros expressa em sua forma decimal.

Quando a Fórmula 8.4 deve ser utilizada? Para calcular o valor de uma parcela em um instante n qualquer pelo sistema SAC.

A fórmula pode ser diretamente aplicada ao Exemplo 8C para cálculo direto do saldo devedor no quarto período.

$$PMT_n = A + \{[SD_0 - (n-1)A] \times i\}$$

$$PMT_4 = 200 + \{[1.000 - (4-1)200] \times 0{,}10\}$$

$$PMT_4 = 200 + [(1.000 - 600) \times 0{,}10]$$

$$PMT_4 = 200 + 40 = 240$$

Esse valor pode ser conferido ao se consultar a planilha de amortização relativa a esse exemplo (Figura 8.2).

8.4.1.2 Cálculo do saldo devedor no sistema SAC

De maneira análoga ao cálculo das parcelas, o valor do saldo devedor é facilmente encontrado. Para o primeiro período, basta subtrair uma amortização do valor inicial (SD_0); no segundo período, duas amortizações devem ser subtraídas; no terceiro período, três amortizações devem ser subtraídas do saldo devedor financiado. Portanto, em n períodos, n amortizações devem ser subtraídas do valor inicial para o cálculo do saldo devedor nesse instante n. Essa situação dá origem à seguinte fórmula:

$$SD_1 = SD_0 - (1 \times A)$$

$$SD_2 = SD_0 - (2 \times A)$$

$$SD_3 = SD_0 - (3 \times A)$$

$$SD_n = SD_0 - (n \times A)$$

Fórmula 8.5

▸ **Explicação:** SD_n é o saldo devedor no instante n qualquer e A é o valor fixo da amortização.

Quando a Fórmula 8.5 deve ser utilizada? Para calcular o valor do saldo devedor em um instante n qualquer pelo sistema SAC.

A fórmula pode ser aplicada ao Exemplo 8C para cálculo direto do saldo devedor no quarto período.

$$SD_n = SD_0 - (n \times A)$$

$$SD_4 = 1.000 - (4 \times 200)$$

$$SD_4 = 200$$

Esse valor pode ser conferido consultando a planilha de amortização relativa a esse exemplo (Figura 8.2).

8.4.1.3 Cálculo do montante pago no sistema SAC

Ao contratar um financiamento, é bom saber qual o montante pago ao final do contrato ou até um período específico. Essa ferramenta é muito útil, principalmente porque existe mais de um sistema de amortização de empréstimos. Eles podem ser comparados, e para o tomador a vantagem está em pagar menos. Então, como o montante pode ser calculado no sistema SAC?

O ponto de partida para responder a essa questão é o seguinte: as parcelas apresentam uma redução de valor uniforme em todo o processo.[7] Quando existe um aumento ou uma redução uniforme em uma sequência de pagamentos/recebimentos, ela pode ser comparada a uma progressão aritmética (PA).[8] O montante pago no SAC é obtido pela aplicação da fórmula do somatório do PA finita, que é dada por:

$$S_n = \frac{(a_1 + a_n) \times n}{2}$$

onde S_n é a soma de n parcelas; a_1 é a primeira parcela, e a_n, a última. S_n será chamado de M_n (montante pago até o período n).

Aplicação ao Exemplo 8C. Inicialmente, a série de pagamentos pode ser reapresentada. Note que se trata de uma PA com diferença comum d igual a (−20).

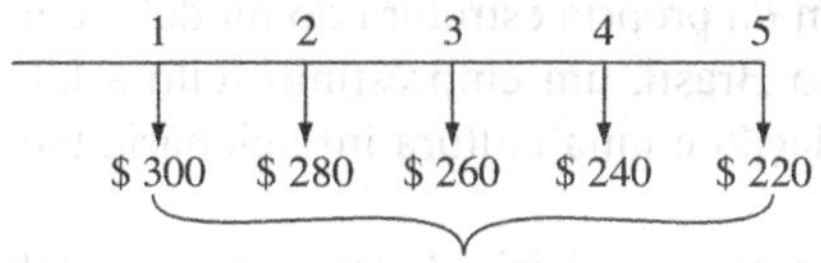

onde a_1 é igual a $ 300,00 e a_5 é igual a $ 220,00. Por uma simples soma dessa série verifica-se que o valor total pago nos cinco períodos foi de $ 1.300,00. Agora a fórmula poder ser aplicada.

$$M_n = \frac{(a_1 + a_n) \times n}{2}$$

$$M_5 = \frac{(300 + 220) \times 5}{2}$$

$$M_5 = \frac{3.600}{2} = 1.300$$

[7] Nesse caso, a correção monetária das parcelas não será considerada.

[8] Para informações adicionais sobre progressão aritmética, consulte o item 1.9 do Capítulo 1.

Exercícios de fixação

8.5 Você financia, pelo sistema SAC, um terreno de $ 45.000,00 em 45 meses, à taxa de 2% ao mês. Com base nessas informações, calcule:

a) o valor da parcela de amortização que deve ser fixo em todo o período; **R: 1.000**

b) o valor da primeira parcela; **R: 1.900**

c) o valor pago em todo o período; **R: 65.700**

d) os juros ($) pagos em todo o período. **R: 20.700**

8.6 Considere que você tomou emprestados $ 10.000,00 e terá de pagar o empréstimo em 5 parcelas pelo sistema SAC. Monte a planilha, sabendo que a taxa de juros da operação foi de 3% ao mês.

8.7 Um amigo pede para que você determine quanto ele pagará (no total) por um imóvel financiado pelo sistema SAC. O valor do imóvel é de $ 180.000,00 dos quais 70% foram financiados. A taxa de juros cobrada pelo banco é de 0,8% ao mês, e o prazo, de 160 meses.

a) Determine o valor das parcelas (*PMT*) que seu amigo vai pagar no início por 4 anos e o valor da última parcela, ou seja, a parcela 160. **R: Ano 1: 1.795,50 (PMT_1); Ano 2: 1.719,90 (PMT_{13}); Ano 3: 1.644,30 (PMT_{25}); Ano 4: 1.568,70 (PMT_{37}); PMT_{160} : 793,80 (PMT_{160})**

b) Quanto foi pago de juros em todo o período? **R: 81.144,00**

8.5 Sistema de amortização crescente (Sacre)

A Caixa Econômica Federal ofereceu entre 1999 e 2005 um sistema de amortização para empréstimo imobiliário, denominado Sacre. Em relação ao SAC, a principal diferença está no valor das parcelas, que é fixo e estabelecido a cada 12 meses.

O valor das amortizações e da primeira parcela é calculado como no SAC. O valor da segunda parcela é igual ao da primeira, o que permite maior amortização, se comparado ao SAC, e assim por diante.

Outro sistema, denominado Price, que será estudado na próxima seção, também envolve amortizações crescentes, que decorrem da própria estrutura do modelo, e não da correção monetária.

É muito difícil imaginar, no Brasil, um empréstimo feito a longo prazo sem nenhum tipo de correção, pois ainda existe inflação e uma cultura inflacionária tanto por parte da sociedade civil quanto dos meios de produção.

Todo contrato de financiamento imobiliário de longo prazo estabelece algum índice como fator de correção. Tal cláusula não é ilegal. Os problemas surgem quando o mutuário não tem reajuste salarial de acordo com o índice contratado.

Em síntese, o sistema Sacre foi desenvolvido com o objetivo de permitir maior amortização inicial do valor emprestado, reduzindo-se, simultaneamente, a parcela de juros sobre o saldo devedor e o valor pago em todo o contrato.

Um exemplo fornecido pela Caixa Econômica Federal[9] ilustrará melhor o sistema Sacre, que será demonstrado no Apêndice B.

8.6 Sistema de amortização francês (Price)

Esse sistema foi desenvolvido no século XVI, e seus créditos foram atribuídos a Richard Price em 1771, por ter publicado uma obra em que as tabelas financeiras foram apresentadas.[10] Nesse sistema, as prestações são constantes, e a taxa de juros usualmente é nominal[11] e periodicamente atribuída.

[9] Dados fornecidos em agosto de 2004.

[10] Contribuiu gentilmente para essa seção o professor José Dutra Vieira Sobrinho.

[11] Veja a explicação sobre taxas nominais e efetivas no Capítulo 7, item 7.3.

O fato de o valor das prestações ser fixo é uma das virtudes desse método, porém os juros pagos no começo são altos, se comparados aos dos sistemas SAC e Sacre,[12] e o valor a ser amortizado é muito pequeno. Esse considerável pagamento de juros eleva o montante total de forma significativa em função do tempo.

Esse sistema também é muito utilizado nos financiamentos em geral, como na compra de um carro, de um eletrodoméstico, num empréstimo pessoal, entre outros.[13] Você pode identificar o sistema Price se o vendedor utilizar uma tabela de fatores para calcular o valor das parcelas fixas.

Exemplo 8D

Um amigo lhe empresta $ 1.000,00, que devem ser pagos em 5 parcelas. O sistema de amortização escolhido foi o Price. Monte uma planilha, sabendo que a taxa acertada foi de 10% ao mês. Faça a representação gráfica e a comprovação da operação.

Serão necessários quatro passos para a montagem da planilha. Esses passos são cíclicos: assim que terminados para um período, devem ser repetidos para o outro.

Planilha de amortização

1º passo: Calcule as parcelas em função do tempo e da taxa de juros acertada. As funções financeiras da HP 12c e do Excel são os mais práticos instrumentos disponíveis para esse cálculo.

HP 12c (Funções financeiras básicas)

Apague os registros antes de começar.

	f	REG CLx
1.000	CHS	PV
0		FV
5		n
10		i
PMT		

Visor

263,79

O ponto de partida para a montagem da planilha foi o cálculo do valor das prestações. Vale lembrar que o valor de cada parcela é composto de amortização mais juros.

$$PMT_n = A_n + J_n$$

$$PMT_1 = A_1 + J_1$$

$$263{,}79 = A_1 + J_1$$

2º passo: Em seguida, os juros devem ser calculados na primeira parcela, com base no saldo devedor inicial (SD_0).

$$J_n = SD_{n-1} \times i$$

$$J_1 = SD_{(1-1)} \times i$$

---

[12] Mantidas as mesmas condições de comparação.

[13] Esse assunto foi extensivamente estudado no Capítulo 6.

$$J_1 = 1.000 \times 0{,}10$$

$$J_1 = 100$$

3º passo: Do valor da parcela deve ser subtraído o valor pago de juros para que a amortização seja encontrada.

$$PMT_1 = A_1 + J_1$$

$$263{,}80 = A_1 + 100$$

$$A_1 = 263{,}80 - 100$$

$$A_1 = 163{,}80$$

4º passo: Cálculo do saldo devedor para o primeiro período.

$$SD_n = SD_{(n-1)} - A_n$$

$$SD_1 = SD_0 - A_1$$

$$SD_1 = 1.000 - 163{,}79$$

$$SD_1 = 836{,}20$$

Como se pôde perceber, o cálculo da amortização, dos juros e do saldo devedor de um período pelo sistema Price é mais trabalhoso que no sistema SAC. Agora a planilha pode ser montada. É importante ressaltar que os quatro passos serão repetidos a cada período.

Tabela 8.4 Planilha de amortização do Exemplo 8D

N	SD	A	J	PMT
0	*1.000,00*			
1	836,20	163,80	100,00	263,79
2	656,03	180,18	83,62	263,79
3	457,83	198,19	65,60	263,79
4	239,82	218,01	45,78	263,79
5	*0*	239,82	23,98	263,79
Total		**1.000,00**	**318,99**	**1.318,99**

Excel

A montagem da planilha e a comprovação pelo Excel.

Figura 8.3 Resolução do Exemplo 8D pelo Excel

	A	B	C	D	E	F	G
1	**Dados**						
2	Valor Financiado	$1.000,00					
3	Taxa	0,10					
4							
5	Período	Saldo Devedor	Amortização	Juros	Parcela		Comprovação
6	0	$1.000,00					-$1.000,00
7	1	$836,20	$163,80	$100,00	$263,80		$263,80
8	2	$656,03	$180,18	$83,62	$263,80		$263,80
9	3	$457,83	$198,19	$65,60	$263,80		$263,80
10	4	$239,82	$218,01	$45,78	$263,80		$263,80
11	5	$0,00	$239,82	$23,98	$263,80		$263,80
12	**Total**		**$1.000,00**	**$318,99**	**$1.318,99**		10%

Fórmulas utilizadas:

Fórmula (nº)	Célula (local)	Descrição
1	E7	=PGTO($B$3;$A$11;2$B$6;0;0)
2	D7	=B6*$B$3
3	C7	=E7-D7
4	B7	=B6-C7
5	C12	=SOMA(C7:C11)
6	D12	=SOMA(D7:D11)
7	E12	=SOMA(E7:E11)
8	G12	=TIR(G6:G11)

Procedimentos

1. Digite o valor financiado e a taxa nas células B2 e B3, respectivamente.
2. Na célula E7, aplique a primeira fórmula, para que o valor das parcelas seja encontrado. Uma vez digitada, ela deve ser arrastada até a célula E11.

Sintaxe da primeira fórmula: PGTO(taxa;nper;vp;vf;tipo)

Taxa: é a taxa de juros por período.

Nper: é o número total de pagamentos do empréstimo.

Vp: é o valor Presente, ou valor total Presente de uma série de pagamentos futuros.

Vf: é o valor Futuro ou o saldo de caixa que você deseja obter depois do último pagamento. Se vf for omitido, será considerado 0 (o valor Futuro de determinado empréstimo, por exemplo, 0).

Tipo: é o número 0 ou 1 e indica se o primeiro pagamento é no ato (1) ou com um período de carência (0). No caso do exemplo, o primeiro pagamento foi após um período, por isso o (0) foi utilizado.

3. Na célula D7, aplique a segunda fórmula. Uma vez digitada, ela deve ser arrastada até a célula D11.
4. Na célula C7, aplique a terceira fórmula. Uma vez digitada, ela deve ser arrastada até a célula C11.
5. Na célula B7, aplique a quarta fórmula. Uma vez digitada, ela deve ser arrastada até a célula B11.
6. Aplique as fórmulas de soma 5, 6 e 7 nas colunas C, D e E, respectivamente.
7. Como aqui o sistema é o Price, uma forma de comprovar os cálculos é somando as amortizações. Elas devem perfazer o resultado originalmente financiado, nesse caso, $ 1.000,00. A comprovação, a exemplo da HP 12c, também pode ser feita pela TIR. Copie e cole com vínculo os valores da célula B2 (adicionando o sinal de negativo) e os valores das parcelas (intervalo E6:E11). O resultado da TIR deve ser 0,10 ou 10%.

Independentemente do sistema de amortização escolhido, as perguntas que interessam ao tomador são as mesmas:

Primeira: Qual o valor das parcelas em determinado período?

Segunda: Qual o saldo devedor para a quitação em cada período?

Terceira: Qual o valor total pago pelo tomador do empréstimo?

Levando em conta o sistema Price, para responder a essas questões é melhor que a função amortização de empréstimos da HP 12c seja utilizada. O Excel realiza esses cálculos, mas tal procedimento está além do escopo desta obra.

8.6.1 Cálculo das parcelas no sistema Price

O valor das parcelas é igual em todos os períodos. O procedimento de cálculo que você adotou será repetido no próximo item, ou reveja o primeiro passo do Exemplo 8D.

8.6.2 Cálculo do saldo devedor no sistema Price

Existe um procedimento na HP 12c[14] que não demonstra diretamente na tela o valor do saldo devedor em um período. Para tanto, é preciso que inicialmente se calcule o valor das parcelas iguais. Depois, deve-se utilizar a função AMORT. O primeiro valor a aparecer será o somatório dos juros pagos até o referido período. Considere o Exemplo 8D, o saldo devedor no quarto período será calculado.

HP 12c (Função amortização)

Apague os registros antes de começar.

				Visor
		f	REG CLx	
Inserção de dados	1000	CHS	PV	
	0		FV	
	5		n	
	10		i	
Cálculo de parcelas	PMT			263,79
Total de juros pagos	4	f	AMORT n	295,00
Saldo devedor SD_4		Rcl	PV	239,81

8.6.3 Cálculo do montante pago no sistema Price

O montante pago no sistema Price é calculado pela simples multiplicação do valor das parcelas pelo número de pagamentos.

$$M_n = PMT \times n$$ Fórmula 8.6

▸ **Explicação:** M_n é o montante pago até o período n; PMT é o valor das parcelas; e n, o número de parcelas.

Quando a Fórmula 8.6 deve ser utilizada? Toda vez que se deseja calcular o montante pago em uma sequência de pagamentos uniformes.

[14] Para outras calculadoras consulte o manual no tópico "Amortização de empréstimos".

No referido exemplo, o montante é de \$ 1.318,99. Veja a apresentação e a aplicação da fórmula.

$$M_n = PMT \times n$$

$$M_5 = 263{,}79 \times 5$$

$$M_5 = 1.318{,}99$$

8.6.4 Algumas particularidades do sistema Price

A função de amortização de empréstimos da HP 12c permite que seja calculado o somatório de juros pagos até determinado período e também o somatório de valores amortizados do valor inicial até esse mesmo período.

Conforme demonstrado no item 8.6.2, o somatório dos juros pagos pode ser feito depois de calculado o valor das parcelas e de ter acionado a função AMORT até o período desejado. Para calcular o somatório das amortizações até esse mesmo período, outra função será utilizada. Veja a seguir.

HP 12c (Função amortização)

				Visor
Inserção de dados		f	REG CLx	
	1.000	CHS	PV	
	0		FV	
	5		n	
	10		i	
Cálculo das parcelas	PMT			263,79
Total de juros pagos	4	f	AMORT n	295,00
Total amortizado		X<->Y		760,18
Saldo devedor (SD_4)		Rcl	PV	239,81

Note que a tecla X<->Y foi inserida no cálculo. Se pressionada logo após aparecer o somatório de juros pagos, ela apresentará o somatório das amortizações até o período considerado.

Outras operações podem ser realizadas. O Exemplo 8D ainda será aproveitado. A seguinte questão enfoca uma situação diferente: quanto se pagou de juros somente na quarta parcela?

Infelizmente, a HP 12c não faz esse cálculo diretamente. É preciso calcular todos os valores na sequência correta até o período anterior ao solicitado. Depois, a sequência relativa à função AMORT deve ser repetida para '1' período, ou seja, o desejado. Isso é válido para calcular o valor dos juros e da amortização de uma única parcela.

Exemplo 8E

Você deseja saber quanto foi pago de amortização e de juros na quarta parcela de um empréstimo de \$ 1.000,00, financiado em cinco vezes pelo sistema Price a 10% ao mês.

HP 12c (Função amortização)

Apague os registros antes de começar.

				Visor
		f	REG CLx	
Inserção de dados	1.000	CHS	PV	
	0		FV	
	5		n	
	10		i	
Cálculo das parcelas	PMT			263,79 (a)
Total de juros pagos	3(b)	f	AMORT n	249,22 (c)
Total amortizado		X<–>Y		542,16 (d)
Saldo devedor (SD_3)		Rcl	PV	457,83 (e)
Juros (J_4)	1(f)	f	AMORT n	45,78
Amortização (A_4)		X<–>Y		218,01
Saldo devedor (SD_4)		Rcl	PV	239,81

No texto a seguir, identifique as letras em negrito na operação realizada na HP 12c. Assim que o valor das parcelas é calculado **(a)**, o valor do período 3 **(b)** é introduzido e a função AMORT é acionada. O visor mostra o somatório dos juros pagos **(c)**, o somatório dos valores amortizados **(d)** até o período 3 e seu respectivo saldo devedor **(e)**.

Para que os juros e a amortização do período 4 sejam encontrados, o número 1 **(f)** é introduzido antes de se repetir o ciclo da função AMORT. É como se a calculadora calculasse os mesmos somatórios, nesse caso, de um único período para outro. Resposta do exemplo: os juros do período 4 são 45,78; a amortização desse período é de 218,01 e seu saldo devedor é de 239,81.

8.6.5 Desenvolvimento teórico do sistema Price

O Capítulo 6 apresentou vários tópicos de sequência de capitais a juros compostos. O sistema Price está fundamentado no assunto sequência uniforme de pagamentos,[15] pois suas parcelas têm valor constante. Para a o cálculo das parcelas, é utilizada a fórmula a seguir.

$$PMT = P \times \left[\frac{i(1+i)^n}{(1+1)^n - 1} \right] \qquad \text{Fórmula 6.2}$$

Se aplicada ao exemplo 8D, o valor de $ 263,79 pode ser encontrado.

$$PMT = 1.000 \times \left[\frac{0{,}10 \times (1{,}10)^5}{(1{,}10)^5 - 1} \right] \Rightarrow PMT = 263{,}79$$

[15] Para informações complementares, consulte o Capítulo 6, item 6.3.

Exercícios de fixação

8.8 Uma casa no valor de $ 80.000,00 é financiada pelo sistema Price em 12 anos. A taxa de juros é de 1% ao mês. Monte a planilha mensal de amortização do primeiro ano e calcule quanto você pagou nesse período e quanto ainda deve pela compra do imóvel.

8.9 Um imóvel é financiado em 100 parcelas de $ 1.216,64. Considerando que uma entrada de 20% foi efetuada e que a taxa de juros combinada foi de 0,9% ao mês, calcule o valor à vista desse imóvel. **R: $ 100.000,00.**

8.10 Uma grande construtora está vendendo o apartamento ideal para sua família. O valor é de $ 230.000,00 e, como você possui um bom saldo de FGTS, dará $ 90.000,00 de entrada e financiará o restante a 0,8% ao mês direto com a construtora. Sua renda familiar é de $ 4.800,00 e o valor da prestação pode ser de no máximo 30% desse valor. Com base nisso, calcule:

a) Em quantas parcelas você poderá financiar seu imóvel e qual o valor de cada uma? **R: 190 parcelas de $ 1.435,97**

b) Após sete anos pagando o financiamento, ou seja, no início do 8º ano, calcule quanto você já pagou de juros e quanto ainda deve à construtora. **R: $ 87.684,72 de juros e o saldo devedor é de $ 102.363,37**

c) Considere ainda que, durante 120 meses, você pagou esse financiamento. Calcule quanto você já pagou (*PMT*), quanto já pagou de juros, quanto já amortizou e quanto ainda deve. **R: Já pagou $ 172.316,40, dos quais $ 109.053,08 foram juros; assim, você já amortizou $ 63.714,29 e ainda deve $ 76.737,58.**

8.11 Considere os dados do exercício anterior, alterando sua renda familiar para $ 7.000,00. Refaça todos os cálculos e diga o que se pode concluir.

8.12 Ainda em relação ao exercício 8.10, diga quanto você pagará pelo imóvel e qual o valor dos juros cobrados em todo o período. Se você aplicasse $ 800,00 todo mês a 1%, em quanto tempo teria o dinheiro[16] para comprar esse imóvel? **Pagarei 272.834,02 por 140.000 financiados, assim os juros são de 132.834,02**

8.7 Principais aplicações no cotidiano

Dentre os três sistemas de amortização de empréstimos apresentados, o Price é o mais claro para todas as pessoas. Seus exemplos de aplicabilidade são vastos, podendo ser destacados os seguintes: financiamento de carros, eletrodomésticos, imóveis, computadores, equipamentos eletrônicos, ou seja, crediários com parcelas fixas em geral.

O tempo de financiamento é o melhor amigo do agente financeiro e o pior inimigo do agente financiado (você, consumidor). Tratando-se de financiamento, quanto maior o período de financiamento, mais juros se pagam. Prefira períodos curtos.

DICA: Se você for adquirir um imóvel financiado, estude bem as opções, principalmente se for um financiamento de longo prazo, pelo qual se pagam juros consideráveis. Seja o sistema Sacre ou Price, fique atento às correções. Como alternativa, tente poupar, aplicar o dinheiro e comprar o imóvel à vista.[17]

[16] Desconsidere a correção de seu FGTS.

[17] Saiba mais sobre o efeito da correção monetária no sistema Price no Apêndice B.

9 Equivalência de capitais a juros compostos

APRESENTAÇÃO

Por que estudar?

Neste momento, você está apto a calcular o valor das parcelas de uma sequência uniforme antecipada ou postecipada e também o valor Presente ou Futuro dessas sequências, as taxas equivalentes, entre outros itens.

Imagine uma situação em que todos esses itens interajam. Por exemplo, um veículo é vendido da seguinte maneira: uma entrada, mais 36 parcelas fixas bem baixas, mais 3 parcelas anuais e uma no final. Para que essas parcelas sejam calculadas a partir do valor financiado, é preciso utilizar a equivalência de capitais.

Se você compra um imóvel e deseja fazer uma contraproposta em relação às parcelas intermediárias para a construtora, deve utilizar a equivalência de capitais. Valendo-se desse poderoso instrumento, as negociações podem ser melhores para o consumidor, que tem sempre em mente pagar o menos possível por qualquer empréstimo que lhe seja concedido.

Outra possibilidade de utilização da equivalência de capitais está relacionada com a comparação e troca de aplicações financeiras. Seja qual for a situação, respeite todos os princípios relacionados a juros compostos estudados até agora.

Objetivos do capítulo

Compreender o conteúdo deste capítulo significa ter um bom domínio de juros compostos. Ele é essencial ao leitor e ao bom investidor/consumidor.

Os assuntos estudados neste capítulo são uma reunião de tópicos abordados até então. A resolução dos exemplos será feita usando preferencialmente a HP 12c e, em alguns casos, o Excel.

Habilidades a serem desenvolvidas

O adequado estudo deste capítulo o habilita a:

- Estabelecer com facilidade a equivalência entre dois capitais e, assim, realizar operações em caso de carência de pagamentos.
- Comparar e calcular a equivalência entre duas sequências de pagamentos, uniformes ou não.
- Estudar propostas que lhe forem feitas quando os pagamentos não forem uniformes e surgirem prestações intermediárias.

- Resolver problemas relacionados a juros compostos que aparecem em seu dia a dia.
- Identificar boas ou más oportunidades de investimento/financiamento, conseguindo, assim, resultados satisfatórios.

Fundamentos

Para melhor compreensão do assunto equivalência de capitais a juros compostos, alguns tópicos estudados em capítulos anteriores serão retomados. São eles: valor Presente e valor Futuro, sequência uniforme de capitais, taxas equivalentes e Taxa Interna de Retorno.

1. Valor Presente e valor Futuro[1]

$$\boxed{F_n = P(1 + i)^n}$$ Fórmula 5.1

- **Explicação:** F_n representa o valor Futuro ou final de uma operação cujo valor Presente *P* foi acrescido da taxa *i* (expressa em sua forma decimal) *n* vezes de forma composta (juros sobre juros).

$$\boxed{P = \frac{F_n}{(1 + i)^n}}$$ Fórmula 5.2

- **Explicação:** *P* representa o valor Presente da operação. O valor futuro F_n, que é dado, deve ser descontado à taxa *i* (expressa em sua forma decimal) *n* vezes de forma composta (juros sobre juros).

2. Sequência uniforme de capitais[2]

$$\boxed{P = PMT \times \left[\frac{(1 + i) - 1^n}{i \times (1 + i)^n}\right]}$$ Fórmula 6.1

- **Explicação:** *P* representa o valor Presente de uma sequência de pagamentos uniformes postecipada *PMT*, construído em função de uma taxa *i* (expressa em sua forma centesimal) e do tempo *n* vezes de forma composta (juros sobre juros).

$$\boxed{PMT = P \times \left[\frac{i \times (1 + i)^n}{(1 + 1)^n - 1}\right]}$$ Fórmula 6.2

- **Explicação:** Essa fórmula é utilizada para determinar o valor das parcelas iguais *PMT*, dado um valor à vista da operação, a taxa de juros *i* (expressa em sua forma decimal) e a quantidade de parcelas *n*.

---

[1] Para informações complementares, consulte o Capítulo 5, itens 5.1 e 5.2.

[2] Para informações complementares, consulte o Capítulo 6, item 6.1.

Principais tópicos

9.1 **Equivalência entre dois capitais.** Este item se fundamenta em conceitos básicos de valor Presente e valor Futuro estudados no Capítulo 5.

9.2 **Equivalência entre um valor e uma sequência de capitais (carência).** Pode existir uma carência para que se inicie uma sequência de pagamentos, que será vista aqui.

9.3 **Equivalência entre sequências de capitais.** Em algumas situações pode ser útil substituir uma sequência de pagamentos por outra. Os cálculos para tal procedimento serão apresentados neste tópico.

9.4 **Equivalência entre conjuntos de capitais.** É um mix de todos os itens anteriores.

IMPORTANTE: Para melhor compreender o processo de equivalência de capitais, preste atenção ao item "Procedimento", nos exemplos.

Os cálculos envolvem os assuntos tratados nos capítulos 5 e 6. O método utilizado será pelas funções básicas da HP 12c e do Excel. No caso do Excel, não será apresentada a sintaxe da fórmula nem argumentos da função, somente o quadro inicial com a estrutura do problema e as fórmulas utilizadas.

O cálculo por fórmula insere-se em uma situação específica de equivalência, em que sua utilização é imprescindível. Isso será demonstrado no momento oportuno.

9.1 Equivalência entre dois capitais

Considere que uma dívida precise ser trocada por outra. Para tanto, a taxa de juros deve ser aplicada de forma relativa ao período renegociado e ao sistema de capitalização. Assim, os capitais se equivalem.

No estudo de equivalência de capitais, o diagrama de cada uma das situações propostas nos exemplos é fundamental para o desenvolvimento do problema. Veja o seguinte exemplo.

Exemplo 9A

Você deve a uma empresa $ 1.900,00 a serem pagos daqui a 5 meses. Devido a dificuldades financeiras, você propõe que o pagamento seja adiado por 4 meses. Quanto você terá de pagar à empresa, se a taxa de juros combinada foi de 3% ao mês?

a) Coleta de dados		b) Terminologia
Título para 5 meses:	$ 1.900	F_5 = 1.900
Título para 5 + 4 meses:	?	F_9 = ?
Taxa de juros:	3%	I = 3%

c) Diagrama

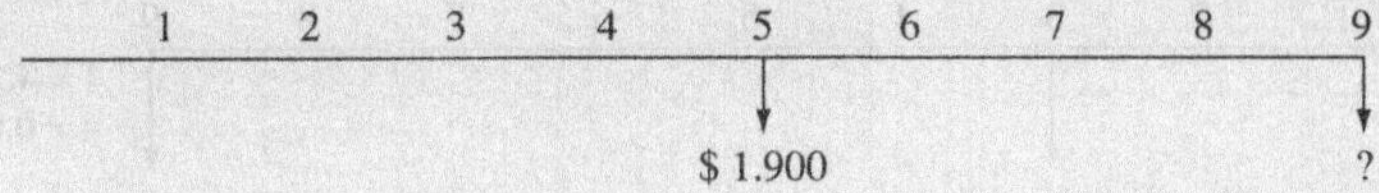

O valor do quinto mês deve ser substituído por outro com vencimento quatro meses à frente, ou seja, $ 1.900,00 é um valor Presente em relação ao valor pretendido no nono mês.

d) Cálculo

Os procedimentos para o cálculo são os mesmos estudados no Capítulo 5 (valor Presente e valor Futuro) a juros compostos.

Procedimento

Corrigir o valor de $ 1.900,00 por 4 meses a 3% ao mês.

HP 12c (Funções financeiras básicas)

Apague os registros antes de começar.

		f	REG CLx
Inserção de dados	1.900		PV
	0		PMT
	4		n
	3		i
Cálculo do FV_9		FV	

Visor: −2.138,47

O valor a ser pago no mês 9 é de $ 2.138,46.

Excel (Funções financeiras básicas)

Figura 9.1 Resolução do Exemplo 9A pelo Excel

B6 =VF(B5;B4;B3;B2)

	A	B	C
1	a) Coleta de dados		b) Terminologia
2	Valor da dívida	R$ 1.900,00	VP
3	Pagamento	R$ 0,00	PGTO
4	Tempo (em meses)	4	n
5	Taxa	0,03	i
6	Valor Futuro	-R$ 2.138,47	VF

Exercícios resolvidos

9.1 Você tem uma dívida de $ 3.200,00, que deve ser paga daqui a 3 meses. Mas, em virtude de dificuldades financeiras, você propõe um adiamento de mais 6 meses. Qual o valor a ser pago para a financeira, se a taxa de juros contratada foi de 4,2% ao mês? **R: $ 4.095,97**

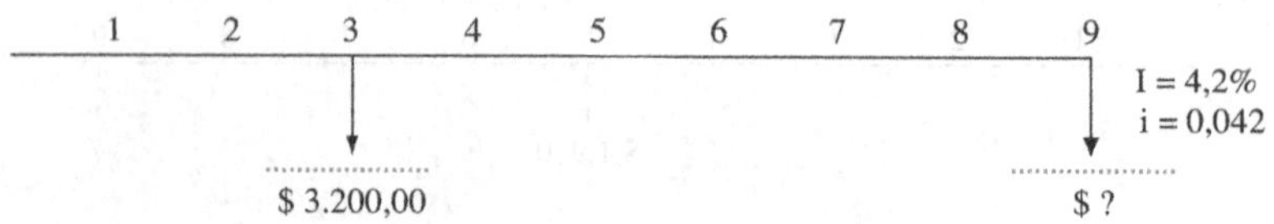

Cálculo HP 12c — **Resultado**

I	f	REG CLx	3.200	PV	4,2	i	6	n	0	PMT	FV	−4.095,97

9.2 Você precisará de $ 6.000,00 daqui a 1 mês e de mais $ 8.000,00 daqui a 4 meses. Dispondo atualmente de certa quantia, quanto você deverá aplicar hoje para conseguir esses valores? (Taxa: 1,89% a.m.) **R: $ 13.311,43**

Diagrama

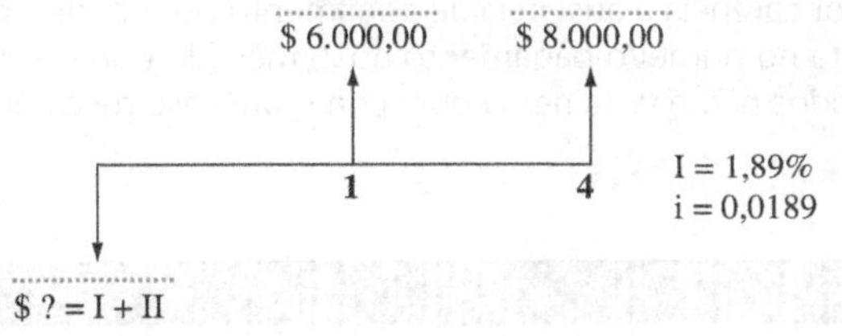

Cálculo HP 12c — **Resultado**

I	f	REG CLx	6.000	FV	1,89	i	1	n	0	PMT	PV	−5.888,70
II	f	REG CLx	8.000	FV	1,89	i	4	n	0	PMT	PV	−7.422,73

Os valores I e II devem ser somados. Assim, você deverá aplicar $ 13.311,43.

Exercícios de fixação

9.3 Os dados são os mesmos do exercício anterior, mas o gerente de seu banco o aconselhou a aplicar em outro tipo de investimento um pouco mais arriscado, que paga 2,2% ao mês. De acordo com esses novos dados, quanto você precisaria aplicar hoje? **R: $ 13.203,92**

9.4 Uma dívida de $ 800,00 tem vencimento em 4 meses, com pagamento único. Um mês antes do final do contrato, o credor paga $ 500,00 e renegocia o restante para 2 meses. Quanto o credor deve pagar, considerando uma taxa de juros de 5% ao mês? **R: $ 469,78**

9.5 Jorge tem $ 160.000,00 aplicado a 1,38% ao mês. Ele deverá deixar seu dinheiro investido 18 meses para, então, receber o montante dessa aplicação. Quanto ele deverá resgatar para que tal investimento valha a pena? (O risco é o mesmo em ambos os projetos). **R: $ 204.767,55**

9.6 Refaça o exercício anterior, porque Jorge achou mais arriscado o projeto proposto e exigiu um retorno de 0,9205% acima de sua aplicação tradicional. **R: $ 240.945,93**

9.7 Uma nota promissória de valor nominal de $ 175.800,00 vence daqui a 60 dias. Por estar em dificuldades financeiras, o vendedor solicita que ela seja trocada por outra nota, a vencer em 150 dias. Calcule o valor desse novo título, se a taxa de juros for de 3,40% ao mês. **R: $ 194.348,18**

9.8 Uma operação financeira gerou um valor residual de $ 916.005,02, a vencer em 12 meses. A empresa devedora deseja pagar um pouco menos nessa data, $ 900.000,00. De quanto ela deve dispor hoje para que deva somente o valor desejado em 1 ano? (Taxa: 2,90% ao mês.) **R: $ 11.357,21**

9.2 Equivalência entre um valor e uma sequência de capitais (carência)

O exemplo anterior mostrou a equivalência entre dois valores. O mesmo pode ser feito com sequências de capitais. O processo é um pouco mais trabalhoso, porém simples, e se baseia em conceitos dos capítulos 5 e 6, conjuntamente.

IMPORTANTE: Entenda por carência a ausência de pagamento por um determinado período. A carência de um mês resulta no primeiro pagamento no 2º mês (do tipo n + 1). Portanto, a sequência de pagamentos postecipados não é vista nessa obra como um caso de carência para o primeiro pagamento.[3]

Exemplo 9B

Uma revendedora está anunciando um carro modelo Top em condições especiais. O valor do veículo é de $ 39.000,00 à vista, ou em 24 pagamentos de $ 2.276,58, sendo o primeiro pagamento para daqui a 6 meses. Foi informado que a taxa seria de 2% ao mês. Recalcule o valor das parcelas e verifique se a loja está informando os valores corretos.

a) Coleta de dados		b) Terminologia
Valor do carro:	$ 39.000	$PV_0 = 39.000$
Carência de pagamento:	6 meses	
Valor das parcelas:	$ 2.276,58	$PMT = 2.276,58$
Quantidade de pagamentos:	24	$n = 24$
Taxa de juros:	2%	$I = 2\%$

c) Diagrama

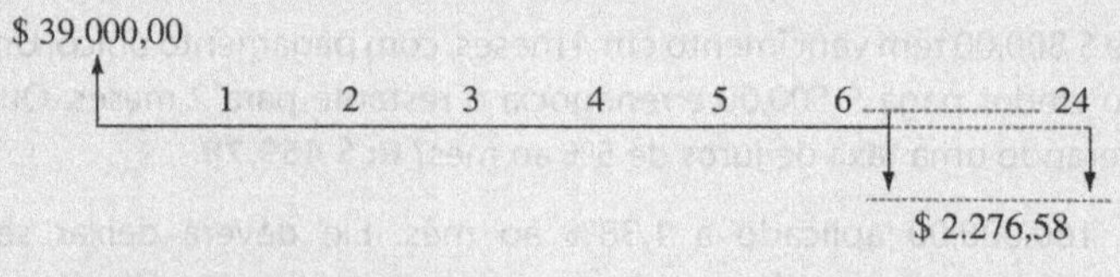

d) Cálculo

Será feito em duas etapas. 1º) Como você não efetuará nenhum pagamento por 5 meses (o primeiro será no sexto mês), o valor do veículo precisa ser corrigido por esse tempo. 2º) Como o valor encontrado após a correção é o valor Presente da nova série de pagamentos, basta calcular o valor das 24 parcelas.

[3] Esse assunto tem dividido autores de matemática financeira, e a carência neste livro é a absoluta ausência de pagamento em um determinado período relacionado à periodicidade de incidência da taxa de juros.

HP 12c (Funções financeiras básicas)

1. Corrija o valor de $ 39.000,00 por 5 meses, a 2% ao mês.

Apague os registros antes de começar.

		f	REG CLx
Inserção de dados	39.000		PV
	0		PMT
	5		n
	2		i
Cálculo do FV5	FV		

Visor: −43.059,15

2. Transforme o valor encontrado em 24 parcelas fixas. Nesse caso, $ 43.059,15 é o PV da série de pagamentos.

Apague os registros antes de começar.

		f	REG CLx
Inserção de dados	43.059,15		PV
	0		FV
	24		n
	2		i
Cálculo das parcelas	PMT		

Visor: −2.231,95

Excel (Funções financeiras básicas)

Figura 9.2 Resolução do Exemplo 9B pelo Excel

	A	B	C
1		Parte I	
2	a) Coleta de dados		b) Terminologia
3	Valor da dívida	-R$ 39.000,00	VP
4	Pagamento	R$ 0,00	PGTO
5	Tempo (em meses)	5	n
6	Taxa	0,02	i
7	Valor Futuro	R$ 43.059,15	VF
8			
9		Parte II	
10	a) Coleta de dados		b) Terminologia
11	Valor da dívida corrigido	R$ 43.059,15	VP
12	Valor Futuro	R$ 0,00	VF
13	Parcelas	24	n
14	Taxa	0,02	i
15	Pagamento	-R$ 2.276,58	PGTO

O valor encontrado confere com o valor informado pela revendedora. Basta você resolver se vai ou não fazer o negócio.

Note que existe uma carência até o início dos pagamentos. Esse tipo de problema é também conhecido como sequência de pagamentos diferida e não foi abordado no Capítulo 6 por estar intimamente relacionado à equivalência de capitais.

Exercícios resolvidos

9.9 As casas da Lhia anunciam uma câmera digital por $ 899,99 à vista. O cliente pode pagar em 9 prestações mensais, ao final de cada mês. Considerando ainda que existam 3 meses de carência para o 1º pagamento (que será feito no 4º mês), calcule o valor dessas parcelas, sabendo que a loja cobra 3% de juros ao mês. **R: $ 126,30**

Procedimento

1. Corrija o valor da câmera até o mês 3.
2. Com o valor encontrado, calcule o valor das parcelas.

Diagrama

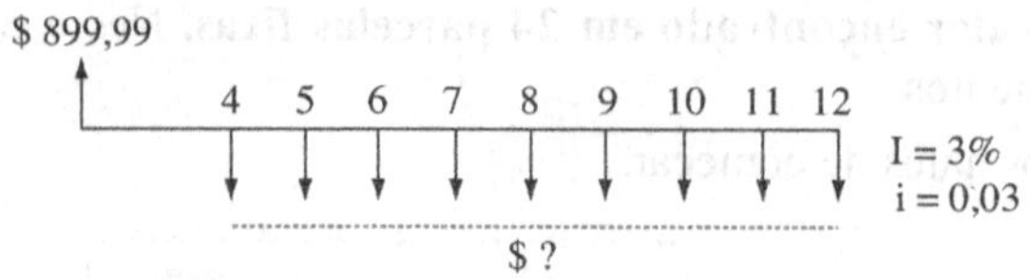

Cálculo HP 12c | Resultado

												Resultado
I	f	REG CLx	899,99	PV	3	i	3	n	0	PMT	FV	−983,44
II	f	REG CLx	−983,44	PV	3	i	9	n	0	FV	PMT	126,31

9.10 Uma revendedora de automóveis vende um carro que custa $ 32.000,00 à vista em uma supercondição: entrada de $ 7.000,00; $ 10.000,00 daqui a 3 meses; e o restante financiado a 2,5% ao mês em 6 parcelas fixas mensais. Calcule o valor dessas parcelas. **R: $ 3.072,23**

Procedimento

1. Corrija o valor financiado (descontando a entrada) até o mês 3 e subtraia $ 10.000,00.
2. Com o valor encontrado, calcule o valor das parcelas.

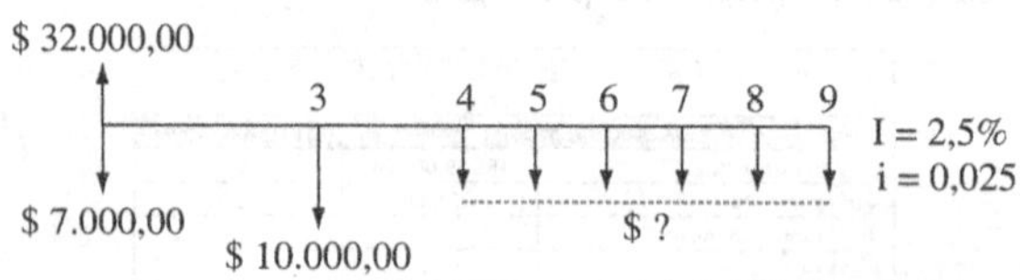

Cálculo HP 12c | Resultado

												Resultado
I	f	REG CLx	25.000	PV	2,5	i	3	n	0	PMT	FV	−26.922,27
II	f	REG CLx	16.922,27	PV	2,5	i	6	n	0	FV	PMT	−3072,24

Exercícios de fixação

9.11 Um aparelho de dvdoquê custa $ 582,50 à vista e pode ser vendido em 8 prestações mensais iguais e sem entrada, com a primeira a ser paga 3 meses após a compra. Sabendo que a loja cobra 1% a.m. de juros, qual será o valor de cada parcela? **R: $ 77,66**

9.12 Refaça o exercício anterior, supondo que uma entrada de $ 77,66 tenha sido realizada no ato da compra. **R: $ 67,30**

9.13 Um pente de memória digital custa $ 460,00 à vista. Calcule o valor de 12 parcelas mensais e fixas, supondo 2 meses de carência de pagamentos. A loja cobra taxa de 4,93% a.m. **R: $ 56,92**

9.14 Uma filmadora digital vale $ 2.400,00, à vista. A loja anuncia que produtos dessa linha podem ser pagos em 6 parcelas fixas, com uma carência de 3 meses. Assim, ela informa que o valor das 6 parcelas é de $ 545,71 e que está cobrando 4,95% de juros ao mês. Esses dados estão corretos? **R: Sim. O exercício pode ser refeito utilizando a taxa, ou os dados podem ser conferidos pela TIR.**

9.15 Um relógio Rlx é financiado por $ 8.000,00 de entrada mais 4 parcelas trimestrais fixas. Se a taxa cobrada for de 1,20% a.m. e o relógio valer $ 40.000,00 à vista, qual o valor dessas parcelas? **R: $ 8.741,71**

9.16 A Logicomput é uma empresa de softwares que está investindo $ 68.700,00 em novos computadores. A fornecedora pede uma entrada, concede carência de 5 meses para o primeiro pagamento e divide o restante em 24 prestações mensais de $ 4.129,56. Determine o valor dessa entrada. (Taxa da operação: 3,24% a.m.) **R: $ 10.583,04**

9.17 Uma imobiliária vende um imóvel por $ 450.000,00 à vista. Um cliente propõe dar uma entrada de 30%, seguida de 12 prestações semestrais iguais, sendo a primeira um ano após a assinatura do contrato. Calcule o valor dessas parcelas, sabendo que a taxa de juros proposta pelo cliente foi de 1,87% ao mês. **R: $ 56.195,38**

9.18 A CELLeng é uma construtora que sempre paga comissão aos corretores por cada venda realizada. O valor da comissão é de 4,23%, em média, e a empresa financia seus imóveis a 3% ao mês, para o prazo de 120 meses. Calcule um fator que possa ser multiplicado pelo valor de qualquer imóvel e, assim, atender às exigências da construtora. Observação: quem deve pagar a comissão é o cliente. **R: fator 0,0322542733. Neste caso, a construtora anunciaria ao cliente uma taxa de 3,14% ao mês.**

9.3 Equivalência entre sequências de capitais

Exemplo 9C

Você tem o direito de receber 4 parcelas de $ 700,00, vencíveis nos meses 7, 8, 9 e 10. Entretanto, o devedor o procura e solicita que tal dívida seja antecipada e o número de parcelas seja ampliado para 8 parcelas vencíveis a partir do quinto mês. Se a taxa de juros é de 2% ao mês, qual o valor das parcelas? **R: $ 349,72**

a) Coleta de dados		b) Terminologia
Série inicial (7 a 10):	$ 700	$PMT_i = 700$
Série proposta (5 a 12):	?	$PMT_p = ?$
Taxa de juros:	2%	$I = 2\%$

c) Diagrama

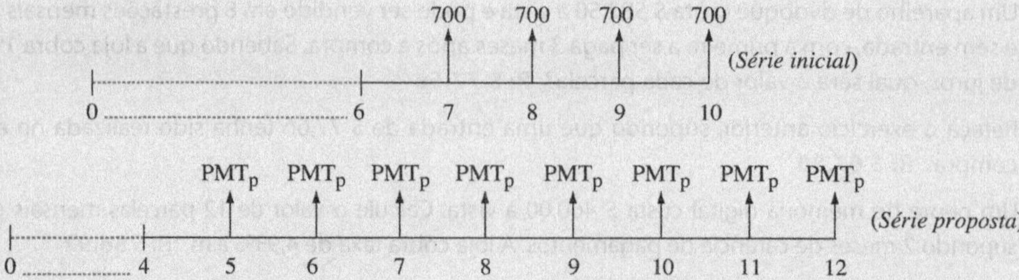

d) Cálculo

Deve ser realizado em três etapas.

1. Primeiro, deve-se encontrar o valor Presente da série inicial.
2. Depois, ajustar esse valor para que seja transformado em valor Presente da nova série.
3. Por último, o valor da nova série é calculado.

HP 12c (Funções financeiras básicas)

1. Encontre o valor Presente da série inicial. Esse valor é encontrado calculando o PV de uma série de *PMT*. Nesse caso, o PV está no mês 6, exatamente um período antes de a série começar.

Apague os registros antes de começar.

		f	REG CLx	
Inserção de dados	700		PMT	
	0		FV	
	4		n	
	2		i	Visor
Cálculo do PV_6	PV			–2.665,41

2. O valor de $ 2.665,41 está no sexto mês e deve ser trazido para o quarto mês. Ou seja, ele é um FV e serão descontados 2 meses.

Apague os registros antes de começar.

		f	REG CLx	
Inserção de dados	2.665,41		FV	
	0		PMT	
	2		n	
	2		i	Visor
Cálculo do PV_0	PV			–2.561,91

3. Sabe-se que a série inicial vale $ 2.561,91 no quarto mês. Esse valor está a um período do começo da série proposta. Logo, ele será o PV, e o *PMT* deverá ser calculado. Apague os registros antes de começar.

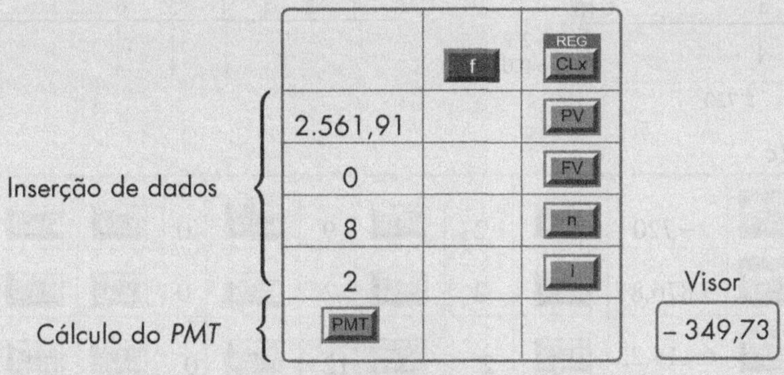

Excel (Funções financeiras básicas)

Figura 9.3 Resolução do Exemplo 9C pelo Excel

	A	B	C
1	Parte I		
2	a) Coleta de dados		b) Terminologia
3	Pagamento	R$ 700,00	PGTO
4	Valor Futuro	R$ 0,00	VF
5	Número de Parcelas	4	n
6	Taxa	0,02	i
7	VP da sequência	-R$ 2.665,41	VP
8			
9	Parte II		
10	a) Coleta de dados		b) Terminologia
11	Valor Futuro	-R$ 2.665,41	VF
12	Pagamento	R$ 0,00	PGTO
13	Tempo (em meses)	2	n
14	Taxa	0,02	i
15	Valor corrigido	R$ 2.561,91	VP
16			
17	Parte III		
18	a) Coleta de dados		b) Terminologia
19	Valor da dívida corrigido	R$ 2.561,91	VP
20	Valor Futuro	R$ 0,00	VF
21	Número de parcelas	8	n
22	Taxa	0,02	i
23	Pagamento	-R$ 349,73	PGTO

O valor das parcelas do intervalo 5 a 12 é de $ 349,73. A comprovação pode ser realizada pela TIR.

Exercícios resolvidos

9.19 Você deve a um banco 9 parcelas mensais de $ 720,00, sendo que a primeira vence em 60 dias. Mas, prevendo dificuldades financeiras, você pede que lhe sejam ampliados os prazos: a primeira parcela para 120 dias, e o restante em 12 parcelas. Sabendo que a taxa de juros contratada foi de 2% ao mês, calcule o valor das parcelas. **R: $ 521,64**

Procedimento

Deve ser realizado em três etapas.

1. Primeiro, deve-se encontrar o valor Presente da série inicial.
2. Depois, ajustar esse valor para que seja transformado em valor Presente da nova série.
3. Por último, o valor da nova série é calculado.

Situação original

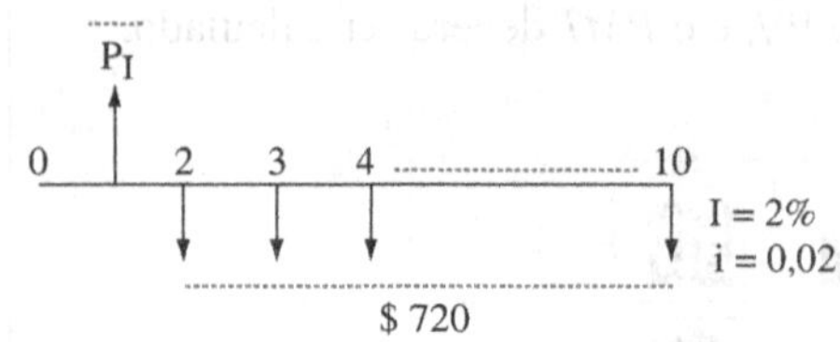

Situação proposta

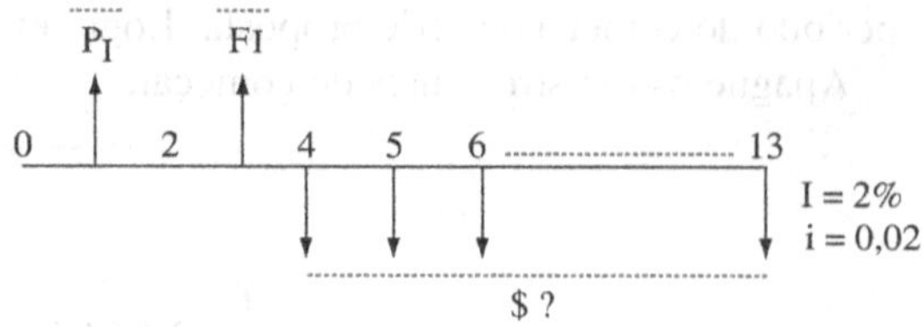

Cálculo HP 12c — Resultado

												Resultado
I	f	REG CLx	−720	PMT	2	i	9	n	0	FV	PV	−5.876,81
II	f	REG CLx	5.876,81	PV	2	i	2	n	0	PMT	FV	−6.114,23
III	f	REG CLx	6.114,23	PV	2	i	12	n	0	FV	PMT	−521,64

Exercícios de fixação

9.20 Resolva o problema anterior, considerando o número inicial de parcelas de 11 e o proposto de 18. **R: 489,00**

9.21 Determinado aparelho custa R$ 150,00 de entrada mais uma parcela de $ 300,00 após 2 meses. O cliente faz outra proposta: R$ 80,00 de entrada e o restante em duas vezes. Calcule o valor das parcelas, se a loja trabalha com uma taxa de 3,5% ao mês. **R: $ 184,26.**

9.4 Equivalência entre conjuntos de capitais (parcelas adicionais)

Um conjunto de capitais é equivalente a outro desde que as regras de equivalência sejam respeitadas. Um exemplo pode esclarecer melhor a situação.

Exemplo 9D

Você fará um contraproposta na compra de um imóvel, cujo valor financiado é de $ 200.000,00. Sua proposta será a seguinte: 120 parcelas mensais fixas, que devem liquidar $ 130.000,00 do financiamento, mais 4 parcelas anuais (todas de mesmo valor), vencíveis ao final dos anos 3, 5, 7 e 9, que devem liquidar o restante. Faça a proposta, sabendo que a taxa de financiamento é de 1% ao mês. Determine o valor das parcelas, de forma que sejam equivalentes ao valor financiado.

a) Coleta de dados		b) Terminologia
Valor financiado para mensais:	$ 130.000,00	PV_1 = 130.000,00
Série mensal (1 a 120):	?	PMT_1 = ?
Valor financiado para anuais:	$ 70.000,00	PV_2 = 70.000,00
Série anual (3,5,7,9):	?	PMT_2 = ?
Taxa de juros mensal:	1% a.m.	I_m = 1%
Taxa de juros anual:	12,68% a.a.	I_a = 12,68%

A soma de PV_1 e PV_2 é de $ 200.000,00. É fundamental que se diagrame a proposta. O diagrama mostra os parâmetros que serão utilizados na equivalência.

c) Diagrama

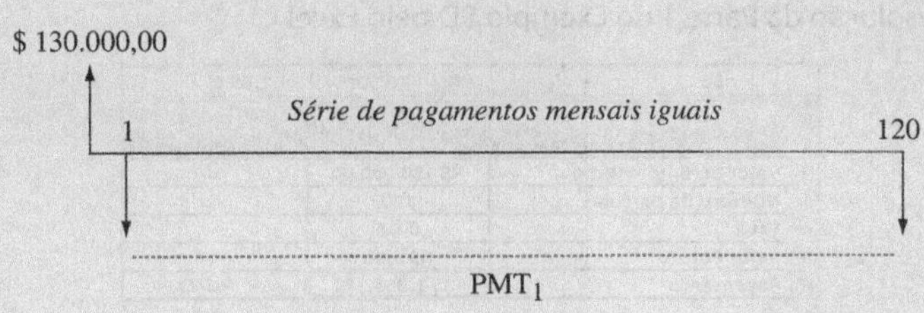

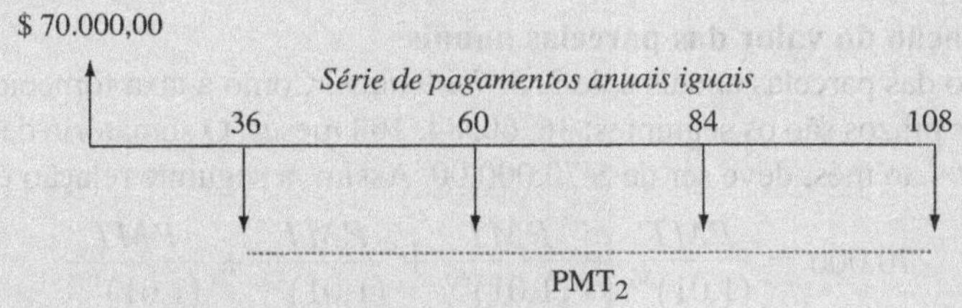

d) Cálculo

A resolução deste problema é um pouco mais trabalhosa que a dos anteriores e será necessário o uso de fórmulas na segunda etapa.

Procedimento

A resolução será feita em duas partes:

1. A partir de $ 130.000,00, determine o valor das 120 parcelas mensais e fixas.
2. A partir de $ 70.000,00, determine o valor das parcelas anuais fixas.

1. Determinação do valor das 120 parcelas mensais

HP 12c (Funções financeiras básicas)

Apague os registros antes de começar.

		f	REG CLx	
Inserção de dados	130.000		PV	
	0		FV	
	120		n	
	1		i	Visor
Cálculo do PMT	PMT			−1.865,12

Excel (Funções financeiras básicas)

Figura 9.4 Resolução da Parte 1 do Exemplo 9D pelo Excel

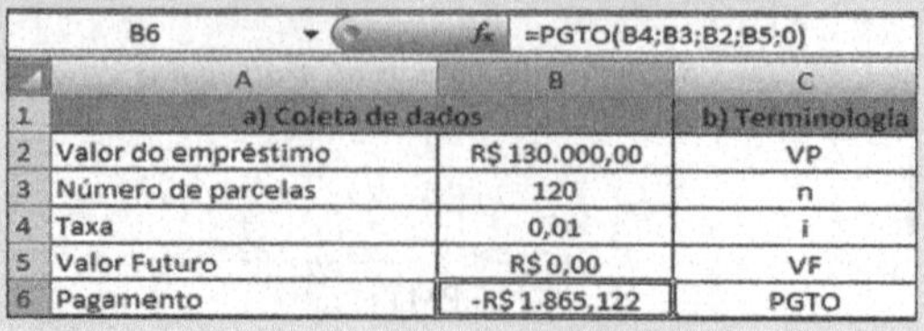

B6 =PGTO(B4;B3;B2;B5;0)

	A	B	C
1	a) Coleta de dados		b) Terminologia
2	Valor do empréstimo	R$ 130.000,00	VP
3	Número de parcelas	120	n
4	Taxa	0,01	i
5	Valor Futuro	R$ 0,00	VF
6	Pagamento	-R$ 1.865,122	PGTO

O valor de cada uma das 120 parcelas mensais será de \$ 1.865,12.

2. Determinação do valor das parcelas anuais

O vencimento das parcelas anuais é de 3, 5, 7 e 9 anos. Como a taxa fornecida pela construtora é mensal, os prazos são os seguintes: 36, 60, 84, 108 meses. O somatório dessas 4 parcelas, descontadas a 1% ao mês, deve ser de \$ 70.000,00. Assim, a seguinte relação é estabelecida:

$$70.000 = \frac{PMT}{(1{,}01)^{36}} + \frac{PMT}{(1{,}01)^{60}} + \frac{PMT}{(1{,}01)^{84}} + \frac{PMT}{(1{,}01)^{108}}$$

Como o *PMT* é comum a todas, ele deve ser colocado em evidência para que o cálculo seja concluído.

$$70.000 = PMT \times \left[\frac{1}{(1{,}01)^{36}} + \frac{1}{(1{,}01)^{60}} + \frac{1}{(1{,}01)^{84}} + \frac{1}{(1{,}01)^{108}}\right]$$

$$70.000 = PMT \times \left[\frac{1}{1{,}430768} + \frac{1}{1{,}816696} + \frac{1}{2{,}306722} + \frac{1}{2{,}928925}\right]$$

$$70.000 = PMT \times [0{,}69892495 + 0{,}55044962 + 0{,}43351547 + 0{,}34142210]$$

$$70.000 = PMT \times 2{,}02431214$$

$$PMT = \frac{70.000}{2{,}02431214} = 34.579{,}65$$

O valor das quatro parcelas anuais é de \$ 34.579,65. Isso pode parecer absurdo, se considerado o valor de \$ 70.000,00 financiado. Porém, começa a se tornar plausível quando se pensa em juros compostos e prazos de pagamento muito extensos. Esse valor poderia ser encontrado também por alguns ajustes na taxa e no tempo.

Comprovação dos cálculos: Agora que os valores são conhecidos, é interessante colocá-los em um mesmo diagrama.

e) Diagrama final da proposta

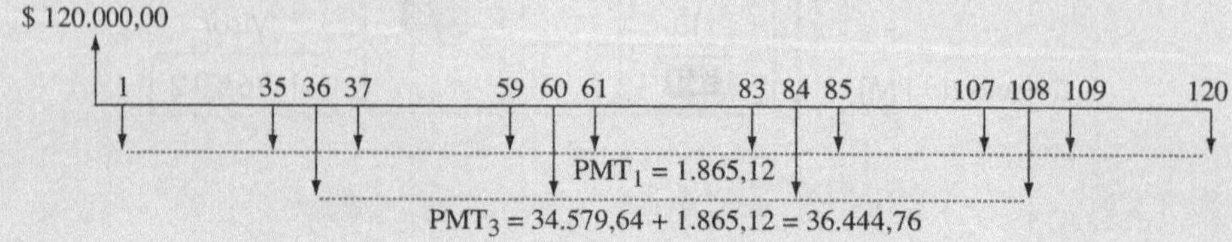

Comentário: Você terá de pagar 120 parcelas de $ 1.865,12 consecutivas a partir do primeiro mês. Por esse motivo, esse valor deve ser somado ao valor das parcelas anuais; elas são anuais conjuntamente com as mensais.

A montagem do diagrama final, além de mostrar essa união entre os pagamentos mensais e anuais, serve de base para a comprovação.

Como o valor dos fluxos não é uniforme, para comprovar os cálculos é preciso encontrar a TIR do diagrama final. Ela terá de ser de 1%.

f) Comprovação pela TIR

HP 12c (Função fluxo de caixa)

Apague os registros antes de começar.

Início... ... continua

		f	REG CLx	1.865,12	CHS	g	PMT CFj
200.000		g	PV CF0	23		g	FV Nj
1.865,12	CHS	g	PMT CFj	36.444,76	CHS	g	PMT CFj
35		g	FV Nj	1.865,12	CHS	g	PMT CFj
36.444,76	CHS	g	PMT CFj	23		g	FV Nj
1.865,12	CHS	g	PMT CFj	36.444,76	CHS	g	PMT CFj
23		g	FV Nj	1.865,12	CHS	g	PMT CFj
36.444,76	CHS	g	PMT CFj	23		g	FV Nj
						f	IRR FV

Visor

1,05

Nesse exemplo, são muitos os pagamentos, e o período é bem extenso. Se todas as casas decimais fossem consideradas, o valor seria exatamente de 1%. Assim, pode-se afirmar que os cálculos estão corretos.

São inúmeras as possibilidades de combinações entre capitais para realizar a equivalência. Portanto, procure guardar os conceitos. Esse tópico é bastante útil no dia a dia. Vale a pena estudá-lo muito bem, mesmo porque aqui estão reunidos vários assuntos abordados em outros capítulos.

10 Noções sobre inflação

APRESENTAÇÃO

Por que estudar?

Desde 1994, o Brasil tem obtido êxito na luta contra sua grande e mais perniciosa doença macroeconômica: a inflação. O combate à inflação é histórico. É importante ressaltar que o descontrole gerado pela inflação impede a instituição de um sólido patamar de crescimento econômico, almejado por uma nação em desenvolvimento.

A duros golpes, o Brasil aprendeu que deveria combater a inflação, deixando-a em níveis pelo menos aceitáveis. O governo do presidente Fernando Henrique Cardoso conseguiu o triunfo na diminuição da inflação a um custo passível de críticas. O Plano Real foi economicamente bem estruturado — porém pode ter faltado a ele um suporte político mais adequado logo no início de sua implementação. Se nessa época as reformas tributária e fiscal tivessem sido realizadas de modo eficiente, o desenvolvimento do Brasil teria sido mais acentuado e eficaz entre 1994 e 2002.

Todo esse passado favoreceu o surgimento de uma cultura relacionada à inflação no país. Atualmente, alguns detentores dos meios de produção ou representantes de classe ainda tentam valer-se de velhas práticas inflacionárias do mercado em benefício próprio.

A verdade é que ninguém quer perder participação na renda nacional, e quem mais sofre com isso é o cidadão comum, que trabalha e contribui para o fisco, diretamente ou não. A sociedade pagou muito por conviver com a inflação, e ainda paga para viver sem ela.[1]

É comum o anúncio dos índices de inflação por alguns institutos de pesquisa, e o consumidor deve estar atento a eles. Seu salário e seu rendimento familiar devem ser corrigidos de forma a protegê-lo contra a inflação. Alimentos, vestuário e serviços públicos em geral, como energia, água, gás e telefone, fazem parte de uma lista que o consumidor deve acompanhar.

Objetivos do capítulo

O tópico "Taxas equivalentes", estudado no Capítulo 7, está intimamente relacionado ao estudo sobre inflação. Isso porque a taxa anual de inflação, por exemplo, pode ser divulgada com base na taxa mensal dos últimos doze meses. Nesse caso, a taxa mensal não será fixa, e a taxa anual poderá ser construída com base na aplicação consecutiva dessas taxas.

---

[1] Não se quer dizer com isso que atualmente não exista inflação, mas que ela é mínima se comparada a períodos hiperinflacionários vividos no Brasil. Afinal, o que é 0,40% a.m. comparado a 89% a.m.?

Habilidades a serem desenvolvidas

O adequado estudo deste capítulo o habilita a:

- Identificar a taxa real de uma aplicação diante da ocorrência da inflação e de um rendimento nominal em um período qualquer.
- Realizar cálculos úteis para o controle e acompanhamento do orçamento doméstico.
- Calcular a taxa equivalente a um período composto por taxas diferentes e também calcular sua taxa média.
- Entender de maneira básica e conceitual como funcionam alguns dos principais índices de inflação do país.

Fundamentos

1. Taxas equivalentes[2]

$$I_b = [(1 + i_a)^n - 1] \times 100 \qquad \text{Fórmula 7.1}$$

- **Explicação:** I_b é a taxa *i* capitalizada *n* vezes, ou seja, é a taxa equivalente em *n* períodos, expressa em sua forma percentual; i_a é a taxa menor que deve ser capitalizada, e *n*, o número de períodos.

$$I_a = \left[(1 + i_b)^{\frac{1}{n}} - 1\right] \times 100 \qquad \text{Fórmula 7.2}$$

- **Explicação:** I_a é a taxa menor que deve ser calculada, já expressa em sua forma percentual; i_b é a taxa maior que deve ser descapitalizada *n* vezes de maneira composta; e *n*, o número de *períodos* (entenda por períodos quantos períodos menores existirem dentro de um maior).

Principais tópicos

10.1 **Taxa real, nominal e de inflação.** Uma aplicação rende uma taxa de juros em um período. Só que, paralelamente a ela, pode ter ocorrido uma inflação e o ganho real não será tão aparente. Por isso existem esses três tipos de taxa.

10.2 **Cálculos básicos para consumidores.** Aplicações dos mais básicos conceitos de inflação e de taxa nominal no cotidiano.

10.3 **Taxa acumulada de inflação e taxa média.** Esse estudo é apresentado de maneira complementar ao Capítulo 7.

10.4 **Índices de inflação.** Um guia rápido apresentando as características dos principais índices que medem a inflação no Brasil.

10.1 Taxa real, nominal e de inflação

Historicamente, o brasileiro tem se preocupado muito com a inflação, que em termos macroeconômicos provoca grande turbulência na vida do país.

---

[2] Para informações complementares, consulte o Capítulo 7, itens 7.2 e 7.3.

Pode-se definir inflação como um aumento geral e contínuo dos preços de produtos e serviços em determinado período de tempo. Se uma aplicação possui determinada rentabilidade nesse mesmo período, significa que esse rendimento não foi real, mas nominal. Portanto, algumas definições tornam-se necessárias.

- **Taxa nominal**: É a taxa de rendimento do capital investido em determinado período. Preferencialmente, devem ser descontados os impostos.
- **Taxa de inflação**: Deve ser relacionada ao mesmo tempo do rendimento da taxa nominal. É o aumento geral de preços relativo a esse período.
- **Taxa real**: É o que realmente o investimento proporcionou de retorno, descontada a inflação do período em questão.

Exatamente por esse motivo o investidor deve estar atento ao resultado de suas aplicações. Para quem trabalha e recebe salários, o reajuste anual deve no mínimo contemplar a inflação, e o que for acima dela é um ganho real. Considere o seguinte exemplo.

Exemplo 10A

Você aplicou em um fundo de renda fixa por 18 meses. O rendimento nesse período, descontado o IR, foi de 25%. No entanto, a inflação acumulada nesse mesmo período foi de 9%. Qual o rendimento real dessa aplicação?

Uma conta simples e rápida induziria ao resultado de 16%, obtido de 25% menos 9%. Esse valor é próximo do correto. Para que esse cálculo seja realizado de maneira precisa, uma conhecida equação, denominada equação de Fisher, pode ser usada:

$$\boxed{(1 + i_n) = (1 + i_r) \times (1 + i_j)}$$ Fórmula 10.1

- **Explicação:** Todas as taxas i_n, i_r e i_j são expressas em sua forma centesimal. i_n é a taxa de juros nominal; i_r é a taxa de juros real; e i_j é a taxa de inflação, todas ocorridas em um período comum.

Quando a Fórmula 10.1 deve ser utilizada? Toda vez que se deseja calcular o valor da taxa nominal em função da taxa real e da taxa de inflação, em determinado período.

Resolução do Exemplo 10A pela Fórmula 10.1

a) Coleta de dados		b) Terminologia
Rendimento da aplicação:	25%	$In = 25\%$
Inflação no período:	9%	$I_j = 9\%$
Rendimento real:	?	$I_r = ?$

c) Cálculo

$$i_n = \frac{I_n}{100} = \frac{25}{100} = 0{,}25\,;\; i_j = \frac{I_j}{100} = \frac{9}{100} = 0{,}09\,;\text{ logo:}$$

$$(1 + i_n) = (1 + i_r) \times (1 + i_j) \Rightarrow \; (1{,}25) = (1 + i_r) \times (1{,}09) \Rightarrow \; (1 + i_r) = \frac{1{,}25}{1{,}09} \Rightarrow$$

$$i_r = 1{,}1468 - 1$$

$$i_r = 0{,}146788, \text{ mas } I_r = i_r \times 100, \text{ então, } I_r = 1{,}468\%$$

O rendimento real da aplicação foi de 14,68%, e não de 16%, como o cálculo básico mostrou. Veja outro exemplo.

Exemplo 10B

O governo previu uma inflação de 10,5% para os próximos 12 meses. Um amigo lhe pediu certa quantia emprestada. Para correr o risco, você cobrará uma taxa de 20% acima da inflação. Considerando a inflação e o risco, qual a taxa que seu amigo deverá pagar pelo empréstimo?

IMPORTANTE: Uma vez que se está trabalhando somente com o cálculo de taxas, o valor do empréstimo/aplicação se torna secundário.

a) Coleta de dados		b) Terminologia
Inflação no período:	10,5%	I_j = 10,5%
Rendimento real:	20%	I_r = 20%
Taxa nominal:	?	I_n = ?

c) Cálculo

$$i_j = \frac{I_j}{100} = \frac{10{,}5}{100} = 0{,}105\,;\; i_r = \frac{I_r}{100} = \frac{20}{100} = 0{,}20;\text{ logo:}$$

$$(1 + i_n) = (1 + i_r) \times (1 + i_j) \Rightarrow (1 + i_n) = (1{,}20) \times (1{,}105) \Rightarrow (1 + i_n) = 1{,}3260 \Rightarrow$$

$$i_n = 1{,}3260 - 1 \Rightarrow i_n = 0{,}3260 \Rightarrow \text{ mas } I_n = i_n \times 100, \text{ então, } I_n = 32{,}60\%$$

Você deverá cobrar 32,60% de juros para emprestar dinheiro a seu amigo. Com esse valor, risco e inflação estão cobertos. Vale ressaltar que essa taxa pode ser transformada em mensal[3] para pagamento parcelado.

Exemplo 10C

Nos últimos dez anos seu salário subiu 18%, enquanto a inflação, nesse mesmo período, foi de aproximadamente 130%. Qual foi a perda real do valor de seu salário?

a) Coleta de dados		b) Terminologia
Aumento do salário:	18%	I_n = 18%
Inflação no período:	130%	I_j = 130%
Perda real do salário:	?	I_r = ?

[3] Consulte taxas equivalentes no Capítulo 7, item 7.2, Fórmula 7.2.

c) Cálculo

$$i_n = \frac{I_n}{100} = \frac{18}{100} = 0{,}18\ ;\ i_j = \frac{I_j}{100} = \frac{130}{100} = 1{,}30\text{; logo:}$$

$$(1 + i_n) = (1 + i_r) \times (1 + i_j) \Rightarrow\ (1{,}18) = (1 + i_r) \times (2{,}30) \Rightarrow (1 + i_r) = \frac{1{,}18}{2{,}30} \Rightarrow$$

$$i_r = 0{,}513043 - 1$$

$$i_r = -0{,}4870,\ \text{mas}\ I_r = i_r \times 100,\ \text{então,}\ I_r = -48{,}70\%$$

Nessa situação, seu salário estaria defasado em quase 50%, e você provavelmente só conseguiria comprar a metade do que comprava antes. Esteja sempre atento à taxa de inflação e a seu reajuste salarial, para que no futuro você não passe por momentos difíceis.

Exercícios resolvidos

10.1 Determine a taxa real de juros conseguida por uma financeira que opera à taxa de 80% ao ano, se a inflação resultar em 20% nesse mesmo período. R: 50% a.a.

$$(1 + i_n) = (1 + i_r) \times (1 + i_j) \Rightarrow (1 + 0{,}80) = (1 + i_r) \times (1 + 0{,}20) \Rightarrow$$

$$(1 + i_r) = \frac{1{,}80}{1{,}20} \Rightarrow (1 + i_r) = 1{,}50 \Rightarrow\ i_r = 1{,}50 - 1 = 0{,}50\ \text{ou}\ 50\%$$

10.2 Uma aplicação de R$ 10.000,00 lhe propiciou $ 5.000,00 de juros em 8 meses. Se a inflação nesse período foi de 8%, qual a taxa real de sua aplicação? R: 38,8889%

Rendimento nominal da aplicação: $i_n = \left(\frac{10.000 + 5.000}{10.000}\right) - 1 = 0{,}50$

$$(1 + i_n) = (1 + i_r) \times (1 + i_j) \Rightarrow (1 + 0{,}50) = (1 + i_r) \times (1 + 0{,}08) \Rightarrow (1 + i_r) = \frac{1{,}50}{1{,}08} \Rightarrow$$

$$(1 + i_r) = 1{,}3889 \Rightarrow\ i_r = 1{,}3889 - 1 = 0{,}3889\ \text{ou}\ 38{,}89\%$$

10.3 Uma empresa deseja financiar suas vendas a uma taxa real de 5% a.m. A equipe financeira da empresa prevê que a inflação esperada para os próximos 30 dias seja de 1,014%. Calcule a taxa nominal que a empresa deve operar nesse mês. R: 6,0647% a.m.

$$(1 + i_n) = (1 + i_r) \times (1 + i_j) \Rightarrow (1 + i_n) = (1 + 0{,}05) \times (1 + 0{,}01014) \Rightarrow$$

$$(1 + i_n) = 1{,}060647 \Rightarrow i_n = 1{,}060647 - 1 = 0{,}060647\ \text{ou}\ 6{,}0647\%$$

10.4 Araújo investiu em um fundo de renda fixa $ 2.000,00 e lá deixou esse valor por 6 meses. A taxa de rendimento do fundo foi de 37,6529%, e, simultaneamente, a inflação foi de 6,6%. Determine seu valor de resgate, se a inflação for considerada. R: $ 2.582,60

10.5 Uma empresa faz um empréstimo de capital de giro por 6 meses, à taxa de 12% no período. Qual deve ser a inflação no período para que a taxa real seja de 5%? R: 6,67%

10.6 Gabriel aplicou seu capital a 20% a.a. e, no mesmo período, a inflação foi de 15%. Qual a taxa real de juros? R: 4,35%

10.7 Depois de vários anos poupando, hoje você tem $ 1.000.000,00 à sua disposição para quando se aposentar. Esse dinheiro pode ser aplicado a 1,2% ao mês depois de descontado o IR. Sabendo que existe uma inflação média de 0,5% ao mês, quanto você pode gastar de seus rendimentos?

$$(1 + i_n) = (1 + i_r) \times (1 + i_j) \Rightarrow (1 + 0{,}012) = (1 + i_r) \times (1 + 0{,}005) \Rightarrow (1 + i_r) = \frac{1{,}012}{1{,}005} \Rightarrow$$

$$(1 + i_r) = 1{,}006965 \Rightarrow i_r = 1{,}006965 - 1 = 0{,}006965 \text{ ou } 0{,}6965\,\%$$

R: No primeiro mês de aposentadoria, você poderá gastar $ 6.965,17. O restante deve ser incorporado ao principal. Agindo sempre assim, você manterá o valor real do seu montante acumulado.

10.2 Cálculos básicos para consumidores

As despesas do dia a dia sofrem variações de preço. Algumas somente aumentam, como energia elétrica, telefonia, aluguéis, impostos, transporte, pedágios etc. No entanto, outras são flutuantes, como produtos sazonais ou atrelados ao câmbio.

Mesmo que haja certa variação sazonal de preços, com aumentos e quedas durante o ano, em geral esses produtos tendem, no longo prazo, a acompanhar os índices de inflação. Isso ocorre porque nenhum produtor deseja perder participação na renda do país.

Os exemplos apresentados neste tópico se fundamentam nos cálculos básicos de variação percentual, que, além de muito simples, são bastante úteis.

O cálculo da variação percentual deve estar fundamentado na seguinte relação:

$$\Delta\% = \left(\frac{\$\ \text{Novo}}{\$\ \text{Velho}} - 1\right) \times 100$$

Fórmula 10.2

▸ **Explicação:** Δ % é a variação percentual ocorrida na mudança de um valor velho para um novo.

Quando a Fórmula 10.2 deve ser utilizada? Para calcular a variação percentual ocorrida em um período.

A resolução dos exemplos pode ser feita tanto pela Fórmula 10.2 quanto pela HP 12c, que possui uma função específica para esse fim. Vale ressaltar que a Fórmula 10.2 pode ser resolvida usando uma calculadora comum, que certamente você terá em mãos quando necessitar.

Exemplo 10D

Um quilo de tomate custava $ 2,30 em 10 de abril. Em 10 de maio do mesmo ano, o preço estava em $ 2,77. Qual a variação percentual do preço do tomate?

a) Coleta de dados		b) Terminologia
Preço em abril:	$ 2,30	$ Velho = 2,30
Preço em maio:	$ 2,77	$ Novo = 2,77
Variação percentual:	?	Δ % = ?

c) Cálculo

Fórmula

$$\Delta\% = \left(\frac{\$\,\text{Novo}}{\$\,\text{Velho}} - 1\right) \times 100 \Rightarrow \quad \Delta\% = \left(\frac{\$\,2{,}77}{\$\,2{,}30} - 1\right) \times 100 \Rightarrow$$

$$\Delta\% = (1{,}204347 - 1) \times 100 \Rightarrow$$

$$\Delta\% = (0{,}204347) \times 100 \Rightarrow \text{logo: } \Delta\% = 20{,}43\%$$

Para uma conta rápida: divida o valor novo pelo valor velho e observe: o que passar de 1 é a variação percentual. Isso é válido somente quando há uma variação positiva.

É claro que a inflação ocorrida no período não corresponde à variação de preço do tomate, produto que sofre grande oscilação de preço devido a vários fatores.

HP 12c (Função para Δ%)

Procedimentos

1. Digite o valor antigo e tecle [ENTER], em seguida digite o novo valor e tecle [Δ%].
2. Apague os registros antes de começar.

f	REG CLx
2,30	ENTER
2,77	Δ%

Visor: 20,43

Exemplo 10E

Em janeiro do ano 01 você gastava $ 490,17 para realizar sua compra mensal no supermercado X. Em janeiro do ano 02, pela mesma compra, no mesmo local, você pagou $ 534,69. Qual a variação percentual do valor gasto na compra?

a) Coleta de dados		b) Terminologia
Compra em jan. 01:	$ 490,17	$ Velho = 490,17
Compra em jan. 02:	$ 534,69	$ Novo = 534,69
Variação percentual:	?	Δ% = ?

c) Cálculo

Fórmula

$$\Delta\% = \left(\frac{\$\,\text{Novo}}{\$\,\text{Velho}} - 1\right) \times 100 \Rightarrow \quad \Delta\% = \left(\frac{\$\,534{,}69}{\$\,490{,}17} - 1\right) \times 100 \Rightarrow$$

$$\Delta\% = (1{,}0908256 - 1) \times 100 \Rightarrow$$

$$\Delta\% = (0{,}0908256) \times 100 \Rightarrow \text{ logo: } \Delta\% = 9{,}08\%$$

Um aumento no valor da compra de supermercado também não significa a inflação do período, mas é um alerta. Se seus rendimentos não subirem de forma proporcional a seus gastos, haverá uma corrosão de seu poder de compra.

HP 12c (Função para Δ%)

Procedimentos

1. Digite o valor antigo e tecle [ENTER], em seguida digite o novo valor e tecle [Δ%].
2. Apague os registros antes de começar.

[f]	[REG CLx]
490,17	[ENTER]
534,69	[Δ%]

Visor: 9,08

Exemplo 10F

Seu salário líquido era de \$ 5.000,00 em fevereiro de 01. Em fevereiro do ano seguinte, você mudou de empresa e agora ganha \$ 3.700,00 mensais. De quanto foi sua redução salarial?

a) Coleta de dados		b) Terminologia
Salário em fev. 01:	\$ 5.000	\$ Velho = 5.000
Salário em fev. 02:	\$ 3.700	\$ Novo = 3.700
Variação percentual:	?	Δ% = ?

c) Cálculo

Fórmula

$$\Delta\% = \left(\frac{\$\,\text{Novo}}{\$\,\text{Velho}} - 1\right) \times 100 \Rightarrow \quad \Delta\% = \left(\frac{\$\,3.700}{\$\,5.000} - 1\right) \times 100 \Rightarrow$$

$$\Delta\% = (0{,}74 - 1) \times 100 \Rightarrow$$

$$\Delta\% = (0{,}26) \times 100 \Rightarrow \text{ logo: } \Delta\% = -26\%$$

A redução de seu salário foi de 26%. Nessa circunstância, é conveniente que você reduza seus gastos pessoais em pelo menos 30%.

HP 12c (Função para Δ%)

Procedimentos

1. Digite o valor antigo e tecle [ENTER], em seguida digite o novo valor e tecle [Δ%].

2. Apague os registros antes de começar.

f	REG CLx
5.000	ENTER
3.700	Δ%

Visor: −26,00

Exercícios resolvidos

10.8 Seu consumo de água gerou, em março de X4, uma conta de $ 22,00 e, em abril do mesmo ano, esse valor subiu para $ 25,40. Calcule o índice que reflete a variação percentual do período. R: 15,45%

f	REG CLx
22	ENTER
25,40	Δ%

Visor: 15,45

10.9 Entre abril e junho, suas compras no supermercado registraram significativos aumentos: abril, $ 877,55; maio, $ 963,81; e junho, $ 1.095,68. Faça uma análise dos resultados, considerando que a inflação foi de 1,77% nesse período. Calcule percentualmente o aumento mês a mês. Por último, determine o aumento em todo o período. R: 24,86%

Abril/Maio

f	REG CLx
877,55	ENTER
963,81	Δ%

Visor: 9,83

Maio/Junho

f	REG CLx
963,81	ENTER
1.095,68	Δ%

Visor: 13,68

Abril/Junho

f	REG CLx
877,55	ENTER
1.095,68	Δ%

Visor: 24,86

Análise:

a) Se a compra for a mesma todo mês e composta por muitos itens, significa que o supermercado está praticando preços fora da realidade: mude seu local de compras.

b) Se a compra não for a mesma todo mês e ainda assim composta por muitos itens, esse é um sinal de alerta: diminua suas despesas. Se seu salário subiu, parabéns, pois é hora de melhorar sua poupança e assim gastar menos no supermercado.

Exercícios de fixação

10.10 O quilo de maçã na feira custava, há 30 dias, $ 2,35. Hoje custa $ 3,20. Calcule a variação percentual no período. R: 36,17%

10.11 Uma calça de microfibra, no inverno, custa em média $ 49,50. Com as promoções de verão, passa a custar $ 35,50. Calcule a variação percentual no período. R: –28,28%

10.12 No ano passado, uma máquina fotográfica digital da marca KC5 custava $ 1.950,00. Hoje ela está à venda por $ 980,00. Calcule a variação percentual no período. R: –49,74%

10.13 Devido à estiagem no sudeste do país, o valor do quilo de batatas sofreu um aumento de 25%, passando a custar $ 3,60. Quanto custava o quilo da batata antes do aumento? R: $ 2,88

10.3 Taxa acumulada de inflação e taxa média

Os índices de inflação são divulgados normalmente em termos mensais. No próximo item serão estudados quais são e como são estruturados esses índices.

A taxa acumulada de inflação é medida por uma aplicação consecutiva de taxas menores, similar ao que acontece nas taxas equivalentes (período menor para maior).

Exemplo 10G

A tabela a seguir mostra a inflação de cada um dos seis primeiros meses de um ano. Calcule a inflação relativa a esse período.

Mês	jan.	fev.	mar.	abr.	maio	jun.
Inflação	0,21%	0,47%	0,67%	0,84%	0,90%	1,08%

O processo a ser utilizado para determinar a taxa semestral é similar ao da capitalização composta mês a mês. Só que, nesse caso, as taxas são diferentes. O cálculo da inflação acumulada é realizado pela seguinte fórmula:

$$J_{ac} = \{[(1 + j_1) \times (1 + j_2) \times (1 + j_3) \times (1 + j_4) \times \ldots\ldots\ldots (1 + j_n)] - 1\} \times 100$$

Fórmula 10.3

▸ **Explicação:** A letra j representa a inflação ocorrida em um período, expressa em sua forma decimal. Os números $_{1,2,3,4}$ e $_n$ associados ao j representam cada período de 1 a n.

Quando a Fórmula 10.3 deve ser utilizada? Por exemplo, para calcular a taxa de juros ou de inflação acumulada em um período composto por taxas diferentes. Essa fórmula pode ser aplicada também em rendimentos mensais da caderneta de poupança e em outros tipos de aplicação (nesse caso, substitua J por i).

Resolução do Exemplo pela Fórmula 10.3:

$$J_{ac} = \{[(1 + j_1) \times (1 + j_2) \times (1 + j_3) \times (1 + j_4) \times (1 + j_5) \times (1 + j_6)] - 1\} \times 100$$

$$\text{Se: } j_1 = \frac{I_1}{100} = \frac{0{,}21}{100} = 0{,}0021; \; j_2 = \frac{I_2}{100} = \frac{0{,}47}{100} = 0{,}0047; \; j_3 = \frac{I_3}{100} = \frac{0{,}67}{100} = 0{,}0067;$$

$$j_4 = \frac{I_4}{100} = \frac{0{,}84}{100} = 0{,}0084; \; j_5 = \frac{I_5}{100} = \frac{0{,}90}{100} = 0{,}0090; \; j_6 = \frac{I_6}{100} = \frac{1{,}08}{100} = 0{,}0108;$$

Então:

$$J_{ac} = \{[(1{,}0021) \times (1{,}0047) \times (1{,}0067) \times (1{,}0084) \times (1{,}009) \times (1{,}0108)] - 1\} \times 100 \Rightarrow$$

$$J_{ac} = \{[1{,}0424056] - 1\} \times 100 \Rightarrow \; J_{ac} = 4{,}24056\%$$

A inflação acumulada nos seis meses foi de 4,24%.

Exemplo 10H

Calcule a taxa média mensal de inflação do exemplo anterior.

Se a inflação em seis meses foi de 4,24056%, a taxa média deve ser calculada pela fórmula da taxa equivalente do período maior para o menor, com uma pequena alteração na nomenclatura.

$$I_a = \left[(1 + i_b)^{\frac{1}{n}} - 1\right] \times 100$$

Fórmula 7.2

▸ **Explicação:** I_a será chamada de J_m (taxa média), e i_b será chamada de j_{ac} (taxa acumulada em um período). A letra *n* está relacionada ao número de períodos que j_{ac} contém capitalizados. Portanto, a fórmula pode ser reescrita:

$$J_m = \left[(1 + j_{ac})^{\frac{1}{n}} - 1\right] \times 100$$

Fórmula 10.4

Quando a Fórmula 10.4 deve ser utilizada? Para calcular a taxa média de juros ou de inflação acumulada em um período composto por taxas diferentes. Essa fórmula pode ser aplicada também para o cálculo médio dos rendimentos mensais da caderneta de poupança e de outras aplicações, por exemplo. (Nesse caso, também substitua *J* por *i*.)

Resolução do Exemplo 10H pela Fórmula 10.4;

$$J_m = \left[(1 + j_{ac})^{\frac{1}{n}} - 1\right] \times 100 \quad J_m = \left[(1{,}0424056)^{\frac{1}{6}} - 1\right] \times 100 \Rightarrow$$

$$J_m = [(1{,}006945877) - 1] \times 100 \Rightarrow \quad J_m = [(0{,}006945877)] \times 100 \Rightarrow \quad J_m = 0{,}6945877\%$$

A taxa média de inflação mensal foi de 0,6946%.

Exemplo 10I

Considere a taxa acumulada do Exemplo 10G e calcule a taxa média bimestral de inflação.

Cálculo do *n*: seis meses tem três bimestres, portanto, *n* é igual a 3.

$$J_m = \left[(1 + j_{ac})^{\frac{1}{n}} - 1\right] \times 100 \Rightarrow \quad J_m = \left[(1{,}0424056)^{\frac{1}{3}} - 1\right] \times 100 \Rightarrow$$

$$J_m = [(1{,}01394) - 1] \times 100 \Rightarrow \quad J_m = [(0{,}01394)] \times 100 \Rightarrow \quad J_m = 1{,}3940\%$$

A taxa média de inflação bimestral foi de 1,3940%.

Exercícios resolvidos

10.14 Por três meses consecutivos, a soja subiu em 10%, 9,5% e 14%, respectivamente. Qual a variação percentual ocorrida entre o primeiro e o último mês? R: 37,31% a.t.

$$J_{ac} = \{[(1 + j_1) \times (1 + j_2) \times (1 + j_3) \times (1 + j_4) \times ...(1 + j_n)] - 1\} \times 100 \Rightarrow$$

$$J_{ac} = \{[(1 + 0{,}10) \times (1 + 0{,}095) \times (1 + 0{,}14)] - 1\} \times 100 \Rightarrow$$

$$J_{ac} = \{[(1{,}373130)] - 1\} \times 100 \Rightarrow 37{,}31\%$$

10.15 No ano de 2003, a farinha de trigo sofreu seis aumentos consecutivos, de janeiro a junho: \$ 0,98, \$ 1,25, \$ 1,42, \$ 1,76, \$ 1,89 e \$ 2,20. Calcule a taxa média mensal. R: 17,55% a.m.

f	REG CLx	
0,98	ENTER	Visor
2,20	Δ%	124,49 Variação em todo o período

$$J_m = \left[(1 + j_{ac})^{\frac{1}{n}} - 1\right] \times 100 \Rightarrow J_m = \left[(1 + 1{,}2448)^{\frac{1}{5}} - 1\right] \times 100 \Rightarrow$$

$$J_m = \left[(2{,}2448)^{\frac{1}{5}} - 1\right] \times 100 \Rightarrow J_m = \left[(1{,}175545) - 1\right] \times 100 = 17{,}55\%$$

Esse cálculo da taxa média também poderia ser realizado pelas funções financeiras básicas da HP 12c.

Cálculo HP 12c **Resultado**

f	REG CLx	2,20	FV	0	PMT	−0,98	PV	5	n	i	17,55

10.16 O índice IGGCR de inflação é utilizado para recálculo semestral de seu salário. Calcule o índice de seu reajuste salarial com base nos índices de correção, que foram assim divulgados:

jan.	fev.	mar.	abr.	maio	jun.
1,00257	1,0068	1,009788	1,0035	1,0103	1,008753

$$I_{corr} = (1{,}00257) \times (1{,}0068) \times (1{,}009788) \times (1{,}0035) \times (1{,}008753) = 1{,}0318$$

R: O índice de correção de seu salário deve ser 1,031787. Assim, seu aumento salarial será de 3,1787%.

Exercícios de fixação

10.17 Em novembro e dezembro, os preços dos brinquedos sofreram dois aumentos, de 8,20% e 23%, respectivamente. Qual o aumento percentual no bimestre? R: 10,69% a.t.

10.18 Uma dona de casa verificou que o quilo de maçã Fuji custava \$ 3,29 em agosto. Nos 4 meses seguintes, o quilo da maçã caiu consecutivamente: 2,37%, 5,32%, 3,29% e 4,88%. Qual o valor do quilo de maçã ao final desse período? R: \$ 2,79

10.19 O reajuste de seu aluguel é feito com base no índice bimestral, que registrou os seguintes valores a cada dois meses:

1º bim.	2º bim.	3º bim.	4º bim.	5º bim.	6º bim.
0,879%	1,0134%	1,0397%	1,4423%	1,5896%	1,6987%

Sabendo que você paga há um ano um aluguel de \$ 950,00, e com base nos índices fornecidos, qual deve ser o valor reajustado de seu aluguel para o próximo ano? R: \$1.025,12

10.20 Considere que seu salário ficou sem reajuste por 4 anos. A inflação anual durante esse período foi respectivamente de 8,5%, 7,31%, 6,25% e 5,79%. Se o valor de seu salário é de $ 4.200,00 e você terá um reajuste de 15% acima da inflação acumulada, qual deverá ser o valor de seu novo salário? R: $6.321,07

10.4 Índices de inflação

O passado inflacionário brasileiro fez com que surgissem diferentes formas de medir a inflação. Elas variam essencialmente na qualidade da amostra de produtos e na data da tomada de preços.

Diversos institutos medem a inflação e divulgam seus índices com base em suas próprias metodologias, de forma que alguns índices são mais utilizados que outros para distintas finalidades.

IGPM (Índice Geral de Preços-Mercado)

Por ser um índice divulgado desde a década de 1940 e estar ligado a uma instituição de confiança, o IGPM é um dos índices mais utilizados pelo mercado.

Medido pela Fundação Getúlio Vargas, esse índice historicamente se mantém independente em relação a qualquer que seja a política econômica adotada no país.

A tomada de preços para a composição do índice é mensal e realizada entre os dias 21 do mês anterior ao dia 20 do mês posterior. Isso possibilita que seja aplicado a reajustes contratuais já no início de cada mês.

IPCA-IBGE

Em 1980, o Instituto Brasileiro de Geografia e Estatística começou a divulgar o IPCA (Índice de Preços ao Consumidor Ampliado). É medido na região metropolitana das principais cidades do país. Esse índice é feito com base em cestas de consumo de famílias de renda familiar de 1 a 40 salários mínimos. Por esse motivo, é bem aceito para medir alterações no custo de vida dessas famílias.

IPC-Fipe

Índice de Preços ao Consumidor divulgado pela Fundação de Pesquisas Econômicas da Universidade de São Paulo (USP). Esse índice está ligado ao consumo de famílias da cidade de São Paulo com renda familiar entre 1 e 20 salários mínimos. Também é feito com base em uma cesta de produtos.

Outros índices poderiam ser citados. Cada um deles tem uma finalidade. Desse modo, identifique o que mais se adapta à sua realidade.

Esse assunto é complementar ao capítulo, por esse motivo não foi tão detalhado. O leitor, neste momento, sabe como aplicar um índice de correção a seu salário e a seus produtos de consumo, identificar aumentos abusivos e proteger-se contra eles.

A inflação, ligada ao clássico estudo da macroeconomia, merece ser estudada na visão das escolas monetarista, inercialista, estruturalista e keynesiana. Essa abordagem está além do escopo deste livro.

PARTE 3

Juros simples

11 Conceitos e operações mais utilizados em juros simples

APRESENTAÇÃO

Por que estudar?

No decorrer desta obra, o leitor pôde observar que a maioria das situações relacionadas à matemática financeira está ligada a juros compostos. Por esse motivo, grande parte do livro foi dedicada a esse assunto. No entanto, existem algumas aplicações de juros simples que podem fazer parte de sua vida.

O montante calculado pelos juros simples é maior do que o montante dos juros compostos[1] quando o período de capitalização é inferior a 1. Mas em qual situação do cotidiano isso se aplica?

Para as pessoas que utilizam o cheque especial, é por juros simples que é calculado quanto será pago de juros dentro do mês.

Basta atrasar um dia o pagamento da fatura do cartão de crédito, por exemplo, que o cliente poderá pagar juros simples dentro do mês pelos dias de atraso.

A troca de cheques ou duplicatas em um banco é realizada com base em juros simples.

Outras situações poderiam ser aqui relatadas, mas é melhor que cada um, a partir dos conceitos aprendidos, encontre a que melhor se adapte ao seu cotidiano.

Objetivos do capítulo

Mostrar que o estudo de juros simples é importante, se direcionado à aplicação real em problemas do dia a dia. Este capítulo pode ser estudado antes dos demais.

Habilidades a serem desenvolvidas

O adequado estudo deste capítulo o habilita a:

- Identificar onde deverão ser aplicadas operações a juros simples.
- Calcular os juros pagos dentro do mês no cheque especial.
- Realizar desconto comercial ou por fora para um conjunto de títulos.
- Identificar outras situações em que os juros simples possam ser aplicados.

Fundamentos

Diferentemente dos outros capítulos, os fundamentos necessários para a compreensão dos juros simples serão retomados no tópico 11.1.

[1] Essa relação já foi demonstrada no Capítulo 2 e será retomada no item 11.1.

Principais tópicos

11.1 **Conceito de valor Presente *P* e valor Futuro F_n a juros simples.** Alguns conceitos básicos estudados no Capítulo 2 serão retomados neste tópico.

11.2 **Taxas de juros e períodos de capitalização.** Como se deve trabalhar com as taxas de juros no sistema de capitalização simples.

11.3 **Método hamburguês.** Mostra como realizar cálculos em um período de capitalização inferior a 1. É bastante utilizado para a determinação dos juros nas denominadas contas garantidas, sendo a mais conhecida o cheque especial.

11.4 **Desconto bancário ou comercial.** Bancos e instituições financeiras trabalham com esse sistema para o desconto de títulos em geral.

11.1 Conceito de valor Presente *P* e valor Futuro F_n a juros simples

Em relação aos juros compostos, a terminologia que liga capital a valor Presente P, principal ou valor de origem não muda. Idem para o valor Futuro, valor final ou montante. No entanto, por se tratar de juros simples, a forma de capitalização e, consequentemente, os cálculos mudam.

11.1.1 O valor dos juros J_n a juros simples

De acordo com o que foi estudado no Capítulo 2, o valor pago em termos monetários em uma operação de juros simples é dado pela seguinte fórmula:

$$\boxed{J_n = P \times i \times n} \qquad \text{Fórmula 2.1}$$

▸ **Explicação:** J_n representa o valor obtido de juros em determinado período; i é a taxa de juros expressa em sua forma decimal, ajustada à mesma base do período n (esse ajuste pode ser feito por proporção ou regra de três).[2] Por se tratar de uma relação linear, o tempo também pode ser ajustado à taxa.

11.1.2 O valor Futuro F_n ou montante a juros simples

De acordo com o que foi estudado no Capítulo 2, o montante ou valor Futuro no instante n é o resultado da soma dos juros ao capital principal, ou valor Presente. O F_n pode ser encontrado pela seguinte fórmula no sistema de capitalização simples:

$$F_n = P + J_n$$

$$F_n = P + (P \times i \times n)$$

$$\boxed{F_n = P \times [1 + (i \times n)]} \qquad \text{Fórmula 2.3}$$

[2] Consulte tópico 1.5, Exemplo 1G do Capítulo 1, ou Exemplo 11B deste capítulo.

▸ **Explicação:** F_n representa o valor Futuro ou final de uma operação cujo valor Presente P ou original foi acrescido da taxa i (expressa em sua forma decimal) n vezes de forma linear (juros simples).

Quando a Fórmula 2.3 deve ser utilizada? Toda vez que se tem um único valor Presente ou de origem e se deseja calcular o valor Futuro de uma operação financeira em função do tempo e de uma taxa de juros, capitalizados de maneira simples.

Exemplo 11A

Uma fatura foi paga com um atraso de 12 dias. O banco cobra de você uma taxa de 13% ao mês nesses casos. Se o valor da fatura é de \$ 700,00, quanto você deverá pagar, considerando o atraso?

a) Coleta de dados		b) Terminologia
Valor da fatura:	\$ 700	$P = 700$
Taxa:	13%	$I = 13\%$
		$i = 0{,}13$
Tempo em dias:	12 dias	$n_1 = 12$
Tempo em meses:		$n = ?$
Valor a ser pago:	?	$F_n = ?$

c) Diagrama

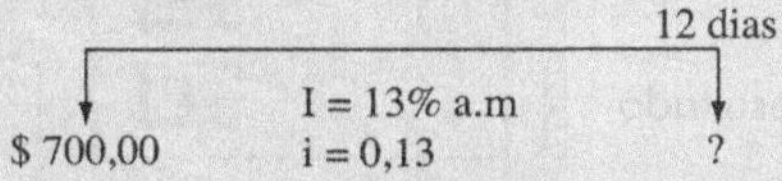

d) Cálculo

Inicialmente, o período deve ser calculado. Isso pode ser feito pela aplicação direta da regra de três.

Montagem	Resolução
30 dias ——— 1 mês 12 dias ——— x mês	$\frac{30}{12} = \frac{1}{x} \Rightarrow x = \frac{1 \times 12}{30} = 0{,}40$

Resposta: 12 dias equivalem a 0,40 de um mês. Logo, n pode ser assim encontrado: $n = \frac{12}{30} = 0{,}40$. Aplicação do cálculo na Fórmula 2.3:

$$F_n = P \times [1 + (i \times n)] \Rightarrow F_{0,40} = 700 \times [1 + (0{,}13 \times 0{,}40)] \Rightarrow$$

$$F_{0,40} = 700 \times [1 + (0{,}052)] \Rightarrow$$

$$F_{0,40} = 700 \times (1{,}052) \Rightarrow F_{0,40} = 736{,}40$$

Note que o n, nesse caso, poderia ser substituído na fórmula antes de ser calculado.

$$F_n = P \times [1 + (i \times n)] \Rightarrow F_{0,40} = 700 \times \left[1 + \left(0,13 \times \frac{12}{30}\right)\right] \Rightarrow$$

$$F_{0,40} = 700 \times [1 + (0,13 \times 0,40)] = 736,40$$

Esse procedimento é o mais indicado e será assimilado no decorrer dos exercícios.

HP 12c (Resolução pela fórmula)

Cálculo a ser realizado na HP 12c:

$$F_{0,40} = 700 \times \left[1 + \left(0,13 \times \frac{12}{30}\right)\right]$$

Apague os registros antes de começar.

	Entrada	Tecla
	f	REG CLx
Inserção de dados	700	ENTER
	0,13	ENTER
	12	ENTER
	30	÷
		X
	1	+
Resultado		X

Visor: 736,40

O valor a ser pago é de $ 736,40.

11.1.3 Valor Presente *P* ou valor de origem a juros simples

Uma vez que a fórmula para o cálculo do valor Futuro já existe, basta isolar o *P*, deixando-o como incógnita.

$$F_n = P \times [1 + (i \times n)] \Rightarrow \boxed{P = \frac{F_n}{[1 + (i \times n)]}} \qquad \text{Fórmula 11.1}$$

- **Explicação:** *P* representa o valor Presente ou original de um valor Futuro F_n ou final descapitalizado à taxa *i* (expressa em sua forma decimal) *n* vezes, de forma linear (juros simples).

Quando a Fórmula 11.1 deve ser utilizada? Toda vez que se tem um único valor Futuro F_n em um instante *n* qualquer e se deseja calcular o valor Presente *P* de uma operação financeira em função do tempo e de uma taxa de juros, descapitalizados de maneira simples.

Exemplo 11B

Você pagou uma fatura com um atraso de 12 dias. O banco cobra de você uma taxa de 13% ao mês nesses casos. Se o valor pago com o atraso é de $ 736,40, qual o valor original dessa fatura?

a) Coleta de dados		b) Terminologia
Valor a ser pago:	$ 736,40	$F_n = 736,40$
Taxa:	13%	$I = 13\%$
		$i = 0,13$
Tempo em dias:	12 dias	$n_1 = 12$
Tempo em meses:		$n = ?$
Valor da fatura:	?	$P = ?$

c) Diagrama

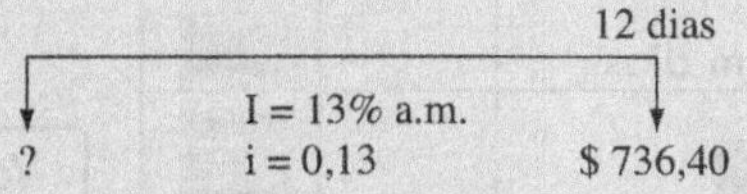

d) Cálculo

O tempo deve ser calculado como no exemplo anterior. Como os dados não foram alterados, seu valor é de 0,40 mês. Aplicação da Fórmula 11.1.

$$P = \frac{F_n}{[1 + (i \times n)]} \Rightarrow P = \frac{736,40}{[1 + (0,13 \times 0,40)]} \Rightarrow$$

$$P = \frac{736,40}{(1,052)} \Rightarrow P = 700,00$$

HP 12c (Resolução pela fórmula)

Cálculo a ser realizado na HP 12c:

$$P = \frac{736,40}{\left[1 + \left(0,13 \times \frac{12}{30}\right)\right]}$$

Apague os registros antes de começar.

	f	REG CLx
Inserção de dados	736,40	ENTER
	0,13	ENTER
	12	ENTER
	30	÷
		×
	1	+
Resultado		÷

Visor: 700,00

O valor de origem da fatura é de $ 700,00.

HP 12c (Juros simples)

As funções financeiras da HP 12c possibilitam o cálculo de juros simples. Pode ser calculado apenas o valor dos juros e do montante:

				Visor
1	[f]		[REG / CLx]	
2	Valor Presente	[CHS]	[PV]	
3	Taxa ao ano		[i]	
4	Tempo em dias		[n]	
5	[f]		[INT / i]	Valor dos juros
6			[+]	Valor do montante

Procedimentos

1. Limpe os registros.
2. Introduza o valor Presente (negativo).
3. Introduza a taxa ao ano.
4. Digite o tempo em dias.
5. Aperte [f] e, na sequência, [INT / i], e o visor mostrará os juros.
6. Pressione a tecla [+], e o valor dos juros será adicionado ao principal, resultando no montante.

Os cálculos de juros simples na HP 12c apresentam certa restrição. Por esse motivo, neste capítulo foi valorizada a resolução via fórmula, sendo a HP 12c aplicada em poucos casos.

Exercícios resolvidos

11.1 Foi realizada uma aplicação de $ 6.000,00. Após 4 meses e 15 dias, o montante dessa aplicação a juros simples será resgatado. Calcule o valor de resgate, considerando uma taxa de 18,75% a.a. R: $ 6.421,88

Por fórmula:

$$F_n = P \times [1 + (i \times n)] \Rightarrow F_n = 6.000 \times \left[1 + \left(0{,}1875 \times \frac{135}{360}\right)\right] \Rightarrow 6.421{,}88$$

Ou pela HP 12c:

f		REG CLx
6.000	CHS	PV
18,75		i
135		n
f		INT i
		+

Visor
421,88
6.421,88

11.2 Determinado valor aplicado produziu um montante de $ 3.000,00, em 4 anos, a uma taxa de 21,6% a.a. Calcule o valor da aplicação. R: $ 1.609,44

$$P = \frac{F_n}{[1 + (i \times n)]} \Rightarrow P = \frac{3.000}{[1 + (0{,}216 \times 4)]} \Rightarrow 1.609{,}44$$

11.3 Calcule os juros produzidos por $ 10.000,00, à taxa de 15% a.a., durante 125 dias. R: $ 520,83

Por fórmula:

$$J_n = P \times i \times n \Rightarrow J_n = 10.000 \times 0{,}15 \times \frac{125}{360} = 520{,}83$$

Ou pela HP 12c:

f		REG CLx
10.000	CHS	PV
15		i
125		n
f		INT i

Visor
520,83

11.2 Taxas de juros e períodos de capitalização

O sistema de capitalização simples (linear), como o próprio nome diz, é bem simples em alguns cálculos. Um bom exemplo disso é como determinar a taxa de juros equivalente.

11.2.1 Taxas equivalentes a juros simples

No Capítulo 7, foi estudado o tópico "Taxas equivalentes a juros compostos". Pelo fato de a capitalização ser composta, duas fórmulas foram apresentadas para esses cálculos.[3]

[3] Consulte o Capítulo 7, item 7.2, fórmulas 7.1 e 7.2.

Quando os juros são simples, uma regra de três pode ser aplicada tanto do período maior para o menor ou vice-versa.

Exemplo 11C

Um banco lhe cobrou 5,2% de juros pelo atraso de 12 dias no pagamento de uma fatura. Qual foi a taxa de juros diária que lhe foi cobrada?

Montagem	Resolução
12 dias ______ 5,2% 1 dia ______ x %	$\frac{12}{1} = \frac{5,2}{x} \Rightarrow x = \frac{1 \times 5,2}{12} = 0,4333\%$

Se a taxa diária é de 0,4333%, a taxa mensal será de 13%. Essa taxa é denominada taxa nominal.

11.2.2 Taxa efetiva de uma operação com base em uma taxa nominal

Uma vez que a taxa diária foi encontrada linearmente, a taxa mensal pode ser calculada com base nos juros compostos. Efetivamente, é o que acontece. Acaba-se pagando uma taxa maior que a informada, denominada *taxa efetiva*.

Exemplo 11D

Um banco lhe cobrou 5,2% de juros pelo atraso de 12 dias no pagamento de uma fatura. Sabendo que a capitalização foi diária, determine a taxa efetiva mensal cobrada por esse banco.

Já se sabe que a taxa diária é de 0,4333%. Agora, pela Fórmula 7.1, a taxa mensal é calculada, pois vai de um período menor (diário) para um maior (mensal) de maneira composta.

$$\boxed{I_b = [(1 + i_a)^n - 1] \times 100} \quad \text{Fórmula 7.1}$$

Resolução:

$$I_b = [(1 + i_a)^n - 1] \times 100 \Rightarrow I_m = [(1 + 0,0043333)^{30} - 1] \times 100 \Rightarrow$$

$$I_m = [1,138508 - 1] \times 100 \Rightarrow$$

$$I_m = 13,85\%$$

Nesse caso, pode-se dizer que a taxa é mensal e sua capitalização proporcional é diária.

Esse problema de taxas nominais e efetivas seria resolvido, por exemplo, se os agentes que cobram essas taxas divulgassem a taxa diária, em vez da mensal. Se você tem a taxa diária, calcule a mensal com base nos juros compostos, e pronto! Nos Estados Unidos, o padrão é a taxa anual para quase tudo.

Exercícios resolvidos

11.4 O valor de $ 1.000,00 rendeu $ 520,00 de juros em um ano. Calcule a taxa mensal a juros simples dessa operação. R: 4,33% a.m.

$$J_n = P \times i \times n \Rightarrow \quad 520 = 1.000 \times i \times 12 \Rightarrow$$

$$i \times 12 = \frac{520}{1.000} \Rightarrow i \times 12 = 0{,}52 \Rightarrow$$

$$i = \frac{0{,}52}{12} = 4{,}33\%$$

11.5 Determinada aplicação rendeu 18,4% de juros em 120 dias. Sabendo que a forma de capitalização é de juros simples, calcule a taxa mensal. R: 4,60% a.m.

Montagem

120 dias ——— 18,4%
30 dias ——— x %

Resolução

$$\frac{120}{30} = \frac{18{,}4}{x} \Rightarrow x \frac{552}{120} = 4{,}60\,\%$$

11.3 Método hamburguês

Atualmente, a maior utilização do método hamburguês, nos casos dos clientes de bancos, está no cheque especial.

O método hamburguês permite calcular de maneira simples e direta os juros produzidos por capitais diferentes em períodos distintos.

No caso do cheque especial, é por esse método que os juros são calculados sobre cada saldo devedor dentro do mês.

Exemplo 11E

Você possui conta corrente no Banco Cheap Count, que lhe cobra 11% ao mês de juros no cheque especial. Infelizmente, você acaba utilizando-o alguns dias no mês. Veja seu extrato. Determine quanto você terá de pagar de juros referentes ao cheque especial no mês corrente.

Tabela 11.1 Extrato bancário

Data	Histórico	Valor D/C	Saldo	D/C	nº dias saldo devedor	nº dias x saldo devedor
1/7/2005	Transporte	$1.200,00	$1.200,00	C	x	x
5/7/2005	Saque	−$1.000,00	$200,00	C	x	x
8/7/2005	Cheque	−$400,00	−$200,00	D	0	$0,00
10/7/2005	Deb. Autom	−$320,00	−$520,00	D	2	−$400,00
16/7/2005	Depósito $	$600,00	$80,00	C	6	−$3.120,00
19/7/2005	Saque	−$700,00	−$620,00	D	0	$0,00
22/7/2005	Cheque	−$230,00	−$850,00	D	3	−$1.860,00
25/7/2005	Depósito $	$100,00	−$750,00	D	3	−$2.550,00
27/7/2005	Juros	−$300,00	−$1.050,00	D	2	−$1.500,00
31/7/2005		$1.050,00	$0,00		4	−$4.200,00
					Total	−$13.630,00

Explicação da tabela: Entre os dias 8 e 10 (por 2 dias), a conta do banco ficou devedora em \$ 200,00. Por esse motivo, no dia 10 foram lançados 2 dias de saldo devedor. Na última coluna, os 2 dias multiplicaram o valor em aberto no período, resultando em \$ 400,00 negativos.

A Fórmula 2.1 mostra que, no sistema de capitalização simples, juros é igual ao principal multiplicado pela taxa e pelo tempo.

$$\boxed{J = P \times i \times n}$$

Fórmula 2.1

Se $J = P \times i \times n$, então: $J_1 = P_1 \times i \times n_1 \Rightarrow J_1 = 200 \times \frac{0{,}11}{30} \times 2 = 1{,}47$

No primeiro período de saldo devedor, você terá de pagar \$ 1,46 de juros.

O mesmo procedimento se repete para calcular os juros do segundo período em aberto. Entre os dias 10 e 16 (6 dias), a conta ficou devedora em \$ 520,00. Portanto, os juros cobrados nesse período foram de:

$$J_2 = P_2 \times i \times n_2 \Rightarrow J_2 = 520 \times \frac{0{,}11}{30} \times 6 = 11{,}44$$

Entre os dias 19 e 22 (3 dias), a conta ficou devedora em \$ 620,00. Portanto, os juros cobrados nesse período foram de:

$$J_3 = P_3 \times i \times n_3 \Rightarrow J_3 = 620 \times \frac{0{,}11}{30} \times 3 = 6{,}82$$

Entre os dias 22 e 25 (3 dias), a conta ficou devedora em \$ 850,00. Portanto, os juros cobrados nesse período foram de:

$$J_4 = P_4 \times i \times n_4 \Rightarrow J_4 = 850 \times \frac{0{,}11}{30} \times 3 = 9{,}35$$

Entre os dias 25 e 27 (2 dias), a conta ficou devedora em \$ 750,00. Portanto, os juros cobrados nesse período foram de:

$$J_5 = P_5 \times i \times n_5 \Rightarrow J_5 = 750 \times \frac{0{,}11}{30} \times 2 = 5{,}50$$

Entre os dias 27 e 31 (4 dias), a conta ficou devedora em \$ 1.050,00. Portanto, os juros cobrados nesse período foram de:

$$J_6 = P_6 \times i \times n_6 \Rightarrow J_6 = 1.050 \times \frac{0{,}11}{30} \times 4 = 15{,}40$$

Portanto, o total cobrado de juros foi de:

$$J_t = J_1 + J_2 + J_3 + J_4 + J_5 + J_6 \Rightarrow$$

$$J_t = 1{,}47 + 11{,}44 + 6{,}82 + 9{,}35 + 5{,}50 + 15{,}40 = 49{,}98$$

11.3.1 Dedução algébrica da fórmula para o cálculo dos juros cobrados em determinado período pelo método hamburguês

Se $J_t = J_1 + J_2 + J_3 + \ldots J_n$ e $J_1 = P_1 \times i \times n_1$; $J_2 = P_2 \times i \times n_2$; $J_3 = P_3 \times i \times n_3$;

$$\text{e } J_n = P_n \times i \times n_n \text{, então:}$$

$$J_t = J_1 + J_2 + J_3 + \ldots J_n \Rightarrow$$

$$J_t = (P_1 \times i \times n_1) + (P_2 \times i \times n_2) + (P_3 \times i \times n_3) + \ldots (P_n \times i \times n_n)$$

A taxa i pode ser colocada em evidência, o que resulta em:

$$\boxed{J_t = i \times [(P_1 \times n_1) + (P_2 \times n_2) + (P_3 \times n_3) + \ldots (P_n \times n_n)]} \quad \text{Fórmula 11.2}$$

▸ **Explicação:** P representa o saldo devedor em uma data, e n, o número de dias em aberto. Note que esse cálculo foi realizado na última coluna da Tabela 11.1.

Exemplo 11F

Resolva o exemplo anterior pela Fórmula 11.2, utilizando os dados da última coluna da tabela.

$$J_t = i \times [(P_1 \times n_1) + (P_2 \times n_2) + (P_3 \times n_3) + (P_4 \times n_4) + (P_5 \times n_5) + (P_6 \times n_6)] \Rightarrow$$

$$J_t = \frac{0{,}11}{30} \times [(200 \times 2) + (520 \times 6) + (620 \times 3) + (850 \times 3) + (750 \times 2) + (1.050 \times 4)] \Rightarrow$$

$$J_t = 0{,}003667 \times 13.630 = 49{,}98$$

A Fórmula 11.2 pode ser representada de outra maneira:

$$\boxed{J_t = i \times \sum_{k=1}^{n} P_k \times n_k}$$

IMPORTANTE: A taxa *i* deve ser dividida pelo número de períodos em que ela deve ser capitalizada, neste caso, em dias.

Embora os bancos forneçam ao correntista o valor cobrado pela utilização do cheque especial, os cálculos podem ser refeitos se os extratos forem tirados on-line e levados ao Excel.

Excel

O objetivo da planilha é encontrar o número de dias de saldo devedor multiplicado pelo valor em aberto, como foi feito dentro dos parênteses do exemplo 11F. A planilha resultante deverá ser:

Figura 11.1 Planilha do método hamburguês no Excel

	A	B	C	D	E	F	G
1	Data	Histórico	Valor D/C	Saldo	D/C	n. dias saldo devedor	n. dias x saldo devedor
2	1/7/2005	Transporte	$1.200,00	$1.200,00	C	x	x
3	5/7/2005	Saque	-$1.000,00	$200,00	C	0	0
4	8/7/2005	Cheque	-$400,00	-$200,00	D	0	0
5	10/7/2005	Deb. Autom	-$320,00	-$520,00	D	2	-$400,00
6	16/7/2005	Depósito $	$600,00	$80,00	C	6	-$3.120,00
7	19/7/2005	Saque	-$700,00	-$620,00	D	0	$0,00
8	22/7/2005	Cheque	-$230,00	-$850,00	D	3	-$1.860,00
9	25/7/2005	Depósito $	$100,00	-$750,00	D	3	-$2.550,00
10	27/7/2005	Juros	-$300,00	-$1.050,00	D	2	-$1.500,00
11	31/7/2005		$1.050,00	$0,00		4	-$4.200,00
12						Total	-$13.630,00
13	Juros cobrados no período						
14	Taxa mensal	n. dias no mês	Taxa ao dia	Somatório		Cálculo dos juros cobrados	
15	11%	30	0,00366667	-$13.630,00		**$49,98**	

Procedimentos

1. Digite as datas na coluna A.
2. Digite o histórico relativo a cada data na coluna B.
3. Digite os respectivos valores na coluna C.
4. Na coluna D, digite a fórmula 1 e arraste-a até a linha 11.
5. A coluna D deverá mostrar se o saldo é devedor ou credor. Com base nos valores, na coluna E, digite 'D' para saldo devedor e 'C' para credor.
6. Na coluna F, digite a fórmula 2 e arraste-a até a linha 11.
7. Na coluna G, digite a fórmula 3 e arraste-a até a linha 11.
8. Na célula G12, faça a operação somatória dos valores encontrados entre G3 e G11.
9. Na célula A15 digite a taxa mensal.
10. Na célula B15 digite o número de dias do mês.
11. Na célula C15 digite a fórmula 5.
12. Na célula F15 digite a fórmula 6.

Fórmulas utilizadas:

Fórmula (nº)	Célula (local)	Descrição
1	D3	=D2+C3
2	F3	=SE(D2<0;A3−A2;0)
3	G3	=SE(F3>0,F3*D2;0)
4	G11	=SOMA(G3:G11)
5	C15	=A15/B15
6	F15	=C15*D15

▶ **Explicação das fórmulas**

Fórmula 1: Objetiva determinar o saldo devedor em um dia. O saldo devedor anterior está sendo somado ao lançamento ocorrido no dia. Os lançamentos podem ser positivos ou negativos.

Fórmula 2: Objetiva determinar por quantos dias o saldo ficou devedor. Utiliza o recurso condicional *se*. A fórmula diz que se o saldo for negativo, as datas devem ser subtraídas, e se for positivo, o número zero deve ser lançado.

Fórmula 3: Objetiva determinar o valor do saldo devedor multiplicado pelo número de dias. Utiliza o recurso condicional *se*. A fórmula diz que se ocorreram dias de saldo devedor, eles devem ser multiplicados pelo valor devido.

Fórmula 4: Objetiva determinar o valor total em aberto durante o mês.

Fórmula 5: Objetiva calcular a taxa de juros diária pelo método de juros simples.

Fórmula 6: Objetiva calcular quanto o cliente pagará de juros por utilizar o cheque especial.

A planilha a seguir apresenta todas as fórmulas resultantes do processo. Para que essa imagem fosse gerada, o recurso *auditoria de fórmulas* foi utilizado. Portanto, não é necessário que ela seja repetida, somente se certifique de que as fórmulas foram digitadas corretamente.

Figura 11.2 Fórmulas da planilha do método hamburguês

	A	B	C	D	E	F	G
1	**Data**	**Histórico**	**Valor D/C**	**Saldo**	**D/C**	**n. dias saldo devedor**	**n. dias x saldo devedor**
2	38534	Transporte	1.200	1.200	C	x	x
3	38538	Saque	-1.000	**=D2+C3**	C	**=SE(D2<0;A3-A2;0)**	**=SE(F3>0;F3*D2;0)**
4	38541	Cheque	-400	=D3+C4	D	=SE(D3<0;A4-A3;0)	=SE(F4>0;F4*D3;0)
5	38543	Deb. Autom	-320	=D4+C5	D	=SE(D4<0;A5-A4;0)	=SE(F5>0;F5*D4;0)
6	38549	Depósito $	600	=D5+C6	C	=SE(D5<0;A6-A5;0)	=SE(F6>0;F6*D5;0)
7	38552	Saque	-700	=D6+C7	D	=SE(D6<0;A7-A6;0)	=SE(F7>0;F7*D6;0)
8	38555	Cheque	-230	=D7+C8	D	=SE(D7<0;A8-A7;0)	=SE(F8>0;F8*D7;0)
9	38558	Depósito $	100	=D8+C9	D	=SE(D8<0;A9-A8;0)	=SE(F9>0;F9*D8;0)
10	38560	Juros	-300	=D9+C10	D	=SE(D9<0;A10-A9;0)	=SE(F10>0;F10*D9;0)
11	38564		1.050	=D10+C11		=SE(D10<0;A11-A10;0)	=SE(F11>0;F11*D10;0)
12						Total	**=SOMA(G3:G11)**
13	**Juros cobrados no período**						
14	Taxa mensal	n. dias no mês	Taxa ao dia	Somatório		Cálculo dos juros cobrados	
15	0,11	30	**=A15/B15**	=G12		**=D15*C15**	

Não se deve considerar a coluna A, somente as demais. As seis fórmulas (em negrito) devem ser digitadas e arrastadas, quando for o caso.

11.4 Desconto bancário ou comercial

Encerrando as operações mais utilizadas em juros simples está o desconto comercial. Um desconto ocorre quando o possuidor de um título (de valor nominal N) resgata-o antes do vencimento em um agente financeiro.

Os títulos mais comuns que sofrem operações de desconto são: nota promissória, letras de câmbio, duplicatas e cheques pré-datados (embora ainda não existam legalmente).

Para que um título seja descontado, é preciso que se conheçam seu valor nominal N ou de face, o tempo n para o vencimento e a taxa de juros i que o agente financeiro vai cobrar.

Exemplo 11G

Uma nota promissória de $ 1.000,00 tem vencimento para daqui a 3 meses. Você deseja descontá-la hoje em um banco. Se a taxa de juros é de 5% ao mês, qual o valor do desconto e quanto você receberá?

a) Coleta de dados		b) Terminologia
Valor da nota:	$ 1.000,00	$N = 1.000,00$
Taxa de desconto:	5% a.m.	$D = 5\%$ $d = 0,05$
Prazo de vencimento:	3 meses	$n = 3$
Valor do desconto:	?	$D_c = ?$
Valor recebido:	?	$V_R = ?$

c) Diagrama

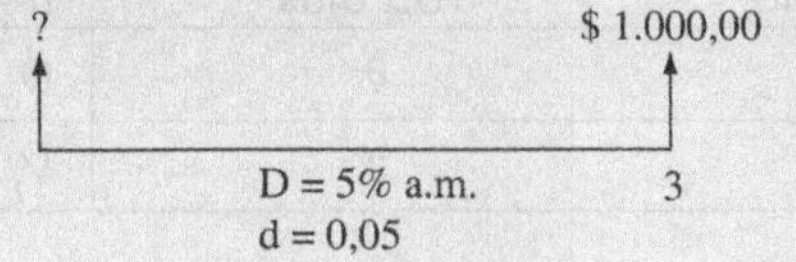

d) Cálculo

O método de resolução é por fórmula, que para o desconto comercial é a seguinte:

$$\boxed{D_c = N \times d \times n} \quad \text{Fórmula 11.3}$$

▸ **Explicação:** D_c é o valor do desconto comercial, d é a taxa de juros mensal e n é o tempo.

Quando a Fórmula 11.3 deve ser utilizada? Sempre que se for calcular o valor do desconto comercial de um título de valor nominal N em função do tempo n e da taxa de desconto.

$$\text{Portanto: } D_c = N \times d \times n \Rightarrow D_c = 1.000 \times 0{,}05 \times 3 \Rightarrow D_c = 150{,}00$$

Se o desconto é de \$ 150,00, o valor recebido é de \$ 850,00. Assim, uma nova fórmula pode ser apresentada:

$$V_R = N - D_c, \text{ onde } D_c \text{ pode ser substituído; } V_R = N - (N \times d \times n) \Rightarrow$$

$$\boxed{V_R = N \times [1 - (d \times n)]} \quad \text{Fórmula 11.4}$$

▸ **Explicação:** V_R é o valor líquido recebido em uma operação de desconto comercial, N é o valor de face do título, i é a taxa de juros mensal e n é o tempo.

Quando a Fórmula 11.4 deve ser utilizada? Sempre que se for calcular o valor líquido[4] a ser recebido em uma operação de desconto comercial de um título de valor nominal N em função do tempo n e da taxa de desconto d.

Aplicação da Fórmula 11.4 ao Exemplo 11G:

$$V_R = N \times [1 - (d \times n)] \Rightarrow V_R = 1.000 \times [1 - (0{,}05 \times 3)] \Rightarrow$$
$$V_R = 1.000 \times 0{,}85 = 850{,}00$$

Exemplo 11H

Um cheque de \$ 2.300,00 tem vencimento para daqui a 165 dias. Você deseja descontá-lo hoje em um banco. Se a taxa de juros é de 5% ao mês, qual o valor do desconto e quanto você receberá?

a) Coleta de dados		b) Terminologia
Valor do cheque:	\$ 2.300,00	$N = 2.300{,}00$
Taxa de desconto:	5% a.m.	$I = 5\%$
		$i = 0{,}05$
Prazo de vencimento:	165 dias	$n = 165$
Valor do desconto:	?	$D_c = ?$
Valor recebido:	?	$V_R = ?$

[4] Não estão considerados TAC, IOF e outras despesas.

c) Diagrama

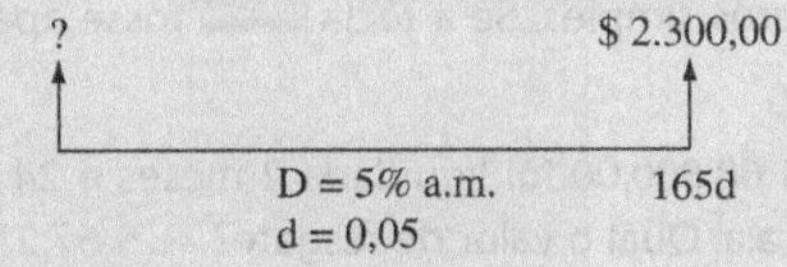

d) Cálculo

Note que taxa e tempo estão diferentes, portanto, a taxa deve ser transformada ao dia (mês com 30 dias) na hora do cálculo.

$$V_R = N \times [1 - (d \times n)] \Rightarrow V_R = 2.300 \times \left[1 - \left(\frac{0{,}05}{30} \times 165\right)\right] \Rightarrow$$

$$V_R = 2.300 \times (1 - 0{,}2750) \qquad V_R = 2.300 \times 0{,}7250 \quad 1 \quad V_R = 1.667{,}50$$

O valor recebido será de $ 1.667,50, e o desconto, de $ 632,50 ($2.300 – $1.667,50) ou:

$$D_c = N \times i \times n \Rightarrow D_c = 2.300 \times \frac{0{,}05}{30} \times 165 \Rightarrow D_c = 2.300 \times 0{,}2750 \Rightarrow D_c = 632{,}50$$

O desconto simples é linear e seu cálculo não apresenta dificuldades. As outras variáveis das fórmulas 11.3 e 11.4 podem ser isoladas. Por se tratar de um processo bem simples, pressupõe-se que possa ser realizado sem grandes dificuldades e não será apresentado aqui. O processo de cálculo do desconto bancário pode ser realizado pela HP 12c e será mostrado no próximo exemplo.

O estudo tradicional de juros simples ainda apresentaria mais alguns assuntos de aplicabilidade talvez mais restrita. O que foi visto até aqui atende aos objetivos propostos no capítulo.

Exercícios resolvidos

11.6 Qual o desconto bancário de uma duplicata de $ 55.000,00, resgatada 7 meses e 15 dias antes do vencimento, à taxa de 18% a.a.? R: $ 6.187,50

Pela fórmula:

$$D_c = N \times d \times n \Rightarrow D_c = 55.000 \times \frac{0{,}18}{360} \times 225 = 6.187{,}50$$

Pela HP 12c:

f		REG CLx
55.000	CHS	PV
18		i
225		n
f		INT i

Visor

6.187,50

A HP 12c também calcula o valor do desconto bancário, porque sua fórmula é operacionalmente idêntica à de cálculo dos juros simples. Se a tecla [−] fosse apertada ao final, o valor líquido a receber seria obtido.

11.7 Uma nota promissória de \$ 68.800,00 foi liquidada 2 meses e 24 dias antes do vencimento, com desconto bancário de 9,6% a.a. Qual o valor de resgate? R: \$ 67.258,88

$$V_R = N \times [1 - (i \times n)] \Rightarrow V_R = 68.800 \times \left[1 - \left(\frac{0,096}{360} \times 84\right)\right] = 67.258,88$$

Pela HP 12c:

			Visor
f		REG CLx	
68.800	CHS	PV	
9,6		i	
84		n	
f		INT i	1.541,12
		−	67.258,88

PARTE 4

Finanças pessoais

12 Finanças pessoais

APRESENTAÇÃO

Por que estudar?

Já pensou em viver sem dívidas, comprar tudo à vista, trocar de carro todo ano, viajar sempre com a família, ter uma boa aposentadoria e ainda estar preparado para as emergências e percalços da vida?

Certamente você já realizou muitos planos: formar-se, especializar-se e trabalhar para ter uma bela renda. Entretanto, o mesmo empenho deveria ser dado na busca de alternativas de fazer a sua renda trabalhar por você.

IMPORTANTE: Trabalhe pela renda que depois ela pode trabalhar por você.

Neste capítulo você encontrará uma abordagem diretamente relacionada aos principais problemas financeiros enfrentados no cotidiano de uma família ou de um indivíduo. Com base no planejamento financeiro, na disciplina e na poupança, você conhecerá meios para planejar uma sólida aposentadoria do ponto de vista financeiro.

Contextualização

Qualquer país que se preocupa com um desenvolvimento sustentável e de longo prazo deve ter um sistema educacional consolidado e de formação bem homogênea. No Brasil, desde o ensino fundamental, várias deficiências na formação de crianças e jovens poderiam ser apontadas, principalmente na rede pública de ensino. Por exemplo, não ensinamos aos nossos jovens por que poupar; logo, eles não priorizam, não poupam e tampouco se tornam adultos investidores.

O estudo de finanças pessoais é obrigatório em vários países e começou a se tornar uma realidade em alguns cursos de formação superior no Brasil. Por fazer parte eminente de nosso cotidiano, assim como a Matemática Financeira, a inclusão da disciplina de Finanças Pessoais deveria ser obrigatória em todos os cursos de ensino superior. Isso sem deixar de lado uma abordagem preliminar no ensino fundamental e médio como forma de criação de cultura.

Poupança e desenvolvimento estão relacionados. Sem levar ao extremo a relação de máxima poupança e pouco consumo, consideremos a relação entre nível de poupança, endividamento e recursos disponíveis para investimento. Quem poupa está investindo no presente e se tornando um investidor do futuro. Os planos de previdência, que ganharam força nos últimos vinte anos, são exemplos de uma mudança comportamental de uma parte da população motivada pela necessidade de garantir o futuro diante de um sistema público previdenciário falido e assistencialista.

Objetivos do capítulo

De forma itemizada, estão descritos abaixo os principais objetivos desse capítulo:

- Fornecer aos leitores instrumentos que os façam inicialmente refletir sobre sua vida financeira.
- Mostrar a importância do planejamento e do controle para que se consiga poupar.
- Apresentar os tipos de investimentos mais comuns disponíveis no mercado e determinar o melhor investimento para cada perfil para uma aposentadoria planejada.
- Ressaltar que a administração financeira pessoal muito se assemelha à de uma empresa.
- Estimular a administração e o controle de uma carreira ascendente, para que o indivíduo possa determinar seu valor enquanto ser produtivo.
- Passar técnicas de controle de gastos e de aumento da capacidade de poupança.

Habilidades a serem desenvolvidas

O adequado estudo desse capítulo o habilita a:

- Diagnosticar sua vida financeira, classificar seus gastos, suas dívidas, seus demonstrativos de gastos mensais.
- Traçar metas de prioridade financeira de curto, médio e longo prazo; poupar; identificar quais as melhores opções de investimento em virtude de seu perfil e de sua idade.
- Saber como planejar uma reserva para situações emergenciais e para sua aposentadoria.

Fundamentos

Este capítulo é um pequeno manual de finanças pessoais e tem como fundamento todo o conteúdo dos onze capítulos precedentes. Na resolução dos exemplos existirá apenas uma citação com referência à teoria da Matemática Financeira contendo capítulo e subitem. Os exemplos serão resolvidos somente pela HP 12c. A resolução no Excel e por fórmulas deverá seguir a citação do capítulo.

Estrutura de assuntos no capítulo

O estudo desse capítulo está dividido em três partes

12.1 **Introdução ao tema.** neste item será abordada essencialmente a importância de fazer um planejamento financeiro baseado no controle e de classificar os gastos para que seja possível se livrar das dívidas e poupar.

12.2 **Planejamento financeiro.** Em síntese, como este deve ser feito, sua estrutura temporal, seus objetivos e metas ajustados a cada indivíduo.

12.3 **Investimentos.** Sabendo como se controlar financeiramente e como priorizar os recursos de acordo com suas reais necessidades, o indivíduo poderá poupar e assim investir. Este tópico mostra os principais tipos de investimentos disponíveis no mercado, suas vantagens e desvantagens.

12.1 Introdução ao tema

O assunto finanças pessoais é de interesse da maioria da população, e toda a prática que existe sobre ele está mais relacionada à educação familiar do que aos bancos escolares. Um objetivo que todos almejam é encontrar uma forma de sobreviver com sua renda, poupar e garantir o futuro. Esteja certo de que isso praticamente não está relacionado ao tamanho de sua renda, mas, sim, à sua relação com ela.

12.1.1 Poupança

Utilizar adequadamente seus próprios recursos, identificar as suas prioridades de consumo e as suas prioridades financeiras e ainda estar preparado para emergências de caixa fazem parte de um bom planejamento financeiro pessoal.

Mas por que poupar? Os motivos são bem diversos e variam de indivíduo para indivíduo. Por exemplo, comprar um carro, uma casa, formar um filho, viajar entre outros. Os manuais de economia dizem que uma pessoa poupa motivada por uma dessas três situações: precaução, troca ou especulação.

Por definição, poupar é renunciar e adiar o consumo presente objetivando maiores condições de consumo no futuro. Um grande desafio está relacionado à poupança: ter a paciência de planejar o consumo futuro e abrir mão do consumo presente em uma sociedade capitalista.

IMPORTANTE: Não existe momento ideal para começar a poupar. O começo deve ser hoje, pois o tempo será um grande aliado.

A maneira como você lida com seu dinheiro hoje determina a sua dependência dele amanhã. Um bom começo é substituir o verbo desejar por precisar. O consumo deve ser composto essencialmente de itens necessários à sua sobrevivência. O desejo está relacionado ao valor agregado ao consumo que normalmente objetiva a satisfação pessoal ou social. O consumo motivado pelo desejo extrapola a essência da necessidade de troca, que, se moldada pelo sistema, leva à aquisição supérflua e, nesse caso, a insaciabilidade de bens se torna uma constante.

12.1.2 Diagnóstico: classificação dos gastos

O primeiro item para a elaboração de um planejamento financeiro pessoal é uma reflexão do presente, uma análise, um diagnóstico que possibilite a determinação da renda, a classificação dos gastos e seu destino. Existem basicamente três tipos de gastos: os gastos fixos, os gastos variáveis e os gastos arbitrários (supérfluos). Abaixo está a definição de cada um:

Renda: essencialmente é composta pelos rendimentos mensais de todas as fontes, principais e extras, de um indivíduo ou de sua família. Se o planejamento financeiro for individual, utilize a(s) renda(s) do indivíduo; se for familiar, utilize o somatório das rendas dos indivíduos que compõem o caixa comum da família.

Gastos fixos: como o próprio nome diz, são aqueles que mantêm seu valor mensal praticamente inalterado. Alguns exemplos: escolas e cursos, aluguel/condomínio/prestação do carro, prestação da casa; empregada; seguro do carro; impostos como IPVA, IPTU e IR (se parcelados), plano de saúde, seguro de vida, academia/clube e plano de aposentadoria.

Gastos variáveis: são despesas pagas mensalmente, mas que permitem variação em seus valores. Alguns exemplos: luz, telefones fixo e celular, água, alimentação, combustível, cartão de crédito.

Gastos arbitrários ou supérfluos: estão relacionados mais aos desejos do indivíduo do que às suas reais necessidades. Alguns exemplos: teatro, parques, cinema, viagens, roupas e acessórios em excesso, bares e restaurantes.

DICA: Escolha o momento ideal para ir às compras. Aproveite as promoções e a sazonalidade. Discuta com sua família no início de cada ano as necessidades de cada um e de como as compras serão programadas. Elabore o orçamento familiar anual e estabeleça limites e emergências. Por fim, evite ao máximo financiar suas compras.

Exemplo 12A

Elabore o orçamento realizado do mês de agosto da família Silva com todas as receitas e despesas devidamente identificadas e classificadas. Utilize a lista abaixo:

Receita principal	R$	3.620,00	
Receita secundária	R$	1.043,00	
Academia	R$	55,00	(F)
Alimentação	R$	500,00	(V)
Babá	R$	260,00	(F)
Cartão de crédito	R$	400,00	(V)
Combustível	R$	300,00	(V)
Condomínio	R$	130,00	(F)
Diarista	R$	130,00	(F)
Estacionamento	R$	40,00	(A)
Faculdade	R$	386,80	(F)
Farmácia	R$	30,00	(A)
INSS (babá)	R$	52,00	(F)
IR	R$	70,00	(F)
Juros (ch. especial)	R$	30,00	(V)
Livros e xerox	R$	100,00	(A)
Luz	R$	64,00	(V)
Manutenção da casa	R$	50,00	(A)
Manutenção do carro	R$	50,00	(A)
Médico	R$	160,00	(F)
Outros gastos (filhos)	R$	200,00	(A)
Presentes	R$	25,00	(A)
Prestação imóvel	R$	272,00	(F)
Prestação veículo	R$	342,00	(F)
Restaurantes	R$	70,00	(A)
Seguro de vida	R$	65,00	(F)
Seguro do carro	R$	60,00	(F)
Seguro-saúde	R$	110,00	(F)
Tarifa bancária	R$	20,00	(F)
Telefone fixo	R$	60,00	(V)
Transp. coletivo	R$	120,00	(V)
Vestuário	R$	50,00	(A)

O primeiro passo é separar as receitas para depois realizar a separação entre gastos fixos, variáveis e arbitrários (supérfluos). Uma dica: classifique marcando **F** para fixo, **V** para variável e **A** para arbitrário ao lado de cada despesa apontada. Depois, monte algumas tabelas separando tudo. É interessante utilizar uma relação percentual para cada despesa que mostre sua relação dentro de seu próprio grupo e com o total das despesas.

Tabela 12.1 Composição das receitas

Orçamento de agosto		
Receitas	Valor	% Total
Receita principal	R$ 3.620,00	77,63%
Receita secundária	R$ 1.043,00	22,37%
Total das receitas	R$ 4.663,00	100,00%

A família possui mais do que uma fonte de receita. A divisão percentual é importante, pois mostra a contribuição de cada participante da renda e o que poderia acontecer em caso de mudança de cenário (perda do emprego, aumento/corte de salários).

Tabela 12.2 Composição das despesas – gastos fixos

Orçamento de agosto				
Despesas	Parcela	Valor	% item	% Total
Gastos fixos				
Aluguel				
Condomínio		R$ 130,00	6,15%	3,09%
Prestação imóvel	14/120	R$ 272,00	12,87%	6,47%
Prestação veículo	36/60	R$ 342,00	16,19%	8,14%
Seguro do carro	05/10	R$ 60,00	2,84%	1,43%
IR	05/08	R$ 70,00	3,31%	1,67%
Babá		R$ 260,00	12,31%	6,19%
INSS (babá)		R$ 52,00	2,46%	1,24%
Diarista		R$ 130,00	6,15%	3,09%
Seguro-saúde		R$ 110,00	5,21%	2,62%
Faculdade		R$ 386,80	18,31%	9,21%
Tarifa bancária		R$ 20,00	0,95%	0,48%
Academia		R$ 55,00	2,60%	1,31%
Depreciação do carro			0,00%	0,00%
Aposentadoria			0,00%	0,00%
IPTU			0,00%	0,00%
Seguro de vida		R$ 65,00	3,08%	1,55%
Cursos			0,00%	0,00%
Médico		R$ 160,00	7,57%	3,81%
	TOTAL	R$ 2.112,80	100,00%	50,28%

De acordo com a tabela acima, 50,28% das despesas da família Silva são compostas por gastos fixos. A primeira coluna mostra a natureza do gasto. Existem alguns sem valores que são apresentados apenas como exemplo. A segunda coluna é preenchida em caso de parcelamento e mostra a relação entre a parcela paga no mês e a quantidade contratada. A terceira coluna apresenta os valores pagos no mês. A quarta coluna é composta por valores percentuais em relação à totalidade do grupo gastos fixos, por exemplo, a mensalidade da faculdade representa 18,31% dos gastos fixos e 9,21% em relação ao total de gastos, como pode ser visto na quinta coluna.

Tabela 12.3 Composição das despesas – gastos variáveis

Orçamento de agosto				
Despesas	Parcela	Valor	% item	% Total
Gastos variáveis				
Alimentação		R$ 500,00	33,92%	11,90%
Juros (ch. especial)		R$ 30,00	2,04%	0,71%
Luz		R$ 64,00	4,34%	1,52%
Telefone fixo		R$ 60,00	4,07%	1,43%
Combustível		R$ 300,00	20,35%	7,14%
Cartão de crédito		R$ 400,00	27,14%	9,52%
Transp. coletivo		R$ 120,00	8,14%	2,86%
Gás			0,00%	0,00%
Água			0,00%	0,00%
Telefone celular			0,00%	0,00%
	Total	R$ 1.474,00	100,00%	35,08%

De acordo com a tabela anterior, 35,08% das despesas da família Silva são compostas por gastos variáveis. A primeira coluna mostra a natureza do gasto. Existem alguns sem valores que são apresentados apenas como exemplo. A segunda coluna não pode ser preenchida nesse grupo. A terceira coluna apresenta os valores pagos no mês. A quarta coluna é composta por valores percentuais em relação à totalidade do grupo gastos variáveis, por exemplo, o combustível do carro representa 20,35% dos gastos variáveis e 7,14% em relação ao total de gastos, como pode ser visto na quinta coluna.

A situação da família Silva pode ser assim concluída: o total de receitas é de R$ 4.663,00 e o total de despesas é de R$ 4.201,80, o que significa um saldo de R$ 461,20 disponível para a aplicação. O fato é que esse valor de aproximadamente 10% da renda da família acaba sendo utilizado em despesas não relacionadas (n.r). O que pode ser aconselhado à família Silva é que diminua seus gastos fixos para 40%, variáveis para 25% e os arbitrários (supérfluos) para 10%. Se isso acontecer de fato, mesmo com as despesas não relacionadas, a família conseguirá poupar R$ 704,55.

Saldo 4.663 – 1.865,20 (*F*) –1.165,75 (*V*) – 466,30 (*A*) –461,20 (*n.r*)

Saldo = 704,55

Tabela 12.4 Composição das despesas – gastos arbitrários (supérfluos)

Orçamento de agosto				
Despesas	Parcela	Valor	% item	% Total
Gastos arbitrários				
Presentes		R$ 25,00	4,07%	0,59%
Vestuário		R$ 50,00	8,13%	1,19%
Farmácia		R$ 30,00	4,88%	0,71%
Estacionamento		R$ 40,00	6,50%	0,95%
Livros e xerox		R$ 100,00	16,26%	2,38%
Manutenção do carro		R$ 50,00	8,13%	1,19%
Manutenção da casa		R$ 50,00	8,13%	1,19%
Viagens			0,00%	0,00%
Cinema			0,00%	0,00%
Restaurantes		R$ 70,00	11,38%	1,67%
Outros gastos (filhos)		R$ 200,00	32,52%	4,76%
	TOTAL	R$ 615,00	100,00%	14,64%

12.1.3 Diagnóstico: classificação das dívidas de acordo com sua agressividade

Uma dívida é agressiva devido ao seu custo. O pagamento de juros determina o custo de uma dívida. É importante aqui ressaltar que existe uma relação entre custo de dívida e impacto no orçamento familiar, pois quanto maior o custo, maior o comprometimento orçamentário.

Cada consumidor deve, ou pelo menos deveria, saber a quantidade de juros embutida em cada dívida. Utilize tudo o que foi estudado nas partes II e III desta obra para calcular juros e custo do dinheiro. As dívidas mais agressivas devem ser pagas em um primeiro momento, pois a sua rolagem significa maior comprometimento no futuro. Certamente o salário não é corrigido de acordo com o saldo remanescente dessas dívidas. Um exemplo de dívidas classificadas em ordem decrescente de agressividade: cartão de crédito, cheque especial, CDC, prestação do carro, prestação da casa, mensalidade escolar (dependendo do desconto por antecipação) etc.

12.1.4 Diagnóstico: eliminando as dívidas

Uma vez organizadas por agressividade, é o momento de substituir os créditos mais caros por mais baratos.

As dívidas de maior impacto financeiro devem ser saldadas primeiro, pois elas podem causar uma situação financeira vulnerável.

Tente fazer negociações para quitação à vista de um crédito caro, nem que para isso você se valha de um mais barato. Quando se gasta mais de trinta por cento do salário com dívidas, é hora de parar. O ideal é não fazê-las.

12.1.5 Diagnóstico: reorganizar e otimizar gastos

Ao repensar sua saúde financeira, tenha em mente que um simples desembolso de caixa pode não significar uma dívida, mas, ao pagar uma dívida, o desembolso é líquido e certo.

O ponto de partida é o gasto com suas reais necessidades. Muitas vezes, seu orçamento pessoal pode estar comprometido com o pagamento de uma única prestação. Entenda comprometimento como trinta por cento das suas receitas líquidas. Evite que isso aconteça e, em casos extremos, como a compra de um imóvel, por exemplo, estude bem a situação e analise se o comprometimento vale a pena.

É importante poupar para constituir uma reserva para emergências, que prioritariamente não poderá ser gasta para o pagamento de dívidas.

12.1.6 Diagnóstico: formas alternativas de rendimentos

Se o orçamento estiver apertado, um gasto imprescindível surgiu e está difícil poupar, então está na hora de buscar um rendimento extra, alternativo ou mesmo complementar.

Atualmente existem inúmeras formas de ganhos extras com cosméticos, comidas especiais, produtos de higiene e limpeza. Além disso, algumas pessoas podem ter dons especiais em relação à arte ou à culinária. Nesse caso, eles devem ser colocados em prática e comercializados. Exemplos: aulas particulares de artesanato, pintura, bordado, música.

DICA: Renda complementar não é gasto complementar, logo, procure receber tudo à vista.

12.2 Planejamento financeiro

As bases para o planejamento são: clareza, compromisso, paciência alinhados às metas e aos objetivos propostos.

12.2.1 Planejamento, compromisso e paciência

O planejamento financeiro pessoal ou familiar é concretizado a partir de um plano financeiro pessoal. O ponto de partida é o compromisso pessoal de poupar e decidir adiar o consumo, muitas vezes arbitrário, e definir muito bem valores e datas para aplicação e consumo futuro respectivamente. Conforme dito anteriormente, a capacidade de poupança não está diretamente ligada ao tamanho da renda, mas à relação de compromisso que se tem com ela. Procure se planejar, poupar e comprar à vista. Na maioria dos casos, o consumo futuro pode custar menos que a compra no presente. Veja o exemplo a seguir:

Exemplo 12B

A família Silva pretende reformar a sala de visitas e de jantar e, para tanto, deverá trocar alguns móveis e eletrodomésticos. Conforme um anúncio da loja Compre Comprem, os valores para pagamento à vista ou em 10 vezes sem juros são os seguintes: TV 42" valor $ 2.400,00; home theater R$ 1.950,00; sofá $ 1.200,00; mesa de jantar $ 1.600,00 e um rack para TV e home theater por $ 700,00. O vendedor diz que tudo pode ser pago em 10 vezes de R$ 785,00 sem juros. Após uma boa negociação, o sr. Silva descobre que tais produtos podem ser comprados à vista por: mesa de jantar + rack + sofá com 30% de desconto, ou seja, $ 2.450,00. A TV e o home theater com 15% de desconto, ou seja, $ 3.697,50. Valor total para pagamento à vista $ 6.147,50. Nesse momento o sr. Silva resolve poupar $ 614,75 por mês e adiar por 10 meses a renovação da sala. Em uma conta bem simples, pela diferença de montante pago, notamos uma economia de $ 1.702,50 que é bem significativa e por si só valida o adiamento do consumo. Mas a economia não para por aí. Ao poupar $ 614,75 mensalmente o sr. Silva receberá os juros da aplicação, que consideraremos 0,7% ao mês. Calcule o valor acumulado ao término do período.[1]

a) Coleta de dados		b) Terminologia
Valor aplicação	$ 614,75	PMT = $ 614,75
Parcelas	10 (0+10)	$n = 10$
Taxa	0,7% a.m	$I = 0,7\%$
		$i = 0,007$
Valor Futuro	?	$F_{10} = ?$

Neste exemplo, o valor Futuro de resgate da aplicação F_n é a incógnita.

c) Diagrama

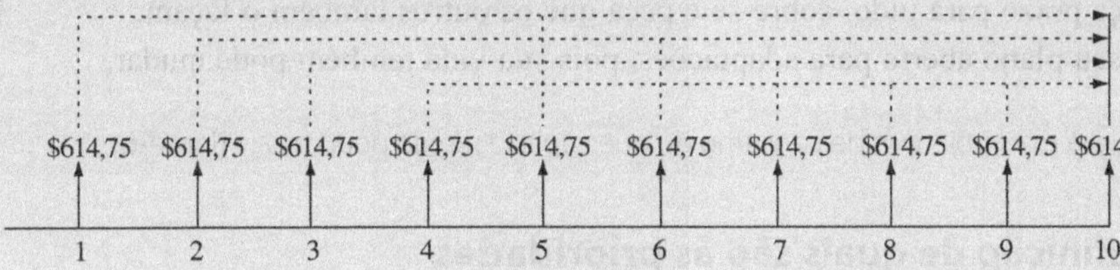

▸ **Explicação:** todas as aplicações mensais são corrigidas até o último mês e somadas à última parcela.

d) Cálculo

Este problema pode ser resolvido pela HP 12c, pelo Excel ou por fórmula. Seja qual for o método, o resultado é obtido de maneira direta.

HP 12c (Funções financeiras básicas)

Apague os registros antes de começar

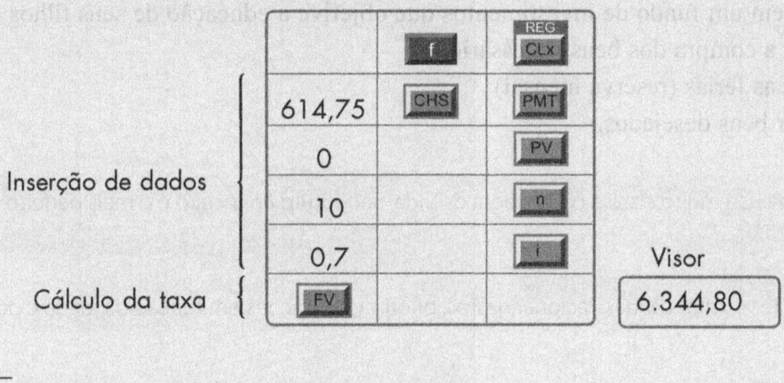

[1] A resolução desse problema tem como base o capítulo 6, item 6. O valor Futuro de uma sequência de pagamentos uniformes postecipados, exemplo 6H.

O sr. Silva terá $ 6.344,80 ao final de dez meses, enquanto necessita realmente de $ 6.147,50; nesse caso ainda sobrariam $ 197,30.

Ao optar por esperar e programar a compra, o sr. Silva fez duas aplicações. Na primeira, ele investiu seu dinheiro à própria taxa da operação assim que decidiu comprar à vista; logo, não pagou juros. Na segunda, ele aplicou o que pagaria mensalmente à taxa de 0,7% e ganhou mais $ 197,30. A economia total do sr. Silva foi de $ 197,30 + $ 1.702,5 = 1.899,80. Você esperaria dez meses para fazer como o sr. Silva?

12.2.2 Metas e objetivos bem delineados

Envolva toda a sua família para que busquem metas em conjunto.

Metas: devem ser satisfeitas para que um objetivo possa ser alcançado. Exemplo: quitação de dívidas de curto e longo prazo, reservas de emergência, reservas para educação e lazer etc.

Objetivos: podem ser de curto, médio e longo prazo. Respectivamente até 1 ano, entre 1 e 5 anos, mais de 5 anos. Exemplos: trocar de carro, comprar um novo eletrodoméstico, um imóvel no campo ou no litoral, complementar a aposentadoria.

Estabeleça prazo para tudo, cobre-se e peça que os outros também o façam.

Deixe o seu plano aberto para adaptações, pois sua vida também pode mudar.

DICA: Haverá mais objetivos de consumo do que capacidade de poupança. Priorize-os.

12.2.3 Definição de quais são as prioridades

Tanto para orçamento familiar quanto para a construção de um planejamento financeiro pessoal, algumas prioridades devem existir. A lista apresentada abaixo é apenas uma sugestão bem próxima da realidade. Como cada indivíduo e cada família têm necessidades distintas, cada um tem de fazer a sua classificação de prioridades. Alguns itens como medicamentos, alimentação e escola não fazem parte dessa lista por serem estritamente necessários.

1. Seguro-saúde para a família
2. Seguro de vida
3. Reservas de emergência: no mínimo seis vezes seus rendimentos mensais.
4. Planejar sua aposentadoria (reserva mensal)
5. Eliminar as dívidas
6. Aplicar em um fundo de investimentos que objetive a educação de seus filhos
7. Planejar a compra dos bens necessários
8. Planejar as férias (reserva mensal)
9. Comprar bens desejados.

DICA: Tenha isso muito claro e como regra de vida. Seu futuro financeiro é o mais perfeito reflexo de seu presente.

IMPORTANTE: Evitar dívidas, racionar gastos, priorizar aplicações em função da idade e do tempo.

12.3 Investimentos

Tudo o que foi apresentado até agora objetivou planejamento e poupança. A sequência natural pede uma análise de como investir essa economia.

12.3.1 Noções básicas sobre investimentos

Para começar a investir é preciso apenas uma coisa: tomar a decisão. Não existirá o momento ideal para começar a investir se os objetivos não estiverem bem traçados. Comece hoje mesmo aplicando mensalmente mesmo que seja pouco. Por exemplo, um determinado banco oferece um produto para a educação futura dos filhos. Se a família aplicar mensalmente $ 25,00 por dezoito anos eles terão acumulado aproximadamente $ 19.000,00 para um filho recém-nascido. A decisão será de tirar o dinheiro ou deixá-lo para auxiliar em outro momento mais adiante.

Existem inúmeros produtos em que investir: fundos de renda fixa, renda variável, ouro, imóveis, entre outros produtos que serão discutidos mais adiante.

IMPORTANTE: Escolha bem seu parceiro de investimento. Procure um banco com solidez e acompanhe o rendimento real de suas aplicações em face da inflação.

12.3.2 Noções básicas sobre risco e retorno

Qualquer investimento está sujeito ao risco. Uma definição de risco o relaciona à variação do retorno esperado. Um pressuposto lógico é de que quanto maior o risco assumido maior o retorno exigido. Para os chineses, risco significa perigo + oportunidade.

A história recente do Brasil mostra que nem sempre se consegue um retorno de acordo com o risco assumido. A taxa básica de juros da economia brasileira, a Selic, tem assumido valores exorbitantes se comparada às taxas básicas de outros países em desenvolvimento.

Em um cenário de taxa básica elevada, qualquer aplicação deveria superá-la, ao menos por princípio, o que acaba por exigir bem mais dos produtos de investimento. Outro problema está no desestímulo à produção, pois, quanto maior a Selic, menor o investimento das empresas e maior o custo dos financiamentos.

Exemplo: o risco do investimento em ações reside no desempenho da companhia e do mercado no qual ela está inserida. O risco de investimento em uma instituição financeira está associado à sua liquidez em logo prazo.

O consumidor comum pode partir do pressuposto que qualquer investimento que ele faça deve superar a taxa da poupança, pelo menos. Concluindo, qualquer investimento está exposto ao risco de corrosão inflacionária.

12.3.3 Como diminuir o risco dos investimentos

Os princípios adotados em finanças empresariais mais uma vez são úteis nas finanças pessoais. O risco de uma aplicação pode ser reduzido, mas nunca eliminado. Essa redução de exposição ao risco acontece pela diversificação.

Um ditado popular diz que não devemos colocar todos os ovos em uma única cesta. Esse princípio é válido e essencial para os investimentos. Por exemplo, em vez de comprar $ 1.000,00 em uma única ação, invista esse valor em um fundo de ações que acompanhe algum índice de bolsa. O Ibovespa concentra as ações mais negociadas; logo, é uma forma mais segura de aplicação se comparado a uma única ação.

Um indivíduo que poupou muito e agora quer investir deve levar em consideração a sua idade, tempo de resgate, liquidez e rentabilidade de um investimento, nessa ordem. De acordo ainda com o exposto, ele deve diversificar muito.

Toda aplicação objetiva rendimento que pode ser entendido como remuneração do capital aplicado, ou simplesmente, juros.

O sucesso de um investimento está em conseguir alguma rentabilidade sobre o valor investido com o menor risco possível.

A formação dos juros de um investimento está relacionada a três aspectos: a moeda, o prazo e o risco envolvido. As taxas de juros da economia servem como base para as aplicações. Conforme relatado anteriormente, quanto mais altas forem essas taxas, mais se estimula a poupança e o consumo futuro e menos o consumo presente, principalmente se financiado.

Exemplo 12C

Qual a taxa da aplicação que o sr. Silva conseguiu ao adiar o consumo?[2]

a) Coleta de dados			b) Terminologia
Valor à vista	$ 6.147,50		$P = 6.147,50$
Parcelas	10 (0 +10)		$n = 10$
Tipo	postecipada		
Valor das prestações		$ 785,00	$PMT = 785,00$
Taxa de juros		?	$I = ?$

c) Diagrama

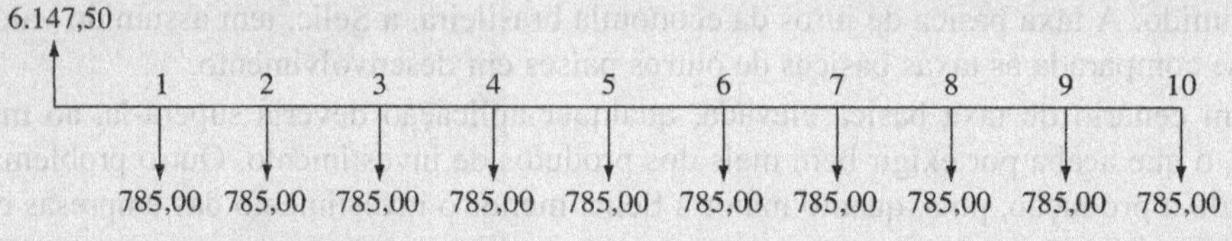

d) Cálculo

Antes de iniciar o cálculo, apague a função BEGIN, pois agora é sem entrada e com parcelas iguais. Isso deve ser feito acionando g 8 END

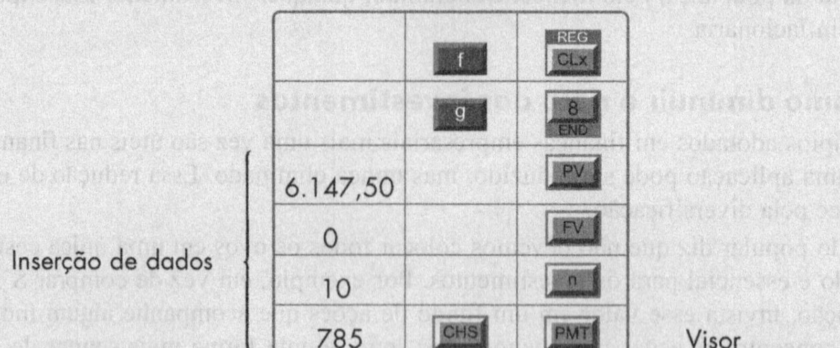

A taxa de juros que a loja/financeira está cobrando do sr. Silva é de 4,71% ao mês.

[2] O estudo teórico desse tema “cálculo da taxa de juros em uma série de pagamento uniforme e postecipado” encontra-se no capítulo 7, item 7.1.2.

12.3.4 Como alcançar seu primeiro milhão

Na introdução deste capítulo a seguinte afirmação foi feita: "Trabalhe pela renda que depois ela pode trabalhar por você". Chegou a hora de checarmos a veracidade dessa informação.

Exemplo 12D

O sr. Silva tem atualmente quarenta e dois anos. Pensando em uma aposentadoria consistente, ele desistiu de reformar a sua sala e está decidido a poupar o valor que pagaria das prestações $ 614,75 por mais 23 anos.

a) Coleta de dados		b) Terminologia
Valor aplicação	$ 614,75	PMT = $ 614,75
Parcelas	(0+276)	$n = 276$
Taxa	0,7% a.m	$I = 0,7\%$
		$i = 0,007$
Valor Futuro	?	$F_{276} = ?$

Neste exemplo, o valor Futuro de resgate da aplicação F_n é a incógnita.

c) Diagrama

▸ **Explicação:** todas as aplicações mensais são corrigidas até o último mês e somadas à última parcela.

d) Cálculo

Este problema pode ser resolvido pela HP 12c, pelo Excel ou por fórmula. Seja qual for o método, o resultado é obtido de maneira direta.

HP 12c (Funções financeiras básicas)

Apague os registros antes de começar

			REG CLx
		f	REG CLx
Inserção de dados	614,75	CHS	PMT
	0		PV
	276		n
	0,7		i
Cálculo das parcelas	FV		

Visor: 514.369,72

Note que se ao chegar aos sessenta e cinco anos o sr. Silva parar de aplicar, ele terá uma renda mensal de $ 3.600,00 eternamente, que é 0,7% do total acumulado.[3] Tudo porque ele decidiu adiar a troca da sala e se manteve fiel nos depósitos mensais por vinte e três anos. Note que $ 3.600,00 representa hoje 77,21% de sua renda familiar de $ 4.663,00; nada mal para um aposentado.

[3] Mais detalhes sobre esse tipo de operação, consulte o capítulo 6, item 6.11 Sequência uniforme infinita ou perpetuidade.

IMPORTANTE: O sr. Silva deverá anualmente corrigir sua aplicação mensal de acordo com a inflação e deverá gastar somente os juros durante a vigência de sua aposentadoria. Não foi considerado nenhum tipo de aporte além dos depósitos mensais.

EXEMPLO 12E

Considere agora que o sr. Silva vendeu um terreno e fez um aporte de $ 40.000,00 após 12 meses de aplicação. Esse valor ficou aplicado por 264 meses. Que valor será somado ao montante anterior? Segue um simples cálculo de valor Futuro a partir de um único valor Presente.[4]

a) Coleta de dados		b) Terminologia
Empréstimo	$ 40.000,00	$P = 40.000$
Tempo	264 meses	$n = 264$
Taxa	0,7% a.m	$I = 10\%$
		$i = 0,10$
Valor a pagar	?	$F_{264} = ?$

c) Diagrama

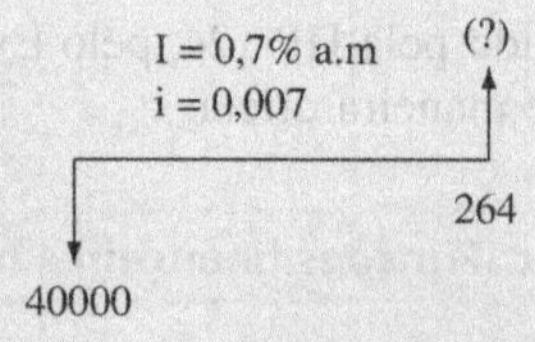

d) Cálculo

HP 12c (Funções financeiras básicas)

Apague os registros antes de começar

		f	REG CLx
Inserção de dados	40000		PV
	0		PMT
	264		n
	0,7		i
Cálculo do valor Futuro		FV	

Visor: 252.255,25

[4] Informações, consulte capítulo 5, item 5.3.

Agora o sr. Silva acumulou $ 514.369,72 mais $ 252.255,25, o que produziu um montante de $ 766.624,97. Esse valor reaplicado à mesma taxa mensal de 0,7% proporcionará uma renda mensal perpétua de $ 5.366,37. Valeu a pena ter aplicado o valor do terreno e ter sido tão disciplinado.

Concluindo, note como o tempo pode trabalhar por você.

Veja a tabela abaixo:

Tabela 12.5 Planejando a aposentadoria

Aposentadoria aos 60 anos				
Idade	Poupança mensal	Tempo de aplicação (meses)	Valor acumulado	Renda estimada
20	250	480	$ 497.872,68	$ 2.489,36
25	500	420	$ 712.355,15	$ 3.561,78
30	750	360	$ 753.386,28	$ 3.766,93
35	1.000	300	$ 692.993,96	$ 3.464,97
40	1.250	240	$ 577.551,12	$ 2.887,76
45	1.500	180	$ 436.228,07	$ 2.181,14
50	1.750	120	$ 286.788,86	$ 1.433,94
55	2.000	60	$ 139.540,06	$ 697,70

De acordo com a tabela acima, a taxa de aplicação em todo o período é de 0,5% ao mês, livre de imposto de renda. Note que quanto antes o indivíduo começar a poupar, melhor. A relação entre as idades, tempo de aplicação e retorno não é linear ou exatamente proporcional.

12.3.5 Opções de investimento

O enfoque agora é apresentar as opções mais comuns de investimento disponíveis tradicionalmente no mercado.

12.3.5.1 Aplicações em renda fixa

Uma aplicação que gera um valor de resgate maior que o aplicado *com certeza* é uma operação de renda fixa que pode ser pré ou posfixada. A questão principal reside no ato da aplicação.

No caso das aplicações prefixadas, o investidor no momento da aplicação já conhece o valor a ser resgatado em um determinado tempo. Como o valor final é conhecido, a taxa da operação também o será.

Já nas aplicações posfixadas, o valor de resgate somente é conhecido na data de liquidação da operação. Obviamente, não há taxa de juros predefinida nesse caso.

Algumas operações com títulos podem ser tanto pré quanto posfixada, como, por exemplo, os CDBs, os RDBs e os LCs.

12.3.5.2 Aplicações em CDB e RDB (Prefixada)

Para o investidor que possui aversão total ao risco, aplicações cujo rendimento está preestabelecido se adaptam bem a seu perfil. Pode-se ressaltar, também, que as aplicações prefixadas fazem parte da estratégia de investimento de muitos gestores. Os títulos mais conhecidos de rendimento prefixado são os CDBs e os RDBs.

CDB (Certificado de Depósito Bancário) – Os bancos comerciais, múltiplos, de investimento e as Caixas Econômicas necessitam captar recursos no mercado para realizar suas operações. Para que tal captação seja realizada, os bancos emitem CDBs. Os investidores são pessoas físicas e jurídicas. O risco proveniente de uma aplicação em CDB está relacionado à liquidez e à credibilidade de seu emissor no mercado. Não existe mais um prazo mínimo de resgate,[5] e o CDB pode ser negociado antes de seu prazo de maturação.

RDB (Recibo de Depósito Bancário) – Semelhante ao CDB, com as mesmas características, prazos e riscos. A principal diferença reside no fato de que esse título não pode ser negociado antes de seu vencimento.

Outros títulos poderiam ser aqui incluídos, mas são mais negociados entre agentes financeiros e não diretamente com o consumidor, como o CDB e o RDB.

Exemplo 12F

Você é cliente do Banco Super Money, que lhe oferece um CDB para 30 dias pagando 18% ao ano. Supondo que você aplique $ 45.000,00, determine o valor de resgate líquido sabendo que a alíquota de IR é de 25% sobre esse tipo de aplicação.[6]

A partir daqui, dois caminhos podem ser tomados: trabalhar com dias úteis (*du*) ou com dias corridos (*dc*). Via de regra, somente será utilizado o critério de dias corridos para este e todos os casos posteriores. O imposto de renda incide sobre o rendimento da aplicação.

Valor de Resgate bruto (VR_b):

$$VR_b = 40.000 \times (1{,}18)^{\frac{30}{360}} = 40.000 \times 1{,}01388843 = 40.555{,}53$$

Valor do Imposto de Renda (IR):

$$IR = (40.555{,}53 - 40.000) \times 0{,}25 = 138{,}88$$

Valor Líquido a ser recebido (VL):

$$VL = 40.555{,}53 - 138{,}88 = 40.416{,}64$$

Fórmula básica para o cálculo do valor líquido de uma aplicação em CDB/RDB sobre a qual incide somente IR.

[5] Circular do BACEN nº 2.905 datada de 30 de junho de 1999.

[6] Sobre operações de 30 dias não incide o IOF – Portaria 264 M. Fazenda.

Para dias corridos:

$$VL = \left[P \times (1+i_a)^{\frac{dc}{360}} \right] - \left\{ P \times IR \left[(1+i_a)^{\frac{dc}{360}} - 1 \right] \right\}$$

Onde: VL é o valor líquido recebido após pagamento de IR, P é o valor aplicado, i_a é a taxa de juros anual, dc é o número de dias corridos e IR é a alíquota do imposto de renda em %.

Aplicação da fórmula ao exemplo **1A**

$$VL = \left[40.000 \times (1+0,18)^{\frac{30}{360}} \right] - \left\{ 40.000 \times 0,25 \left[(1+0,18)^{\frac{30}{360}} - 1 \right] \right\} = 40.416,64$$

Para dias úteis:

$$VL = \left[P \times (1+i_a)^{\frac{du}{252}} \right] - \left\{ P \times IR \left[(1+i_a)^{\frac{du}{252}} - 1 \right] \right\}$$

Onde: VL é o valor líquido recebido após pagamento de IR, P é o valor aplicado, i_a é a taxa de juros anual, du é o número de dias úteis e IR é a alíquota do imposto de renda em %.

Exemplo 12G

Considere os dados calculados no exemplo anterior e determine a taxa efetiva mensal e anual da operação.

OBS.: Para o cálculo das taxas efetivas, o ponto de partida é o valor líquido recebido.

$$I_{me} = \left(\frac{40.416,64}{40.000} \right)^{\frac{30}{30}} - 1 = 0,010416 \quad \text{ou} \quad 1,0416\% \quad \text{ao mês}$$

$$I_{ae} = \left(\frac{40.416,64}{40.000} \right)^{\frac{360}{30}} - 1 = 0,1324 \quad \text{ou} \quad 13,24\% \quad \text{ao ano}$$

Fórmula básica para o cálculo da taxa efetiva mensal e anual de uma aplicação em CDB/RDB sobre a qual incide somente IR.

Taxa efetiva mensal: $I_{me} = \left(\frac{VL}{P} \right)^{\frac{30}{dc}} - 1$

Taxa efetiva anual: $I_{ae} = \left(\frac{VL}{P} \right)^{\frac{360}{dc}} - 1$

12.3.5.3 Aplicações em CDB e RDB (Posfixada)

São válidas as mesmas definições anteriores, o que muda é a fórmula de cálculo do valor de resgate.

Exemplo 12H

Suponha que você aplicou \$ 1.700,00 em um CDB que paga 9% ao ano mais TR (Taxa Referencial). O resgate deve ser feito hoje, 90 dias após a aplicação. Considere que a TR dos 3 meses foram de 0,2110%; 0,2233% e 0,3588% respectivamente. Calcule o valor de resgate líquido, descontado o IR de 25%.

Cálculo do índice de correção pela TR

$$I_{cm} = (1,00211)\times(1,002233)\times(1,003588) = 1,0079513$$

Valor de Resgate bruto (VR_b):

$$VR_b = 1.700\times 1,0079513\times(1,09)^{\frac{90}{360}} = 1.750,83$$

Valor do Imposto de Renda (IR):

$$IR = (1.750,83 - 1.700)\times 0,25 = 12,7080$$

Valor Líquido a ser recebido (VL):

$$VL = 1.750,83 - 12,70 = 1.738,13$$

O índice de correção I_{cm} deve ser acrescentado à fórmula:

$$VL = \left[P\times I_{cm}(1+i_a)^{\frac{dc}{360}}\right] - \left\{P\times IR\left[I_{cm}(1+i_a)^{\frac{dc}{360}} - 1\right]\right\} \Rightarrow$$

$$VL = \left[1.700\times 1,0079513(1+0,09)^{\frac{90}{360}}\right] - \left\{1.700\times 0,25\left[1,0079513\times(1+0,09)^{\frac{90}{360}} - 1\right]\right\} = 1.738,12$$

12.3.5.4 Aplicações em caderneta de poupança (renda fixa posfixada)

No Brasil, o mais tradicional dos investimentos é a caderneta de poupança, que também se constitui em uma outra forma de captação de recursos pelos bancos múltiplos com carteira imobiliária.

Historicamente, o rendimento para aplicações em caderneta de poupança tem sido de 0,5% ao mês mais TR. O imposto de renda não incide nesse tipo de operação. O poupador (pessoa física) pode acompanhar o rendimento da poupança a cada dia de aniversário do mês[7] que corresponde à data de abertura da conta.

[7] Existem algumas regras para o dia de aniversário e retirada antes do prazo. Vale a pena consultar seu banco.

Exemplo 12I

Você deixou seu dinheiro aplicado por 4 meses na caderneta de poupança. A TR para cada um dos dias de aniversário de cada mês foi de 0,4801%; 0,4177%; 0,3658% e 0,3125%. Se o valor aplicado foi de $ 700,00, determine qual o saldo atual para o resgate imediato. Suponha que hoje seja a data-base.

Cálculo do rendimento sem correção monetária:

$$F_4 = 700 \times (1{,}005)^4 = 714{,}10$$

Cálculo do índice de correção monetária I_{cm} do período:

$$I_{cm} = (1{,}004801) \times (1{,}004177) \times (1{,}003658) \times (1{,}003125) = 1{,}01585362$$

Cálculo do valor de resgate disponível (VR):

$$VR = 714{,}10 \times 1{,}01585362 = 725{,}42$$

12.3.5.5 Aplicação em imóveis

O tamanho do mercado imobiliário e sua dinâmica dependem logicamente da região do país onde ele está sendo observado. Não é uma tarefa simples determinar qual retorno será obtido de uma operação imobiliária; assim, investir em imóveis é uma missão para quem conhece bem o mercado onde ele está inserido.

Qualquer negociação imobiliária deve contar com um corretor de imóveis que tem por obrigação checar as condições de oferta e garantir uma boa compra/venda.

Existem alguns pressupostos e observações sobre esse mercado que serão apresentados a seguir, sempre em linhas gerais e passíveis de críticas e exceções. Em todos os casos, consulte um corretor profissional e exija seu registro no CRECI (Conselho Regional dos Corretores de Imóveis) do seu respectivo estado. A seguir estão listadas algumas opções de operações imobiliárias:

Terrenos: o investimento em terreno tem sido apontado como uma boa alternativa para quem pode deixar o capital parado por um bom tempo. Quanto mais próximo do centro urbano, maior será a sua velocidade de valorização. Os terrenos não sofrem depreciação, mas, sim, exaustão, que não se aplica à área urbana dos grandes centros.

Imóveis na planta: é preciso muito cuidado ao comprá-lo. Duas variáveis são importantíssimas neste caso. Primeira: solidez da construtora. Segunda: o valor de compra deve estar abaixo do valor de mercado. Nesse caso, exija um desconto mais que proporcional às suas aplicações; afinal, existe risco na operação. Caso consiga um bom desconto e solidez da construtora, os imóveis na planta se constituem em uma boa alternativa de investimento, principalmente se forem comprados antes do lançamento e em região com bom potencial de valorização. O tempo de venda[8] é de, em média, até um ano após a entrega das chaves. Em linhas gerais, o potencial de valorização tende a diminuir após esse prazo.

Imóveis recém-construídos: dando continuidade à afirmação anterior, os imóveis tendem a se valorizar por mais cinco anos após a entrega das chaves. Após esse período, a sua depreciação aumenta consideravelmente a cada ano.

[8] O tempo exato para a venda dificilmente será calculado, pois depende do tipo do imóvel e da região onde ele está inserido.

Imóveis como fonte de aluguel: dois fatores devem ser levados em conta ao adquirir um imóvel que será locado posteriormente. O primeiro está relacionado à perspectiva de valorização do imóvel. Nesse caso, o cálculo do retorno deve levar em consideração o valor da locação associado ao valor de revenda. O segundo fator deriva de uma mera correlação entre valor recebido de aluguel e valor pago pelo imóvel. Por exemplo, um investidor que aplica seus recursos a 1% ao mês não pagaria \$ 300.000 em um imóvel se o seu valor de locação for de \$ 1.000; salvo se o valor real do imóvel for bem superior e descolado do valor de aluguel.

A aplicação em imóveis teve seu momento áureo dos anos 1950 aos anos 1980. Devido ao êxodo rural motivado pela industrialização do Brasil, faltaram moradias nos grandes centros urbanos. Outro aspecto relevante está relacionado à inflação. O valor patrimonial imobilizado reagia bem em períodos de hiperinflação, mesmo porque os aluguéis eram indexados. Em síntese, investir em imóvel requer muito cuidado, muitas contas e o apoio de um profissional especializado.

12.3.6 Seguro de vida

Como determinar o valor adequado de um seguro de vida? Este é um assunto que muitas pessoas não gostariam de discutir, mas é de extrema importância.

A renda familiar pode ser composta por mais de uma fonte, embora uma se sobressaia à outra. Pensar em seguro de vida significa tentar cobrir a ausência de renda de um indivíduo na família. O homem tem seu valor enquanto ser produtivo, que trabalha, gera renda e capacidade de poupança. Esses itens são mensuráveis e servem de base para o cálculo do seguro de vida.

IMPORTANTE: É claro que cada homem tem seu valor social, humano e afetivo que são imensuráveis.

Exemplo 12J

O sr. Silva está preocupado com sua família e deseja, além do planejamento da aposentadoria, fazer um seguro de vida. De acordo com o exemplo 12A, a renda do sr. Silva é de \$ 3.620,00 e representa 77,63% da renda de sua família. Qual deverá ser o valor contratado em seu seguro de vida?

A resolução deste problema é bem simples e está mais uma vez associada à perpetuidade de capitais.[9] Por ser extremamente conservador, o sr. Silva pretende deixar um prêmio de seguro de vida que, se aplicado a 0,4% ao mês, proporcione a sua renda atual de \$ 3.620,00 perpetuamente.

a) Coleta de dados		b) Terminologia
Renda desejada	\$ 3.620	$PMT = 3.620$
Tempo	perpétuo	n = perpétuo
Taxa	0,4% a.m	$I = 0,4\%$
		$i = 0,004$
Valor do prêmio	?	$P = ?$

[9] Consulte o capítulo 6, item 6.11, "Sequência uniforme infinita ou perpetuidade".

c) Diagrama

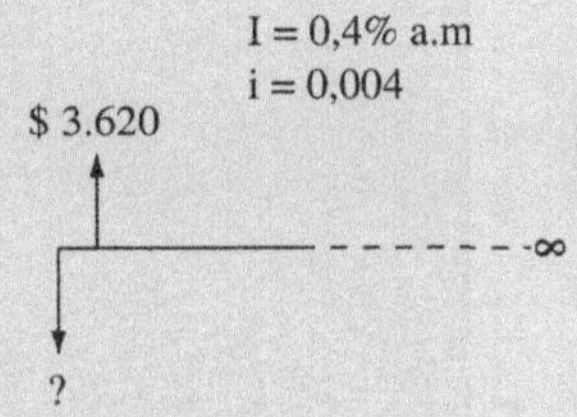

d) Cálculo

Assim, pela aplicação da fórmula 6.9, temos o seguinte:

$$P = \frac{PMT}{i} \quad P = \frac{3.620}{0,004} \quad P = 905.000$$

Resposta: Se a família do sr. Silva receber seu seguro de vida no valor de $ 905.000,00 e aplicá-lo a 0,4% ao mês, não ocorrerá nenhuma queda no rendimento familiar.

APÊNDICE

A Operações financeiras mais comuns ao consumidor

A esta altura, já deve ter ficado evidente que o foco deste livro teve por base a visão do consumidor. Uma vez estudada a teoria da matemática financeira, algumas operações financeiras adicionais e comuns ao consumidor merecem destaque.

Nos capítulos estudados, raramente se comentou a existência de impostos e taxas. Isso foi proposital, pois assim as fórmulas que fundamentaram a teoria da matemática financeira foram deduzidas de modo fiel à sua origem.

O objetivo deste apêndice é a apresentação de novas operações e exemplos com taxas e impostos. Mais uma vez, o foco central é a aplicabilidade no cotidiano do consumidor.

Nos cálculos não serão utilizados coleta de dados, terminologia, diagrama nem Excel. Somente a HP 12c, em alguns casos. Pressupõe-se que o leitor já esteja familiarizado com esses instrumentos e saiba aplicá-los corretamente.

No capítulo 12 foram apresentados alguns tipos de operações financeiras, como aplicações em renda fixa, CDB, RDB, entre outras. Portanto, essas aplicações não serão retomadas aqui. Vamos nos ater, então, às aplicações que ainda não foram abordadas.

A.1 Crédito Direto ao Consumidor (CDC)

Um empréstimo realizado por uma pessoa física em um banco múltiplo com carteira financeira constitui um CDC. Sobre essas operações o tomador de recursos paga o IOF e, algumas vezes, a TAC.

O cálculo das parcelas é feito com base no sistema Price. Atualmente, o IOF está em 0,0041% ao dia e deve ser calculado sobre o saldo devedor em aberto. Por exemplo, entre a data do financiamento e o primeiro pagamento há 31 dias. O IOF pago nesse período será de $0{,}0041 \times 31 = 0{,}1271\%$.

Exemplo A1

Um banco empresta a você $ 4.000,00 a 4,8% a.m. O valor deverá ser pago em 24 parcelas. Se a taxa de IOF é de 0,0041% a.d., determine o valor das parcelas (sem o IOF) e o valor do IOF que incide no primeiro mês (30 dias) da operação.

Cálculo do valor das parcelas sem o IOF:

4.000 [PV] 0 [FV] 24 [n] 4,8 [i] [PMT] = −284,26

Cálculo do valor do IOF incidente nos primeiros 30 dias:

$$IOF_1 = 4.000 \times 0{,}000041 \times 30 = 4{,}92$$

O IOF relativo à primeira parcela foi calculado sobre o saldo devedor original e é de $ 4,92. Esse processo deve se repetir até o final. Esse trabalho fica fácil com a utilização do Excel, que pode até gerar uma tabela de fatores para o IOF. Nesse caso, para 24 meses a 4,8% a.m., o fator de IOF é de 0,01831094. Portanto, o total de IOF pago será de 4.000 × 0,01831094. Nesse momento, o consumidor tem duas alternativas: pagar o IOF ou refinanciá-lo. Sugere-se que ele seja pago à vista ou descontado do principal. Assim, você receberia 4.000 – 73,24 = 3.926,76 e pagaria 24 parcelas de 284,26.

Exemplo A2

Adicione aos dados do exemplo anterior uma TAC (Taxa de Abertura de Crédito) de $ 130,00. Calcule o valor líquido que você recebeu e determine a taxa efetiva desse empréstimo sabendo que o valor das parcelas não se alterou.

Cálculo do valor líquido recebido:

$$VL = 4.000 - 73{,}24 - 130 = 3.796{,}76$$

Cálculo da taxa efetiva do empréstimo:

3.796,76 [PV] 0 [FV] 24 [n] 284,26 [CHS] [PMT] [i] = 5,34%

A.2 Operações de *leasing*

As operações de arrendamento mercantil ou *leasing* são um poderoso e útil instrumento para as empresas. Tais operações começaram a ser realizadas no Brasil em 1967 e foram regulamentadas[1] somente em 1974. A primeira instituição financeira a realizar operações de *leasing* foi o Banco de Minas Gerais S/A (BMG); depois vieram outras.

A principal característica de uma operação de *leasing* está na possibilidade de a empresa, em vez de comprar um equipamento, alugá-lo. O valor pago pelo aluguel é denominado contraprestação. O que torna essa operação ainda mais vantajosa é o fato de a empresa (locatária) poder lançar as contraprestações como despesa operacional, o que diminui sua base tributável.

O contrato de *leasing* gera um Valor Residual Garantido (VRG), que pode ser pago no início, durante ou ao término do contrato. Uma vez liquidado o VRG ao término do contrato, o arrendatário passa a ter a propriedade do bem, pois até então ele tinha somente a posse.

Para o arrendador é um bom negócio. Ele aplica uma determinada quantia a uma taxa de juros, tem uma garantia real pelo valor alocado e ainda a possibilidade de ficar com o bem ao término do contrato.

Existem basicamente três tipos de *leasing*: 1) o operacional, que é realmente um aluguel, e o arrendatário não tem a possibilidade de compra ao final; 2) o *lease-back*, muito utilizado por empresas

---

1 Lei nº 6.099/74 e Resolução nº 351/75 do CMN.

que vendem parte de seus ativos permanentes ao arrendador e os alugam no mesmo instante, o que evita que recorram a empréstimos mais caros; 3) o financeiro, que consiste na modalidade tradicional de *leasing*. Um aluguel de um bem é realizado, um VRG é gerado, e ao arrendatário é garantida a possibilidade de compra ao término do contrato.

Pelo fato de as operações de *leasing* trabalharem com garantias reais, as empresas arrendadoras podem praticar taxas de juros mais atraentes, se comparadas a empréstimos tradicionais.

É recente a liberação de *leasing* para pessoas físicas. Mas hoje essa é uma modalidade que deve ser considerada ao se adquirir um bem. Para o consumidor, a operação de *leasing* mais comum está relacionada à compra de um veículo.

As contraprestações de um contrato de *leasing* são calculadas tomando por base a tabela Price. Por ser uma operação comercial e não financeira, o IOF não incide sobre as operações de *leasing*, somente o PIS, o Cofins e o ISS ao arrendador. Esse custo normalmente é repassado ao arrendatário.

Exemplo A3

O Banco Celtus lhe faz um *leasing* financeiro de um veículo de $ 39.000,00 nas seguintes condições: prazo do contrato de 18 meses, VRG de 15%, taxa de 1,79% a.m. Calcule o valor das contraprestações e determine o VRG que deverá ser pago ao término do contrato juntamente com a última parcela.

Cálculo do valor das contraprestações:

33.150 [PV] 0 [FV] 18 [n] 1,79 [i] [PMT] = −2.170,56

Cálculo do VRG ao término do contrato:

5.850 [PV] 0 [PMT] 18 [n] 1,79 [i] [FV] = −8.050,96

Cálculo da última parcela (caso de aquisição):

$$PMT_{18} = 2.170{,}56 + 8.050{,}96 = 10.221{,}52$$

Vale ressaltar que o VRG poderia ser pago a qualquer momento, desde que corrigido devidamente até esse instante.

A.3 Operações com períodos fracionados (convenção linear e convenção exponencial)

Outro aspecto deve ter ficado bem claro neste livro: a diferença entre juros simples e juros compostos. Como foi visto, o montante produzido pelos juros simples é maior que o montante produzido pelos juros compostos quando o período de capitalização for inferior a 1.

Quando o período de capitalização for igual a 1, os dois sistemas se equivalem. Quando o período de capitalização for inteiro e maior que 1, o montante produzido pelos juros compostos é maior.

Mas, e se uma operação for realizada por um período fracionado, do tipo 4 meses e 19 dias, como fica o cálculo do montante? Como nesse caso a capitalização é mensal, o maior montante será conseguido aplicando o capital a juros compostos por 4 meses e a juros simples por 19 dias. Esse processo é denominado *convenção linear*.

Convenção linear

Exemplo A4

Determine o valor de uma dívida de $ 1.000,00 que ficou em aberto por 4 meses e 19 dias, tendo sido cobrada uma taxa de 11,9% a.m.

Para a resolução desse problema, existem dois caminhos: realizar todo o cálculo por juros compostos (o que proporcionaria um montante menor) ou pelo mix de juros simples e compostos (convenção linear). Como você vai pagar essa dívida, a convenção linear lhe será cobrada e segue a seguinte fórmula:

$$F_n = P(1 + i)^n \times [1 + (i \times r)]$$

onde P é o valor principal, i é a taxa, n é o período inteiro e r é o período fracionado inferior a 1.

Nesse exemplo, o r precisa ser calculado. O tempo de 19 dias corresponde a $19 \div 30 = 0{,}6333$ mês. Portanto, $n = 4{,}6333$ meses.

$$F_n = P(1 + i)^n \times [1 + (i \times r)] \Rightarrow$$

$$F_{4,6333} = 1.000\,(1 + 0{,}119)^4 \times [1 + (0{,}119 \times 0{,}633)] = 1.686{,}07$$

A HP 12c realiza esse cálculo naturalmente pelas funções financeiras básicas:

1.000 [PV] 0 [PMT] 4,6333 [n] 11,9 [i] [FV] = −1.686,08

Convenção exponencial

O processo da convenção exponencial é o convencionalmente trabalhado nos capítulos estudados. Nesse caso, todo o cálculo é realizado com base em juros compostos. Logo, só existe um período, que é de 4,6333. A fórmula para a resolução é a tradicional:

$$F_n = P(1 + i)^n \Rightarrow F_{4,6333} = 1.000 \times (1 + 0{,}119)^{4,6333} \Rightarrow 1.686{,}07$$

Para que a HP 12c realize esse cálculo, é preciso que a função de juros compostos esteja ajustada para operar em períodos fracionários e seja acionada. Esse procedimento é feito apertando as teclas [Sto] e em seguida [EEX]. Uma pequena letra *c* deverá aparecer no visor da calculadora. Para apagar a função, basta apertar [Sto] [EEX] novamente.

1.000 [PV] 0 [PMT] 4,6333 [n] 11,9 [i] [FV] = −1.686,07

A.4 Tabela de fatores

Quando se realiza uma compra financiada, em algumas situações os vendedores utilizam uma tabela auxiliar para calcular o valor das parcelas. Assim, qualquer produto da loja multiplicado por um fator resulta no valor de uma parcela, associada a uma quantidade de pagamentos.

Na verdade, a construção dessa tabela é bem simples se a HP 12c ou o Excel forem utilizados para tal fim. Pelo Excel, o processo é mais prático.

O Capítulo 1 mostrou que 100% é igual a 1. Por representar a totalidade, o número 1 é utilizado como PV para calcular o valor das parcelas. A partir daí, todo o conteúdo estudado pode ser aplicado.

Exemplo A5

Você precisa construir uma tabela de fatores para que sua empresa realize operações financiadas. A taxa cobrada será de 4% ao mês e o período, de 3 a 24 meses, com e sem entrada. Monte a tabela. Utilize a HP 12c para montar a primeira linha e faça o restante pelo Excel.

HP 12c (Resolução)

Cálculo do valor PMT das 3 parcelas (0+3):

1 [CHS] [PV] 0 [FV] 3 [n] 4 [i] [PMT] = 0,360349

Cálculo do valor PMT das 3 parcelas (1+2):

[g] [7 BEG] 1 [CHS] [PV] 0 [FV] 3 [n] 4 [i] [PMT] = 0,346488

Excel (Resolução)

	A	B	C
1	Tabela de Fatores Para Financiamentos		
2	Valor Presente	-1	
3	Taxa de juros	0,04	
4		FATOR	
5	Número parcelas	com entrada	sem entrada
6	3	0,346489	0,360349
7	4	0,264894	0,275490
8	5	0,215988	0,224627
9	6	0,183425	0,190762
10	7	0,160202	0,166610
11	8	0,142815	0,148528
12	9	0,129320	0,134493
13	10	0,118549	0,123291
14	11	0,109759	0,114149
15	12	0,102454	0,106552
16	13	0,096292	0,100144
17	14	0,091028	0,094669
18	15	0,086482	0,089941
19	16	0,082519	0,085820
20	17	0,079037	0,082199
21	18	0,075955	0,078993
22	19	0,073210	0,076139
23	20	0,070752	0,073582
24	21	0,068539	0,071280
25	22	0,066537	0,069199
26	23	0,064720	0,067309
27	24	0,063064	0,065587

Com entrada (célula B6):

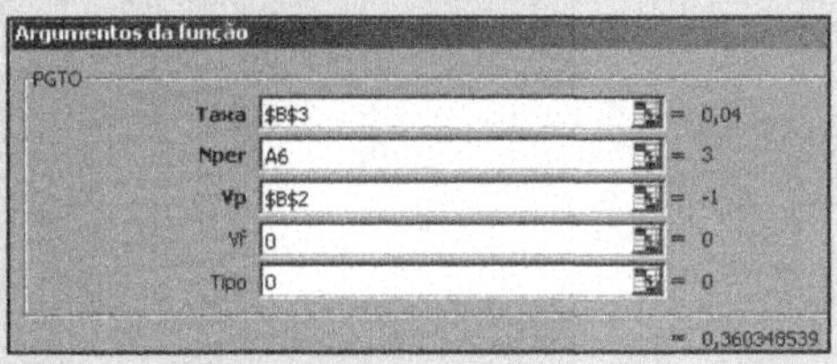

Sem entrada (célula C6):

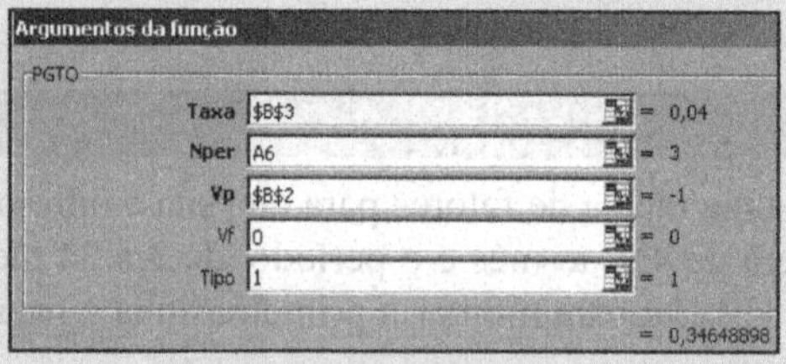

O valor Presente está na célula B2, e a taxa, na B3. Para que esses valores não se movam, eles devem estar travados. Assim: $B$2 e $B$3.

O procedimento de cálculo é o mesmo utilizado no Capítulo 6 para determinar o valor de uma sequência de pagamentos em função da taxa e da quantidade de parcelas. Só que isso se repete para 3, 4, 5, 6 ... 24 pagamentos.

Com entrada, utiliza-se em "Argumentos da função" **Tipo 1**, e sem entrada, **Tipo 0**. Neste caso, o IOF, que normalmente seria considerado, não o foi. Mas é dessa forma que as empresas montam suas tabelas.

APÊNDICE B

Extensão sobre amortização de empréstimos

B.1 A correção monetária das parcelas e o sistema Price

Quando se fala em financiamento de imóveis, dois sistemas de amortização são amplamente utilizados: o sistema Sacre e o sistema Price. Em ambos os sistemas, o valor das prestações é fixo e deve ser reajustado periodicamente. Em condições idênticas de financiamento, o sistema Price apresenta uma parcela inicial um pouco menor que o sistema Sacre.

O fato de o valor das prestações ser fixo e menor no início é uma virtude do sistema Price, porém os juros pagos no começo podem ser altos e, assim, o valor amortizado é pequeno. Deve ficar claro que quanto maior o período de financiamento, mais juros são pagos e menos se amortiza nas primeiras parcelas.

O contrato de financiamento de um imóvel, principalmente de longo prazo, traz cláusulas informativas sobre o reajuste das parcelas, tais como periodicidade e quais índices devem ser seguidos.

Muitos imóveis são financiados pelo sistema Price, sobretudo com as construtoras. A Caixa Econômica Federal tem preferência pelo sistema Sacre. O motivo de tal preferência reside em estudos da própria instituição.[1]

Como no sistema Price a incidência maior de juros está no início do período, pode ocorrer uma correção monetária sobre o saldo devedor maior que o valor amortizado em termos percentuais. Tal situação demonstra que o saldo devedor sobe em alguns casos, mesmo que os pagamentos sejam corretamente efetuados.

Para demonstrar o efeito da correção monetária na tabela Price sobre as parcelas e o consequente aumento dos saldos devedores, segue-se um exemplo que será a base de um estudo[2] hipotético para várias situações. Nesse caso, somente a fórmula proposta, a calculadora HP e os cálculos básicos no Excel serão utilizados.

Exemplo B1

Você está adquirindo um imóvel no valor de $ 100.000,00, que foi financiado à taxa de 2% ao mês. No entanto, considerou-se que em todos os anos há uma correção monetária projetada em 8% ao ano e que as parcelas seriam corrigidas a cada 12 meses por esse fator.

Como o impacto da correção no sistema Price ocorre várias vezes durante um contrato, o tempo de financiamento é variável nas situações que dão suporte a esse exemplo.

Situação 1: Prazo de financiamento de 6 anos

---

[1] Um estudo comparativo entre os sistemas de financiamento, com dados da CEF, pode ser encontrado no estudo de caso deste apêndice.

[2] Esta seção é um resumo de um estudo mais detalhado sobre a correção monetária das parcelas no sistema Price, que pode ser solicitado pelo seguinte e-mail: cmgconsult@uol.com.br.

1º passo: Cálculo do valor das parcelas

HP 12c (Resolução)

Apague os registros antes de começar.

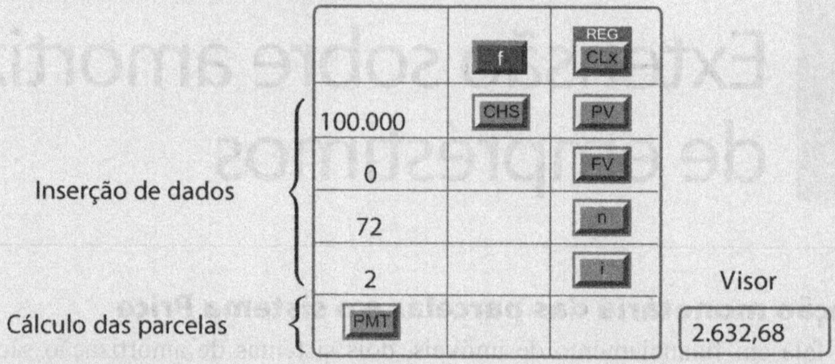

Por esse financiamento, você pagará 72 parcelas de $ 2.632,68. A tabela seguinte mostra o comportamento do valor das parcelas e do saldo devedor decorrentes da correção monetária.

Excel (Resolução)

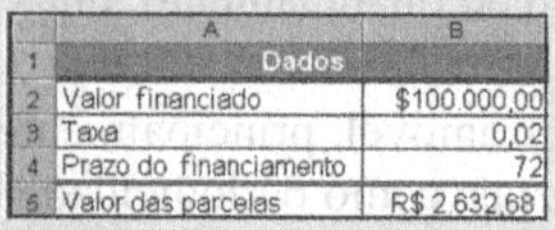

	A	B
1	Dados	
2	Valor financiado	$100.000,00
3	Taxa	0,02
4	Prazo do financiamento	72
5	Valor das parcelas	R$ 2.632,68

Fórmulas utilizadas:

Fórmula (nº)	Célula (local)	Descrição
1	B5	=PGTO(B3;B4;−B2;0;0)

Tabela B.1 Prazo de financiamento de 6 anos

Ano	PGTO	I	FV	PV	n
1	R$ 2.632,68	2	0	R$100.000,00	72
2	R$ 2.843,30	2	0	R$ 98.835,55	60
3	R$ 3.070,76	2	0	R$ 94.189,84	48
4	R$ 3.316,42	2	0	R$ 84.531,77	36
5	R$ 3.581,74	2	0	R$ 67.744,69	24
6	R$ 3.868,28	2	0	R$ 40.908,33	12

▸ **Explicação:** Nessa tabela, o valor das 12 primeiras prestações é de R$ 2.632,68. Após esse período, o valor da parcela é corrigido em 8%. Nesse momento, faltam 60 parcelas de R$ 2.843,30 para você quitar seu contrato. Se o valor da parcela aumenta, o saldo devedor o acompanha, pois seu valor Presente é dado pelos fluxos de pagamentos futuros descontados à taxa contratada. Esse valor é de R$ 98.835,55, menor que o valor financiado.

Situação 2: Prazo de financiamento de 10 anos

O comportamento do saldo devedor em função da correção monetária das parcelas é diferente para o período de 10 anos. Acompanhe os cálculos.

1º passo: Cálculo do valor das parcelas

HP 12c

Apague os registros antes de começar.

		f	REG CLx
Inserção de dados	100.000	CHS	PV
	0		FV
	120		n
	2		i
Cálculo das parcelas		PMT	

Visor: 2.204,81

Se o período escolhido for de 10 anos, você pagará 120 parcelas de $ 2.204,81. A tabela seguinte mostra o comportamento do valor das parcelas e do saldo devedor decorrentes da correção monetária.

Excel

	A	B
1	Dados	
2	Valor financiado	$100.000,00
3	Taxa	0,02
4	Prazo do financiamento	120
5	Valor das parcelas	R$ 2.204,81

Fórmula (nº)	Célula (local)	Descrição
1	B5	=PGTO(B3;B4;−B2;0;0)

Tabela B.2 Prazo de financiamento de 6 anos

Ano	PGTO	I	FV	PV	n
1	R$ 2.204,81	2	0	R$ 100.000,00	120
2	R$ 2.381,19	2	0	R$ 105.033,32	108
3	R$ 2.571,69	2	0	R$ 109.372,52	96
4	R$ 2.777,43	2	0	R$ 112.556,59	84
5	**R$ 2.999,62**	**2**	**0**	**R$ 113.937,73**	**72**
6	R$ 3.239,59	2	0	R$ 112.610,98	60
7	R$ 3.498,76	2	0	R$ 107.317,76	48
8	R$ 3.778,66	2	0	R$ 96.313,58	36
9	R$ 4.080,95	2	0	R$ 77.186,76	24
10	R$ 4.407,42	2	0	R$ 46.610,02	12

▸ **Explicação:** Nessa tabela, o valor das doze primeiras prestações é de $ 2.204,81. Após esse período, o valor da parcela é corrigido em 8%. Nesse momento, faltam 108 parcelas de $ 2.381,19 para você quitar seu contrato. Se o valor da parcela aumenta, o saldo devedor o acompanha, pois seu valor Presente é dado pelos fluxos de pagamentos futuros descontados à taxa contratada. Esse valor é de $ 105.033,32, *maior* que o valor financiado.

Você pode se perguntar como pagou $ 26.457,71 no primeiro ano e ainda deve $ 105.033,32 por um financiamento de $ 100.000,00. A resposta é que isso é perfeitamente possível e comum no sistema Price. Note que, ao pagar as doze parcelas seguintes (relativas ao segundo ano) de $ 2.381,19, ou seja, mais $ 28.574,28, seu saldo devedor, no início do terceiro ano, será de $ 109.372,52. Esse valor não para de crescer até o início do sexto ano, quando ainda faltam 72 parcelas para o final.

Fica fácil perceber que se paga muito mais que o valor financiado nesse tipo de sistema. Mas como calcular o saldo devedor de um financiamento no início de um período, dada uma taxa de correção pelo sistema Price? Essencialmente, de duas maneiras: por fórmula ou pela HP 12c.

B.2 Fórmula desenvolvida

Esta fórmula[3] foi desenvolvida com a finalidade de relacionar valores das parcelas, sua correção monetária e o saldo devedor futuro.

$$PV_n = \frac{R}{i} \times \left[1 - \frac{1}{(1+r)^{tt-(n-1)(12)}}\right] \times (1+g)^{n-1}$$

Onde:
PV: valor do saldo devedor no início do ano *n*. Para tanto, leva-se em conta o serviço de dívida[4] mais correção monetária.
n: ano no qual se deseja achar o saldo devedor atualizado.
R: valor da primeira parcela mensal.
r: taxa de juros periódica[5] cobrada.
tt: tempo total do financiamento.[6]
g: taxa de correção monetária anual esperada.

Uma pergunta pode ser respondida pela fórmula: qual o valor do saldo devedor corrigido no início do ano 8? Observando a tabela, já se sabe que faltam 36 parcelas, e o saldo devedor é de R$ 96.313,58. Agora, pela fórmula:

$$PV_n = \frac{R}{i} \times \left[1 - \frac{1}{(1+r)^{tt-(n-1)(12)}}\right] \times (1+g)^{n-1} \Rightarrow$$

$$PV_8 = \frac{2.204,81}{0,02} \times \left[1 - \frac{1}{(1+0,02)^{120-[(8-1)(12)]}}\right] \times (1+0,08)^{8-1} \Rightarrow PV_8 = \text{R\$ } 96.313,59$$

Note que o valor do saldo devedor que está no início do ano 8 na tabela é de R$ 96.313,58. O valor encontrado pela fórmula é um pouco diferente devido às casas decimais consideradas na primeira parcela. Se todas forem utilizadas, ele será idêntico.

O exemplo anterior também pode ser resolvido pela HP 12c. O procedimento geral implica calcular inicialmente o valor das parcelas e depois corrigi-lo até determinado instante.

---

3 Fórmula para o cálculo do valor corrigido do saldo devedor pela inflação desenvolvida pelo autor.
4 É a denominação dada ao pagamento da amortização de um empréstimo mais os juros auferidos.
5 O termo 'periódico' refere-se à taxa cobrada em um financiamento, que pode ser ao mês, dia, ano, desde que periódico. Na tabela Price, essa taxa é nominal mensal a partir da anual.
6 Nesse caso, expresso em meses.

HP 12c (Resolução)

Apague os registros antes de começar.

				Visor
		f	REG CLx	
Inserção de dados	100.000	CHS	PV	
	0		FV	
	120		n	
	2		i	
Cálculo das parcelas	PMT			2.204,81

Nesse momento, o valor encontrado corresponde às parcelas, ou seja, 120 parcelas de $ 2.204,81. Como o valor solicitado foi o saldo devedor no início do ano 8, e o valor das parcelas será corrigido em 8% ao ano nos próximos 7 anos, primeiro é preciso encontrar o valor das parcelas do ano 8.

				Visor
		f	REG CLx	
Inserção de dados	2.204,81	CHS	PV	
	0		PMT	
	7		n	
	8		i	
Cálculo das parcelas	FV			3.778,66

Esse valor significa que, no início do ano 8, você ainda terá de pagar 36 parcelas de $ 3.778,66. Agora o valor Presente dessas parcelas pode ser calculado. Veja a seguir.

				Visor
		f	REG CLx	
Inserção de dados	3.778,65	CHS	PMT	
	0		FV	
	36		n	
	2		i	
Cálculo do saldo devedor	PV			96.313,41

Esse resultado praticamente é o mesmo obtido com a aplicação direta da fórmula.

Excel

	A	B
1	Dados	
2	Valor financiado	$100.000,00
3	Taxa	0,02
4	Número de pagamentos	120
5	Taxa de correção esperada	0,08
6	Tempo de correção (anos) até o ano desejado	7
7	Tempo restante para o final	36
8		
9	Resolução	
10	Valor das parcelas	$2.204,81
11	Saldo devedor no início do ano 1	$100.000,00
12	Valor das parcelas no início do ano 8	$3.778,66
13	Saldo devedor no início do ano 8	$96.313,58

Fórmulas utilizadas:

Fórmula (nº)	Célula (local)	Descrição
1	B10	=PGTO(B3;B4;-B2;0;0)
2	B11	=B2
3	B12	=B10*((1+B5)^B6)
4	B13	=VP(B3;B7;-B12;0;0)

Procedimentos

1. Digite os dados iniciais do problema e entre no intervalo B2:B5.
2. Na célula B6, introduza o número de anos em que as parcelas serão corrigidas.
3. Na célula B7, coloque o número de anos que restam para o final.
4. Insira na célula B10 a primeira fórmula para o cálculo do valor das parcelas iniciais.
5. O valor de B2 deve ser repetido em B11.
6. Na célula B12, digite a fórmula para o cálculo do valor Futuro das parcelas até o início do ano em que se deseja saber o saldo devedor.
7. A fórmula que retorna para o valor Presente uma série de pagamentos deve ser introduzida na célula B13.

Sintaxe da quarta fórmula: VP(taxa;nper;pgto;vf;tipo)

Taxa: é a taxa de juros por período.

Nper: é o número total de períodos de pagamento de uma anuidade.

Pgto: é o pagamento feito a cada período e não pode mudar durante a vigência da anuidade. Geralmente, pgto inclui o principal e os juros, e não há outras tarifas ou taxas.

Vf: é o valor Futuro, ou um saldo de caixa que você deseja obter depois do último pagamento. Se vf for omitido, será considerado 0 (o valor Futuro de determinado empréstimo, por exemplo, é 0).

- Cálculo do montante pago no sistema Price, considerando a correção monetária das parcelas e do saldo devedor a cada doze meses.

Ainda considerando o período de 10 anos, o valor inicial das parcelas será de $ 2.204,81. Por esse financiamento de $ 100.000,00, você pagará $ 264.577,16 (120 × 2.204,81), isso sem considerar a correção monetária.

Se o reajuste dos pagamentos ocorre ao final de cada ano, o saldo devedor aumenta de valor. Utilizando a taxa de correção de 8% ao ano, será demonstrado a seguir o valor corrigido das parcelas.

Tabela B.3 Pagamentos anuais

Período	Valor das parcelas	Valor pago no ano
1º ano	12 de $ 2.204,81	$ 26.457,71
2º ano	12 de $ 2.381,19	$ 28.574,28
3º ano	12 de $ 2.571,69	$ 30.860,28
4º ano	12 de $ 2.777,43	$ 33.329,16
5º ano	12 de $ 2.999,62	$ 35.995,44
6º ano	12 de $ 3.239,59	$ 38.875,08
7º ano	12 de $ 3.498,76	$ 41.985,12
8º ano	12 de $ 3.778,66	$ 45.343,92
9º ano	12 de $ 4.080,95	$ 48.971,40
10º ano	12 de $ 4.407,42	$ 58.889,04
Total		**$ 383.281,43**

Nas condições citadas, você pagou por esse imóvel de $ 100.000,00 o valor de $ 383.281,43. O valor a ser pago sem correção era de $ 264.577,16 (juros de 164.577,06). A diferença entre o valor com correção e o valor sem correção é de $ 118.704,27.

O valor do montante pode ser calculado diretamente por uma fórmula. O valor das parcelas sobe constantemente a *g*% ao ano. O fluxo de pagamentos fica assim representado:

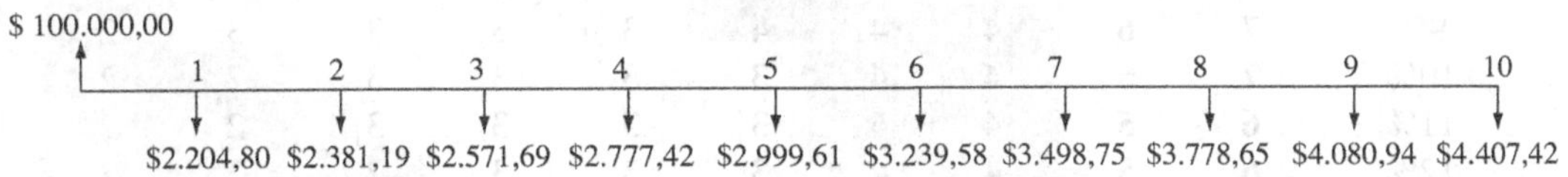

IMPORTANTE: Cada um desses valores ocorre 12 vezes dentro de cada ano (de 1 a 10).

Algebricamente escrevendo, essa série parte de um valor inicial PMT que é aumentado em (1 + g) todo ano.

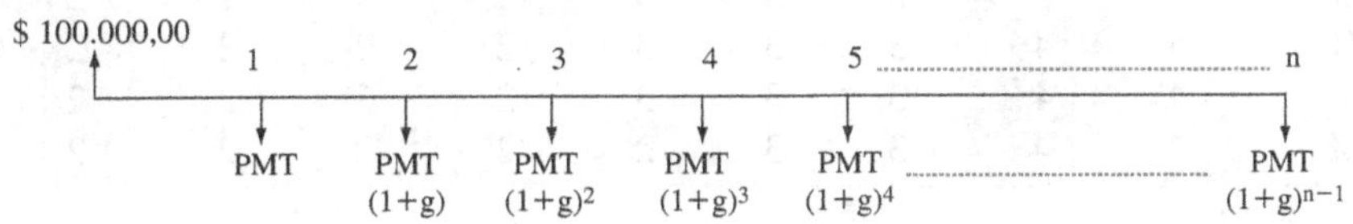

Essa série é uma PG finita com razão maior que 1, (q = 1 + g). A soma dos valores dessa PG é dada pela fórmula:

$$S_n = \frac{a_1 \times [(q)^n - 1]}{q - 1}$$

onde S_n é a soma de n termos; a_1 é o primeiro e q é a razão entre eles. A Tabela B.3 mostrou o valor total pago no financiamento de 10 anos, com uma taxa de financiamento de 2% ao mês, à taxa de correção de 8% ao ano. Essa fórmula pode ser aplicada a esse exemplo para que se possa obter diretamente o somatório dos valores pagos. Deve-se acrescentar a ele o número de pagamentos por ano, que é 12. Veja:

$$S_n = \frac{12 \times a_1 \times [(q)^n - 1]}{q - 1} \Rightarrow S_{10} = \frac{12 \times 2.204{,}80 \times [(1{,}08)^{10} - 1]}{1{,}08 - 1} \Rightarrow$$

$$S_{10} = \frac{12 \times 2.204{,}80 \times 1{,}158925}{0{,}08} \Rightarrow S_{10} = 383.279{,}68$$

Note que esse valor é diferente em \$ 1,75 do valor encontrado na Tabela B.3. Essa diferença se deve à não utilização de todas as casas decimais. Se todas forem devidamente aproveitadas, o valor correto será de \$ 383.281,35, que é 0,08 menor que o da tabela. Já que a diferença é insignificante, pode-se concluir que esses valores são idênticos e a fórmula é válida.

O que se pode concluir sobre a relação entre correção monetária e sistema Price?

Como se pôde notar, no sistema Price, quanto maior o período de financiamento e maior a taxa de correção, pior para o tomador. Observou-se também que o saldo devedor só para de crescer em determinado momento, que não é sempre no meio do período. No caso da correção de 8% a.a. e taxa de financiamento de 2% a.m., o saldo devedor chegará a seu valor máximo quando faltarem 72 parcelas para o final. E, finalmente, esse número ao qual o saldo devedor chega a seu valor máximo, que pode ser chamado de *ponto de inflexão*, está relacionado à taxa de correção e à taxa cobrada no financiamento.

Pergunta-se: e se outras taxas de correção fossem utilizadas, qual seria o ponto de inflexão? A Tabela B.4 relaciona taxa de correção e ponto de inflexão para um período de 10 anos.

Tabela B.4 Relação entre taxa de financiamento e de correção

	10 anos									
Correção	taxa 1	taxa 2	taxa 3	taxa 4	taxa 5	taxa 6	taxa 7	taxa 8	taxa 9	taxa 10
5%	x	7	6	5	4	4	4	3	3	3
6%	9	7	6	5	4	4	3	3	3	3
7%	9	6	5	4	4	4	3	3	3	2
8%	**8**	**6**	5	4	4	3	3	3	3	2
9%	**7**	**6**	4	4	4	3	3	3	3	2
10%	**7**	**5**	4	4	3	3	3	3	2	2
11%	**6**	**5**	4	4	3	3	3	3	2	2
12%	**6**	**5**	4	4	3	3	3	2	2	2
13%	**6**	**5**	4	**3**	3	3	3	2	2	2
14%	**5**	**4**	4	3	3	3	3	2	2	2
15%	5	4	4	3	3	3	3	2	2	2
16%	5	4	3	3	3	3	2	2	2	2
17%	5	4	3	3	3	2	2	2	2	2
18%	5	4	3	3	3	2	2	2	2	2
19%	4	4	3	3	3	2	2	2	2	2
20%	4	4	3	3	2	2	2	2	2	2

As taxas são mensais e expressas em porcentagem. De acordo com a tabela, se um imóvel foi financiado a 4% ao mês e sofreu uma taxa de correção média de 13% ao ano, o saldo devedor somente começará a cair quando faltarem três anos para o final. Sabe-se que a correção é diferente a cada ano, mas pode-se considerar uma média prevista ou trabalhar com ponderação, a fim de estabelecer uma para análise.

Note que, quanto maior a taxa de correção, mais longe está a queda do saldo devedor, fato expresso na última linha (correção de 20%) e de forma inversa na primeira (correção de 5%).

Exemplo 2B

Você pretende comprar um imóvel usado no valor de \$ 77.104,16 e financiá-lo a 2% ao mês por 10 anos pelo sistema Price. Para tanto, assumirá parcelas mensais de \$ 1.700,00.

A situação é a seguinte: você vai pagar por esse imóvel \$ 204.000,00 (12 × \$1.700,00), ou seja, o valor dos juros auferidos é de \$ 126.895,85 (\$ 204.000,00 − \$ 77.104,17).

Agora, suponha essa mesma situação com uma correção anual das parcelas de 10%. Essa taxa corrigirá o próximo conjunto de 12 parcelas.

Tabela B.5 Valores pagos a cada ano

Ano	Valor das novas prestações	Valor pago no ano
1º	1.700 × 1,10 = 1.870	12 × 1.700 = 20.400,00
2º	1.870 × 1,10 = 2.057	12 × 1.870 = 22.440,00
3º	2.057 × 1,10 = 2.262	12 × 2.057 = 24.684,00
4º	2.262 × 1,10 = 2.488	12 × 2.262 = 27.152,40
5º	2.488 × 1,10 = 2.736	12 × 2.488 = 29.867,64
Total		$ 124.544,04

Pela fórmula proposta, seu saldo devedor, descontado à taxa de financiamento de 2% a.m., no início do sexto ano será de $ 95.170,68. Em outras palavras, para um empréstimo de $ 77.000,00, você já pagou $ 124.000,00 e ainda deve $ 95.000,00, aproximadamente.

Agora uma pergunta pode ser proposta: quanto está valendo o imóvel de $ 77.000,00 cinco anos após sua compra?

Resposta: Em situação de grande oferta imobiliária (observada nas capitais) e estabilidade econômica, como registrado nos últimos anos, com sorte esse imóvel valerá um pouco mais que seu valor original. Conclui-se que não vale a pena esse financiamento.

Como um caminho alternativo, a disciplina financeira pode ser proposta. Suponha ainda que você pague $ 700,00 de aluguel. Nessa situação, haveria um esforço financeiro de sua parte, que pagaria $ 1.000,00 a mais todo mês para poder comprar o imóvel.

De modo geral, as pessoas pensam que se pode fazer, sim, esse esforço financeiro. Afinal, é para um imóvel próprio, um investimento. Mas se durante todo o período dos cinco primeiros anos tivesse havido uma disciplina, aplicando-se os $ 1.000,00 todo mês em um fundo livre de risco, este seria remunerado aproximadamente à taxa básica de juros. O poupador teria $ 60.000,00 mais os juros. Não se pode deixar de considerar que o aluguel de $ 700,00 foi pago em todo o período. Dependendo das taxas básicas da economia, que no Brasil têm sido muito altas, em média de 20% ao ano nos últimos cinco anos, o poupador hoje teria aproximadamente $ 100.000,00 e poderia comprar seu imóvel à vista.

ESTUDO DE CASO: A evolução do saldo devedor e do comprometimento de renda nos sistemas Price e Sacre.[7]

Para validar este trabalho, foram consultados vários bancos no que diz respeito a formas de financiamento de imóveis. No entanto, o caso mais interessante foi o da Caixa Econômica Federal, que até apresentou um estudo sobre os dois sistemas, o Price e o Sacre.

Banco: Caixa Econômica Federal

O sistema Sacre foi desenvolvido com o objetivo de permitir maior amortização do valor emprestado logo no início do contrato, especialmente se comparado ao Price. A prestação inicial, no Sacre, pode comprometer até 30% da renda, enquanto no sistema Price o comprometimento inicial é de até 25%. No entanto, ao longo do contrato, verifica-se que a partir de determinado período de recálculo, o valor da prestação do sistema Sacre começa a diminuir, enquanto o do sistema Price aumenta sempre.

Veja um exemplo de financiamento feito com ambos os sistemas.

[7] Material disponibilizado pela Caixa Econômica Federal em outubro de 2001.

Tabela B.6 Parâmetros utilizados no exemplo 2B[8]

Valor do financiamento	$ 50.000,00
Taxa de juros	10,50% a.a.
Prazo	180 meses
TR projetada	1,006000 a.m.
Renda Price	$ 2.210,80
Renda Sacre	$ 2.384,26
Comprometimento de renda inicial Price	25%
Comprometimento de renda inicial Sacre	30%
Reajuste salarial durante o contrato	zero

O valor financiado foi de $ 50.000,00. Nesse caso, não importa o valor do imóvel, mas o valor do financiamento. A taxa de 10,50% ao ano significa 0,875% ao mês. Esse número é importante, pois as prestações mensais são calculadas por essa taxa proporcional. O tempo total de financiamento é de 15 anos. Da renda familiar, somente uma porcentagem pode ser comprometida com o pagamento das prestações, no Price, 25%, e no Sacre, 30%.

A próxima tabela mostra o comprometimento de renda no decorrer do tempo nos dois sistemas de amortização. Vale ressaltar que o reajuste salarial é nulo durante os 15 anos.

Tabela B.7 Evolução da prestação e do comprometimento de renda

Nº da prest.	Prestação* Sacre A	B	Price C	D	% A/C	Comprometimento de renda Sacre	Price
1	715,28	–	552,70	–	129,42%	30,00%	25,00%
13	739,88	3,44%	597,01	8,02%	123,93%	31,03%	27,00%
25	763,91	3,25%	645,00	8,04%	118,44%	32,04%	29,17%
37	787,15	3,04%	696,99	8,06%	112,94%	33,01%	31,53%
49	809,30	2,81%	753,37	8,09%	107,42%	33,94%	34,08%
61	830,05	2,56%	814,57	8,12%	101,90%	34,81%	36,85%
73	849,04	2,29%	881,10	8,17%	96,36%	35,61%	39,85%
85	865,85	1,98%	953,55	8,22%	90,80%	36,32%	43,13%
97	880,03	1,64%	1.032,64	8,29%	85,22%	36,91%	46,71%
109	891,03	1,25%	1.119,29	8,39%	79,61%	37,37%	50,63%
121	898,24	0,81%	1.214,75	8,53%	73,94%	37,67%	54,95%
133	900,94	0,30%	1.320,87	8,74%	68,21%	37,79%	59,75%
145	898,23	−0,30%	1.440,87	9,08%	62,34%	37,67%	65,17%
157	888,90	−1,04%	1.581,86	9,79%	56,19%	37,28%	71,75%
169	870,31	−2,09%	1.770,04	11,90%	49,17%	36,50%	80,06%
180	870,31	0,00%	1.770,04	0,00%	49,17%	36,50%	80,06%
% prestação		21,67%		220,25%			
% prest. maior		25,96%		220,25%			

(*) Composta de amortização e juros (A+J)

[8] Dados de comprometimento de renda, TR e taxa de financiamento de outubro de 2001.

Nº da prestação: é o número da prestação que inicia cada novo período de 12 meses, quando ela é recalculada.

A: é o valor da prestação calculada no sistema Sacre e que vai vigorar no próximo período de 12 meses.

B: é o percentual de acréscimo ou decréscimo da prestação Sacre em relação ao ano anterior.

C: é o valor da prestação calculada no sistema Price e que vai vigorar no próximo período de 12 meses.

D: é o percentual de acréscimo da prestação Price em relação ao ano anterior.

A/C: é o percentual que corresponde ao valor da prestação no sistema Sacre em relação ao Price.

Comprometimento de renda: é o percentual da prestação em relação à renda.

% prestação: é a variação entre o valor da primeira e o da última prestação.

% prestação maior: é a variação entre o valor da primeira e o da maior prestação verificada durante o contrato (no Sacre, a maior prestação é a de nº 133 e, no Price, é a última).

No sistema Sacre, as 12 primeiras parcelas foram de $ 715,28 e no Price, de $ 552,70. As 12 últimas parcelas no Sacre foram de $ 870,31, e no Price, de $ 1.770,04.

Durante todo o período do contrato, o valor da prestação no sistema Price teve um aumento de 220,25%, e no Sacre o aumento foi de apenas 25,96% em relação à prestação inicial.

O fato de a prestação do Sacre ser 29,42% superior à do sistema Price possibilitou maior amortização no início e menos pagamento de juros em todo o processo.

B.3 Aplicação dos conceitos estudados

No Capítulo 8, algumas fórmulas e métodos de resolução foram apresentados e associados a algum sistema de amortização.

Com base no exemplo da Caixa Econômica Federal, calcule o valor das parcelas iniciais pelos sistemas Sacre e Price.

Cálculo da parcela inicial pelo sistema Sacre

Aqui serão utilizadas as fórmulas 8.9 (cálculo da amortização) e 8.10 (cálculo da parcela). Vale ressaltar que as prestações no sistema Sacre são decrescentes e o valor da primeira prestação será calculado.

$$A = SD_0 \div n$$
$$A = 50.000 \div 180$$
$$A = 277,77$$
$$PMT_n = A + [(SD_0 - (n - 1)A) \times i]$$
$$PMT_n = 277,78 + [(50.000 - (1 - 1)277,77) \times 0,00875]$$
$$PMT_n = 277,78 + [(50.000) \times 0,00875]$$
$$PMT_1 = 277,78 + [437,50]$$
$$PMT_1 = 715,28$$

O valor encontrado é exatamente igual ao valor apresentado pela Caixa. Provavelmente, o IOF (Imposto sobre Operações Financeiras) não foi considerado nesse estudo.

Cálculo da parcela inicial pelo sistema Price

A calculadora HP 12c é o instrumento mais prático para esse cálculo se comparada à Fórmula 8.3, que também poderia ser utilizada.

HP 12c

Apague os registros antes de começar

		f	REG CLx
Inserção de dados	50.000	CHS	PV
	0		FV
	180		n
	0,875		i
Cálculo das parcelas		PMT	

Visor: 552,70

Da mesma forma, o valor confere com o da Tabela B.7. Veja o valor das 12 primeiras parcelas pelo sistema Price.

A Caixa Econômica Federal também fez um estudo sobre a evolução do saldo devedor nos dois sistemas. Nessa análise, somente os cálculos relativos ao sistema Price serão realizados com base na fórmula proposta. Mas antes de a tabela que mostra o saldo devedor ser apresentada, algumas considerações precisam ser feitas. A fórmula é o ponto de partida.

$$PV_n = \frac{R}{i} \times \left[1 - \frac{1}{(1+r)^{tt-(n-1)(12)}}\right] \times (1+g)^{n-1}$$

Note que a taxa de correção g precisa ser constante para que o saldo devedor no início de um período seja calculado. Esse fato não aconteceu no estudo da Caixa. Veja a evolução do valor das parcelas na coluna D da Tabela B.7. Do ano 1 para o ano 2, o reajuste foi de 8,02%. Do ano 2 para o ano 3, a correção foi de 8,04%, e assim por diante. Agora, uma tabela com as correções acumuladas será apresentada.

Tabela B.8 Correções anuais das parcelas no sistema Price

Anos	A PMT no início de cada ano	B Fator de correção	C Correção acumulada	D Raiz enésima	E *n* da raiz
Ano 1	$ 552,70				
Ano 2	$ 597,01	1,080170			1
Ano 3	$ 645,00	1,080384	1,1669983716	1,0802769884	2
Ano 4	$ 696,99	1,080605	1,2610638683	1,0803861983	3
Ano 5	$ 753,37	1,080891	1,3630721911	1,0805122984	4
Ano 6	$ 814,57	1,081235	1,4738013389	1,0806567969	5
Ano 7	$ 881,10	1,081675	1,5941740546	1,0808264299	6
Ano 8	$ 953,55	1,082227	1,7252578252	1,0810263663	7
Ano 9	$ 1.032,64	1,082943	1,8683553465	1,0812657209	8
Ano 10	$ 1.119,29	1,083911	2,0251311742	1,0815593373	9
Ano 11	$ 1.214,75	1,085286	2,1978469332	1,0819314478	10
Ano 12	$ 1.320,87	1,087360	2,3898498281	1,0824237888	11
Ano 13	$ 1.440,87	1,090849	2,6069658042	1,0831234150	12
Ano 14	$ 1.581,86	1,097851	2,8620589832	1,0842492278	13
Ano 15	$ 1.770,04	1,118961	3,2025330197	1,0866925429	14
Ano 16	$ 1.770,04	1,000000	3,2025330197	1,0806861221	15

A: PMT no início de cada ano. No primeiro ano foram pagas 12 parcelas de $ 552,70. No segundo ano foram pagas 12 parcelas de $ 597,01, e assim sucessivamente.

B: fator de correção. Representa o valor pelo qual a parcela do ano anterior deve ser multiplicada para que se obtenha o valor das novas parcelas. O valor do segundo ano, $ 597,01, é resultado da multiplicação de $ 552,70 por 1,080170. Isso significa que do primeiro para o segundo ano ocorreu um aumento de 8,017%. Do segundo para o terceiro ano, o aumento foi de 8,038%, e assim sucessivamente.

C: essa coluna mostra quanto uma parcela já foi corrigida desde o início do contrato. Em dois anos, houve uma correção de 16,699%, comprovada por $ 552,70 × 1,1669, que resulta em $ 645. Entre o primeiro e o quinto ano, a correção das parcelas foi de 47,380%.

D: o aumento médio entre o período inicial e outro qualquer pode ser representado por essa coluna. Como se trata de juros compostos, não se pode somar os valores de correção e dividir pelo número deles para calcular a correção média entre dois períodos. É preciso tirar uma raiz enésima, onde *n* é o número de períodos envolvidos em um intervalo. Esse número é o *g* que será utilizado na fórmula ou na HP 12c.

E: representa quantos períodos que sofreram correção de parcelas existem entre o primeiro e um outro qualquer dentro da tabela. Entre o primeiro ano e o quarto, três reajustes ocorreram.

A Tabela B.8 só foi montada para que o valor de correção médio *g* fosse encontrado. A próxima tabela mostra o comportamento do saldo devedor nos dois sistemas.

Tabela B.9 Evolução do saldo devedor

Número da prestação	Sacre		Price		%
	E	F	G	H	E/G
1	50.024,85	-	**50.187,43**	-	99,68%
13	50.328,72	0,61%	**52.620,81**	4,85%	95,64%
25	50.371,29	0,08%	**54.942,50**	4,41%	91,68%
37	50.109,74	−0,52%	**57.082,79**	3,90%	87,78%
49	49.496,21	−1,22%	**58.954,11**	3,28%	83,96%
61	48.477,24	−2,06%	**60.446,97**	2,53%	80,20%
73	46.993,23	−3,06%	**61.425,08**	1,62%	76,50%
85	44.977,86	−4,29%	**61.719,21**	0,48%	72,87%
97	42.357,41	−5,83%	61.119,63	−0,97%	69,30%
109	39.050,15	−7,81%	59.366,59	−2,87%	65,78%
121	34.965,61	−10,46%	56.137,92	−5,44%	62,29%
133	30.004,07	−24,00%	51.032,50	−9,09%	58,79%
145	24.056,10	−19,82%	43.546,33	−14,67%	55,24%
157	17.003,08	−29,32%	33.032,47	−24,14%	51,47%
169	8.720,88	−48,71%	18.607,33	−43,67%	46,87%
Saldo residual	(63,54)		894,25		

E: é o saldo devedor no sistema Sacre, considerando-se o pagamento regular das prestações.

F: é o percentual de decréscimo do saldo devedor no sistema Sacre em relação ao ano anterior.

G: é o saldo devedor no sistema Price, considerando-se o pagamento regular das prestações.

H: é o percentual de acréscimo/decréscimo do saldo devedor no sistema Price em relação ao ano anterior.

E/G: é o percentual que corresponde ao valor do saldo devedor no sistema Sacre em relação ao Price.

Saldo residual: é o valor remanescente no fim do prazo contratado, decorrente da evolução do financiamento. Quando ele é negativo, significa que a dívida foi liquidada, e o mutuário terá direito à devolução daquele valor. Quando positivo, é devido o pagamento pelo mutuário para que a dívida seja liquidada.

A coluna G mostra que o saldo devedor no sistema Price sobe até o início do oitavo ano. Já no sistema Sacre há praticamente uma queda em quase todo o processo.

Observe que, nesse exemplo, após o pagamento da última prestação, o sistema Price apresenta saldo residual de responsabilidade do mutuário.

Agora uma pergunta pode ser feita: considerando o sistema Price, qual o saldo devedor para o mutuário no início do oitavo ano?

Método 1: Aplicação da fórmula

$$PV_n = \frac{R}{i} \times \left[1 - \frac{1}{(1 + r)^{tt-(n-1)(12)}}\right] \times (1 + g)^{n-1} \Rightarrow$$

$$PV_8 = \frac{552,70}{0,00875} \times \left[1 - \frac{1}{(1 + 0,00875)^{180-[(8-1)(12)]}}\right] \times (1 + 0810263663)^{8-1} \Rightarrow$$

$$PV_8 = 61.758,29$$

Esse valor difere dos \$ 61.719,21 da tabela. Mas note que o valor de g foi obtido por uma raiz enésima. Levando em consideração a pequena diferença, o cálculo feito pela fórmula se aproxima bem da realidade.

Método 2: HP 12c

O mesmo questionamento será resolvido pelo método desenvolvido para a calculadora.

HP 12c

Apague os registros antes de começar

		f	REG CLx	
Inserção de dados	50.000	CHS	PV	
	0		FV	
	180		n	
	0,875		i	Visor
Cálculo das parcelas	PMT			552,70

Nesse instante, o valor encontrado corresponde às parcelas, ou seja, 180 parcelas de \$ 552,70. Como o valor solicitado foi o saldo devedor no início do ano 8, e o valor das parcelas será corrigido em 8,10263663% ao ano nos próximos 7 anos, primeiro calcula-se o valor das parcelas do ano 8.

Apague os registros antes de começar.

		f	REG CLx	
Inserção de dados	552,70	CHS	PV	
	0		PMT	
	7		n	
	8,10263663		i	Visor
Cálculo das parcelas	FV			953,54

Esse valor significa que, no início do ano 8, o tomador terá ainda de pagar 96 parcelas de $ 953,54. Agora, o valor Presente dessas parcelas pode ser calculado. Veja a seguir.

Apague os registros antes de começar.

		f	REG CLx	
Inserção de dados	953,55	CHS	PMT	
	0		FV	
	96		n	
	0,875		i	Visor
Cálculo do saldo	PV			61.758,35

Excel

	A	B
1	**Dados**	
2	Valor financiado	$50.000,00
3	Taxa	0,00875
4	Número de pagamentos	180
5	Taxa de correção esperada	0,081026366
6	Tempo de correção (anos) até o ano desejado	7
7	Tempo restante para o final	96
8		
9	Resolução	
10	Valor das parcelas	$552,70
11	Saldo devedor no início do ano 1	$50.000,00
12	Valor das parcelas no início do ano 8	$953,55
13	Saldo devedor no início do ano 8	$61.758,29

Fórmula (nº)	Célula (local)	Descrição
1	B10	=PGTO(B3;B4;−B2;0;0)
2	B11	=B2
3	B12	=B10*((1+B5)^B6)
4	B13	=VP(B3;B7;−B12;0;0)

Procedimentos

1. Digite os dados iniciais do problema e entre no intervalo B2:B5.
2. Na célula B6, introduza o número de anos em que as parcelas serão corrigidas.
3. Na célula B7, coloque o número de anos que restam para o final.
4. Insira na célula B10 a primeira fórmula para o cálculo do valor das parcelas iniciais.
5. O valor de B2 deve ser repetido em B11.
6. Na célula B12, digite a fórmula para o cálculo do valor Futuro das parcelas até o início do ano em que se deseja saber o saldo devedor.
7. A fórmula que retorna para o valor Presente uma série de pagamentos deve ser introduzida na célula B13.

O último item a ser abordado é: quanto o mutuário pagou até o oitavo ano e quanto ele pagará em todo o período de 15 anos?

Aqui vale a aplicação da fórmula da PG finita 8.15, que é acrescida do número 12 (referente à quantidade de parcelas pagas anualmente).

Até o início do oitavo ano:

$$S_n = \frac{12 \times a_1 \times [(q)^n - 1]}{q - 1} \Rightarrow S_7 = \frac{12 \times 552{,}70 \times [(1{,}0810263663)^7 - 1]}{1{,}0810263663 - 1} \Rightarrow S_7 = 59.361{,}54$$

Se os valores da tabela forem somados, o total encontrado será de $ 59.288,88. Tal diferença pode ser atribuída à não exatidão da taxa de correção g.

Conclusão

A parte principal deste apêndice tratou dos conceitos que constam das planilhas de amortização de empréstimos. Os conceitos abordados podem ter outras aplicações no dia a dia além daquelas apresentadas. Uma abordagem detalhada do Capítulo 8 pode auxiliá-lo nessa tarefa.

Este apêndice é um estudo complementar ao tema. Não se pode deixar de observar a importância de estudar os sistemas de amortização de empréstimos, ainda mais se associados ao financiamento de imóveis.

A Caixa Econômica Federal, desde junho de 2005, não trabalha mais com o sistema Sacre, somente com o SAC. Como ainda há muitos contratos em vigência pelo Sacre, e para aproveitar o estudo da Caixa Econômica Federal, a comparação com o sistema Price foi realizada. Saiba que os resultados do SAC e do Sacre não diferem muito, embora o Sacre seja mais vantajoso para o tomador.

Outro ponto relevante: a correção monetária que ocorrerá poderá comprometer a renda do tomador do empréstimo. A relação tabela Price × Correção é muito importante tanto ao tomador quanto ao financiador e pode ser revista em caso de quitação, dependendo da política do banco, da construtora ou do agente financiador.

Se o salário do tomador não acompanhar a taxa de correção das parcelas, ele poderá se comprometer financeiramente no futuro e até perder o imóvel.

O sistema SAC é preferível ao Price, sobretudo se o período for longo. Tanto para financiamentos empresariais quanto imobiliários, o sistema SAC deve ser considerado e estudado como alternativa.

Os consórcios têm-se mostrado uma alternativa atraente e menos onerosa ao tomador. Mas alguns cuidados têm de ser tomados com relação à credibilidade da instituição administradora dos grupos. Observe sua posição no mercado, sua solidez, sua tradição e quem são seus principais acionistas.

O enfoque da disciplina financeira proposta aqui dependerá da capacidade de poupar de cada indivíduo. Vale ressaltar que a poupança e o bom planejamento financeiro pessoal são primordiais a qualquer pessoa ou nação que deseje se desenvolver economicamente.

APÊNDICE C

Método de Newton para o cálculo manual da taxa de juros em uma sequência de pagamentos uniformes postecipados

Exemplo C1

Um financiamento de $ 1.000,00 deve ser pago em 6 parcelas de $ 200,00. Calcule manualmente a taxa de juros. (Parta da Fórmula 6.1.)

$$P = PMT \times \left[\frac{(1+i)^n - 1}{i \times (1+i)^n} \right] \quad \text{Fórmula 6.1}$$

Substituindo os valores:

$$1.000 = 200 \times \left[\frac{(1+i)^6 - 1}{i \times (1+i)^6} \right] \Rightarrow \text{Considere } (1+i) = x, \text{ logo, } i = (x-1), \text{ assim:}$$

$$\frac{1.000}{200} = \left[\frac{(1+x-1)^6 - 1}{(x-1) \times (1+x-1)^6} \right] \Rightarrow 5 = \left[\frac{x^6 - 1}{(x-1) \times x^6} \right] \Rightarrow 5 = \left[\frac{x^6 - 1}{x^7 - x^6} \right] \Rightarrow$$

$$5 \times (x^7 - x^6) = x^6 - 1 \Rightarrow 5x^7 - 5x^6 = x^6 - 1 \Rightarrow 5x^7 - 5x^6 - x^6 + 1 = 0 \Rightarrow$$

$$f(x) = 5x^7 - 6x^6 + 1 = 0$$

Agora, a raiz real dessa equação deve ser encontrada. Nesse caso, x não pode ser igual a 1, pois isso resultaria em uma taxa i de zero, o que não condiz com a realidade.

Em princípio, pode-se considerar que a taxa de juros esteja entre 1% e 5%. Portanto, os valores 1,01 e 1,05 devem ser substituídos na função. Se tal substituição resultar em valores negativos, a taxa procurada estará acima de 5%.

$f(1{,}01) = 5(1{,}01)^7 - 6(1{,}01)^6 + 1 = -0{,}00844414$

$f(1{,}05) = 5(1{,}05)^7 - 6(1{,}05)^6 + 1 = -0{,}00507173$. Como o valor está se aproximando de zero, a próxima tentativa será 6%.

$f(1{,}06) = 5(1{,}06)^7 - 6(1{,}06)^6 + 1 = 0{,}00703662$. A taxa desejada está entre 5% e 6%. Pode-se tentar 5,5%:

$f(1{,}055) = 5(1{,}055)^7 - 6(1{,}055)^6 + 1 = 0{,}00033896$. Neste momento, verifica-se que a taxa está entre 5 e 5,5%. Agora, o valor de 5,25% será o ponto de partida para os cálculos.

Montagem da tabela do método interativo de Newton

A tabela está fundamentada na relação entre a função e sua função derivada, como segue:

$$f(x) = 5x^7 - 6x^6 + 1 = 0$$

$$f'(x) = 35x^6 - 36x^5 + 1 = 0$$

n	x_n	$f(x_n)$	$f'(x_n)$	$f(x_n)/f'(x_n)$	$x_{n+1}=x_n-\{f(x_n)/f'(x_n)\}$
0	1,0525	−0,00252370	2,081671371	−0,00121234	1,05371234692
1	1,05371234692	−0,00117521	2,143034994	−0,00054838	1,05486073592
2	1,05486073592	−0,00054072	2,171009992	−0,00024906	1,05409801851
3	1,05409801851	−0,00024747	2,183760611	−0,00011332	1,05462312868
4	1,05462312868	−0,00011299	2,189571558	−0,00005160	1,05467473585
5	1,05467473585	−0,00005153	2,192219701	−0,00002350	1,05472627475
6	1,05472627475	0,000009975	2,194865550	0,000004544	1,05472173005
7	1,05472173005	0,000004545	2,194632190	0,000002071	1,05471965897
8	1,05471965897	0,0000020701	2,194525848	0,000000943	1,05471871520
9	1,05471871520	0,0000009438	2,194477390	0,000000430	1,05471828509

Na sexta linha, a relação $f(x_n)/f'(x_n)$ mudou de sinal e apresenta cinco casas decimais após a vírgula. É um bom indicativo de que o resultado está próximo. A busca pode se dar por encerrada ao se atingirem seis ou sete zeros após a vírgula, tanto para $f(x_n)$ quanto para $f(x_n)/f'(x_n)$. Assim, a taxa procurada está na última coluna da nona linha: 5,4718%. Pela calculadora HP 12c, o resultado é de 5,471792. Se for arredondada, a última casa conferirá com o valor encontrado.

Sobre o autor

Cristiano Marchi Gimenes é mestre em administração (finanças) pela PUC/SP e bacharel em administração pela UNIFEI/SP. Atualmente ministra aulas no programa de pós-graduação em finanças da UNIFEI/SP. É professor de finanças, engenharia econômica, orçamento, matemática financeira e sistemas de investimentos imobiliários. Foi coordenador de cursos de administração de empresas e superintendente da Universidade Guarulhos. Atualmente é consultor de instituições de ensino superior. Tem artigos publicados na área de risco, financiamento de imóveis e ensino nos cursos de administração de empresas. Foi organizador da obra *Administração: tendências e perspectivas*, publicada em parceria com a APG/PUC-SP. Participou como palestrante em congressos nacionais (Enangrad) e internacionais (Balas).